複数世界の思想史

Shinichi Nagao
長尾伸一……[著]

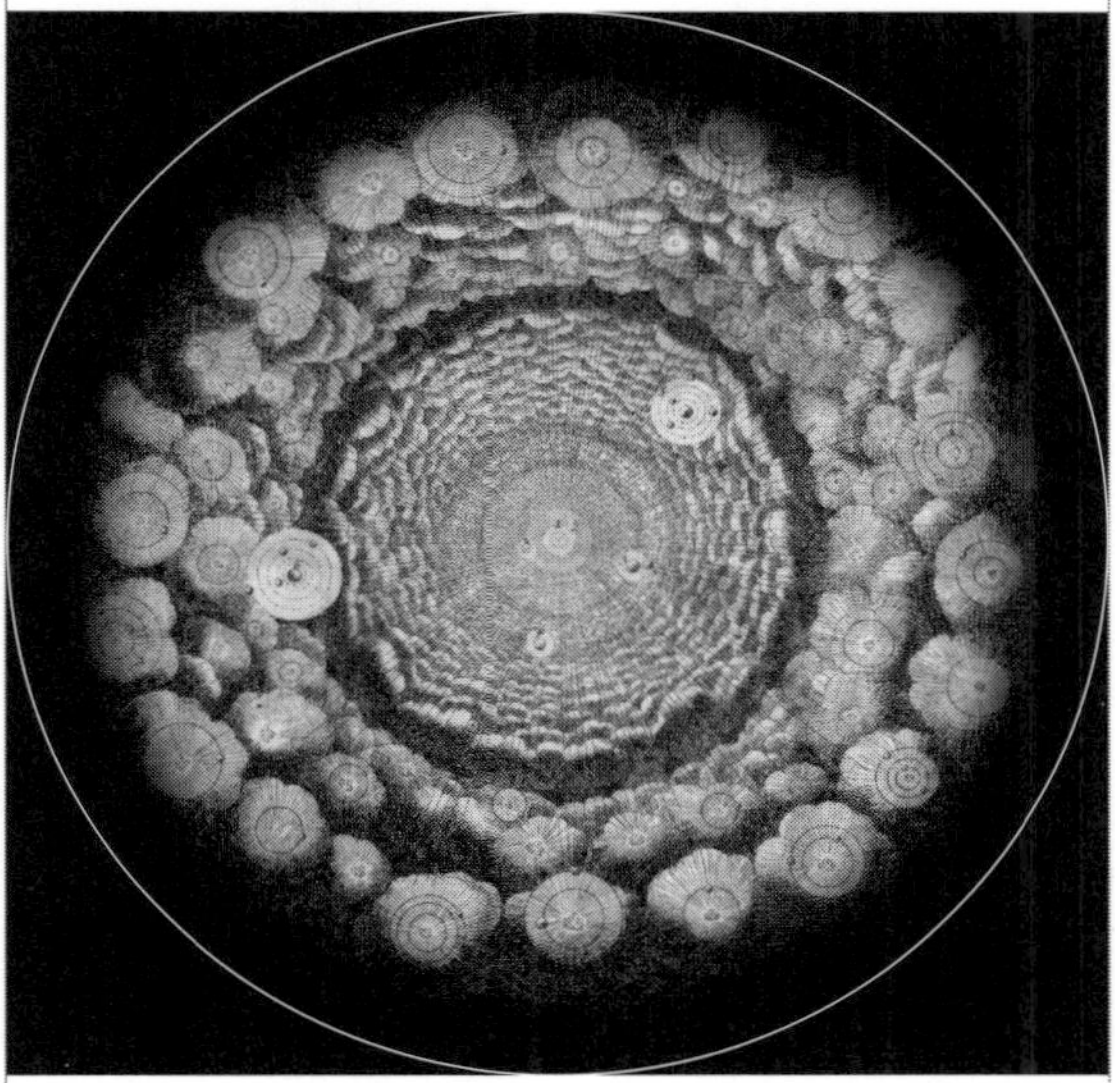

History of 'Plurality of Worlds'

名古屋大学出版会

複数世界の思想史——目　次

第1章　複数性の時代

1　「空々茫々たる廣き天に」

明治初期に福澤諭吉はいくつかの啓蒙書を出版している。それらはさまざまな分野の知識を解説しているが、そのうちの一つである科学啓蒙書『訓蒙窮理圖解』（一八六八）は、十七世紀の「科学革命」以後に見られる、宇宙観の転換に触れている。ガリレオが地動説を唱え、科学的な宇宙像が確立して、空想と事実の区別が成立したと、福澤は書き始める。

古来和漢の説に、天は円くして動き、地は方にして静なりといひ、今に至るまで其教説を信仰するものあり。西洋とても往昔はこれと同説なりしが、彼国の千六百六年即ち我慶長十一年、伊大里の大学者「がりれを」なるもの、地動の説を唱へ、世界は動き廻ものなりと発明なせしにより、千古の疑ひ始て氷解、又世の小説に惑さるゝものなし。[(1)]

地動説の提唱者がガリレオだという解説は、実は江戸後期に書かれた天文学教科書の記述と比べても正確とは言えない。しかし「千古の疑ひ始て氷解、又世の小説に惑さるゝものなし」という評価は、空想的な世界の見方が経験と観察に基づく現実的な説明に変わったという、ヨーロッパ近代科学の展開に関する十八世紀以後の標準的理解に沿っている。福澤の解説は同時代の西洋の教科書に忠実に、地動説に続くニュートン的科学の誕生に話を続けていく。あらゆる物に働く、万有引力が発見されるのである。(2) この引力の効果は、ミクロの世界とマクロの世界にまたがっている。(3) それは地上の世界と天上の世界の両者を支配する、普遍的に働く法則だった。(4)

ニュートンの万有引力の発見によって完成した「科学革命」は、科学的知識と科学的なものの見方を確立しただけではなかった。ガリレオからニュートンに至る業績は、眩いばかりの巨大な世界のイメージを描いてみせた。それはニュートンが発見した世界の法則にしたがって秩序正しく運行する、数限りない星々に満たされた膨大な空間だった。太陽系のかなたにも多数の恒星が存在し、それらが集まって銀河となり、壮麗な大宇宙を形作っている。

空々茫々たる廣き天に、数限もなき星の列りて、開闢の始より今日に至るまで其行列を乱ることなきは、皆引力の致す所なり。星にも種類ありて、遠きものを恒星といひ、近きものを遊星といふ。恒星の遠きこと幾億萬里といふ限なし。彼銀河と唱るものも星の多く重りたるものにて、よき望遠鏡をもて見れば一個づゝよく分るなれども、望遠鏡なしにては、あまりに遠くして其見分出難く、唯白く見るのみ。(5)

ここまでの記述は、現在の子供向け科学読み物に書かれていることと変わらない。だがこの啓蒙書の文章はこの先から、科学解説書を少し逸脱するように見えてくる。恒星と惑星の区別を説明して、太陽系の「遊星（惑星）」を数えながら、福澤は太陽以外の恒星にも惑星が付属していると断言する。恒星は太陽と同じ天体であり、われわれの太陽と同様、その周囲を惑星たちが回っている。地球はそれら多くの太陽を周回し、その光を受けて輝く多数の惑星の一つにすぎない。人間が住むこの「世界」も、他の惑星から見れば同じ一つの星なのだと、福澤は言う。

扨古人は日輪を大陽といひ、星を小陽と唱へて、星は小きものゝよふ《ママ》に記したれども、実はこの恒星も一個づゝの日輪にて、これに又附属の遊星あること我日輪に異ならず。唯其距離格別に遠きゆへ《ママ》、この世界へは光も多く来らず、又其温気も届かざるなり。遊星とはこの日輪に附たるものにて、古はこれを五星と唱へ、木火土金水の名あり。西洋人の窮理にて、追々同類の星を見出し、当時は其数既に七、八十に及べり。その内最も大なるもの八あり。遊星の體には元光明なく、日輪の光を受て耀くのみ。即ちこの世界も一個の遊星なれば、他の遊星より我地球を望見れば、矢張星の如くに見ゆべし。[6]

福澤は科学が呈示した大宇宙の驚異と壮大さを語る。それは人知をはるかに超えた巧みさと大きさを持っている。人間の想像を絶した巨大な空間に、数えきれない恒星たちが輝いている。

抑造化天工の大なること人力を以て測るべからず。一通り考れば、日輪は高し、月輪は遠しなどゝ思ふなれども、前にもいへる如く日輪の外に又日輪ありて、其数幾百萬なるを知らず。其遠きことも亦譬んかたなし。恒星の内にて最も近きものゝ里数を測りしに、百萬、千萬、一億と計へ其一億を七千八百五十合せたる数なり。十露盤の桁にすれば、一の数より十五桁上の数に當る。銀河の高さなどに至りては億兆の数にて、とても測るべからず。洪大とやいはん、無邊とやいはん、これを考へても気の遠くなるほどのことなり。[7]

これらの星々一つ一つの周囲を、万有引力の法則にしたがって、この地球と同じような惑星たちがいくつも回転している。そこにはいったいどれほどの「世界」があることだろうか。

系外惑星が発見されたのは、じっさいには二十世紀の末になってからだった。この文章が書かれた十九世紀中葉の段階では、太陽以外の恒星を回る惑星はまだ見つかっていない。なぜ福澤はこの時点で、その存在を確信しているのだろう。

『訓蒙窮理圖解』のこの記述は、たんなる科学の手ほどきではなかった。当時の欧米の科学啓蒙書[8]に倣って、福澤はここで「世界の複数性 plurality of worlds」論を解説しているのだった。

2 明治初期の宇宙人像

明治初期の科学の概説書には、しばしば宇宙を満たす多数の恒星系の描写が登場する。『訓蒙窮理圖解　巻の三』からしばらくして出版された『訓蒙天文図解』（岡田半治訳、一八七四）では、福澤の解説とよく似た表現で天文学の基礎が説かれている。太陽系は太陽とそれをめぐる惑星で構成されていて[9]、人間が住む「世界」も、その中の地球という名を持つ惑星の一つにすぎないと、この教科書の記述は始まる。

此世界も則ち地星といふ惑星の内の一[10]

太陽系を概観し終えると、『訓蒙天文図解』は他の恒星に話を移していく。恒星もまた太陽であり、太陽系と同じように、惑星たちがその周囲を回っている[11]。こうして大宇宙は幾多の恒星とそれらが従える惑星たちが織りなす、壮大なシステムとして描かれる。それぞれの惑星がこの「世界」と同じものなら、そこには何かが住んでいるのではないか。まず身近な月を見てみる。欧米では月を望遠鏡で調べ、険しい山や深い谷があることを発見している[12]。外国の天文学者の中には、月には海があるという者もいる[13]。山や海があれば生物が棲息すると考えるのは当然なので、そういう説もあるが[14]、これは推測であって立証されていない[15]。

十七世紀にケプラーが月面に地形や構造物があることを報告して以来、月に知的生命が存在するかもしれない、いやそうに違いない、という議論が盛んにおこなわれた。この書物が出版された十九世紀の中葉を超えた時点では月面観測が進み、その可能性は低く見積もられるようになっていた。だがそのことは、多くの地球に似た「世界」が大宇宙を満たしているという信念を否定する理由とはならなかった。太陽系の外部の恒星も、太陽と同じ機能を果たしているだろう。

恒星は矢張日輪にして光と温との本となり多くの惑星を従へ其諸惑星に光と温とを與ふること我が日輪の如くあるべし(16)

そうであれば、そこにはきっと生物や「人民」がいるに違いない、とこの時代の教科書は主張していた。『訓蒙天文図解』と同時期に、十九世紀スコットランドの重要な物理学者の一人で、エディンバラ大学の自然哲学教授を務めたピーター・ガスリー・テート(17)の文章が、『訓蒙天文略論』(一八七六)と題して、島村利助によって訳されている。テートは月世界での生命の存在に肯定的だった。月には地球と同じ地形が見られる(18)。そればかりか、大気までが観測できる。したがってそこには当然生命が存在するだろう。

月には雲あり大気ある故に生活物あるべし(19)

金星には四季があり、大気もあり、地球のような山岳がある(20)。火星では四季や大気に加えて、海と陸まで観測される(21)。月面上には生命が存在するだろうというこの書の議論を考慮すると、テートは金星にも生命が、火星にはおそらく知的生命が存在すると考えているのだろう。系外惑星についても同じことが言える。恒星のある所には惑星があり、太陽と同じ機能を果たしている。そこには生命も、人間のような知的な存在もいるだろう(22)。

同時期のヨーロッパや合衆国の天文学入門書に広く見られた、「世界の複数性」論と呼ばれるこれらの議論は、宇宙の荘厳さを示すことで、世界の創造主であるキリスト教の神を讃える、「造化主宰の宇宙」[23]のヴィジュアル・イメージを現出させようとする。それによって信仰を鼓舞するという、天文学の倫理的な有用性が読者に示された。たとえば彼が大科学者ケルテートは数学をとくに得意とする物理学者で、その点で科学史上高く評価されている。たとえば彼が大科学者ケルヴィン卿と共著で執筆した『自然哲学入門』（一八六七）は、版を重ねた数理物理学の教科書で、その内容は非常に専門的だった。[24]『訓蒙天文略論』は、宇宙人に傾倒した西洋の変人が書いた通俗的読み物ではなく、当時の一流の科学者の見解が一般人向けに紹介されたものだった。

明治初期に「世界の複数性」を解説すべき対象は、小学校の児童にまでおよんでいた。一八六九年の合衆国の教科書を訳したという沼田悟郎の『天文幼学問答』（一八七四）は、児童相手の問答形式で、ニュートンによって万有引力が発見されたことを教える。[25][26]では引力の力で太陽の周りを回る他の惑星上にも、地球と同じように生命が存在するのだろうか。子供ならそう尋ねるかもしれない。それに答えてこの教科書は、当然他の惑星上にも動物や人間が棲息していると断言する。地球上の生命は太陽の光と熱の恩恵によって生きている。そうであるなら、地球以外の惑星でも同じことが起きているはずである。

問　諸惑星皆地球ニ等シキ人界ニシテ人類ノ棲息スルコトヲエヘキ道理アリヤ
答　有リ　地球上ニ於テ生命ヲ保存スルハ天授ノ供給アルガ故ナリ故人畜共ニ棲息スルコトヲ得ル可シ
問　天授ノ供給トハ何如
答　太陽諸惑星ヲ照映シテ光熱ヲ與ヘ自転ニ因テ昼夜相続キ夜ハ即月衛星ノ光ヲ受ケ運行ニヨリ四季ヲ成シ而シテ多少ノ空気有リテ大畧地球ノ情状ト異ナルコトナシ是ヲモッテ星学士皆諸惑星中ニ人畜棲息スルコトヲ得

ルト論定ス[27]

「世界の複数性」に触れることは、当時の科学入門書の一般的な傾向だった。一八七五年の『博物新編』の中の「天文略論」は、月に人間は存在しないだろうが[28]、金星には山や川や人間が存在すると天文学者たちは考えていると言う[29]。火星には地球と同じ四季があるので[30]、そこにも住民が存在するだろう。

一八七九年の『新撰天文学』では、コペルニクス、ガリレオ、ニュートンを挙げて、地動説の歴史が説明される[31]。この教科書も、ニュートン的な無限空間論を強調している。それによれば、宇宙は果てしなく広がり、光の速度で数百年旅をしても、その端に到達することはできない。その旅の途中で地球以外の「他の世界」に遭遇することもあるだろう。それはちょうど、大海原の中で一隻の船に出会うようなものである。その先には、また「曠遠茫漠トシテ」人知を超えた空間が横たわっている。それは中心も周辺もない、「無岸無底ノ太虚」である[32]。

そしてこの大宇宙には数多くの恒星がある。それらが太陽と同じ存在で、その周りに惑星が回っているのは確かな事実である。それらはわれわれから遠すぎて観測できないので、存在が確認できないだけなのだ[33]。

では太陽系ではどうだろうか。惑星上に「世界」はあるのだろうか。月には複雑な地形があり、高い山や谷が存在している。しかし雲はなく、空気の様子も観測できないので、大気がないことがわかる。生命は存在しないだろう[34]。また、太陽に近すぎて観測が難しい水星には、海や陸があるかどうかわからない[35]。だが金星には海や陸地がある[36]。

生命の存在可能性という点では、火星はさらに有力である。望遠鏡では海や雲や氷が確認できる。陸は紅色、海は緑色に見える。火星の陸のこの不思議な色彩は、おそらく地球とは地質が違うからだろう。海が緑色である理由はわからない。それらの形が時々違って見えるのは、雲があるからである。北極と南極には氷や雪と思しき、白い

斑点が観察できる。(37)

一八七九年の『泰西名数学童必携』も同じように、月には大気はないが(38)、金星には高い山があり（「高山アルヲ発明セリ」(39)）、火星には赤い陸地と緑の海がはっきり見えると記述する。(40)

同じく一八七九年には文部省が、ブリテンの天文学者ノーマン・ロッキャー Norman Lockyer の教科書の邦訳『天文学（洛氏）』を出版している。そこでも「世界の複数性」論がていねいに説かれている。ロッキャーによれば、住民を持つ一大世界であるニューヨーク以外にも、合衆国には多くの都市があるように、宇宙の無限の空間内には無数の星々があり、それらには地球以外の多数の世界が存在している。

是ニ由テ之ヲ按ズルニ吾人見ル所ノ無数ノ星ハ挙テ皆我宇宙ヲ構造スル者ナリ此思料一タビ定マラバ更ニ又之ヲ推シテ想像スベシ彼太虚ノ無量無辺ナル又必無数ノ寰宇有ルベシト尚譬ヘバ合衆国ニ於テ紐育ノ外ニモ許多ノ都会アリテ各一世界ヲ為スニ同ジ(41)

ではこの「多数の世界」とは何だろうか。それは地球以外の惑星上にある生命圏のことを意味している。現在の望遠鏡の精度のために観察できないが、太陽以外の恒星も惑星を持っているに違いない。(42) それらの恒星と、それらに附属する諸惑星とは、太陽と太陽系の諸惑星の間に存在するのと同等の関係にある。恒星は引力によってその周囲を回転する惑星たちに光と熱を与え、その上に存在するものを活動させている。(43)

古代ギリシアのアナクシマンドロスは世界の複数性を説き、無数の世界があると論じた。この古代の哲人は、宇宙空間の惑星上に知的生命が住んでいると説いていたのだと、『天文学（洛氏）』は指摘する。(44) 太陽は地球を照らし、暖めている。だが地球は太陽の光と熱の一部を受けているに過ぎない。太陽系内の他の諸惑星も、同様に太陽の恩恵を受けている。(45)

太陽系の天体の上に、地球と同じような「世界」があるのだろうか。灼熱の地に思える太陽にさえ、確認する方法はないが、「住民」が存在する可能性は否定できない。

太陽ニハ住民有リヤ否ヤヲ問フ……想フニ當ニ住民ノ生存ニ障害無カルベキナリ然レドモ此節固ヨリ臆度スル所ニ出デ確証有ルニハ非ザルナリ(46)

月はすでに水分や大気を失ったので（「水及雰囲気ノ消失」(47)）、現在は生命が存在できない環境にあるが、かつては棲息したかもしれない(48)。水星は太陽に近すぎてつぶさに観測できないが、地表には十一里ほどの高さの山岳があり、大気が存在するように見える(49)。地球の二倍の太陽光を受ける金星には濃密な大気があり、その輪郭には光っているところと暗いところが見えるので、二十里以上の高い山が存在すると思われる(50)。火星には地球と同様に、海や陸や氷や雪がある。雲や霧を見ることもできる。空気が澄んでいるときには、地表面は微かに紅色を帯びる。その色は夕日と同じような現象だろう。季節もある。

火星ノ面ニハ我地球ニ同ジク海陸氷雪ヲ有シ且往々雲霧ノ浮動スルヲ見ル又其雰囲気ノ透明ナル時ニハ其陸地ハ微紅色ヲ帯ブ是地球上ニ夕日ノ紅色ヲ為スト同理ニシテ全ク雰囲気ノ吸収作用ノ致ス所ニ由ル者トス(51)

そのため火星の環境は、地球に非常によく似ていると考えられる(52)。木星も雲が厚いだけで、地球と同様の岩石惑星であるらしい。かつての地球のような状態かもしれない(53)。このように『天文学（洛氏）』によれば、太陽系内のいくつかの惑星上に「世界」が存在する。他の系外惑星も同じだろう。人知を超えて広がる大宇宙は、生命圏と知的生命で満たされているのだ。

多くが同時代の欧米の入門書の翻訳・要約だった明治初期の天文学入門書にたびたび現れる、このＳＦのような、ハリウッドのSFX映画のような世界のイメージは、想像力豊かな明治人の奇想ではなく、同時代の欧米の科学解説書の常識を素直に紹介した結果だった。

しかもこの生命に満ち溢れた宇宙観が日本の読者に紹介されたのは、「文明開化」によってではなかった。明治初期の解説書に先立って江戸時代末期には、イギリスの中国宣教師で医師だったベンジャミン・ホブソンの中国語の著書『鼈頭博物新編』(一八四五)が流通していた。その中の「天文略論」では、月、金星、火星の知的生命が論じられ、それらの惑星上に知的生命が存在すれば、地球がどのように見えるかが議論されていた。(54) さらに日本への最初の「世界の複数性」論の導入は、その半世紀前の十八世紀末に始まっていた。

3 江戸時代のニュートン主義と世界の複数性

江戸時代の思想家山片蟠桃が遺著『夢ノ代』(一八〇二―一八二〇)で、地動説を主張して国学の宇宙観を否定するとともに、多くの恒星系の実在を想定する「大宇宙論」を展開したことはよく知られている。(55) 山片は、地球上の生命と知的生命の存在から類推して、他の惑星にも湿気や熱などの同様な環境がある以上、それらの上にも生命系が発生し、知的生命の誕生に至るのは自然だと論じる。この議論は一見空想に過ぎないように思われるかもしれないが、それは現実に基づき、そこから論理的に類推した結果なのだから、仏教や神道のような荒唐無稽の妄説ではないと、山片は書いている。

凡コノ地球ニ人民・草木アルヲ以テ推ストキハ、他ノ諸曜トイヘドモ、大抵大小我地球ニ似タルモノナレバ、ミナ土ニシテ湿気ナルベシ。蹴鞠又ハ紙張ノゴトクニハアラザルナリ。シカレバ則、太陽ノ光明ヲ受テ和合セザルコトナカルベキヤ。スデニ和合スレバ水火行ハレテ、草木ノ生ゼザルコトナシ。又虫ハ本ヨリ生ズベシ。虫アレバ魚貝・禽獣ナキコトアタハズ。シカラバ則、何ゾ人民ナカラン。ユヘニ諸曜ミナ人民アリトスルモノ、我ノ有ヲ以テ拡充・推窮スルモノナレバ、妄ニ似テ妄ニアラズ。虚ニ似テ虚ニアラズ。仏家・神道ノゴトク無稽ノ論ニアラザルナリ。(56)

山片は、宗教的な空想から区別されるべき科学的な推論の成果だとして、地動説の系論としての地球外生命存在説を主張した。しかしこの「大宇宙論」には、西洋の先進的科学を受容した朱子学者の「現実的合理主義」(57)による独創的思索の結果とは言えない一面がある。むしろ同時期のヨーロッパの科学史・思想史を考慮すると、『夢ノ代』で生命に満ちた大宇宙のヴィジョンが描かれたのは、十八世紀ヨーロッパに広く見られた「世界の複数性」論、地球外生命存在説を山片が正確に理解したためと考えられる。(58)

「大宇宙論」の背景には、ヨーロッパ科学と江戸期の日本の天文学との間の、直接の影響関係があった。山片が手にすることができた西洋天文学の著書の一つは、地動説の紹介として日本科学史上で重要な位置を占める、志筑忠雄の『暦象新書』(一七九八―一八〇二)だった。志筑はこの書を著すにあたって、ジョン・キールのラテン語のいくつかの著作のオランダ語訳を原書として使った。『暦象新書』は「翻訳」というよりは意訳に近い「訳文」に、自分自身のコメントを付け加えた、一種の編集作品だったが、(59)そこで志筑はキールの原文から自由に、自らの言葉で「世界の複数性」論を展開してみせる。

太虚の無辺なる、太陽の無数なる同く其中に在て、何ぞ必しも我太陽のみ、緯星の己を巡ことあらん、他の恒星にも、各五星の如きもの無くてやはあるべき……かかる無数の中に混ざりありて、又何ぞ我地球をしても、独り人民万物の住所とすることあらん、他の緯星の世界、及び他の太陽に付属しあらん緯星の世界にも、形状容貌の同異をこそ知らね、いかでか絶えて住者なくて止なん。(60)

原著者キールも複数性論を語っているが、論調はストア的な自然観と結びつけられたキリスト教の自然神学の論法に基づいていて、その文体は生命に満ちた無限宇宙を創造した万能の神を褒め称える、讃美歌の声調を伴っている。

つねに無限の知恵を持って行為し、何事も無駄にはなさらない万能の神が、あれほど多くの太陽を創造し、限りない空間の中にそれぞれを非常な距離を持って配置しただけで、それらの近くに他の天体を置いて、太陽の熱と光によってはぐくまれ、活性化され、生気を与えられるようにしなかったとは、おおよそ考えられないことである。これらの天体がわれわれに微かな光を与えるというだけのために神によって創造されたというのは、神の知恵を卑しめる意見だと言わねばならない。あらゆる太陽は自分自身に属する諸惑星を従え、そのそれぞれが距離や周期が異なった、太陽を回る回転運動を行う。これらのうちのいくつかにはまた月があって、それらを回って回転していないとは言えないのではないか。

……

かくしてわれわれは、世界の巨大さと壮大さについての讃嘆に値する壮麗な観念を得る。宇宙の無際限の大きさ、その中にある無数の太陽、それらは多くの小さな星々にしか見えないが、大きさ、光、偉大さにおいてわれわれの太陽に劣るものではない。そのそれぞれにつねにいくつかの惑星が付き従い、その周囲を踊り、非常に多数の諸世界、体系を構成している。……

われわれは、宇宙全体を無限に偉大で、すべての場所に遍在する神の壮麗な神殿とみなすべきである。すべ

ての世界、あるいは諸世界の諸体系は神の力と知恵と神性が表現される、数多くの劇場なのである。(61)

キリスト教の「神の壮麗な神殿」を称揚するキールの文章と比較すると、『暦象新書』の「訳文」の調子からは、志筑が儒学の教養を踏まえて、「世界の複数性」論を十分に消化した自説として述べていることがうかがえる。(62)日本への本格的なニュートン物理学、天文学の導入は、同時に地球外知的生命存在説を伴っていたのである。

志筑の仕事に続いて、地動説とニュートン力学は日本で受容されていく。十九世紀前半の代表的な天文学の解説者とされる吉雄常三（一七八七―一八四三）は長崎大通詞、吉雄耕牛の孫で、吉雄学派とされる医学者でもあった。(63)吉雄は家業の医学とともに、天文学を志筑から学んだ。代表作『理学入式遠西観象図説』（一八二三）は、図版を利用した平易な説明で天文学体系を教え、版を重ねた。「完全に近代的な洋学入門書」(64)とされるこの書は、題名からわかるように入門書ながら、ニュートン物理学を基礎として西洋天文学を解説することを意図している。

同書では世界の複数性論もわかりやすく紹介されている。銀河に広がる四万にのぼる星々も太陽と同じ恒星であり、その周囲を惑星たちがめぐっている。その一つ一つが「世界」であり、地球と同様、それらの上には草木から獣、知的生命に至る生命系が存在する。

所謂銀河の如きも四万余点の小恒星群集にして一条の河象をなすなり……その光り必ず数百万里の内を照らしこれを遊星天と称し許他の遊星その内にありて其の恒星を太陽としてこれを旋回し其の遊星は各一世界にして人畜住し草木生ずること吾地球に異なることなく……(65)

吉雄は同書の典拠としてキールの著作の他に、ヨハンネス・フロレンテウス・マルティネットとベンジャミン・マーティンの著書を参照したと書いている。この二人はそれぞれ十八世紀のオランダとブリテンで、ニュートン主義の啓蒙を行った代表的な著者たちだった。彼らの書物はキールの著書のように学問的な性格を持った教科書ではなく、年少者や一般人に向けて書かれたポピュラー・サイエンスの作品で、多数の読者を持ち、十八世紀における科学の普及で大きな役割を果たした。

そのうち、マルティネットの『自然科学入門』(一七七七―一七七九)[66]は、先生と生徒の問答形式でさまざまな自然科学の分野を平易に解説し、各国語に訳されて広く読まれた。この書の冒頭で生徒は、あまりに普遍的に存在するので通常見過ごされてしまう神の技に注意を向けることがこの講義の目的である、と告げられる[67]。そしてその最初の授業として、「神の最も偉大な作品」[68]である天空の学、天文学についての対話が始まる。太陽系と宇宙のありさま、その広大さを教えられた後で、生徒は大宇宙が存在する意味について教師に問いかける。

質問：しかし蒼穹は巨大で、太陽であるたくさんの星に満たされています。それらが無駄に創造されたとは思えません。……[69]

これに対する答えは、吉雄の著書と同じだった。すなわち、広大な宇宙に点在する惑星たちは意味もなく存在するのではない。それらは知的生命が住む場所として造られている。ちょうど顕微鏡が生命に溢れたミクロの世界を発見したように、望遠鏡は高度な知的生命に満ちた、壮大な宇宙空間を発見したのだ。

答：以下のことは確かです。われわれの惑星はいたるところに生きた被造物で溢れています。水滴一つにも生命が住んでいます。それはわれわれの目には見えないのですが、顕微鏡によって確証されています。さらに、われわれの太陽はこの惑星だけでなく、他の二八個の天体を照らして温めています。とくに月は大気で包まれ、山や谷で覆われています。それはわれわれの惑星とおなじように、住まわれるという栄誉に値します。したがってわれわれはそれらの天空の地球が、住民なしに太陽から光や熱を無駄に受け取っているとか、われわれのもの以外の諸世界が存在しないなどと考えることはできないのです。(70)

このように十八世紀ヨーロッパでは、科学啓蒙書の初めの部分で、天文学の基礎知識とともに、宇宙における生命の存在が教えられていた。それは汎ヨーロッパ的な現象だった。イングランドの実験器具製作者であり、科学の啓蒙家として活躍したマーティンの著書『若い紳士淑女のための哲学』（一七五九）も、対話の形で平易に自然科学を解説する。頭上に広がる無限の宇宙空間という新しいヴィジョンを教えられて驚いた生徒ユーフロテスは、それがどのようなものなのかと問いかける。宇宙はどこまでも続く暗黒の無の領域ではなく、星々をめぐる惑星たちが織りなす、システムとしての多数の「世界」の華麗な複合体だった。もちろんそれらの存在は望遠鏡で観測されたのではなく、推論によって想定されているに過ぎないのだが。

ユーフロテス　もしあなたが示唆されるように宇宙が無限なら、それらはどのようにして部分から成り立っているのでしょう。あるいはそれは星の彼方の空虚な空間なのでしょうか。

クレオン　現代の哲学者たちによれば、宇宙はその限りない空間の全体が、異なった物体の諸世界のシステムによって満たされています。このシステムとは、共通するある点の周りをめぐって運動する数多くの物体を意味しています。それがいわゆる「世界」というものです。そしてこれらのシステムの中で運動する物体が、惑星や彗星です。

ユーフロテス　哲学者たちはわれわれ以外のシステムあるいは世界について何か知っているのですか。

クレオン　確かなことはありません。彼らはたかだか推測と、われわれのシステムで観察できる物事からのアナロジーによる推論をすることができるだけです。(71)

この天上に輝く多数の世界というヴィジュアル・イメージは、科学を愛好する十八世紀のヨーロッパ人にとって、いま目の前に展開している現実であるかのような衝迫力を持ち、十八世紀後半の知的世界では広く共有されていた。十八世紀末に高橋至時をはじめとした天文学者たちが取り組んだ未完の翻訳事業である『ラランデ暦書』の原典はオランダ語の *Astronomia of Sterrekunde*（一七七三―一七八〇）だったが、その原著者であるフランスの天文学者ジェローム・ラランドは、後に触れるように、自身の天文学への入門書で世界の複数性を議論している。また、天体の基礎的知識から軌道の計算方法、観測器具に至るまで、当時の天文学の内容を網羅的に解説した浩瀚で詳細な主著『天文学』（一七六四―一七七一）でも、恒星はわれわれの太陽と同じであるとラランドは明言している。(72) 十八世紀中葉以後の日本の科学者たちは、十七世紀ヨーロッパの「科学革命」を象徴する地動説とその原理的根拠となる万有引力を理解していただけでなかった。これらのオランダ語原典や、ヨーロッパ各国語で書かれた原典のオランダ語訳の読解によって、彼らはそれに伴っていた「世界の複数性」の観念をも知っていた。

吉雄は十八世紀末から十九世紀にかけて、「世界の複数性」論が天文学とヨーロッパ思想にとって本質的な意義を持つと考えられたことを理解していた。彼は「世界の複数性」の観念を確立することこそが、地動説の提唱者たちの本意であると指摘している。

> 地もまた天中の一遊星にして遊星太陰［惑星と月］皆これ人民居住の大世界たることを弁ずべし。これ西哲地動を説くの要旨なり(73)

吉雄の読みを証するように、『若い紳士淑女のための哲学』の「第八対話」は「宇宙の広大さと世界の複数性についての省察」と題して、複数世界のヴィジョンが持つ意味を議論している。それはこの宇宙像が当時のヨーロッパ人たちにとって、重要な思想的含意を持っていたことを示している。無数の知的生命が暮らす無限宇宙の壮大なイメージに圧倒された生徒は、自分たちの思考の狭隘さに気づかされる。

ユーフロテス　私はこれまで、自分が住んでいるこの地球と、空の光だけが創造のすべてで、宇宙の全体だと思っていました。また神が人間を創ろうという以上のことをおっしゃったとは、想像もしませんでした。人間は創造物のうちで二番目の順位にいて、天使だけに劣っていると考えればいいと思っていました。でもクリオニカス、もしすべての惑星が世界であり、すべての恒星がシステムの中心である太陽なら、自分たちは何だと考えればいいのでしょうか。もしすべての恒星系が住まわれていて、それらの住人たちは天体によってさまざまであるのなら！(74)

この宇宙的ヴィジョンは天文学を学ぶ者に人間知性の限界を教えるとともに、初期近代のキリスト教が教える通俗的な世界像が、人間を中心とした狭隘な観念に過ぎないことを痛感させるのだった。

クリオニカス　それについては、私たちは何一つ確かなことを考えることはできませんよ、ユーフロテス。この観念は人間の理解力をはるかに超えるほど壮大なのですから。……

ユーフロテス　……神はその摂理によって、一つではなく、無限の世界をおつくりになったのですね！　この地球だけに理性的な種のすべてが含まれているとか、天がこの小さな場所からの植民で満たされるなどと想像する人々の考えは、なんと狭隘なことでしょう！

クリオニカス　あなたは人類が自分たちをずいぶん高く評価しがちなのをおわかりです。わたしたちが獣より優れているので、自分たちは存在の階層の中で天使に次ぐものだと想像してしまうのです。人間は空の鳥たちや地上の獣を支配しているので、星々に侵攻し、天上世界に自分たちの主権を宣言できると思っています。この地上の点の上に自分たちが立っているということだけで。わたしたちの虚栄はなんと愚かで、ばかげていることでしょう、自分たちが利用するためだけに万物が造られていると考えるとは。何についてもわたしたちにできることといえば、それらをせいぜい浪費するだけなのですから。……わたしたちは太陽を利用しているなどと誇れるのでしょうか。……もしわたしたちのシステムの惑星がすべて失われたとしても、それを惜しむのは少数の天文学者たちだけです。(75)

「世界の複数性」のヴィジョンは、人間の視野の狭さと限界を思い知らせるだけではない。かつて天使たちが舞っていた天上界が、じつは肉体を持ち、人間より優れた知的生命で満たされているという観念は、「万物の霊長」を自称する傲慢な人間を戒め、彼らに謙虚さを求めながら、無限の知的・道徳的向上の可能性を垣間見させる点で、地上の不完全な存在としての人類をむしろ勇気づける。

クリオニカス　……わたしたちよりはるかに優れている知的存在の種族がいると考えるのは理に適っています。わたしたちが猿や類人猿より優れているように、天使だけがかれらより優れているという具合に。理性的存在の階層には、さまざまな差異のあらゆる可能性があるのです。その最下位に獣的な本性があります。(76)

自己が「無数の世界」のただ中に置かれたことを知ることから生まれた、自己を相対化するこの意識は、広大な宇宙の周辺に生きる人間をどのような存在と理解すべきかという、人間性探究の衝動に変わるだろう。

十八世紀に「世界の複数性」の観念が哲学的な思索を誘った場所は、ヨーロッパや日本だけではなかった。山片に先立って朝鮮王国では、北学の重要人物である異色の思想家洪大容(77)（一七三一―一七八三）が、有名な『毉山問答』で、複数世界のヴィジョンを吸収して儒学の再構成を図っていた。かつて『毉山問答』は、独自の思索によって「地動説」を発見した作品と解釈されたこともあったが、その中の「世界の複数性」や惑星人に関する記述の部分にはヨーロッパの科学啓蒙書と同様な論調が見られ、それらの影響が推察できる。[78]

東アジアの知識人が十八世紀ヨーロッパから到来した「世界の複数性」論を容易に吸収した理由には、彼らが背負っていた文化的・思想的コンテクストが想定できる。無限宇宙論や複数世界論は、古代ギリシア、古代ローマだけでなく、非ヨーロッパ世界にも広く見られ、たとえば中国には蓋天説や渾天説とともに、宇宙を「無限空間」ととらえる宣夜説が古代から存在していた。[79]「空間と時間が無限であるという信念、世界が多数あるという信念、劫で計量される、ほとんど無限の時の経過の信念」[80]と科学史家ニーダムが呼ぶ、古代インド思想に見られる無限空間論、複数世界論も、仏教を媒介として早くから東アジアに伝来していた。[81]この事情はヨーロッパ人も理解していた。たとえば十七世紀のオランダの探検家ヨハンネス・ニウーホフは、インド人が多数の世界の存在を信じていて、中国に伝わった仏教も同様であり、それはピュタゴラス哲学と同一だと報告している。[82]このような観察に基づき、W・M・パークスの『少年のための地理学入門』(一七九三)は中国人の宗教を紹介し、「釈迦は世界の複数性と、ピュタゴラスの輪廻転生を信じている」[83]と説明し、エフライム・チェンバーズの『百科事典』(一七七八—一七八八)のBRAの項では、コロマンデル人が世界の複数性の信奉者とされている。[84]

ニーダムの解釈によれば、朱子はこれらの伝統思想を踏まえて、「天には実体がなく空虚」だと考えたが、[85]この観念は空虚な空間を満たす「剛気」の説と結びついて、天体が浮遊する無限空間のヴィジュアル・イメージを生み出すに至った。[86]中国に宣教師たちが持ち込んだ天動説はこれらの伝来の無限空間論と葛藤を起こしたが、後述するように、皮肉なことにその直後には、ユーラシア大陸の反対側で、無限空間論と天文学的複数性論が発展していった。[87]こうして十八世紀になると、東西の啓蒙書ではニュートン物理学および天文学と手を携えて地球外知的生命存在論が説かれ、東アジアの先端的な思想家たちにも刺激を与えていったのである。

4　ミクロとマクロの複数世界

渡辺浩は福澤諭吉の「自分を含めた一切を相対化することによって独立の精神を保つという技術」について、『福翁百話』（一八九七）の以下の文を引用している。

宇宙無辺の考を以て独り自から観ずれば、日月も小なり地球も微なり。況して人間の如き、無知無力見る影もなき蛆虫同様の小動物にして、石火電光の瞬間、偶然この世に呼吸飲食し、喜怒哀楽の一夢中、忽ち消えて痕なきのみ[88]

本章の最初に引用した『訓蒙窮理圖解』では、福澤は天文学が教えたマクロ世界の後に、ミクロ世界の驚異を語っている。

扨又造化は斯く大なるものかと思へば、又其細なる仕事に至ても人を驚かすに餘あり。蚤の足に毛あり、蚊の脚に節あるとも、これを見て驚くに足らず。西洋人の発明にて顕微鏡といふものあり。この目鏡にて見れば物の微細なるも亦限なし。水の中に蟲あり、酢の中に蟲あり。一本の絹絲と思ふものも、細なる線の百條も集りたるものなり。一滴の池の水を見れば千首の蟲あり。共蟲の細なること、一百萬の数を集るとも罌粟粒の大さに及ばず。されどもこの蟲も生て動くものなれば、口なかるべからず、臟腑なかるべからず。其體内脈筋などの微細なることは、更に思案にも乗らざる所なり。

右は天文に拘はらざることなれども、聊こゝに造化の洪大霊妙なる證據を擧るのみ。されば日月の照し、四時晝夜の変化を成すも、人力を以て考ふれば不思議なれども、造化の大仕掛に較るときは、唯一端の仕事なるべし。左の條々には又天文の大略を記し、四時晝夜等の理を説き、以てこの冊子の結末と為す。(89)

マルティネットの師弟の対話にも現れていたように、初期近代科学には望遠鏡がとらえた、大宇宙を浮遊する無数の世界というマクロの複数性と並んで、顕微鏡で観測できるミクロの複数性の観念があった。十八世紀中葉にスコットランドの代表的な科学者コーリン・マクローリンも、当時のニュートン体系の代表的な解説書の中で、大宇宙の人知を超えた広大さを示した後、ミクロの世界のとらえがたさを描写している。

もしわれわれが自然の階梯を反対の極限に向かってたどるとすると、小さなものから比較できないほど微細なもの、そして感覚の尺度をはるかに超えたものへと向かい、ついには［宇宙と］同様の茫漠としてつかみがたいところへと導かれるだろう。物質の分割には限界があり、物体の基本要素である粒子は固く、何かから合成されたものではなく、自然や技術のさまざまな作用によっては変化しない、われわれにはこのように信じる理由がある。だが以下のように、物体を形づくる粒子の分割には、どのような想像をも超える数の段階や程度があり、こちらの面でも自然はわれわれによって知り尽くされることはないように見える。顕微鏡は、知覚できないほど小さな粒子をつくる何千もの動物のそれぞれが血管を持ち、その中を流体が流れており、それらが繁殖し、栄養を取り、成長するのを観察した。また物体の蒸発から生じて元の物体の性質を保つ蒸気の微細さ、化学者たちの多くの驚くべき実験などがそれを示している。とくに光の粒子は考えられないほどの小ささを持ち、あらゆる方向で同様に、透明な物体の小孔を通り抜け、違った側では同じ光線が反対の性質を持つ。(90)

マクロとミクロの複数性論を結んだ「地上の蛆虫」や「虱」のイメージは、ヨーロッパ初期近代における複数世

界論の代表者、トンマーゾ・カンパネッラやジョルダーノ・ブルーノたちが好んだ比喩だった。(91)

このように福澤の文章には、渡辺が指摘している、『荘子』に見られる中国古代思想の複数性論とともに、福澤が訳した十九世紀ヨーロッパの科学啓蒙書にある天文学的複数性論やミクロの複数性論が顔を覗かせていると言えるだろう。晩年の福澤はこれらを、ちょうど啓蒙のフィロゾフたちのように、知性の自由さを保持する心術として活用している。

ヨーロッパ初期近代の天文学的な複数世界論が、東西の古代思想に共通する大きな伝統の、近代科学に基づく復活だったため、老荘思想を含めた中国古典や、仏典に含まれるインド思想を学んできた日本の知識人は、ためらいもなくそれを受容することができ、自分自身の人生を助ける、生きた哲学として利用することができたのだった。その思想史的コンテクストとは、アリストテレスの陰に追いやられ、十九世紀半ばからは人間の自己中心性のためにその重要性を忘却され、二十世紀科学の展開を経て現在復活しつつあるように見える、時代・民族・文化を超えて存在してきた、単一性論《モニズム》に対立するもう一つの、世界の総体的な表現《リプレゼンテーション》の様式としての複数性論《プリューラリズム》だった。(92) 本書はこのコンテクストの概略を、ヨーロッパ近代の天文学的複数性論に絞って叙述するとともに、その含意を探究することを目的としている。

第2章　複数世界論の再生

1　ヨーロッパ思想史上の複数世界論

（1）宇宙のヴィジョンと人間の生

一九七七年に公開されたスティーヴン・スピルバーグの作品『未知との遭遇』以後、「宇宙人との遭遇」のテーマが商業映画の一つの流行となり、多くのハリウッド映画がつくられ続けている。その中でカール・セーガンが原作を書いた一九九七年公開の『コンタクト』[1]には、一人の二十世紀末の科学者の考え方が示されている。ジョディ・フォスターが演じる孤独で神を信じない科学者と、大統領のアドヴァイザーでもある神学者の恋人が登場するこの映画では、宗教と科学の長い対立の歴史を終わらせるという大きなプロットの中で、ヴェガ恒星系に存在する宇宙文明との「ファースト・コンタクト」が描かれている。原作者のセーガンは、宇宙科学が発達し、宇宙の真の姿とその起源が解明されつつある現代こそが、倫理や宗教と科学の総合が真剣に考えられる時代なのだと言いたいように見える。

しかしヨーロッパの歴史を振り返るなら、自然や宇宙が社会のあり方や人間の生き方に重要な関係を持つと考えられたのは、古代や中世だった。現在では大部分が失われた、古代の哲学者キケローの主著『国家』(2)の最後を飾る「スキーピオーの夢」と通称される章では、古代ローマの大政治家スキーピオーが夢の中で亡き父に会い、愛国者として生きよと諭される。スキーピオーは人の道を知るために、父の導きで銀河の中を旅し、そこから地球を眺める。

「しかし、スキーピオーよ、このおまえの祖父のごとく、おまえを生んだわたしのごとく、正義と義務を重んじるように。それは親や近親者にたいしても大切であるが、とくに祖国にたいしては何にもまして重要なことである。そのような人生が天界へ、そしてすでに生を終え身体から解放されてあの場所、おまえが見ている場所に住む人々へと導く道なのだ」――それは多くの星の炎のなかでひときわ明るい白光に輝く環であった――「それをおまえたちはギリシア人から学んで乳の環と呼んでいる。」

そこからすべてを眺めているわたしには、ほかの星はみごとで驚嘆すべきものに見えた。さらにわたしたちが地上からけっして見ることのない星があり、すべてがわたしたちの想像を絶する大きさを持っていた。その中で、天からもっとも遠く、地球からもっとも近くにあって、よそからの光で輝く星がいちばん小さかった。また多くの星の球体は、地球の大きさを軽く越えていた。じつに、地球そのものがあまりに小さく見えたので、わたしはわが国の領土を不満に思った。(3)

ワーム・ホールをくぐって銀河へ向かう『コンタクト』の主人公の旅の映像を思い出させるような、SF的で、また古代人の驚くほど正確で豊かなヴィジュアル・イマジネーションを示すこの章で、この古代屈指の作家はスキーピオーの父の口を借りて、宇宙の偉大さと比較すれば、人間の営みがいかに小さなものであるかを力説する。父の教えとは、国のために己の命を捧げて献身する者は、死後この銀河へ帰ってくるということだった。

「しかし、アフリカーヌスよ、お前が国家を守ることにいっそう熱心になるために、このように心得るがよい。祖国を守り、助け、興隆させた者すべてのために、天界において特定の場所が定められており、そこで彼らは至福の者として永遠の生を享受できる、と。[4]」

「それゆえ、偉大で卓越した者にとってはいっさいがかかっているこの場所へ戻ることをもしおまえが諦めるなら、わずか『一年』のごく小さな部分にさえ達することができないおまえたち人間の栄光は、いったいどのような値打ちがあるのか。もしおまえが上を仰いでこの永遠の住居と家に目を注ぐことを欲するなら、民衆の噂に耳を傾けたり、おまえの行為において希望を人間的な褒賞に託したりしてはならない。徳そのものがその魅力によっておまえを真の栄誉へ誘うべきであって、ほかの者がおまえについて何を言うかは彼ら自身に考えさせるがよい。いずれにせよ、彼らは言うだろう。しかし、その噂のすべてはおまえがそこに見る狭い領域に取り囲まれていて、誰についても永続したためしはなく、人間の死滅によって埋められ、後世の忘却によって消し去られるのだ。[5]」

キケローが巨匠の筆致で美しく描き出したスキーピオーの「宇宙旅行」は、現代のSFから想像されるような、古代人の閑暇の慰めとするための、色彩豊かで奇想天外な読み物の題材などではなかった。それは二十世紀の科学者カール・セーガンのSF小説と同様に、宇宙と人生と倫理を全体的に考察するための、包括的ヴィジュアル・イメージを提供することを目的としていた。

この作品で表現された、愛国心を至上の徳と考える古代ローマ市民の倫理と宇宙観は、愛国者が文字通り「星」になるという一点で、分かちがたく結びついていた。人間の魂にとって古代の宇宙は疎遠で空虚で冷たい空間ではなく、「滅びない住まいでも故里でもある場所」だと思い描かれた。古代自然学によって、星々は地上の四大元素よりも高貴な、永遠不滅の神のような実在だと考えられていた。そのため英雄が「星」になることができれば、彼(古代ローマは家父長制社会だった)には永遠の生命が与えられる。宇宙の知識と「ストイック」な生き方は、完全な形で一つの体系を形作っていた。古代ではこのような仕方で、宇宙論が人間の生き方を支えていた。

この鮮明な「スキーピオーの夢」のヴィジョンは、古代的宇宙空間の壮大なヴィジュアル・イメージの中に、現世の名誉のはかなさと真の愛国者への死後の報いを位置づけている。それは多くの感銘を読者に与え、キリスト教的文化圏にも継承されていった。たとえば六世紀初頭に書かれたボエティウスの『哲学の慰め』にも、その反響を見出すことができる。牢獄で処刑を待つ文人政治家ボエティウスの前に現れた哲学の女神は、現世の苦難によって煩わされることはないと慰める。そして彼を説得するために、壮大な宇宙の像を描き出してみせる。

生まれながらにすぐれてはいるが、しかしまだ徳性を完成して最後の仕上げをすませていない精神は、ただ一つ次のことに、すなわち名誉心に、つまり国家に最も尽くしたという名声にひきつけられます。それがいかにつまらない、また全く意味のないことであるかは、次のように考えればよいのです。

天文学者の証明によってあなたも知っているように、地球全体は天空に比べれば、一点に過ぎません。したがって、地球は天球の大きさと比較されれば、全くいかなる広がりも持たないと判断されるでしょう。ところで、宇宙におけるこんなに小さい領域のほぼ四分の一が、プトレマイオスの証明からあなたも学んでいるように、われわれの知っている生物の住んでいる部分です。もしこの四分の一の部分から、海や沼沢が覆っている部分を、また砂漠が広がっている部分を、想像によって差し引いたならば、人間の住める地域としてはきわめてわずかな部分しか残らないでしょう。ですから、あなたがたは一つの点のどこともわからぬこの極小の点の中に、囲いを立てて押し込められているのに、評判を高めるだの、名をあげるだの考えているのですか。

……もし自己をちゃんと意識した精神が、地上の牢獄から解放されて、自由に天に昇っていくとすれば、精神は地上の労苦をすべて軽蔑し、そうして天上で楽しく過ごしながら、地上の雑事を免除されたことを喜ぶのではないでしょうか。(6)

宇宙空間で報われるのが現世の市民的徳なのか、信仰者の来世に向かう信心なのかについては、古代ローマの市民キケローと、中世への過渡期に生きていたキリスト教的ローマ人ボエティウスは、意見を異にしている。しかし執筆時の著者の境遇を考慮するなら、ボエティウスのこの述懐は、宇宙の中での自己の位置づけが、古代哲学を吸収したキリスト教的信仰にとっても、切実なまでに重要だったことを示しているだろう。中世に入っても「スキーピオーの夢」と『哲学の慰め』は、他の著作のほとんどが西欧では失われていたプラトンの『ティマイオス』と並んで、古代宇宙論と人間を結びつける古典として、甚大な影響を与え続けた。

近代天文学の成立によってアリストテレス、プトレマイオス的な古代宇宙論が信頼を失った十七世紀以後には、このような人生観の存続が困難になっていったと想像されるかもしれない。ユダヤの宗教的伝統から派生し、古代ローマ帝国の知的環境の中で成長していったキリスト教も、古代文明の宇宙論を受容し、教義体系の内部に組み込んでいたので、宇宙像の転換は、その土台を揺るがす脅威となったと考えることもできる。じじつ晩年のパスカルは、人間の想像力を超えた、膨大で空虚な宇宙空間という虚無のヴィジョンに戦慄を覚えると書いている。(7)

だが多くの初期近代の科学者たちは、倫理や宗教と自然科学が対立するとは考えず、むしろこの天文学の発展が、義しい信仰を確立する機会だと考えた。それは彼らにとって、宗教的対立をきっかけとして生じた十七世紀の内乱と戦争の混乱を収拾し、安定した秩序をヨーロッパ世界に確立するための、大きな観念上の礎石となると思われた。十七世紀末にはニュートンによる宇宙と地上の事物の理論的な総合が現れたが、それは宇宙の造り主が実在する天文学的な証明ととらえられた。そして「キリスト教的科学者」たちにこの地動説と近代物理学に基づく宇宙像が啓示したのは、無限空間の膨大な空虚の中を生命と知性が満たした世界だった。地上の世界を囲繞する複数の透明な天球の代わりに、どこまでも広がっている無限宇宙を見上げた科学者たちにとって、この広大な虚空を満たす複数世界は、神の万能と慈悲と智慧を示すと思われた。宇宙生命とキリスト教徒は同朋になり、地球外知的生命とキリスト教は共存するようになった。こうして十八世紀になると、無限で空虚な大宇宙の中で、「宇宙人」たちの世界が繁栄していった。

（2）「世界の複数性」の思想史的コンテクスト

十八、十九世紀の地球外生命存在論が当時の文献資料で「世界の複数性」と通称されていたのは、十七世紀末にフォントネルが著した汎ヨーロッパ的ベストセラー『世界の複数性についての対話』の影響のためだけではない。この名称の用例ははるかに古く、その事実がこの観念の歴史的由来を物語っている。

十八、十九世紀の地球外知的生命存在論にはるかに先行して、「世界の複数性」論と通称される、「世界」が単数なのか、複数なのかをめぐる、古代以来の形而上学的、神学的、自然学的探究の長い歴史があった。(8) この複数世界論で重要な役割を果たした十四世紀の後期スコラ哲学の碩学ジャン・ビュリダンは、世界を「宇宙 universum」すなわち「あらゆる存在するものの総体」として、また地上の生成可能、あるいは永遠な諸事物として、さらに人間の目に見える事物およびそれらを含む諸天球の集まりとしてとらえ、最後の、すなわち現代的な意味での「宇宙」あるいは「恒星系」について、「世界」の複数性を議論した。(9)「世界」という名辞あるいはイメージが意味するものは自然観や宇宙観によってさまざまにありうるが、それを何らかの意味で存在するあらゆる事物の総体、すなわちビュリダンの言う「宇宙 universum」とするなら、「世界」が単数か複数かという問いかけ自体、意味をなさなくなる。したがって世界の複数性論で歴史的に議論されてきた「世界」(mundus, monde, mondo, world, Welt) とは、ビュリダンの第三の定義が含意するように、人間が目にするあらゆる対象と、その自然な延長として考えられる事物の総体を指すと考えられる。そうとらえるなら世界 mundus に関する「複数性論《プリューラリズム》」とは、特定の宇宙論に依存しないようにビュリダンの説明を一般化して、「人間の日常世界およびその延長の全体と平行し、これに対応した統一性と充実度を持つ、未知あるいは不可知の領域が存在するとする、総体としての世界 (universum) の表現《リプレゼンテーション》の仕方」と定義できるだろう。この意味での「複数性論」は非常に抽象的な認知の図式なので、個々の宗教や思想や価値を超えて共有できる思考の枠組みであるとともに、後の諸章で論じるように、それが経験的な対象に向かうとき、個人に対して特定の関心と眼差しを提供し、知的・実践的働きかけを規定する。

十八、十九世紀の「世界の複数性」は、実際には主に太陽系の内外に存在する、地球以外の惑星上のエコ・システムを指していた。それらはもし現存するとして、未だ発見されていないという点で、人間が目にするあらゆる対象と、その自然な延長として考えられる事物の総体の外にある。それらはまた人間の日常世界から見て未知あるいは不可知でありながら、おそらく人類がその中で誕生し発展してきた地球上の「世界」と同等の充実度と統一性を持ったシステムだと想定できる。だが無限宇宙論が支配的でなかった古代でアリストテレスが論を尽くして反論し、中世でも議論され続け、時にはそれをめぐって異端告発が行われた「世界の複数性」とは、この地球外のエコ・システムという観念を含みながら、それよりはるかに普遍的、抽象的な、世界に関する見方の一つだった。以下の諸章で見るように、十八、十九世紀の地球外知的生命存在論は、さまざまな観念を含み、より抽象的でもあった、この先行する複数世界論の探究の系論として登場してきた。この点から見た場合、「世界の複数性」という名称で十八世紀から十九世紀に広がった地球外生命存在説は、世界の総体的な表現《リプレゼンテーション》様式として人類の知的伝統の一つに数えることができ、特定の学派、思想潮流を超えて共有される、世界に関する複数性論《プリューラリズム》の一つの形態だったと考えられる。

古代ギリシア、ローマには、地球外生命存在説という十八、十九世紀的な複数世界論も含めて、以上の広い意味での複数世界論が多く存在した。そのことはヨーロッパでも古くから部分的には知られていたが、その内実が本格的に紹介されたのは、ルネサンス期に入ってからだった。十五世紀末に訳され、広く読まれたディオゲネス・ラエルティオスの『ギリシア哲学者列伝』[10]によると、アナクサゴラス、[11]アルケラオス、[12]ピロラオス、[13]ゼノン、[14]レウキッポス、[15]デモクリトス、[16]アポロニアのディオゲネス、[17]エピクロス[18]などが複数世界論を提唱した。これに対して単一世界論者には、ヘラクレイトス、[19]パルメニデス、[20]メリッソス[21]などが挙げられている。『モラリア』の「信託の衰微について」で長大な複数世界論を展開したプルタルコスも、[22]代表的な複数性論者としてしばしば近代の文献で参照されてきた。[23]またコペルニクスやガリレオなどの初期近代の科学者たちの脳裏にあり、十八世紀の文献にも現れるルネサンス期の不正確な伝承では、オルフェウスやピュタゴラス学派が複数世界論の先駆者だとされていた。それは初期近代の人々の脳裏では、マルシリオ・フィチーノたちの「古代の神学 prisca theologia」[24]の系図としばしば混ざり合っただろう。

このうちとくに十五世紀初めに発見されたローマ時代のルクレティウスの著作『事物の本性について』によって、原典に当たって理解することができるようになった原子論は、アリストテレス体系に対抗する世界の描像を提供しているために、十七世紀に科学者たちの間で再生が図られた。物体や生命や世界の成立を無限空間の中での原子のランダムな作用の結果として描く古代原子論は、論理的に複数世界論に帰結する。どこまでも広がる空虚な無限の入れ物のなかで運動する無数の原子によって構成される世界が、一つしか存在しない理由はない。そのため古代の原子論者たちは複数世界論者でもあった。復活した原子論が同時に複数世界論の正当性を含意していたことは、のちに見るように、無限の空虚な空間の中の粒子の運動を仮定するデカルトやニュートンの宇宙論が、複数世界論の論証と受け止められたことにも示されている。

ルクレティウスの原子論に神の役割はない。この点だけから見れば、原子論、粒子論に基づく複数世界論が唯物論として展開される論理的な可能性があった。十八世紀のドルバックたちも十九世紀のフォイエルバッハも、天文学的複数性を否定しなかった。だが十七世紀にデカルトやガッサンディやボイルたちが遂行した「原子論」、「粒子論」の再生は、アクィナスたちによるアリストテレス体系の復活のようにキリスト教との融和を主眼としていたので、それらは多くの場合、次節で見るクザーヌス的な、キリスト教的有神論に基づく複数性哲学の枠組みの中に埋め込まれることとなった。

複数世界論に対立する単一世界論者の著書の中にも、複数性論《プリューラリズム》の定義に適合するかのような議論がある。パルメニデスの単一世界論を受け継いだプラトンは、通常単一世界論の代表者の一人とみなされている(25)。だが、ほとんど唯一生き残ったプラトンの著作として、ルネサンス以前のヨーロッパ思想史上で大きな影響力を有した著書『ティマイオス』の中には、複数世界論と読むことができる記述も残されている(26)。異論が可能とはいえ、この地上に生まれるべき魂があらかじめ他の天体上で順番を待っているという記述の解釈を、月世界に「われわれの」魂が借宿していると考えれば、身体を持つ生命の世界ではないが、プラトンが重視する精神世界の住民という意味で、コスモスという入れ物としての単一世界の内部に、人間が生きている世界に平行して、これに対応する充実度を持つ世界が別に存在することになる。これも一種の複数世界論とみなすことができるだろう。そのためプラトンを、「ピュタゴラス学派」の複数世界論の系譜に置いて理解する見方が生じた。

以上の古代ギリシア・ローマの複数性論の概略からは、複数世界論が古代の思想史上で一つの大きなコンテクストを形成していたことが示唆される。第一に、ディオゲネスは古代ギリシア哲学の諸学説を概観する際、他の重要な問題とともに、それぞれの哲学者の複数性論への賛否を報告していた。それは古代の知的世界では、複数世界論が真剣に議論すべき重要な自然学的・形而上学的主題の一つと考えられていたことを証している。第二に、現存資料の制約からそれぞれの学説の詳細を明らかにすることはできないが、古代人の証言では多くの論者が複数性論者とされていることから、古代の複数性論は少数者の特異な意見ではなく、広く支持された世界に関する見解の一つだったと推測できる。本章、次章で見るように、アリストテレス自然学に反対した十七、十八世紀の複数世界論者たちは、それが多数あるいはほとんどの古代人の意見だったとさえ考えていた。第三に、エレア学派や原子論者など、自然学的・形而上学的立場を異にする人々がともに複数世界論者とされていることから、複数世界論は特定の学派、思想潮流に限定される固有の観念ではなく、これらの差異を超えて共有される、世界に関する一つの理解の様式だったと理解すべきだろう。第四に、後述する十八、十九世紀の世界の複数性論の状況からとらえ直すと、これらの議論の中には形而上学的・抽象的な世界の複数性論と、月面上の知的生命の存在といった地球外知的生命存在論が混在していたと言える。

古代の複数性論はユダヤ教、キリスト教、イスラーム教のような創造神の観念を持つ宗教の信者たちによって、新しい展開を見せることになる。多数存在するとされるプラトンの神々や、世界のどこかに住んでいて何をしているのかもわからないエピクロスの神々や、有限世界の外辺に在り、「不動の動者」として世界に運動を与えるアリストテレスの神と違い、これらの宗教が信奉する唯一の創造神は、あらゆる存在を造りだしたとされる。そのため神自身は、世界の創造以前に存在しなければならない。これらの宗教は神と人間の間に絶対的な距離を置き、人間が「神と一体化する」と考えるのは神秘主義者たちだけに限定されたが、少なくとも神に近づくために、人間に可能な限りで神の立場を想像し、天地創造の御業とは何であったかを思索することはできた。創造神の観念は神の実在を確信する信仰に支えられて、世界の全体をその外側から見る視点を提供する。さらに世界の始まりと終わりのあり方が個人と民族と人類の救済にかかわる重大事だったので、世界は一つか複数かといった一見抽象的な問題が、有能な哲学者が人生を賭けて考え抜く主題の一つとなった。

神の万能が仮定されるイスラーム思想やキリスト教哲学では、神がこの「一つの世界」だけを創造したという主張は、彼の無能力を表明するのと同等だと考えられることがあった。そのため神が創造した世界は「無数」に存在するか、すくなくとも天地創造以前に神の中で可能的に無数存在するという複数世界論が生まれた。これは自然学的な議論に依拠せず神の観念のみで論理的に議論を行うため、一元的時空世界の中に存在する無数のエコ・システムという天文学的な複数世界論に対して、形而上学的複数性論と呼ぶことができる。古代の教父哲学ではオリゲネスの複数性論がよく知られている。オリゲネスは世界が複数存在すること、この世界の前にも後にも世界が存在したことなどを主張した。(27)

じっさいにも聖書のいくつかの章句には、複数世界論を暗示するかに読める箇所があった。とくに英語圏では欽定訳聖書の内の「ヨハネの福音書」の以下の箇所が、天文学的複数性論の議論の中でたびたび参照されることになる。

“In my Father's house are many mansions”（「ヨハネの福音書」十四章二）(28)

またクルアーンの中にも、複数世界論と読むことができる部分がある。

そこで神は、これらを七つの天とされ、それぞれの天にその使命を掲示したもうた。そして、もっとも下層の天を照明で飾り、守りたもうた。(29)

神こそは、七つの天を創造し、また大地からも同数のものを創造したもうたお方である。(30)

互いに重ね合わせて七層の天を創造したもうたお方。(31)

イブン・スィーナーやイブン・ルシュドたちのイスラーム哲学をめぐる論争にも、形而上学的複数性論が見られる。イスラーム哲学は新プラトン主義的に解釈されたアリストテレス哲学に基づいたため、世界の永遠性、創造の必然性、能動的理性などの点で、イスラーム神学と対立することとなった。そうした対立点の一つが複数世界の創造可能性だった。イスラーム哲学の該博な知識を持ちながら、正統派神学の立場からそれを批判したガザーリーは、創造における神の合理的な計画、すなわちアリストテレス的な必然性よりも神の意志の絶対的な自由を重視し、(32)「神は［創造することも］創造しないこともできる」(33)として、複数世界の可能性を論じた。また十二世紀の神学者ファフルッディーン・アル・ラーズィーは、クルアーンの章句に基づいて無限空間と複数世界の存在を論じた。イスラーム哲学は湿乾温冷の性質によって定義される地水火風を地上の物体の構成要素と考え、物体の質的変化を扱うアリストテレスの自然学に基づいていたが、それとは異なり、アシュアリー派などの正統的イスラーム神学の世界観は基本的に粒子哲学だとされるので、複数世界論に親和的な性格を持っていたと考えられる。(34)またモーゼもイエスもムハンマドも預言者と考えるイスラームでは、仮に複数世界のそれぞれに神の預言者が登場したとしても基本的な信仰箇条とは対立しないので、第3章で検討するような、キリスト教多数派に見られる「唯一のキリスト」と複数世界それぞれの救済との矛盾は生じない。

初期近代の科学者たちが対抗したアリストテレス解釈に基づくトマス・アクィナスの教説は、教会によって最初から受容されたのではなく、アヴェロエス主義とともに批判を受けた。(35)その理由の一つは、アリストテレスの単一世界論を尊重するために、彼が形而上学的複数性論に反対したことだった。(36)アクィナスは『神学大全』第四七問題第三項で世界の複数性を論じ、単一世界論を支持している。(37)アクィナスは以下のように論じる。第一に、神の無限の力という点から、世界は一つではなく、いくつも産出されたという議論に対しては、プラトンやアリストテレスに基づき、一つの秩序に従う世界は一つと考えるべきである。第二に、世界が一つより複数あるほうがよりよいので、善なる神は多くの世界を創造したはずだという議論に対しては、質料的な複数性には際限がなく、創造が無限に進行することになるので、神の最終目的とはなりえないとすべきである。第三に、「人間」という性質を持つ者が一人でなく複数存在するように、同じ種的形相からなるものは質料的に複数存在し得るのだから、世界も複数あるはずだという議論に対しては、世界の構成部分である質料はその本来の場所に向かって動いて無制限には拡がらず、世界は一つしかありえないことになるとすべきである。このようなトマス・アクィナスの議論は形而上学的な論法と自然学的な論法を混在させているが、このうちで形而上学的な可能的世界論については、一二七七年のエティエンヌ・タンピエの禁令のうち、複数創造の可能性の否定を断罪した三四条の発表以後、神が複数世界を創造する可能性を否定することが難しくなったとされる。(38)

研究史上、初期近代の複数世界論の議論の直接の先行者は、世界が永遠、有限、単一で必然的だとするアリストテレスの学説を批判した、ボナヴェントゥラ、ウィリアム・オッカム、ニコル・オレームなどのスコラ哲学者たちの「世界の複数性」論にあると考えられている。(39)簡潔だが論理的に優美なまでの完成を見せる作品『神秘神学』で説かれた、偽ディオニシウスの否定神学の影響を受けたとされるボナヴェントゥラの伝統を受け継いで、フランチェスコ派の哲学者たちはこの系統の議論を進めた。たとえばヨハネス・ドゥンス・スコトゥスは、神の意志は必然的にではなく、偶然的に働くとして、神が何物にも縛られないことを強調した。(40)スコトゥスによれば、いかなる制約も受けない神の行為を、人間の知性は十分に理解できない。(41)またウィリアム・オッカムは、アリストテレスの自然学の単一世界論を取り上げ、アクィナスの反論を退けて、神は複数の世界を創造できると批判した。(42)オッカムによれば、神は同じ種に属する人間を多数創造しているのだから、同じような世界をいくらでも造ることができるはずである。

緻密な議論によって地動説の成立可能性を示唆したニコル・オレームも、『天体・地体論』でこの問題を取り上げている。世界の複数性は三つの仕方で定義することができる。(43) 第一に、「一つの世界に時間的に次の世界が続く」という、ストア派の世界観のような、時間的な複数世界の形態がある。この形は自然には生じないが、神がその万能の力で実現することは可能であり、じっさいにそうしたかもしれない。(44) また「一つの世界がもう一つの世界の内部にある。したがってこの世界の領域の中に同じような、だがより小さい世界がある」という、世界の入れ子式構造も考えられる。このようなことはありそうもないが、論理的に否定することはできない。(45) ただし、仮にそういうことがあったとしても、小さすぎてそれは世界とは言えないだろう。(46) 最後に、「一つの世界の空間的な外側に他の世界がある」(47) という複数世界論もありうる。「これはアリストテレスによって反論されているが、私は彼の議論が明確に決定的なものだとは思わない」とオレームは主張する。そして複数世界の創造可能性を否定できないと論じながら、「万能の神が、この世界あるいはいくつかの世界の外にそれに似ているか、似ていない世界を創造することは否定できない。だが、形のある世界が一つ以上存在することは、過去にも未来にもない」(48) と、オレームは自然学としてはアリストテレス哲学を肯定する立場を採りつつ、複数世界の論理学的・形而上学的可能性を論じている。オレームの明快なまとめに従うなら、世界の複数性には、時間軸上での世界の生成、崩壊、再生という「時間的な複数性」論、人間の日常世界の中に入れ込まれている微細な世界という「ミクロの複数性」論、この世界の外側に並行して存在する世界という「マクロの複数性」論と、三つの類型が考えられる。この三つの複数世界のそれぞれが、近代の複数世界をめぐる議論の中に登場することになる。

インペトゥス論によってガリレオ運動学を準備したとも言われるオレームの師ジャン・ビュリダンは『天体・地体論四巻問題集』の第十九問で、複数世界論を検討している。ビュリダンはアクィナスの議論に正当性を認めない。

語義の分析から見て、「世界」という普通名詞は複数の個体の述語となるはずなので、複数世界を否定することはできない[49]。神の力の観念から見ても、複数世界を創造する能力を否定するのは万能性という神の属性に反することになる[50]。存在の完全性という点から言っても、単一より複数の方がより完全になるはずである[51]。時間の継起を考えても、今の世界と過去の世界が違うととらえれば、世界は複数あることになる[52]。複数性には同時的な複数性と継時的な複数性があるとするビュリダンは、アリストテレスの自然学の単一世界論を検討し、論理学的・形而上学的な視点に加え、自然学的な議論も援用して、複数世界の創造可能性を肯定する[53]。

これらの議論は、被造物の総体としての世界と、創造主である神の万能性・完全性との関係という問題設定の中で行われた。アリストテレスが世界は有限で、永遠で、単一だと主張したのに対して、複数世界の支持者たちは、オリゲネスのように、神が万能であるなら、無数の世界を創造したに違いない、あるいは多くのスコラ哲学者のように、少なくとも神の内では、つまり可能性としては、無数の世界が存在できるはずだと批判した。後期スコラ哲学のオッカム、ビュリダン、オレームたちの研究は、アクィナスたちやそれ以後の緻密なアリストテレス研究を踏まえ、論理学的・形而上学的な議論と自然学的考究を結びつけてそれを批判的に検討するという、学問的に高度な性格を持っていた。

神の万能説はブリテンで、神の自由な意志を重視するヴォランタリズムの神学として受け継がれ、十七世紀にはじまる科学の発展の中で、「イギリス経験論」の世界観的基底を構成していった。また形而上学的複数性論の伝統は、ライプニッツからクリプキを経て、現代様相論理学まで継続している。さらに次節で見るように、ヨーロッパの初期近代に先行する複数世界論がつくりあげた枠組みは、近代複数性論の主要な主題だった、無限宇宙と地球外知的生命存在説に関する議論全体の論理的構造を規定することになった[54]。

イスラーム思想と中世スコラ哲学が遂行した、創造神の眼差しという、存在の全体としての「世界」の外部の視点を導入することによる、アリストテレス体系の徹底的な検討とその批判は、人間自身がその中で生きる「世界」そのものを対象とし、その性質を比喩的にではなく、学問的に厳密に論じるための語彙と観念をもたらした。しかも「世界は一つなのか複数なのか」という、現代ではあまりにも抽象的でとらえがたく響くこの形而上学的な問いかけは、専門学としての哲学の成立以前の時代に属し、哲学と自然学が区別されていないこれらの文献の中では、形而上学的であるとともに自然学的な問題でもあり、経験世界への具体的な志向性を伴っていた。アリストテレス自身、「形而上学」という学問領域を切り拓いた西洋史上最大の哲学者であるとともに、自然学を体系化し、論理学や生物学や社会科学で古典的な業績を残した優れた科学者だった。形而上学と自然学を結び付けて論証を展開したビュリダンたちのような彼の批判者たちも、数学者、自然科学者でありつつスコットランド哲学を体系化したトマス・リードや、純粋哲学の創設者であると同時に太陽系生成論の先駆者だったイマヌエル・カントなど、初期近代の多くの哲学者たちがそうであったように、科学者であり哲学者だったともいえる科学者／哲学者たちだった。

また創造神が世界の論理的外側に在るという考えは、創造神と世界を厳密に区別することを要請する。古代哲学ではプラトンの「イデア界」のような、一種の別次元のより高度な実在の世界が想定されることがあった。イデアの世界は形や重さを持たない抽象的な実在界と表象できるが、そこでは少なくとも論理学と数学が成立するはずであり、その点で人間知性の接近を許す。この論理矛盾がないという意味で実在性を持つ可能的な世界と創造神の在り処が同じなら、神は人間知性によって理解できることになる。あるいは神が人間知性から絶対的に隔絶しているなら、偽ディオニシウスが言うように、神自身は数学や論理を超え、あらゆる矛盾を許容する絶対的な場所に住まうことになる。通常神は自然法則や論理学の規則を破って「奇跡」を起こしたり、同時に複数の場所に現れるなど、論理的な矛盾にとらわれないで行動するので、論理学と数学の妥当性を前提とする科学の立場から見ると、たんに経験世界に存在しないだけでなく、存在することが不可能な存在と定義できる。実際にそのような「存在」があり得るのは、「現代のフランス国王」を想像し、「現代のフランス王は禿頭である」という命題を構成する自由度を持つ、人間の脳内に限定される空想の世界だけだが、有神論的な哲学では神こそが真の実在だと考えるので、そこから万物が生まれ出でる神の領域、イデアあるいは理性の領域と人間が生きる世界、現代の理解に沿って言えば、自然言語によってしか伝達できない脳内の空想の世界、数学や論理学の対象である可能的世界、物理学の対象である経験的な世界のかかわりという、多層的な構造を形而上学的に整理しなければならない。そのため神の創造の完全性をめぐって発展した有神論的な世界の複数性論は、これらの多層的な関係を含めて神と世界のかかわりを考察する複数性哲学となった。

初期近代に先行するヨーロッパのこの知的成熟は、古代複数性哲学の諸断片を含んだ新しい資料の利用可能性がルネサンス期に開かれると、最後にはアリストテレス体系に代替する知識の体系の成立に帰結していく多様で果敢な知的冒険を生み出し、その過程で、複数世界論のコンテクストが新しい形で浮上することになる。十八世紀から十九世紀にかけて、いまだ確認されていない地球外のエコ・システムの存在が、あたかもすでに確立された事実でもあるかのように広範に受け入れられた理由は、初期近代から十八世紀までの思考が、この形而上学的な認知図式としての世界の複数性論に大きく規定されていたからだと考えられる。

2　近代の複数世界論

(1)　地球外知的生命と地動説

「天文学的複数性論」と呼ぶことができる、宇宙空間中の他の惑星上に生きる生命の観念も[55]、古代ギリシア・ローマ時代のピュタゴラス派、クセノファネス、エピクロス、ルクレティウスやプルタルコスたちにまでさかのぼることができる。(56) コペルニクスとジョルダーノ・ブルーノに先立ってすでに十五世紀には、ニコラウス・クザーヌスが『学識ある無知』(一四四〇)で、無限宇宙の存在と、地球以外の天体に住む生命体を考察していた。クザーヌスは神の属性としての「無限」についての思索の過程で、宇宙は地球を中心に構成されてはいないというヴィジョンに到達した。近代西洋思想史上で、「無限」という語彙には二つの意味がある。それらは神のみに許される真の「無限」と、被造物にかんする「限界がない」という意味の、「無際限」としての「無限」の二つである。デカルトの「無限空間」は後者の、「限界のない」空間を意味している。(57) クザーヌスによれば、宇宙は前者の意味での神の無限の力が、有限な存在の形をとって現われたものである。

多様な有限的存在者は、個々のものとして、また限界のない――それゆえにもはや地球中心的ではない――宇宙の総体として、絶対者の限定された顕現にほかならない。(58)

神の創造であるこの無際限という意味で無限な宇宙には、人間以外に精神的な存在が棲息するだろう。「存在の鎖」やミクロコスモスとマクロコスモスの照応のイメージを使いながら、クザーヌスはさまざまな星にも生命が存在する可能性があることを指摘し、この考えが地球上に住む知的存在者としての人間の価値を貶めるものではないとする一方で、それらと人間の間にはなんらかの共通性があると言う。さらに太陽には人間より「叡知的で霊的でさえある棲息者」が存在するとも主張する。

しかしながら、他の星の全領域とこの世界の全領域とは宇宙の目的よりして、或る種の、われわれには隠されている比例関係に立っているのであって、そのために、この地球およびその領域に棲む者たちは他の星に棲む者たちと普遍共通的な領域を媒体にして何らかの関係を持つのであるが、それは、あたかもまるごと完全な動物であろうとして全ての部分が比例関係に立つような具合に、手の指の各関節が手全体を介して足と、足指の各関節が足全体を介して手と相互関係を持っているのと同じである。それゆえ、他の星の全領域はわれわれには知られていないのであるから、そこに棲む者もまったくわれわれには不明のままである。それはあたかも、この地球上で一つの種に属する生物がいわば特殊な一領域を作って互いに団結し、したがって互いにその特殊な領域を維持しようとして、その領域に属するものを分有するばかりであって、他の種に属するものには煩わされず、しかもそれらを正確に知らないという事態が起きるのと同様である。実際、一つの種に属する生物は、他の種に属する生物が音声的な徴によって表現する観念を、ただわずかばかりの外的表徴によって理解しうるにすぎないのである。それとても長期の訓練によって可能であるどころか、もっぱら臆測的でしかないのである。ところで、われわれは、他の領域に棲む者についていては、比較のしようもないくらい、ほとんどもって無知なのである。われわれはただ、太陽の領域には月の領域にいる者よりも卓れて太陽的で明るく光り輝き、かつ叡知的で霊的でさえある棲息者たちがおり、月には卓れて月的な棲息者たちが、地球には卓れて物質的で重さを持った棲息者がいるということ、したがってまた、太陽的で叡知的な本性を持つものは現実性においてより多く、可能性においてより少なく存在するが、これに対して地球的な本性を持つものは可能性においてより多く、現実性においてより少なく存在し、月的な本性を持つものは両者の中間に浮動していると臆測しているにすぎないのである。(59)

「無限宇宙」のヴィジョンと地球外知的生命存在説は、コペルニクス体系の成立から始まる、科学的な地動説と「近代的宇宙観」の確立の結果として出現したのではなかった。時系列に従うなら、前者は後者に先立っていた。

しかもスコラ哲学やルネサンス的諸観念を統合してすでに十分に仕上げられたクザーヌスの学説は、近代天文学に基づく天文学的複数性論の成立が、複数性論《プリューラリズム》という、大きな思想史的コンテクストの浮上に支えられていたことを示唆している。近代複数性論がすべてクザーヌスに始まると考えるべきではないだろう。むしろクザーヌスの整然とした議論の運び方は、古代ギリシアにも存在したこの考えが、地動説の確立以前の初期近代にすでに深く考究されていたことをうかがわせる。それは博学なクザーヌスの複数性論に、多くの先行者があることを予想させる。おそらくデモクリトス、ルクレティウスからクザーヌスに至る多くの媒介項が存在していたと思われる。

ルネサンス末期に現れた『学識ある無知』は、十八世紀中葉から十九世紀前半に全盛期を迎える、無限宇宙における生命存在論の初期近代における一つの先駆だったただけではない。そこでは続く十七世紀から現在に至るまでの複数性《プリューラリスト》哲学が、すでに体系的に完成した姿を現している。古代から初期近代にいたる議論の中での世界の複数性論は、たんに月や惑星上に生命が棲んでいるという観念ではなく、古代の世界のあり方に関する形而上学的な問いかけにかかわる回答の一つだった。創造神の観念に基づく宗教の伝統の中では、それは世界に先立ち、その外側に立つ神の眼差しから世界の根源的なあり方を考察することへと発展した。このような大きな形而上学的枠組みの中から生まれた初期近代以後の複数性論は、世界とその原因である神を含んだ、キリスト教的で哲学的な枠組みとして構成される複数性哲学となり、天文学的複数性論はその中に位置づけられることになる。

複数性論者《プリューラリスト》としてのクザーヌスは形而上学的複数性論を採らず、物質的世界を無限の単一空間として構想する。その意味ではクザーヌスの複数性論《プリューラリズム》は単一世界論という性格を持っている。それには単一世界論を採るアリストテレス自然学が教会の正統学説となったという時代的コンテクストが関連しているが、彼自身の議論の内部では、神の唯一性がその理由となっている。アリストテレスは空間を運動との関係でとらえるので、天球の外側には運動がないため、そこには空間もないと論じる。物はそれ自体が動こうとする属性を持つ。この本来的な運動には、普遍的に存在することが経験的に確認できる四元素の「本来の場所」に向かう運動と、「完全な運動」である円運動がある。円運動は四元素以上の高い存在である天体に固有だとされる。したがって世界の運動は、大地に引き寄せられる「土」の運動、上に上がる「火」の運動など、それぞれの場所に戻っていくものと、この世界を回る円運動があるので、円運動の外側には運動は存在せず、「外側」自体があり得ない。

この議論はニュートン物理学に慣れた者には一見奇妙にも思え、また反対に相対論を予言しているようにも響く。世界にはつねに何かが「有る」ということと、「有る」ものが多様で変化するということとをどう矛盾なく理解するかといった、原理的な思考に基づく原子論を排して、アリストテレスがあくまで人間の日常経験に密着して思考していることを考慮すれば、彼の真意が理解できる。目に見えない空っぽと思われる空間も、手を速く動かせば風ができる。そこは空虚ではなく、空気という元素が存在している場所である。何もない箱のような空間など、人間が日常的に経験する世界には存在しない、抽象の産物でしかない。ある物が置かれた「場所」や、ある物が飛ぶ「距離」など、静止と運動という、人間が知覚によって経験的に確認できる物体の在り方を観察することによって、この抽象が成り立っている。こうして世界が「有限」だというアリストテレスの主張は、日常世界の観察に根差した彼の自然学の原理から導き出される。

一方、創造神が生み出す単一空間が「無限」だというクザーヌスの論拠は、神の完全性に基づいている。創造神の観念の一つの中核には、神と被造物との絶対的な距離がある。世界は神が創造したものであり、神と同じ完全さを持ってはいない。しかし神は万能なので、欠陥のある被造物を創造するはずはなく、被造物の全体である世界は、神とは比較できないほど不完全な人間の知性を超えている。この神と世界の関係を構築する際に、『神秘神学』の否定神学が重要な機能を果たす。数学的思考を得意とするクザーヌスにとって、神の完全性は人間知性の極限値として得られる。世界は人間が生きる場所なので、人間の知覚や知性によって理解できる。ここで神の完全性が示されるのなら、世界の全体は人間の知性を超える、「無際限」という意味での無限の存在でなければならない。この宇宙は無限なので、どこにも中心はなく、そのため地球を中央に置いて存在しているのではない。この創造された無限世界の中で「神」を表象するとすれば、神は「極大にして極小」の存在として現れる。クザーヌスにとって人間の想像力の範囲で到達可能な神は、ダンテの『神曲』のエピローグに登場する、光り輝く「点」のような存在となる。神は本性的にこの無限世界を質的に超えているのであり、その数学的イメージによる表現が極大＝極小という言い方になる。

こうしてクザーヌスの複数性《プリューラリスト》哲学では、存在するものの全体は三層の構造を持つ。最底辺は人間が生きる「有限」の世界であり、それをはるかに超える、創造者である神の万能の力を示す無限の数の諸世界が、無限の広さの空間の中に展開されている。クザーヌスの無限空間は単一なので、その中にある他世界は、天体のことを意味することになる。クザーヌスは天文学的知識と哲学的思考を結び付けて、地球以外の天体上に知的生命を含む世界が存在するだろうと想定する。この被造物の世界の論理的上位に、真の無限としての神の世界がある。なおクザーヌス、およびジョルダーノ・ブルーノは、数学をプラトン主義的に理解せず、数学的諸対象を何らかの実在ではなく、人間の認知活動による自然からの抽象の産物だと考えるので、彼らの複数性哲学には無限空間と区別される、イデア界や数学的な世界のような拡がりのない世界、いわば可能的世界の領域は存在しない。

『学識ある無知』でのクザーヌスの体系には、後年にさまざまな形で展開されていく、キリスト教的な有神論に基づく複数性論《プリューラリズム》的な思考の基本的な原理が現れている。創造神はその被造物とは質的に異なる次元の上の存在、いわば人間に対する動物のような、論理的に別のクラスの存在とされる。世界についての複数性論がこの世界からは到達できない上位の次元に属する別世界の存在を主張するなら、何らかの形でそれがこの世界と関係していることが示されなければならない。そうでなければ、何も言わないことと同等になる。数学のイメージを借りたクザーヌスの「極大＝極小」という表現は、この論理にかかわっている。

次元の違う、到達不能な神の住まいをこの世界から理解しようとすれば、それはこの世界の極限に暗示される形を取るだろう。「人間」という名辞がただ一つの対象を持つだけなら、それは個物を志向する固有名詞と同等のクラスに属することになる。それが個人よりクラスが上の存在であるのは、「人間」である個物が多数、可能的には無限個存在するからである。様相論理において、この世界が必然的であるということが、無限個の可能的世界とこの世界が同等であると表現できるように、この世界とクラスを異にする上層の世界は、この世界が無限個あることとして表象できるだろう。これを本書では仮に、複数性論《プリューラリズム》の同等性原理と呼んでおく。この原理はキリスト教的な有神論の複数性論の中で頻繁に使われることになる。

先行するイスラーム思想、スコラ哲学の中で可能的世界論として展開された形而上学的複数性論とは異なった形で、クザーヌスは複数性論《プリューラリズム》の哲学を定式化した。それは以後、初期近代に広がった天文学的複数性論の骨格を提示している。クザーヌスはアリストテレス自然学の宇宙論を否定し、世界の「箱」を単一の無限空間とする。そのため世界の複数性はこの箱の中で展開されることになる。天体と思われる多くの存在を観測した天文学的知識の蓄積は、この無限で空虚な「箱」の中の無限個の世界を、地球以外の天体とそこに展開される豊かな生命圏として表象させた。クザーヌスの複数性哲学のこの部分は、コペルニクス体系への支持の高まりと望遠鏡による太陽系の観測の進展によって、デカルトやニュートンの天文学体系と結びついて、近代的な複数世界論として確立されていく。

さらにクザーヌスの複数性哲学には、偽ディオニシウスの『神秘神学』の系統に属するもう一つの側面がある。それによれば、生命圏に満ちた無限宇宙よりさらに高いところに神の領域がある。無限空間が物理的世界であるなら、この「神の世界」とは何を指すのだろうか。クザーヌスにとって数学的対象は一つの世界を構成するイデア的な実在ではないので、「神の世界」は論理矛盾のないものと表象できる事象の集合としての可能的世界ではない。

「極大＝極小」という表現がその世界が持つ性格を示している。数学でとらえられる世界は人間知性の対象なのであり、神と隔絶された人間にとって神自体に近づく道は、否定神学の方法に従い、知性の極限、知性が破碇を見せるところを意図的に探し、そこに神の居場所を見定めることにある。クザーヌスが「学識ある無知」と呼ぶ思考方法は、これを指している。神の領域は数学や論理学さえ手が届かない世界であり、後のヘーゲルの整理を使えば、矛盾を許容することで通常の論理を超越する「弁証法」が支配する世界になる。言い換えれば、神の世界とは、論理的に在りえないものが「存在」する不可能世界だということになる。理性的思考の極限として、その「否定」としてしか与えられないクザーヌス体系のこの部分は、信仰の領域に属し、哲学的な論理化を拒否しているが、その有限界への顕現が無限宇宙だという点で、複数性哲学の多元主義的な構成の要となっている。

このように、後期スコラ哲学でのアリストテレスの批判的検討は複数世界論の成熟をもたらしたが、それはルネサンス期にはじめて本格的な紹介が行われた、さまざまな非アリストテレス的な思想の咀嚼によって、複数世界論の新しい発展へと結びついていった。アリストテレス自身や、多くの古代哲学者や後期スコラ哲学の哲学者たちが、カント以後的な意味での純粋な哲学者ではなく、形而上学的思考とともに自然学的研究を行っていた科学者／哲学者だったことは、この動向が専門学的な意味での哲学にとどまらず、自然学の領域とも結びついていたことを示唆する。すでにアレクサンドル・コイレの古典的な研究(60)でも、科学の勝利による宇宙観の急激な転換ではなく、さまざまな要因による思想的な変化が古代宇宙像の衰退をもたらしたとされているが、コペルニクスの地動説の提唱にも、そのような眼差しと関心を読み取ることができる。

コペルニクスの知的冒険を突き動かしたのは、コイレが主張したような新プラトン主義や、『ヘルメス文書』の諸観念といった、特定の思想潮流への加担ではなかったかもしれない(61)。コペルニクス自身の言明によれば、不正確なピュタゴラス学派の伝承とともに、無限とも言える宇宙の広大さと地球自体の運動という二つの観念が、この探究を動かしているように見える。そこには宇宙は地球と比べてはるかに巨大なので、回転することなく静止し、その中心に太陽がある方が自然だという自然学的思考とともに、地球も特別な場所ではなく、一つの星、一つの惑星であるという着想が読み取れる。地球が惑星であるなら、反対に、地球外の諸惑星も透明な天球に張り付いた物体ではなく、地球のようなまとまりをもった「諸世界」ではないか、と推測できる。このように「地動説」は複数世界論と表裏一体の関係にある。「地動説」を受け入れることは、惑星上に人間が住むこの地上と同等な世界が存在している可能性を認めることになるだろう。

少なくともジョルダーノ・ブルーノたちのような、コペルニクス体系の熱烈な支持者たちはそのように考えた。アグリッパ・フォン・ネッテスハイムは『学問の不確実さと空しさについて』（一五二七）で古代の複数性論に言及し、世界が一つしかないと言うのは、野原にトウモロコシが一つしかないと言う以上にばかげているという古代人のフレーズを反復している。(62) アグリッパとクザーヌスの影響を受けたと言われるブルーノの無限世界論を、クザーヌスと対比して複数世界論としてまとめると、ブルーノはクザーヌスの体系のうち、宇宙論の部分をコペルニクス体系に基づく自然学的細部で大幅に補充しながら、クザーヌスが固守した神と人間の絶対的距離を超えて神との一体化を志向し、(63) クザーヌス体系の最上層の「神」の部分に魔術的な想像力の層を加えたと言えるだろう。論理ではなく想像力によって接近できる魔術的な世界を包み込んだブルーノの複数性哲学(64)は、デカルト的、ニュートン的宇宙論のヴィジュアル・イメージの先駆けであるとともに、それらが推進した現実世界の科学的定義とは相容れない、恒等的に極大＝極小となる、矛盾を許容し論理を超える不可能世界の哲学でもあった。科学の天文学的複数性論はクザーヌスと同様に、不可能世界を創造神の座に保留して、眼前の宇宙のみを思考の対象とした。これに対して想像力を中心に据えた(65)ブルーノ的な人文学的、魔術的世界構成は、天文学的複数性論では主流とならなかった。だがそれは消え去ることなく、伏流として連綿と生き延び、天文学的複数性論の衰退とともに、この世界と並行する「別の次元の世界」という、複数性論の一つの主要な形となる。

クザーヌスに次ぐ初期近代複数世界論の巨魁ブルーノと同様に、魔術的世界にも出入りしていたトンマーゾ・カンパネッラは、『ガリレオの弁明』（一六一六）[66]では世界の複数性を主張することにはならないと地動説を擁護し、『太陽の都』（一六〇二）では複数世界論を取りあげる。彼のユートピアの住人たちは、熱心に地球外惑星探査を試みている。[67] それは複数世界が存在しないと考えるのは理に適っていないからでもある。[68] 弾圧を避けるために慎重な言葉で語られているが、後年にカンパネッラは複数世界論の提唱者とみなされていく。これらの記述は、勢いを増していく地動説と複数世界論が発散する魅力を示している。

（2）リベルタンと比喩としての宇宙

世界の複数性は古代原子論や、イスラームやキリスト教の神の完全性・絶対性の観念に加えて、初期近代のもう一つの重要な思想的コンテクストである懐疑論とも結びついていた。アリストテレス体系も天動説を取り入れた中世の神学も、単一世界論は人間が生きる地上を時間的・空間的な原点として世界を思い描いてきた。また第6章で見るように、十九世紀以後の単一性論《モニズム》は、時空間的には周辺化された地球に住むとはいえ、価値的には人間が世界の中心であるという思考方法をとっている。ヘーゲルの『精神現象学』の冒頭に登場する日常意識のように、「今 jetzt」、「ここ da」が「世界」の中心であり、そこに位置する自分を原点とする座標から、時空間的あるいは価値的に、存在するものの総体を位置づける、このような認知的な構えを、「自己中心性 egocentrism」と呼んでおく。「自己中心性」は発達心理学のジャン・ピアジェが子供の認識の発達を特徴づけた概念であり、それはたとえば空間認知に関しては、ユークリッド的な「中心」のない客観的空間の中に自己自身を位置づけて、対象との関係を把握することが幼児には困難であることを示す「三つ山問題」の実験などに基づいて提唱された。[69] 一五六二年にセクストゥス・エンペイリコスの『ピュロン主義の概要』の出版によって復活した「懐疑主義の方式[70]」は、認知の不確実性を暴き出すことで、この自己中心性を破壊する。

モンテーニュは『エセー』（一五八〇）の中で思想的に最も重要な章とされてきた「レイモン・スボンの弁護」で、複数世界論に言及している。アリストテレスを独断論者の首魁と批判しながら、博識と犀利な観察力に基づいて、モンテーニュは宗教対立の渦中の世界に対して、古代懐疑主義の豊かな武器庫を開いて見せる。『エセー』はコペルニクスにも言及するが、それはアリストテレス的宇宙観の不当性を示すためであり、太陽を中心とした世界の「真の体系」がついに現れたと著者が考えたからではない。天動説とともに地動説もまた、いつかその不十分性が示されることになるだろう。

今から千年もたてば、第三の意見が出て、前の二つをくつがえさないと誰が断言しえよう？[71]

人間の知性は弱く限定されていて、絶対的な何かにたどり着くことはない。モンテーニュの複数世界論に対する姿勢は、自己を中心に世界をとらえようとする人間の自己中心性を厳しく批判する相対主義の立場と関連して、二つの方向を取る。それらはそれぞれ、後世に現れる論法の一つの先駆となる議論の表現となった。

第一にモンテーニュは、天体を人間のような生命が栄える世界と考える点に、天文学的複数世界論の「自己中心性」を見て取る。

月を天の地球と考えたり、アナクサゴラスのように、そこに山や谷があると考えたり、そこに人間的な居住を移し、われわれの幸福のためにそこに植民地をつくったり、さらにまた、われわれの地球を光り輝く一つの星だと考えたりするのは、すべて人間的な空虚な夢想ではないだろうか。[72]

本書第6章で見るように、十九世紀にルートヴィヒ・フォイエルバッハは、地球外知的生命存在説の背後に、それ自体では「意味」を持たない「冷たい」非人間的な宇宙を、人間にとって親密な存在としようとする心理が働いていると、天文学的複数性論を批判することになる。モンテーニュにとっても、宇宙空間の中の取るに足らない一つの土塊の上に縛り付けられて生きる人間が、広大な世界全体を自分たちの住処と考えようとするうぬぼれが、地上の存在よりはるかに高い存在であるはずの天体を人間的なものとしたのだった。その点で天文学的複数性論は、十七世紀以後のフォイエルバッハの標的がそうであったように、無限宇宙の「人間化」の産物だった。

だが第二にモンテーニュにとって、複数性論は人間知性の矮小さと限界を根拠づける意義をも持っていた。キリスト教哲学が議論してきた形而上学的複数性論は、神が創造した世界が人間知性の限界を超えていることを明示している。

どうして全能の神が、自分の力をある程度に限ったりするであろうか?……お前の理性は、それがお前に世界の複数性を信じさせる時より以上に、真実らしさと根拠を示すことはない。(73)

知性の弱さをさまざまに指摘する論説に先立って、『エセー』はのちにリベルタンたちがキリスト教の人間中心主義を批判する際に使用する論点を展開する。モンテーニュが古代哲学では「多数派」を占めていると考える世界の複数性論は、人間の自己中心的な思考のむなしさを教えている。それらの他世界が人間の世界に似ている理由はなく、人間の知性はそれらを理解することができないだろう。

デモクリトスや、エピクロスや、ほとんどすべての哲学が考えたように、複数の世界があるならば、われわれは、この世界の原理や法則が、同じように他のもろもろの世界にも妥当するかどうかを、どうして知り得よ

う？　それらの世界は、おそらく、別の姿、別の統治を持つであろう。(74)

ここには懐疑主義と複数世界論の関係が透けて見えている。懐疑論が感覚や創造力や思考力の限界を指摘して、認識論的な観点から人間知性の弱さを示そうとするなら、「われわれが知ることのできるこの世界の彼方に、それとは異なった別の世界が、多数あるいは無限個存在する」とする複数世界論は、その存在論的な根拠を提供する。別世界とはこの世界に住む人間には知られえないものであり、しかもそれが多数あるいは無限個存在するなら、それらの全体からなる「真の世界」は、一個を除いて人間の手の彼方にあることになる。したがって懐疑主義と複数性論《プリューラリズム》は、いわば相補関係になる場合があると考えられる。『エセー』のこの箇所はこの形の結びつきを見せている。

『エセー』の懐疑主義はアカデメイア派的に「われわれは何も知ることができない」として沈黙するのではなく、あるいは後世のデカルトのように「私が疑っていることだけは確かだ」として、断言に移行するのでもない。それはピュロン主義の一解釈に基づき「私は何を知っているのか？」と自問を続ける、無限の相対化の運動を続けるところにあった。それによって人間の自己中心性が解体され、独断に陥ることのない、軽やかで自由な知性の流動性が確保された。モンテーニュはキリスト教信仰そのものを揺るがすために複数性論を持ちだしたのではなかったが、天文学的複数性論は啓蒙運動の先駆者たちによって、つねに中心を離れ、浮動しながら旅を続ける知性の旅を担保するために使用され、その矛先はキリスト教の人間中心主義に向けられることになる。

モンテーニュの自己中心性批判の論法は、リベルタンの作家たちに受け継がれる。次章で見るような近代天文学による月世界人のイメージの復活は、ルキアノスの『本当の話』(Ἀληθῆ διηγήματα, 二世紀) から続く文学的伝統(75)を受け継ぎながら、当時の科学的知識を吸収して月世界を描いたフランシス・ゴドウィンの『月の男』(一六三八)、リベルタンの文学者シラノ・ド・ベルジュラックの『日月両世界旅行記』(初版一六五七)[76]、マーガレット・キャベンディッシュの『新世界誌 光り輝く世界』(一六六六)[77]などの作品を生み出した。十八世紀にも、シラノに倣ったデイヴィッド・ラッセンの『月旅行記』(一七〇三)[78]、ダニエル・デフォーの『コンソリデイター』(一七〇五)[79]や、シャルル・フランソワ・ティフェーニュ・ドゥ・ラロッシュの『アミレクあるいは人間の種』(一七五三)[80]などの宇宙旅行譚が続いた。

これらの中でも教会批判を意図したシラノは宇宙生命の世界を、人間中心主義を破壊する比喩として、意識的に最大限に利用した。彼の作品では、キリスト教や権威主義が宇宙人の逸話を借りて批判され、人間の宇宙論的価値、天界の永遠性、聖書の権威、精神の価値とその実在性などが、父権とともに軽妙かつ鋭く攻撃を受ける。それは近代の天文学的複数性論の始まりとともに、宇宙世界のヴィジュアル・イメージが、信念体系の相対化の手段としての「反転鏡」として機能していたことを示している。

この「比喩」として宇宙と地球外知的生命を描くテクストと、後述するホイヘンスの『コスモテオロス』のような、科学として宇宙と地球外知的生命を論じるテクストとは異なっている。だがじっさいには、明確にこの二者を分離することはできない。天文学者のケプラー自身、魔術による月旅行という両者を混在させた著作を著したが、その空想と現実が見分けられにくい記述の様式は、彼の母親が魔女として告発を受ける一つの口実となったと言われている。またキャベンディッシュが宇宙旅行記をたんなる空想の産物と考えていなかったことは、一六七一年の著書に「他の諸世界は太陽という世界から光を受ける」と書いていることからわかる[81]。

第3章　形而上学、科学、自然神学──十七世紀

1　天文学的複数性論の成立

（1）他世界としての天体の発見

地動説が支持者を増やし、ガリレオが一六一〇年に『星界の報告』[1]で、太陽や惑星が地球と同じ物質でできていること、月には地形が見られること、銀河が星の集合であることを報告すると、ケプラーたちは地球外知的生命の存在について議論を始めた。『星界の報告』は望遠鏡という技術の力を借りて、コペルニクスが想像していただろう、もう一つの世界としての惑星や衛星や太陽が地球と同様な巨大な天体であり、銀河が恒星の集合であることを、ヴィジュアル・イメージとして生々しく伝える迫真の報告書となった。もはや天体は地上とは異なった高次の物質でできた存在ではなく、地球と同様に回転し、山や谷を持つ巨大な別世界であることが示された。万能の神の創造の力を示す「他世界」が望遠鏡の彼方に実在する。そうであるなら、古代人が予言したように、そこには何者かが生存しているのではないか。ケプラーは『夢』（一六三四）[2]の注の中で、月には不規則な地形と規則的な地形が観察でき、前者は山や海のような自然の地形だが、後者は大規模な人工的構造物であると考えた。もしそうなら、月

に住人が存在するだけでなく、そのような建設工事を行うことができる存在は、優れた文明を持っていることになるだろう。

『天文対話』(一六三二)[3]で、ガリレオはアリストテレス自然学の包括的な批判を試みている。数学的思考に長けたガリレオは、三次元の観念を使って進めるアリストテレスの論証に関して、三次元の「三」には意味がないことを指摘している。

本当のことをいえば、ぼくはこれらの議論のすべてにおいて、はじめ・なか・おわりをもつものは完全といえるし、そういわなければならぬこと以外に認めなければならぬことがあるとは思いません。……足について、三という数は四や二の数より完全であるということはわかりませんし、そうは思いません。またぼくは、四という数は元素の不完全性であり、三であればもっと完全であるだろうということもわかりません。[4]

数を使って自然の暗号を読み解こうとするガリレオは、ここで日常世界の観察の枠内で思考するアリストテレスの論証に伏在する難点を明確に示している。人間の空間認知は自身の感覚器官の制約を受けているのだから、経験はたんに厳密な数学的探究の手掛かりとして用いることができるにすぎない。人間にとって経験可能な世界が三の次元を持ち、かつそれしか持ちえないからといって、三次元空間が世界の根源的なあり方だとは言えないだろう。この議論から、経験を数の次元に濾過してとらえ直していくガリレオ的な思考方法の視野が、日常的な経験世界を超えていることがわかる。

ガリレオたちを駆って望遠鏡を天体に向けさせたのが他世界の予感であることは、月の住民にかんする対話の箇所から読み取ることができる。アリストテレス派のシムプリチオはこの観念に憤慨し、批判する。対する二人のガリレオの代弁者たちは、読者に対する説明の役割を分担しながら、少なくとも別世界の存在を想定することはおかしくないと主張する。月は地球とは全く異なった環境であるかもしれず、地上とは異質な法則が、別の世界である月上を支配している可能性を否定することはできない。また月世界が存在するとして、それに何の意味があるかと問われれば、神を賛美する生命の住処だと答えるべきである。ガリレオ自身は月世界の住民の存在に懐疑的だったが、この論法は、後に自然神学的な複数世界論の定型的な議論となっていく。

シムプリチオ　……ところでもし月や他の惑星に生成が生じるとすれば、それはいったい人類にとって何の役に立ちうるのですか。もっとも君が月にもその果実を喜ぶ人間がいるとおっしゃるのでなければのことですが。これは荒唐無稽な、あるいは不敬虔な考えです。

サグレド　月にしろその他の惑星にしろ、そこに大地の上と同じような草や木が生えているかどうか、動物が生まれるかどうか、また大地の周りのように雨や風や雷が起こるかどうか、ぼくは知りませんし、また生じるとも思いません。ましてそこに人間が住んでいるとはね。しかしそこではわれわれのところのものに似たものが生成しないということから、そこではいかなる変化も生じないし、またわれわれのとは異なっているだけでなく、われわれの創造からかけ離れたもの、つまりわれわれのまったく知り得ないものが生成・消滅しているということが、どうしてあり得ないと必然的に結論されなければならないのか、ぼくにはわかりません。ちょうど広大な森のなかで獣と鳥との間で生まれ育ち、水の元素については何も知らないものは、自然には地とは異なったもう一つの世界があり、そこには脚も翼もなしに速く進むことができ、それも獣のように単に地表面だけではなしにずっと深くまで入ることができ、またそれだけではなしにどこまでも気に入ったところでじっと止まることもできるような動物で満ちていること、さらにそこには人間も住んできて、宮殿や都市をつくり、またまったく骨折ることもなく全家族とさらには全都市でもってずっと離れた国に行けるような旅行の便宜をもっていること、これらのことを想像することもできないでしょう。……ましてわれわれからあんなにも遠く離れていて、またひょっとすると大地とはまったく異なった物質でできているかもしれない月においては、われわれのになんら似たことがないため、われわれの想像力からまったくかけ離れているだけでなく、まったく想像を絶しており、したがってまったく考えられないような実体があったり作用が起こったりしていることもありうるのです……

サルヴィアチ　……月にあり、またありうると考えられることについては、どれもきわめて一般的にでなければ見いだし得ないように思います。これらのものはおそらくわれわれのとは全く違った仕方で作用し運動し生きることによって、また世界とその創造主とその支配者との大いさと美しさとを見、また褒め讃えることによって、そしてまたたえ間ない頌歌でその栄光をうたうことによって、つまりあんなにもしばしば聖書の主張しているところの神を賛美するというあらゆる被造物に共通した永久的な仕事に従事することによって、月を飾っているのです。

サグレド　これらのことは、もっとも一般的にいって月にありうるものについてです(5)。

そこに地球に匹敵する構造と秩序を有する世界があるという予想をガリレオがあらかじめ持たず、「先入観」なしに、ただ漫然と天の観測を行っていたとしたら、『星界の報告』における他世界の見事な記述と論証は可能でなかっただろう。この研究の前提となった「仮説」は、コペルニクスが論証しようとした、地球と同等な世界としての惑星や衛星の存在だったと思われる。重力概念の不在のまま潮汐を扱う第四対話に見られるように、いまだその理論的論拠は十分ではなかったとはいえ、『天文対話』はこの直観をアルキメデス的な数理的自然学の方法論に基づいて根拠づけようとした。

コペルニクスやケプラーやガリレオのような、初期近代の果敢な知の冒険者たちを動かしたインセンティブが、知的好奇心や出世欲の他に、それぞれ何らかの大きな哲学的・宗教的観念へのコミットメントだったとしても、彼らのヴィジョンに共通して伏在していたのは、思想史上の特定の学説や流派の観念でなかったと思われる。もしこれらの「近代科学」の英雄たちに共有された形而上学的な動機があったとすれば、それは後期スコラ哲学からルネサンスを経て、徐々に知的世界の前面に登場してきた世界の複数性論の思考の枠組みであり、それが提供する、世界に向かう関心と眼差しだっただろう。知的世界の中で数学や技術と哲学が結びついた彼らの時代に、この関心と眼差しが、「未知の大陸」のように肉眼の彼方にあるはずの他世界を実際に確認したいという、強烈な衝動となった。こうして世界の表現《リプレゼンテーション》の仕方としての複数性論《プリューラリズム》は、長い形而上学的、自然学的研究の結果、アリストテレス体系と競合しえる操作可能性と体系的説得力を備えるに至り、経験的知識の現場へと降りてきた。

しかし彼らが中国古代の宣夜説のような宇宙空間のヴィジュアル・イメージを持ち、その中に地球や天体を浮かばせる構想を持っていたとしても、単一世界論の学問的城壁だった、緻密な数理科学として完成したプトレマイオス体系や、犀利で膨大な観察の蓄積と、強靭な論理的思考の上に聳え立つ包括的なアリストテレス体系を打破するためには、さらに強力な学問的手段が必要だった。アリストテレスの単一世界論は自然学と厳密に分離された形而上学ではなく、アクィナスの議論でもそうであったように、形而上学と自然学がその論証の中で混ざり合っていた。そのため単一性論に対して複数性論を確立するためには、クザーヌスやブルーノの著作に見られる、形而上学的論証や、豊かな修辞とヴィジュアル・イメージだけでなく、説得的な自然学的論証が必要となった。すでにその萌芽は、オレームやビュリダンのような、アクィナスを批判して複数世界論を論じた後期スコラ哲学の学匠たちによって準備されていたが、コペルニクスの手元では、それらはいまだ十分に成熟した形を取っていなかった。アルキメデス的な方法論と数学的・実験的技能を持つガリレオたちが登場し、デカルトの機械論的形而上学を経て、ニュートン体系の成立によって、その課題はようやく達成されることになる。その過程で複数世界論は地球外知的生命存在説として再生し、広く公衆の中に浸透していく。本節の次項以下では、ＥＥＢＯ（Early English Books Online）によって主要な出版物の全文検索が可能な英語文献を中心に、十七世紀における複数性論の展開を概観する。

（2）複数世界論の伝統をめぐって

十七世紀に複数世界論を検討したのは、異世界としての衛星や惑星に眼差しを注いだ科学者たちばかりではなかった。神学者たちの間では引き続いて可能的世界論の議論も継続され、それはやがて天文学的複数性論と融合していった。モンテーニュの友人ピエール・シャロンは『智慧の三つの書』（一六〇一）で、神の力という点から世界の複数性を論じて、無限個の世界の創造を肯定している。

神は多数の、あるいは無限個の世界を作ることができる。もしこの目に見える世界以外に何も創造できないのなら、この世界がそうであるように、神の力も有限だということになる。(6)

またキリスト教的枠組みの中で粒子哲学を再生したピエール・ガッサンディは複数世界論と原子論を結びつけて、神には複数世界を創造する場所が必要なので、真空の宇宙空間が存在すると論じている。(7)

形而上学的複数性論をめぐって、この世紀でもスコラ哲学的な議論が続けられた。英語圏については、スコットランド教会の聖職者パトリック・シムスンが十七世紀の初めに、オリゲネスの複数世界論を批判している。(8) 世紀の半ばに書かれたロバート・ヒースの『矛盾した諸命題と哲学的問題　すべての淑女と少年のための楽しみと気晴らし』（一六五九）は、世界の複数性についての神学的議論を行っているが、その第二命題「世界は一つ以上あるのか」については否定している。(9)

可能的世界論の支持者たちも自説を主張し続けた。一六二六年にアレグザンダー・ロスは創世記の解説で、神は複数の世界を造ることができたが、一つで満足したと論じた[10]。神学者トマス・ジャクソンは一六三八年に、神は多数の世界を造ることができるかを議論し、可能だと結論している[11]。またイングランドの神学者ナサニエル・カルヴアーウェルは一六五二年の『自然の光についての学識ある論説』で、創造は可能的世界からの選択だと論じている[12]。死後に出版された一六九二年の著書でトマス・ワトソンは、神は一つ以上の世界を造ることができると論じている[13]。このような可能的世界論の議論を継いで、世紀末にはライプニッツの壮大な複数性哲学が出現することになる。

ルネサンス期のラテン語訳に続き、この世紀には一般読者に向けた英訳や解説によって、古代の作家たちの複数性論が引き続いて紹介されていった。一六三四年には第二巻第一章「世界の複数性について」を含む、プリニウスの翻訳が出版されている[14]。一六三五年にはエピクロスの複数世界論が紹介され[15]、一六五五年のアレグザンダー・ロスの著作では、オルフェウスは無数の世界があると考えたとされている[16]。またトマス・スタンリーの『哲学史』(一六五六)はその第一章で、アナクシマンドロスの複数性論を紹介している[17]。一六五七年にはデモクリトスらの複数性論が解説され[18]、パトリック・ヒュームは一六九五年の『失楽園』の註解で、古代哲学の複数世界論を説明している[19]。

(3) ウィルキンズの月世界論とその論法

無限宇宙と地球外知的生命存在説が大陸でリベルタンの思想運動に大きな武器を与えたとすれば、それらはイングランドでは、寛容で自由な政治―宗教体制を建設しようとした広教会派の科学者たちの運動に、一つの重要な論拠を提供した。この島でケプラーを受け継いで学問的な議論を展開したのは、王立協会形成に至る十七世紀イングランドの科学者集団の組織者として重要な役割を果たした、ジョン・ウィルキンズだった[20]。ウィルキンズは一六三八年に出版された『新世界の発見』[21]の第二章で、アリストテレスの学説を、物理学的な議論と聖書や教父の引用を使って批判しながら、世界の複数性には理論的な困難はないと主張する。同書の第三章では、天空の物質が永遠性を持つ第五元素であることを否定し、月が自ら発光することのない固体であることを示す。さらにウィルキンズは、ケプラーやガリレオなどの観察を引用しながら、明るい部分は陸で、暗い部分は海であり、その他山や谷や平野があり、大気も彗星も存在すると考える。

ウィルキンズはこれらの論拠に基づいて、月には住民が存在することを論証しようとする。さまざまな相違はあるとはいえ、月世界は基本的に地球と同一の、「もう一つの世界」であり、そこにはこの環境を使用する知性的な存在も住んでいなければならない。望遠鏡による観察に基づき、当時としては説得的な論証を行っているこの作品の内部では、科学的推論と、明確な目的を持っているはずの創造の結果である天体の「使い道」といった、キリスト教的形而上学の論法との、切れ目のない移行が生じている。ウィルキンズは最終章で、死んだ魂が月に行くという古代人の説や、教父やカンパネッラやクザーヌスの説を紹介しながら、慎重に確言を避けているが、月世界の温度などの問題もあるとはいえ、そこには知性的な存在が住んでいる可能性が高いと考えている。

> もう一つの世界が必ず存在するというのではないが、そうである可能性があり、そしておそらく住むことのできる世界が月にはあるだろうと私は考える。[22]

知性的な存在がいなければ、そのような世界がある意味がない。ウィルキンズは最後に、その証明のためには人間が月に行かなければならないと言い、予言的な言葉を書き残している。

> ケプラーは疑っていたが、飛行技術が発見されるや否や、いくつかの国民はそこに植民地を築くことだろう。[23]

（4）ピエール・ボレルの複数性哲学

クロムウェル政権が末期を迎えていた一六五七年にドーヴァー海峡の対岸では、小著ながら従来の論点を網羅した包括的な天文学的複数性論であるピエール・ボレルの『世界の複数性新論』(24)が現れた。古代人プルタルコス、ルキアノス、初期近代のペトルス・ラムスやパラケルスス、カンパネッラ、モンテーニュの「レイモン・スボンの弁護」、あるいは「古代の神学」の伝承者の一人と考えられたヘルメス・トリスメギストゥスなど、雑多な学説目録を披露して、ボレルは複数世界論の文献による権威づけを行う。これらの実在あるいは架空の人々に加えて、フランシス・ベーコンも複数性論に注目しており、「スキーピオーの夢」でも複数世界のヴィジョンが描かれていると、ボレルは言う。著者はこれらの権威を傍証に借りながら、複数性論の反対者たちに逐一反論する形で、天文学的な複数世界論を正当化する。

天文学、自然学的な論点については、ボレルはガリレオの観測などを引用し、アリストテレスの学説を批判して、地動説に基づく宇宙論を解説する。彗星は大気中の現象ではなく、それらは月上界から到来しており、また彗星は大きい天体である。月には雲が見られるなど、月と地球の類似性も顕著である。そのように考えるなら、地球も星の一つであることになる。天空の星は無数にあり、地球から遠く離れていて、多彩な色を持ち、満ち欠けもあり、巨大であると思われる。この膨大な宇宙空間で、地球ではなく、太陽が中心にある。今世紀の科学が明らかにしたこのような宇宙のあり方を考えるなら、個々の天体は他の世界であるはずである。もし惑星が世界でないのなら、創造の偉大な産物である太陽の光が無駄になることになるだろう。最も近い月については、空気が薄いので生命が存在しないのではないか、という反論もあるが、月世界にはわれわれと違う体質を持っている生命が住んでいる可能性がある。以上のようなウィルキンズたちとも共通した天文学的な論法とともに、ボレルは人間がミクロコスモスとしてとらえられることを、スコラ哲学での複数世界論の議論と結びつけて論拠に挙げる。世界の縮図である人間は多様なのだから、アナロジーによって、世界も多数存在するはずである。また星には魂があり、地球にも固有の魂があるとするなど、ボレルの複数性論にはルネサンス的、ブルーノ的観念までもが混ざり込んでいる。

さらにボレルはスコラ哲学の形而上学的複数世界論を利用する。天文学的複数性論の正当性は、創造神の存在からも導かれる。スコラ哲学の形而上学的複数性論に倣って、ボレルは神の偉大さの観念から、この世界だけが創造されたなら、神は必然性に縛られていることになると論じる。ボレルによれば、事物の原因は無数であり、自然には多様性がある。それは神の万能の力を証している。それに応じて、世界も複数存在するはずである。自然に無駄はないのだから、それらの複数世界は宇宙空間に浮かぶ惑星上にあると考えられる。これらの惑星のそれぞれが「世界」であるという説は、古代の哲学者たちも主張してきた。そのうちプラトンは単一世界論を主張したが、彼の「世界」はすべての存在を包括した観念であり、宇宙の中の世界については当てはまらない。このように神の属性からの推論によって提起された「可能的世界論」は、ビュリダンが言うようにこの「世界」が、膨大な宇宙空間の中の惑星上の世界や恒星系だと考えられるようになった時、無数の実在する世界を躊躇なく認める天文学的複数性論に変わったのだった。

古代哲学史やスコラ哲学、地動説やルネサンス的な「ピュタゴラス主義」や魔術的世界観など、複数性論の多様な資源を総動員して天文学的複数性論を確立すると、ボレルはさらにキリスト教の教義の内部に議論を進めていく。聖書には複数世界の記述がないとか、複数世界には使い道がないとする宗教的立場からの批判に対しては、著者は発見されるまでキリスト教徒は新大陸を知らなかったことを指摘し、また地球の人間が利用できなくても、複数世界の存在には差支えがないと答える。神の深慮がつねに人間に知られているわけではない。さらに、複数世界論が宗教の複数性につながるのではないかというメランヒトンの批判には、そうはならないとボレルは断言する。とくに次の世紀にかけて重要な論点となっていく、他世界の住民を救済するために、キリストが何度も受難しなければならなくなるという論点については、惑星人は人間が想像できないほど高度で、罪を免れた存在かもしれず、また万能の神には彼らを救う方法があるはずであると回答する。

ボレルによれば、このような難点にもかかわらず、天文学的複数性論にはキリスト教にとって大きな利点がある。それは「来世」が具体的にどこにあるかを、現世の人間たちに明示できる。聖書が語る天国とは、複数世界である天空の星のことだったのであり、知的生命はそこに生まれ変わることになるだろう。あるいは地球の人間たちが赴く天国は、惑星より高貴な天体である、光り輝く太陽の上にあるのかもしれない。たしかに人間は、複数世界の実態を目の当たりにすることができない。それが複数世界論に対する反論の余地となっているだろう。だが月の精密な観測ができる日がいつか訪れるだろう。高い山の上からの観測や、精度の高い望遠鏡の完成などによって、複数世界の現実が知られることになるだろう。人間がいつか空を飛ぶようになることも、それを可能にするだろう。

天文学的複数性論の小百科のようなボレルの著書には、この議論にかかわるあらゆる要素が取り込まれている。ボレルはそこで、実際には共存しえない思想や学説を協和させながら、地球以外の惑星上の世界を情熱的に描き出している。それは次の世紀にニュートン的な世界像に整理されていくとはいえ、この世紀の複数世界論の復活が、非アリストテレス的な古代哲学やスコラ哲学、魔術的思想、地動説からキリスト教の来世観に至る、幅広い思想的スペクトルを持っていることを示している。この世紀の天文学的複数性論が、中世末期から徐々に浮上してきた、総体《ウーニウェルスム》としての世界の表現《リプレゼンテーション》の仕方としての複数性論の一形態であるなら、その誕生にはボレルが列挙したような、多様な思想潮流がかかわっていると考えられる。そのためそれらの中の、ニュートン主義に結晶する王立協会的な思考のフォーマットに適合的でない諸観念も、複数性論の展開の中でたびたび姿を見せることになる。

2 王政復古後の天文学的複数世界論

(1) ボイル、ケンブリッジ・プラトニスト、初期のニュートン主義

ウィルキンズの書物はイングランドで、月世界とその住民に対する大きな関心を呼び起こしたと言われ[25]、天文学的複数世界論は十七世紀後半の王政復古期以後のイングランド知識人の間で、多くの支持者たちを獲得していった。スコットランドの法律家ジョージ・マッケンジーは一六六三年の『ストア派の宗教』で、ストア派を紹介しながら、何千もの世界がこの世界と同時に存在していると書いている。[26] また、イングランドの天文学者トマス・ストリートは、一六六〇年代に出版された著書(一六六一、一六六四)で複数世界の存在に言及している。

その数を計ることはできないが、それらの恒星のすべてが、われわれの太陽がそうであるように、それらを回る惑星あるいは諸世界を持っているだろう。[27]

天文学的複数性論の観念は同時期の文学的イミジャリーにも表現されるようになる。ジョン・ミルトンは『失楽園』(一六六七)で、地上に向けて落下していくサタンの壮大なイメージに、燦然ときらめく天界の複数世界を重ねている。

そして、清く澄んだ輝く大気の中をつきぬけ、遠くから望んだ時は
いかにも星らしく輝いていたが、近づいてみると他の地球の
ように見える夥しい星屑の間を縫い、悠々と斜に下降線を

描きながら翔けていった。星屑は確かに地球に似た他の世界［other worlds］、
いや、大空に浮かぶ島——たとえば、昔有名であった
ヘスペリデスの庭や幸福に溢れた野原や森や百花繚乱の
谷間にも類うべき、まさに幸多き島々と見えたのであった。(28)

天文学的複数性論の拡散の要因は、十七世紀後半の神学者と科学者たちに始まる、自然神学と天文学の共犯性の成立にあった。科学史家によって「キリスト教的科学者」の典型とみなされてきたロバート・ボイルは、粒子哲学に基づく科学の革新を目指していた。『実験自然哲学の有用性』（初版一六六三）では、ボイルはディオゲネスによるエピクロス哲学の解説を論じて、複数世界論に触れている。(29) 一六八五年の人間知性と神の崇拝に関する論考では、自身の神学的―哲学的見解を披露しながら複数性論を論じる。エピクロスの複数性論を参照しながら、(30) 世界に限界があるなら、無限の力を持つ神はこの世界とは違う諸世界を造ることができるだろうと、(31) ボイルは複数世界の創造可能性を肯定する。もし他の世界があるなら、その世界はわれわれの世界と非常に異なるものだろう。(32) 神の智慧の表現としての多様性の創造として、

神は他のシステムではその体や動き、したがってそれらの性質や働きがわれわれの世界とは異なる生物を大量に造られただろう。(33)

後期スコラ哲学の複数世界論を反芻しながらこう書いているとき、ボイルの脳裏には他の惑星上にある、天文学的な複数世界が浮かんでいただろう。ここでは複数世界の多様性が強調されているが、それは、地上のさまざまな環境に適応して生命の形態に驚くべき多様性があることを知っている、科学者としてのボイルの思考の結果であると

ともに、「唯物論、無神論」に反対する護教家ボイルが、スコラ哲学の複数世界論の論法に従って、神の力の無限性を強調しようとしたからでもあった。だがモンテーニュの場合のように、異世界の生命が持つと想定される地球生命との異質性は、懐疑論の正当化に結びついていく可能性がある。複数世界の多様性と同質性は、以後の天文学的複数世界論の諸議論の一つの分岐点となるだろう。

「新しい科学」と信仰の調和を模索したケンブリッジ・プラトニストの一人、ヘンリー・モアは天文学的複数性論を積極的に受容し、ホッブズなどの「無神論」に対抗する武器にしようと試みる。一六六八年の『神の属性と摂理に関する対話』で、モアは無数の惑星が浮遊する無限空間を取り上げる。モアによれば、無限の空間の中にある惑星はすべて地球のような存在だと考えるべきである。スコラ哲学の可能的世界論の延長で論じるなら、それらは無限空間内に現実に存在する複数世界であり、神の無限の智慧と力の証明である。しかしここには（多数派の）キリスト教信仰が直面する難問が存在している。この対話の登場人物の一人が言うように、惑星上に知的生命が存在するなら、彼らは救済されなければならない。キリストは地球上にしか現れなかったのだから、どのようにしてそれが行われるのだろう。

私が問題にしたいのは、それら［星々］が居住可能だというそのことだ。私はそれを否定できないと思う……だがそこに人間たちが住んでいるのなら、救済の手段が必要になるだろう。[34]

これに対して対話篇内の著者の代弁者は、ボレルと同じく、キリストを知らなかった人々が正直に生きてきた新大陸の例を挙げる。キリストの贖いの効果は新大陸にもおよび、彼らアメリカ人も救われるだろう。そうであるなら、宇宙空間を超えて贖いの効果が伝達されてもおかしいことではない。福音はなんらかの形で宇宙全体に伝わるはずである。[35]

神が歴史上のある時点に地球上の特定の場所に人間として受肉し、人類の罪を贖うために十字架上で刑死したというキリスト教多数派の見解は、複数世界論と矛盾する要素をはらんでいる。エピクロス哲学のように神がさしたる役割を持たない唯物論的な自然像は、世界の複数性説と結びつきやすい。だが古代ギリシア、ローマの遺産を継承して、イスラーム思想やスコラ哲学が世界の複数性をめぐる高度な思索を展開してきたことからもわかるように、世界の複数性論が有神論と対立する性格を本源的に持っているのではなかった。さらにはアジアへの宣教師たちが証言していたように、インドや中国の宗教は最初から「複数世界論」に基づいていた。キリスト教の中の三位一体の教義だけに、複数性論と衝突する特殊な性格があった。預言者ムハンマド、またユニテリアンのように、イエスも単なる預言者の一人であると考えるか、十字架上での神の刑死は見せかけにすぎないとするか、あるいは理神論者のように、本当の神は聖書の神ではなく、理性によって知られる創造神だと考えればこの問題は生じないが、それらは初期近代のヨーロッパでは、体制から排除を受ける異端的な教説とされていた。そのためモアが論じた現存する複数世界と救済との矛盾の問題は、「神の万能の証明」というスコラ哲学的な複数世界論の形而上学的論法によって、地球外知的生命存在説を自然神学的な枠組みの中で受け入れようとする場合の最大の難点となり、これをめぐって多くの議論が戦わされることになる。

ケンブリッジ・プラトニストの代表者とされるラルフ・カドワースも、一六七一年の『宇宙の真の知的システム』で、天文学的複数世界論をキリスト教的枠組みに積極的に組み込もうとする。カドワースは「宇宙の広大さについて」と題した章で、無限空間論を前提として、われわれの地球以外に居住可能な天体が存在すると主張する。宇宙が神によって創造されたのなら、すべてに神の意図が働いているはずである。無限の広がりを持った空虚な空間が無意味に創造されるはずはない。

これらの膨大な広大さが無駄に存在して荒涼とした無人のままであり、そこには創造主を讃えるものは何もなく、この小さな地球という点だけだと考えるのは不合理なことである。(36)

知性を持つ神は無駄をしない。そこには深遠な意図に基づく、秩序を持った世界が広がっているはずである。このヴィジョンを論証できるのであれば、それは創造主が存在しない、偶然が造りだした無秩序な混沌とした世界という、ルクレティウスなどを意味する「無神論者」の主張に対する有効な反論となるだろう。

［世界は混沌としているという無神論者に対して］同様な確信と、はるかに確かな推理によって、以下のように答えることができよう。われわれの太陽のすべての惑星が居住可能な地球であり、すべての恒星が太陽であり、同様ないくつかの他の惑星、居住可能な地球がその周りを回っており、それらのすべてが荒れ果てて無人ではなく、動物たちによって住まわれている。もしこの途方もない想定が正しいのなら、ばかげて無駄なシステムなど全く存在しない。神の技と智慧はその領域のすべての上に働き、それらすべてにその刻印としるしを刻んでいるのだと。(37)

デカルトやニュートンの宇宙論が受容されることで無限空間論が正当な学説となっていくと、モアやカドワースの論法は宗派を超えて有神論的な複数世界論者のすべてに採用され、以後十九世紀の終わりまで、飽くことなく繰り返されていく。たとえば非国教徒の指導者ジョン・オーウェンは一六七六年の著書で、このちっぽけではかない世界を捨てて一万もの世界の主に就くのはやさしいと書いている。(38)こうして天文学的複数性論はそれが内包する難点にもかかわらず、キリスト教を弁証する「科学」的理論として受け入れられていくことになる。

天文学的複数性論という形態を取りつつあったマクロの複数性論に対して、オレームの第二の類型にあたるミクロの複数性論は、つねにこれと並行して議論されてきた。たとえばパスカルは『パンセ』で、ミクロとマクロの複数性を並べ、その極小と極大にわたる膨大さと対比して人間の無力さを示そうとする。

一匹のダニは、その小さなからだの中に、ほかにくらべもののないほどさらにさらに小さな部分を人間に提供してくれるであろう。……人間はそこにも、無数の宇宙があり、そのおのおのが、それぞれの天空、遊星、地球を、この見える世界と同じ割合で持っているさまを見るであろう。(39)

望遠鏡を使った天文学的複数性論の華々しい展開に続いて、顕微鏡の発明はミクロの複数世界を現実に眼前に拓いて見せるように思われた。一六六五年のロバート・フックの『ミクログラフィア』には、顕微鏡による観察に熱中していく科学者たちの形而上学的な衝動が描かれている。天上世界に目を向けることで、想像もしなかった壮麗で膨大な複数世界が人間の視野に入ってきたのなら、足元の微細な物質の中にも同じ異世界を見出すことができるはずである。

望遠鏡はどんな遠いものもわれわれの目でみえるようにし、顕微鏡によって、どんな小さなものもわれわれの探究から逃れることはできなくなる。かくして一つの新しい世界が発見され、理性に提供されるのである。望遠鏡によって天界が開かれ、古代の天文学者には全く知られていなかった膨大な新しい星々、新しい運動、そしてそこに存在する新しい創造物がわれわれの目に現れる。顕微鏡によってかくも身近にあるわれわれの足元の地球自体が、まったく新しいものをわれわれに見せる。今やわれわれは地球の物質のすべての小さな粒子の中に、ちょうど宇宙全体に存在するのと同じほど膨大な種類の生命を見る。(40)

実際には当時の顕微鏡では、日常世界と根本的に異なる統一的な構造を持ったミクロの世界が見えるのではなかったが、科学者たちは将来には、かつて哲学者たちが存在するとした、未知なる世界が可視化されるに違いないと考えた。

望遠鏡と顕微鏡の意味ある改良のすべては、新しい諸世界、未知の諸大陸にわれわれの目を開かせる。(41)天文学的複数性論の勃興に鼓舞された微視的世界の探究は十八世紀も継続され、複数世界論に論拠を提供しながら、細胞や細菌の発見によって、結果的に生物学の誕生を促すことになる。

本書では取り上げないが、オレームの分類による第一類型の複数世界論である「時間的な複数世界論」も、十七世紀には科学的な装いを纏った形で議論されるようになった。それは十八世紀末には、地球科学の創設に結びついていった。その代表者の一人であるトマス・バーネットは一六八一年の『地球の神聖な理論』で、聖書に記述された大洪水の科学的理論を構築しようとした。バーネットは天文学的複数性論の宇宙論的枠組みを容認していた。ノアの洪水を起こした地球は大宇宙に浮かぶ惑星の一つととらえられるべきである。惑星にはそれぞれに特徴があり、さまざまな仕方で崩壊するが、(42)同じ太陽から生まれているので共通の性質もあり、同じような仕方でカオスから生成する。(43)「大洪水」はどの惑星にも起きるのであり、その点でもそれら惑星はすべて同質の存在である。個々の惑星の間の違いより、同じ惑星の洪水前と洪水後の相違の方が大きい。

他の諸惑星がもし居住されているのなら、大洪水の前後のそれぞれの時期にしたがって、同様な性質を持っているだろう(44)

こうして旧約聖書はどの惑星にも共通する、普遍的な記述をしていることになる。聖書にある大洪水や最後の審判を科学的言辞で論じようとするバーネットの時間的複数世界論は、天文学的複数世界論のキャンバスの中に置かれ、惑星上の諸世界の成立と崩壊の理論となる。

もしわれわれが地球を、太陽を回る多くの惑星の一つと考え、太陽を、宇宙を飾る、数えきれない恒星の一つと考えるなら

それらの生成と崩壊は

神の智慧と力と、神の摂理の偉大さを考察する大きな主題の一つとなる。(45)

これらの天文学的複数性論に関するキリスト教親和的な議論は、さまざまな自然の観察から信仰の確証を得ていこうという自然神学の体系に組み入れられて受容され、またそれが逆に自然神学の普及の要因となった。自然神学の代表的著作であるジョン・レイの『創造の結果に示された神の智慧』（一六九一）は、天文学が神の存在証明を与えると主張する。(46)あまりに複雑で合理的だとは思えなかった天動説の不規則性と複雑性は、「近代の天文学者の新しい理論」によって取り除かれた。(47)彼らの長期の観測によって、

それらの運動が［神の］計画と智慧と知力によって動かされ、支配されていることは十分に証明されている。(48)

生命の目的論的考察を中心的な論点としたレイのこの自然神学体系は、まだ複数性論を摂取していない。著者は天文学が「天体とその運動の信じられないほどの恒久性」(49)の発見を通じて神の智慧を示すことや、生物の機能に対する月の役割を指摘するだけで、

その他の惑星の役割についてはわれわれには知られていない(50)

と、大宇宙の星々が有する神学的意義の考察を後世にゆだねている。この「役割」の解明は、天文学的複数性論者たちに任されることになるだろう。

自然神学への複数性論の体系的な導入は、ニュートン派の神学者だったリチャード・ベントリーのボイル・レクチャー「世界の起源と仕組みに基づく無神論の論駁」（一六九二）で試みられる。「理神論、無神論、ホッブズ」を攻撃するために、ベントリーは宇宙の広大さと神の愛から、宇宙生命の存在を論証しようとする。

だが遠く離れた巨大な諸物体が、われわれが望遠鏡を通じて覗き見るためだけでなく、それとは異なり、より高尚な目的のために作られたと考えるのは、神の無限の威厳と限界のない慈愛のより高い理解をもたらすのではないか。

宇宙に知的生命が存在するのは、物質的な無限宇宙がそれ自体として存在するはずがないからである。最高の知性的存在者である神によって、物質は精神に仕える目的のために創造された。

したがって、それらの物体は知性的な精神のために創造されたのである。地球が人間の生存と思索に奉仕するという目的で創造されたのだから、他のあらゆる惑星も同様な目的でつくられたと考えるのは当然ではないか。

高次元の「存在」である神の力は、人間の目には計り知れない「無限」の威力として現出する。神の万能性が神とはクラスが違う低次元のこの「宇宙」に出現するとき、同等性原理に従って、「無限」の宇宙の中の無数の複数世界という形を取るだろう。それらの「世界」が、人間が生きる「この」世界と並行し、それと同じ統一性、秩序、充実度を持つ他世界であるなら、それらには人間と同質の存在、「知的生命」が含まれるはずである。創造神の観念から始まる以上の複数世界論の推論を、当時ニュートンによって学問的に確立されたとされた無限宇宙論を仮定し、カドワースが遂行したように、経験世界に見られる合目的性から神にさかのぼる弁神論である自然神学の論法によって書き直すと、ベントリーの議論になる。こうして複数世界論は、自然神学的な地球外知的生命存在論になった。

ベントリーはキリスト教的複数性論者が苦しみ続けることになる、聖書と複数性論の齟齬についても触れている。聖書に地球外知的生命の記述がないのは、それが地球での救済のみにかかわっているからであり、そのことが彼らの存在を否定する理由にはならない。したがってまた、地球外知的生命存在論がアダムの堕落やキリストの降臨とどうかかわったかを議論する必要はない。

たしかにモーゼの「創世記」には、他の惑星の人々について何も書かれていない。だがすぐわかるのは、この聖なる歴史家が地球の動物の創造を論じるだけで神による天使の創造は説明していないのに、五書のあちこちで神の天使に少なからず言及していることである。これらの惑星上の人々について心配したり、彼らがアダムの堕罪やキリストの降臨にどれほどかかわっているかについて、ばかげた議論をする理由はない(55)。

だが大宇宙の存在意義にかかわるような、これほど重要なことに言及する必要がなかったという主張は、知識の源泉としての聖書の権威を小さくするだろう。それは十七世紀前半の内乱を引き起こした「熱狂主義（enthusiasm)」の再来を阻止するため、キリスト教徒の目を聖書や霊感から自然へ向けさせようとした、ボイル・レクチャーの講師たちの真意でもあった。粒子論の使用がそうであったように、複数世界の実在説とキリスト教を共存させて、信仰を「科学的」に補強しながら、信者たちを原理主義的な「狂信」から引き離すことが、ベントリーたちが採った戦略だった。ボイルたちが想定した地球外知的生命の多様性も、そのために呼び出される。地球外知的生命たちは人間と異なった身体を持っているかもしれないが、それは精神と身体の結びつきが環境によって異なるからであり、理性的存在者という点では人間と同一であるはずだと、この神学者は主張する。

さて尽きることない創造力を持つ万能の神は、数えきれないほどの位と階層にわかれた理性的な精神をおくつりになられただろう。そのうちのいくつかは本性的な完成度において人間の魂より高く、他の者は低いだろう。異なった種の精神がなんらかの結合法則で人間の身体に宿ることもあろう。人間精神が他の身体に別の結合法則によって結びつけられれば、別の種となろう。……主は、同じ階層と能力の非物質的な魂を、他の法則によって別の身体に結びつけられることもあろう。……したがってわれわれは、月や火星、あるいは他の恒星系のいまだ知られぬ惑星上に理性的な住人が存在した場合、人間本性を有しているとか、われわれの世界と同じ条件に置かれているなどと結論すべきではないのである。(56)

地球外知的生命のあり方は狭い人間の知性ではとらえきれないほど多様なので、地球外知的生命と「楽園追放」の関係など、彼らとキリスト教との具体的なかかわり合い方を性急に論じるべきではないのである。

(2) オカルト的伝統と複数性論

天文学的複数性論を支持したのは、ボイルやニュートン周辺の「機械論的な」、「新しい科学」の推進者たちばかりではなかった。かつてブルーノやカンパネッラがそうであったように、多様なルネサンス的な科学の伝統もまた、複数性論の復活に関与していた。たとえばヤコプ・ベーメの影響を受けた国教徒で、錬金術師、占星術師だったジョン・ポーデッジの『神秘神学』(一六八三)では、多数の地球の存在が論じられている。(57)ヴァン・ヘルモントの息子の錬金術師フランシスクス・メルクリウス・ヴァン・ヘルモントは、オレームの複数世界論の三類型をすべて肯定し、同時的にも継起的にも多くの世界があるはずだとしている。(58)

一七一一年のダニエル・スターミーの『世界の複数性についての神学的理論[59]』は、宗教的な観点から複数性論を体系化しようと、聖書の語彙の分析によって、複数世界を以下の八種類に分類する。

一、可視的な、物質的な世界
　生命の住処
二、天使の世界
三、悪魔の世界
四、人間の多様な存在の仕方
五、政治的世界
六、地球の創造のシステム
七、教会統治
八、神の無限の精神の中の知的世界

スターミーの分類は雑然としているが、天文学、物理学の対象となる物理的世界における複数世界論ばかりでなく、時間的、宇宙史的な複数世界や、空想的、宗教的な複数世界の観念があることは確かであり、じっさいそれらが交錯、複合する形で、複数性哲学が展開されていった。複数世界のインフレーションともいえるこの議論は、十九世紀以後の展開と比較するとき、一つの視点を提供する。単一世界論的だったアクィナス的な世界も、神の居所や天使たちが住まう天球という、一種の別世界を想定していた点では、「複数世界」を容認していたととらえることもできる。経験世界に平行して存在する真実在の世界としてのイデア界の構想という点では、プラトンでさえ複数性論者になるだろう。

本書ではハイ・カルチャーにおける自然学的、形而上学的な複数世界論に対象を限定しているが、神界や他界や来世が現世の上部や地下、あるいはそれと二重写しとなって存在するという観念は、多くの文化に見ることができる。神学上ではアクィナスが大きな支配力を持った中世盛期から、天文学的複数性論が勃興した十七世紀にいたるまで、この意味での複数的な世界のヴィジョンは、民衆文化の中ではむしろ一般的に見られただろう。スターミーのように、それらも「複数世界」の一種だとすれば、本来の単一世界論者はパルメニデスやアリストテレスたちだけに限定され、厳密な意味での単一世界論は、歴史上ほとんど存在しなかっただろう。だが第6章で見るように、十九世紀から現代に至って主流となる世界の表現《リプレゼンテーション》の仕方は、この狭義の意味での単一世界論の形態を取ることになる。

(3) 十七世紀の反複数性論

十七世紀科学の展開と同期して登場し、支持者を増やしていったとはいえ、天文学的複数世界論が批判を受けなかったわけではない。一六一八年に翻訳された著書で、ピエール・ドゥ・ラ・プリモデは神学的な立場から、天文学的複数性論に反対している[60]。一六二二年にマーティン・フォースビイは『無神論者、不信心者に対する四つの真理』で、世界の複数性を否定する。その第十章では自然神学を取り上げて、天文学も神の証明となるとするが、天体の回転と秩序は不自然であり、神の介入の証拠だと言う[61]。Seventh-day Baptist Church の創設者のフランシス・バンプフィールドは一六七七年に、天文学についても、聖書の知識しか確かなものは得られないとして、複数性論を批判している[62]。一六九五年にはスコットランドの貴族ジェイムズ・ダルリンプルが、世界の複数性論を取り上げて反対している[63]。天動説を取っているジョン・エドワードの『大きな世界と小さな世界の構造による、神の存在と摂理の証明』（一六九六）は、宇宙と人間を取り上げて自然神学的な議論を行うが、本書では複数性論は採用されていない(64)。だが、世紀末から十八世紀初頭におけるニュートン主義の確立によって、これらの反論は十八世紀以後の知的主流とはならなかった。

3　「啓蒙」と比較宇宙生命論の起源

(1)『世界の複数性についての対話』

王立協会やそれにゆかりのある科学者、神学者、著作家たちが、天文学的複数性論と自然神学を結びつけて、ニュートン主義への歩みを進めていた時、シラノ・ド・ベルジュラックのようなリベルタンたちの、「比喩」として地球外知的生命を利用する系譜は、十七世紀末に海峡の対岸で、世界の複数性論争と地動説に基づく天界理論を総括して新しい知的世界を拓き開いたフォントネルの『世界の複数性についての対話』(一六八六)(65)を生み出した。啓蒙運動の出発点にあたるとされる、この重要で広範に読まれた著作では、この二つの伝統が巨匠の筆致で結びつけられ、啓蒙を導く一つの世界のヴィジョンへと融合されている。キリスト教の人間の自己中心性を相対化する手段として、フォントネルはデカルト的な限界のない空間を活用するとともに、太陽や宇宙の終末の論理的可能性をも示し、懐疑主義にもつながる、知性の絶対的な運動を繰り広げる。この比喩としての機能は、渦動に満ちた壮大な、実在する無限の宇宙の観念と手を携えている。無数の恒星と惑星、その上に生存する姿も定かでないが知的な存在者たちという広大な空間は、その上でさまざまな自由な思索が試みられ、描かれていくキャンバスを提供した。

フォントネルの著書のインパクトは、「相対化」の運動としての知性の視覚像の提供として概括できるだろう。

それは日常世界の経験を転倒した地動説の鮮やかな描写にはじまり、月から惑星世界の住人の造形へと進む。フォントネルは「惑星人」の詳細な描写を慎重に控えているが、それは現在ではたんなる「文学作品」としてしか読まれないとはいえ、この著作が広範な読者を獲得した、科学への入門書として書かれたからである。「惑星人」は呼吸する大気も含め、人間とは異なった存在であるとされる。彼らの知性は人間と共通しているが、彼らは五感以外の感覚を持っているかもしれない。「惑星人」の存在は、証明できないが高い蓋然性を持つ「科学的可能性」であるとともに、異質な生活とモラルの可能性という、人間の先入観を相対化する反転鏡として機能する比喩でもある。

この科学的現実性と比喩は、恒星の世界にいたって極地に達する。そこでは人間が取り憑かれている地上のさまざまな事象を空無化する、中心を持たず絶え間なく運動する大宇宙という、「真の世界」が開示される。この「スキーピオーの夢」の近代版では、地上の徳が宇宙で報われるという古代的な観念とは反対に、宇宙は地上のすべての人間的な信念を空無化する、どこまでも広がった空間として立ち現れた。それはあらゆる先入観を再検討しようとする啓蒙運動に、論理的な足場を与えた。だがこのどこまでも際限なく広がった空間は、知性的な存在者で満たされている点で、パスカルを脅かした漆黒の虚無ではない。人間的なものを相対化するフォントネルの無限のヴィジュアル・イメージは、広義の意味で「人間的」であるような、宇宙のいたるところに存在する、膨大な数の地球外知的生命の集団という、普遍的な知性の存在の保証を伴っていた。

(2) ホイヘンスの比較宇宙生命論

ウィルキンズにはじまる、惑星人の議論をめぐる自然神学と科学の結合は、十七世紀の代表的な地球外知的生命論の一つである、死後発表されたオランダの大科学者クリスティアン・ホイヘンスの遺稿『コスモテオロス』(英訳では『天界世界の発見、あるいは諸惑星の住民、植物、生産物に関する考察』)に典型的に現れている。ニュートンと並んでこの世紀を代表する科学者であるホイヘンスは、無限宇宙に関する過去の議論を検討しながら、決定的な証拠はないが、その存在の蓋然性は非常に高いと結論する。

何人かの古代人や、ジョルダーノ・ブルーノがこの議論を進め、数は無限だと主張した。彼は多くの議論によってそれを論証したつもりだが、それらはどれも決定的だとは言えない。とはいえ、それは反論がなされたからではない。たしかに宇宙が無限に広がっていることは確実だと私には思えるのである。(67)

ホイヘンスは「惑星人」の存在も蓋然性が高いと考える。フォントネルなどを含め、先行する著者たちを彼が批判するのは、彼らがそこから足を進めず、宇宙生命に関する科学的考察を行わなかったからだった。したがって「科学革命」の中心人物の一人であるホイヘンスがこの著作で試みようとするのは、一種の比較宇宙生命論になる。

だがクザーヌスやブルーノやケプラーのような最近の著者や、そしておそらくケプラーを信用すればティコも、惑星に住人がいると考えた。クザーヌスやブルーノは太陽や恒星も同様だとした。しかし彼らの大胆さの限度はそこまでだった。あの優れたフランスの『世界の複数性についての対話』の作者も、そこから考えを進めていない。彼らのうちの何人かだけが、ルキアノスの『本当の話』のような、月の人間についての御伽噺を書いただけだった。『天文学的な夢』のケプラーもそうである。しかし私はこのことをしばらく真剣に考えていて、この研究は非現実的でも、困難さのゆえに断念すべきものでもなく、妥当な推理を働かせる余地が大いにあると考えたのである。(68)

科学者ホイヘンスの議論は、地上の観察を創造主としての神の観念に結びつけた、科学と有神論的形而上学とを混ぜ合わせた仕方で展開される。その議論の仕方は、十七世紀以後の地球外知的生命存在論に基本的な枠組みを与えた。たとえば聖書は天空の諸世界についてはまったく沈黙しているが、人間には見ることができない物質世界が、それに対応する精神世界を持たないと考えるのは、創造の合理性から考えれば不適切である、とホイヘンスは推論する。(69)

そしてこれらの人々は、どのような意味で万物が人間のためにつくられたと言われるのか、知らないのである。それが望遠鏡で覗き見るためというのであれば、まったくばかげている。神の創造のもっとも大きな部分である数え切れない星々は、誰の目からも見えない、遠方に位置しており、そしてそれらの多くは、もっとも優れた望遠鏡でも見ることができないだろう。したがって、それらがわれわれに属しているとは思えない。これらの壮麗な物体を嘆賞するなんらかの理性的な被造物が存在すると考えるのは、それほど理由のないことだろうか？(70)

十七世紀科学の多くがそうだったように、ホイヘンスの「比較宇宙生命論」も、「知恵と道徳への貢献」を伴っている。世界の複数性論は大空のかなたから眺めることで、地上の小事を離れ、人間をして神の真理を直視させる。またそれは壮大で精神に満ち溢れた宇宙のヴィジョンによって、「神の摂理とすばらしい智慧の崇拝」(71)をもたらす。

なぜなら、われわれはこの退屈な地上を離れ、高い場所からそれを眺め、果たして自然があらゆる力をつくしてこの小さな土くれを飾ったのかどうか、考えることができるだろう。遠方の異国への旅行者のように、故国で行われていることや、それらを正しく評価することや、あらゆることにそれ自体の価値を与えることがよりよくできるようになるだろう。そして同じような地球の大群が存在し、われわれ自身のものと同様に住まわれ、崇拝されていることを知れば、われわれはこの世界で偉大だと呼ばれるものを嘆賞しなくなり、通常人々が愛

着を覚えるつまらないものを軽蔑する気高い気持ちになることができるのである。(72)

ホイヘンスの議論は二つの道をたどる。その一つが、地球上の自然の観察からのアナロジーによる推論だった。ホイヘンスは惑星上の生命と、地球上の生物との違いと同一性を検討する。その結果、それらは太陽からの距離にしたがって異なっているが、それ以外の点では同じだとする。(73)そして惑星の生命系を検討し、アナロジーによる推理に基づき、惑星人の存在を結論する。

このように（地球といくつかの惑星が）これほど多くの点で似ているのだから、他の惑星もそうであり、また他の惑星も地球と同様に、美しく、住民で満たされていると考えるのはもっとも確実なことである。(74)

このアナロジーによる議論は、カドワースやベントリーたちと同じように、神による創造の完全性からの論証によって補足される。

というのは、これらの惑星にそなわっているあらゆる調度品と美がどのような目的もなく無駄につくられたとは思えない。そこにはまたそれらの果実を享受し、それらの智慧ある創造主を崇拝するものたちが存在するはずである。(75)

惑星の住人は五感以外の感覚を持っている可能性がある。(76)また身体的形状も、人間とは大きく異なっている可能性が高い。だが完全な知性を持ち、慈愛に溢れる神の性質からの論証によれば、彼らは人間と同じ理性を持っているはずである。

なぜなら、どこでも創造主の目的は被造物の生存と安全だからである。われわれが持っている理性が生存と社会の形成のために必要であるなら、惑星人たちが維持し、守るべきものとして創造されたものを破壊し破滅させるような誤った理性を持っていると考えるのはおかしなことではないか。(77)

アナロジーと神の属性からの神学的論証の両面で太陽系の惑星人の存在と性質を確立した後、ホイヘンスは第二巻で、ケプラーを批判しながら、すべての恒星は太陽と同じ性質を持っていて、惑星を従えていると主張する。そこにはガリレオが想像したように、知的生命たちが神を讃えるために住んでいるに違いない。

したがって、われわれがこの惑星［地球］に認めることは、数え切れない太陽を回る惑星についてもそうすべきである。それらは植物や動物を持ち、そこにはわれわれと同様、天空の熱心な賛嘆者であり、勤勉な観察者である理性的な存在もいるに違いない。(78)

こうしてホイヘンスによる「スキーピオーの夢」は、創造主の万能と智慧を賛嘆し、地上の些細な執着を相対化しつつ、宗教的、道徳的生活を促進する、「ヨブ記」や『哲学の慰め』の近代版となる。

この宇宙の壮麗な広大さと仕組みのなんとすばらしく、驚くべきことだろうか！　あまりにも多くの太陽、あまりにも多くの地球、そしてそれらすべては草や木や動物が溢れ、多くの海や山で飾られている！　そして星々の計り知れぬ距離と多さを考えるとき、この驚異と賛嘆の思いはさらに増すのではないか？(79)

以後の地球外知的生命存在論の枠組みを総合的に示している『コスモテオロス』では、アナロジーに基づく推論と、創造には知的で慈愛に満ちた目的があるという、神の属性からの形而上学的な論証とが並行して使用されている。これらの議論の背後では、あらゆる存在を超えた、次元の異なる一なるものである神の「万能性、完全性」が、望遠鏡で観測可能な感覚的世界に出現するとすれば、それは無数の世界という形を取るという、複数性論の同等性原理が働いている。

『コスモテオロス』における体系的な地球外知的生命存在論の論証方法は、この世紀の宇宙生命存在説が望遠鏡による天体観測の結果からの思いつきではなく、天地創造に基づく世界のあり方を明らかにする「複数世界論」という形而上学的な思考のなかから生まれたことをよく示している。すでに論じたように、この思考方法によれば、膨大に広がる宇宙空間が神の無限の力の創造物としての表出であるならば、同等性原理に基づいて神の「無限」が実存在の「無際限」と等置されるため、そこには無数の世界が存在しなければならない。それは具体的には、際限がないという意味での感覚的「無限」性を持つ宇宙と、その中の諸「世界」となる。宇宙空間という場における他の「世界」は、他の天体上に展開しているだろう。世界の表現《リプレゼンテーション》の仕方としての複数性論《プリューラリズム》的な思考方法は、この「世界」がわれわれの世界と同じ統一性と充実度を持っていることを教えるので、それらには知的存在者も含まれているはずである。こうして地球外知的生命の存在が、キリスト教的有神論の複数性哲学の系論として導かれる。

　地動説が天文学的複数性論の正当性を保証するなら、地動説は地球外知的生命存在論と一体の学説ととらえられる。クザーヌスやブルーノに続いて、ボイルもケンブリッジ・プラトニストもボレルもホイヘンスも、こう考えていった。そのために科学的学説としての地動説の確立とともに、系外惑星の発見や宇宙生命の発見以前の段階ではたんなるアナロジーの結果に過ぎず、蓋然性の問題としては扱えても、確実な科学的学説とはなり得ない地球外知的生命存在説が、すでに論証された学説としてヨーロッパのハイ・カルチャーの中に受け入れられ、次章で見るように、非常な熱意を持って議論されたのだった。その結果、蓋然的推論が確証された真理と混同され、それが十九世紀まで続くことになる。初期近代科学の諸発見と目覚ましい理論的発展が複数性論《プリューラリズム》という、特定の宗教や思想や哲学や価値を超えた、大きな思考の様式に一つの源泉を持っていたとすれば、科学者ホイヘンスがこの論理学上の初歩的な誤りを犯し、形而上学的論法に囚われていたことを笑うべきではないだろう。

宇宙論と地球外知的生命論がそれに基づいて構成されたこのような枠組みは、同じプロテスタント圏に属するブリテンの自然神学の共有財産となっていく。さらに天文学的な複数性論は自然神学の創造主と結びつくことによって、十八世紀の道徳哲学に宇宙論的な構図を与えることとなる。それはこれらの時期を通じて、複数性論《プリューラリズム》が思考の基底的な関心と眼差しを与えていたことを示唆している。

(3) 天文学的複数性論と可能的世界論、ミクロの複数世界

近代天文学の発展に基づく天文学的複数性論は十八世紀には複数性論の中心を占めたが、可能的世界論それ自体が消滅したわけではない。とくに様相論理学とのかかわりでも取り上げられることがあるライプニッツの可能的世界論は後代にも取り上げられ、議論されている。

無限の可能的世界と唯一の現実世界の関係を論じたマルブランシュ(80)を批判して、「最善の世界の創造」という点から形而上学的複数性論を再興したライプニッツは、天文学的複数性論者でもあった。通常の複数性論者と同様に、ライプニッツはミクロとマクロの複数性の発見を重視する。それは創造の美を明るみに出した。広く読まれた『弁神論』(一七一〇)は、ライプニッツが形而上学的複数性論とともに、ミクロとマクロの複数性論にも加担していることを示している。

ミクロコスモスとマクロコスモスの説が最近の発見によって脚光を浴びるようになりだしてから、物体的世界の舞台は自然の光により少しずつこの世における美しさをわれわれに示している。(81)

こうして近代の複数性論を承認するライプニッツは、形而上学的複数性論と天文学的複数性論の両者を肯定してい

る。現代では天文学的複数性論の正当性は否定することはできないと、ライプニッツは断言する。「恒星はみなそれぞれが太陽であり、」(82)

今日では、宇宙にいかなる制限を加えようと加えまいと、地球の住人に劣らず理性的な住人が住んでいて当然であるような天体が無数にあるということを認めなければならない(83)。

もちろんホイヘンスたちが推定したように、それらの天体の住民が人間と同じ存在だということにはならないだろう。極めて異なった体制と能力を持った知的存在が生存していることは十分考えられる。それらは人間の予想をはるかに超えた存在かもしれない(84)。

この宇宙には、シラノ・ド・ベルジュラックが太陽で出会ったような動物がいてもおかしくはない(85)。それらの知的生命は、人間以上の高度な知性を持っているかもしれない。彼らは人間より道徳的にも優れているとも考えられる。そうであるなら原罪を背負っているのは、地球の住民だけかもしれない(86)。

われらが大地は太陽の一つの衛星に過ぎない。そして多くの恒星の数だけ太陽がある。さらに、すべての恒星の彼方にまで巨大な空間が拡がっていると信じられる。したがって、諸々の太陽やとりわけ恒星の彼方の天国には至福を得た被造物が居住していると考えても、何の不都合もない。それればかりか、惑星さえもが、天国のごとき幸福なところになり得る。……一方、目に見える世界にも、理性を持った被造物が多数居住していることはどうやら真実らしい。ここにいる被造物は、いずれ劣らず幸福に満ちていることであろう(87)。

しかし人間が現在の場所に現在あるような形で存在しているのは、神の意図の働きの結果と考えるべきである(88)。現状でも多くの限界を有する人間は、完成した存在となることはできないように運命づけられている。

そして、たとえ宇宙のどこかに人間より完全な理性的動物がいたとしても、神がすべての種について完全性の度合いに違いを設けて創ったのは当然だったといえる。どこか人間とそっくりでありながらわれわれよりも完全であるような動物がその他にもいるということも不可能ではないが、神が人間に割り当てた時間的空間的な場所は、人間が受け入れ得る完全性に限界を与えている。(89)

このようにライプニッツは天文学的複数性論を包括的にまとめて、それを承認している。この天文学的複数世界の論理的上位に、可能的世界が位置づけられる。あらゆる事物が神に依存しているが、それは可能的なものと現実的なものに分けることができる。

諸事物の神への依存性は、すべての可能なもの、つまり矛盾を含まぬものにあてはまるし、すべての現実的なものにもあてはまる。(90)

可能的とは、「矛盾を含まない」、「その反対が可能でない」ということであり、現実に存在することとは区別される。反対が可能でないものは、形而上学的な意味で必然的である。それは存在しなければならないという意味での必然性とは区別される。(91) 可能的なものは実際には存在していなくても、神の中で実在性を持っている。現実に存在するものは、可能的なもの、矛盾を含まないもののうちから、神の意志によって現実化される。(92) この可能的世界と現実的世界という二つの領域を結びつけるのは、神の選択なのである。神は無数の可能的な世界の総体から、一つだけを選んで創造する。

可能的で偶然的なものは、それぞれ個別に考察することもできるし、無数の可能的世界のそれぞれの全体性の中で互いに秩序づけられたものとして考察することもできる。この無数の可能的世界の各々は神によって完全に知られているが、そのうち一つの世界だけが存在に至るのである。実際、多くの世界が現実に存在していると想像することは無意味である。(93)

ではこの「選択」はどのようにして行われるのか。神は知性的なので、それは最善の選択でなければならない。ガザーリーやスコトゥスは、世界が存在する理由は神の意志だとしたが、それは人間が理解できる選択の行為ではなかった。また偽ディオニシウスの『神秘神学』は、神の領域を人間の理性の彼方に置いた。神の属性を人間の言葉で表現することは、命題の際限ない否定の連鎖の形でしか可能でない。これらの伝統では、人間には神の意図を確定的に知ることができないとされてきた。ライプニッツにとって、神が理由なしに創造すべき世界を選んだとは考えられない。神が決めた以上、それは「最善」であるはずである。

神は諸事物の無数の可能的な系列の内から最善のものを選んだのであり、それゆえその最善の系列は現実に存在しているこの系列なのだ、と言わなければならない(94)

スコラ哲学の形而上学的複数性論と初期近代の天文学的複数性論を総合したライプニッツの複数世界論では、形而上学的複数性論と天文学的複数性論が整然と共存する。神の知性の中には無限個の可能的世界が併存している。その中の「最善の一つ」が選択され、神の創造の意志によって現実の宇宙となる。この唯一の存在する広大な宇宙の枠組みの中に、地球と同じ世界が多数存在している。

通常の天文学的複数性論と異なってライプニッツの複数性哲学は、現実世界の上位に人間の知性によって記述可能な可能的世界を置く点で、純粋な形而上学的複数性論の次元を持っている。可能的世界とは論理学的、数学的世界であり、「実際に存在するかどうか」、「経験的に観測できるか」ということとはかかわりなく、演繹的論理の内部で研究できる。ニュートン派のように「空間」を実在する無限である、物質なしで存在する無限空間としなかったことが、ライプニッツが通常の天文学的複数性論の上位に神の次元を確保する理由となっただろう。またライプニッツの複数世界論は神の選択の合理性を強調する点で、かつての主意主義的な可能的世界論の一部と相違している。さらに合理的なライプニッツの神はクザーヌスやブルーノのような極大＝極小の性格を持たないので、この複数世界から不可能世界は排除されていることになる。それは「神秘神学」、「学識ある無知」、魔術的方法や懐疑主義を排除し、神の理解を徹底的に合理化することになるだろう。

『形而上学叙説』（一六八六）と『モナドロジー』（一七一四）によれば、この多数の世界を含む単一の「現実宇宙」は、ミクロの「実体」あるいはモナドから構成されている。「実体」は自身が存在するために他に依存することはなく、それ自体において自存するのだから、宇宙が微細な実体の集合体であるなら、その全体の秩序が神の自由な不断の介入なしで維持されることはできないだろう。ニュートン派であれば、神の深遠な力を示すという意味で、神の物質世界への恒常的な介入に何の形而上学的な問題もない。ニュートン自身、引力の要因となる粒子の相互に引き合う性質は物質自身に内在するのではなく、機械的で不活発な物質に神によって外から植えつけられたと考えたこともある。だがライプニッツにとっては、創造後の神の介入は創造の不完全性を示すため、存在する世界が「最善の選択」の結果であるという主張に反する。

外から力を受けるだけのデカルトやニュートンの粒子とは異なり、ライプニッツの「実体」は「全宇宙の鏡」として、それぞれがそれぞれの観点から現実に存在する宇宙を映し出している。ちょうど共通する全遺伝子をそれぞれが持った多細胞生物の一つ一つの体細胞のように、これら実体の一つ一つは、相互に関係することなく、全宇宙の全連関を自身の内に持っていることになる。そのためこれらの実体は他の実体からなんらの本質的影響を受けることなく、神から与えられた唯一の宇宙の秩序を実現していく。現存する物体のどの小部分も全宇宙を映すミクロの実体まで分割できるので、この自然観は一種のミクロの複数性論だといえる。

六六　そこから、物質のどんなに小さな部分にも、被造物、生物、動物、エンテレケイア、魂が、たくさんふくまれていることがわかる。(95)

六五　そして自然の創造者は、このかぎりなく微妙なわざを、もののみごとにやってのけた。といえるわけは、物質のどの部分も、古代の人たちが認めたような無限分割の可能性を秘めているだけでなく、現実におのおのの部分が、それぞれみな固有の運動をおこなっているからである。でなければ、物質のどの部分も、宇宙全体を表出することができるとはいえないだろう。(96)

このような「実体」による「表現」という点から見れば、最善として神によって選択され、創造された唯一の宇宙は、この「実体」の数だけ存在する。単一の最善の宇宙が、実体あるいはモナドの数だけ、すなわち無限個あることになる。

どの実体も一つの完結した世界のようなもの、神の鏡あるいは全宇宙の鏡のようなものである。いわば、同一の都市でもそれを見る人の位置が異なるに従ってさまざまに表現されるように、おのおのの実体はそれなりに全宇宙を表出する。だから、宇宙はいわば実体の数と同じだけかけあわされることになり、神の栄光も同様にして、神の作品に対するそれぞれ異なった表現と同じだけかけあわされることになる。(97)

かつてイスラームの思想家たちやスコラ哲学者たちは、創造する世界の数が一つであれば神の万能性を損なうのではないかという論点をめぐって、世界の単数性と複数性を支持する陣営に分かれて戦い合っていた。ミクロとマクロの複数性論を掛け合わせたようなライプニッツの複数性哲学では、この問題が解決される。創造された単一の宇宙の個々の構成要素が宇宙全体をそれぞれに表現するのだから、この観念的な次元において、神は定義上「唯一」であるはずの「最善」の世界を無限個創造したのと同じことになる。それは神の栄光の最大限の顕化だと言えよう。

十七世紀複数性《プリューラリスト》哲学の巨匠とも言えるライプニッツの体系では、初期近代科学のマクロとミクロの複数性論が、スコラ哲学的な形而上学的複数性論と巧みに組み合わされている。創造された世界が複数あれば神の無力の証明となるので、世界は一つでなければならない。だが「この世界」は神の知性を映す完全な世界なので、それ自体が無限を内包することで、この世界を超えた神の万能を示さなければならない。ライプニッツの体系ではクザーヌスの極大＝極小という議論のように、創造された完全な一つの世界＝無限×無限の世界という具合に、同等性原理によって無限性と単一性が自在に等化され、無限の可能的世界、完全な一つの現実宇宙、その宇宙の中の複数世界、それぞれの世界の中のミクロの無限世界と、あたかも密教の曼荼羅のように無限がどこまでも累乗化していくなかで、神の唯一性と最善性が担保されている。こうしてこの世界はクラスの違う高次の存在である神の完全な写像となる。

ライプニッツ体系はキリスト教的複数性《プリューラリスト》哲学の、クザーヌス以来の壮麗な達成だと言える。無限空間とその中の複数世界という、この世紀の科学者たちの天文学的複数性論の先駆となった観念をもたらしながら、神の世界を「神秘神学」の不可能性の領域におき、体系の中で神秘主義の空間を保持した『学識ある無知』のクザーヌスと比較するとき、論理と最適選択の原理によって神の領域を徹底的に合理化し、現実宇宙にも完全な機械としての合法則性を与えたという点で、それはクザーヌスの体系とは異なる、複数性哲学の合理主義的な総合となった。またライプニッツの体系は合理主義的体系であろうとするだけでなく、ボレルたちが不器用に試みた、複数性哲学のさまざまな要素の統合も遂行しようとしている。そこには機械論的、数学的法則性だけでなく、有機的世界観、ミクロとマクロの照応関係といった、ルネサンス以来流通してきた諸観念の残基があり、観念の次元という点では、普遍的な観念に真実在性を見たイブン・スィーナーの新プラトン主義的なアリストテレス主義[98]の反響も見られる。

遠大な射程を持つライプニッツの総合的な複数性哲学は十八世紀にフィロゾフたちの間での議論を生んだが、それが複数性論の主流を占めることにはならなかった。数学者ライプニッツの競争相手だったアイザック・ニュートンや王立協会にかかわる人々、広教会的な神学者たちによって、同時期にイングランドで構築されていった新しい科学的総合と、それに結びついた自然神学が、十八世紀の複数性論をニュートン的無限宇宙の中の天文学的複数性論という形で方向づけることとなったからである。

第4章　ニュートン主義と地球外生命存在説——十八世紀

1　天文学と自然神学

デカルトは地球外生命に公に言及したことはないが、『哲学原理』が世界の複数性論としてイングランドでも非常に大きな影響を与えたことは、ジョゼフ・アディソンの『ニュートン哲学の擁護』（一六九三）の中の一文からも知ることができる。

デカルトは星々の中に新しい太陽、新しい世界を発見した。彼は惑星の只中に巨大なエーテルの王国を観察し、この壮大な機械をより正確に観測することで満足した。この機械は、人間が哲学の対象とするにふさわしく、また神が最初に造り上げるに値するものである。(1)

デカルトがニュートンに劣っているのは、万有引力の法則を発見して宇宙の仕組みを明らかにしなかった点であり、無数の恒星と惑星に満ちている無際限の宇宙というデカルトのヴィジュアル・イメージそのものが誤っているのではない。むしろそれは、ニュートンの発見によって基礎づけを与えられた。地動説とそれを裏づけたニュートン力学は、宇宙における人間の住居である地球を周辺化したとともに、自然の隠された秩序の発見によって、より洗練された自然神学による神の智慧の証明を与えた。これは聖書解釈をめぐって多数の人命が失われた十七世紀以後では、知識人の間でもっとも説得力のある神の弁証だと考えられるようになった。アディソンは『キリスト教の確証』（出版は一七三〇年）でフォントネルの『対話』に言及し、カドワースやベントリーの議論に従って、彼の天文学的な複数世界論を称揚している。

この考察から、『世界の複数性』の著者は大変優れた議論を行い、すべての惑星に住民を住まわせている。実際、われわれが知っている物質のすべての部分が無駄で意味がないということはないのだから、アナロジーによる推理から、われわれからこれほど離れている巨大な物体が見捨てられ、そこには誰もいないというより、それらがそれぞれの条件に合った存在によって満たされているとする考えは極めて確からしいのである。(2)

科学が与えた神の偉大さの新しい弁証という解釈は、この世紀における天文学的複数性論の非常な拡散をもたらした。一七〇九年四月十九日の『タトラー』誌は、望遠鏡の流行を報じている。それはたんなる天文愛好家となることだけでなく、自分の目で複数世界を覗き見るという意味を持っていた。

お互いに積み重なり、最後まで目で見ることができないほどの遠方にまで連なっている太陽と諸世界の多様性を、私は楽しんでいる。(3)

ミクロの複数世界を開示してくれると思われた顕微鏡の流行(4)とともに、マクロの無限世界のヴィジョンは、望遠鏡の力で知覚による確証を与えられたととらえられた。この世紀の第一四半期には、アメリカ人ベンジャミン・フランクリンも天文学的な自然神学の信奉者に加わっている。

あらゆる天体、星や惑星はもっともすぐれた智慧によって管理されている！[5]

本章では引き続きＥＣＣＯ（Eighteenth Century Collections Online）によって全文検索が可能な英語文献を中心に、天文学的複数性論の展開と拡散を概観する。

（1）天文学者たちの複数世界論

詩人のアンブローズ・フィリップスが発行していた一七二二年の『自由思想家』には、「神学的な考察から、地球の運動と世界の複数性に反論が行われた」と書かれていて、当時複数性論が地動説と並行する、あるいはそれと等価な科学的学説と見られていたことを示している。[6]

地動説とニュートン主義の知的権威が確立するとともに、過去を考察する歴史家たちの間でも、天文学的複数性論の科学的な正当性が常識となっていった。ジョージ・トムソンは世紀末に『一般史の精神』（一七九一）で、古代エジプトには世界の複数性論と地動説があったと指摘する。[7] これに先立ち、『ローマ帝国衰亡史』でギボンが推奨しているアントワーヌ・イヴ・ゴゲの『法、技芸、科学の起源——古代人たちの間でのその進歩について』（一七五八）[8]は、古代人における科学的知識の進歩を論じる章で、

私はエジプト人が最初に世界の複数性を考えたと思う。ギリシア人で最初にこの考えを書き伝えたのはオルフェウスである。[9]

と述べて、ピュタゴラスたちを取り上げ、これらの哲学者たちが明らかに世界を現代のわれわれと同じようにとらえていたとする。また一七六六年にルイ・デュタンスは『近代人に帰せられた諸発見の起源』の第七章で、銀河、

太陽系、世界の複数性、衛星、渦巻きなどの天文学的主題を取り上げて、現代の世界の複数性論はすでに古代人によって発見されていたと書いている。(10) 同じくフランスの歴史家ミロ師は『一般史入門』(一七七八)で、古代エジプト人は「世界の複数性と地動説の考えを身につけていた」(11) と言い、リチャード・ジョゼフ・サリヴァンは無神論を論じた『自然の見方』(一七九四)で、古代人は地動説と世界の複数性を知っていたと書いている。(12) さらにアレグザンダー・アダムは一七九四年の『古代近代地理歴史要説』で、デモクリトスは複数世界論の提唱者であり、「彼は実験哲学の父と考えることができよう」(13) と評する。

複数世界発見の名誉はエジプト人やギリシア人ばかりでなく、ケルト人にも与えられた。アイルランドの外科医でゲール語、ケルト史研究の先駆者シルヴェスター・オハロランは、一七七二年の『アイルランド歴史、古遺物研究入門』で、古代アイルランド人は天文学に優れていたと言い、「ガリレオは世界の複数性を認めたために審問にかけられたが、ドルイドたちの業績もほとんど間違いなくそのような理由で失われたのだろう」(14) と、ケルト人たちも科学的理論としての世界の複数性を知っていたのだと主張する。

これらの史論上の主張は、複数性論を歴史的に正当化しようとしているのではない。たとえばギヨーム・アレクサンドル・メーガンは『ローマ帝国没落後の一般近代史』(一七七九)で、複数性論を科学的に正しく展開できなかったという理由でデカルトを批判し、「彼の複数世界の形成と統治の観念には蓋然性があるとは言えない」(15) と言う。これらの歴史家、作家たちは複数性論を地動説と一体の学説と見て重要な「近代の科学的達成」ととらえ、それに即して古代を称揚するために、古代のエジプト人にもギリシア人にもケルト人にもこの知識があったのだと主張したのだった。たとえばスコットランドの好古家、地図製作者のジョン・ピンカートンも一七八九年の『スコットランド史研究』で、「地球が球体であること、コペルニクスの体系と世界の複数性は、疑いえないことが確証されるまで完全な間違いとされてきた」(16) と、地球の球体説、地動説と複数性論とを併記している。

十八世紀に複数世界論が知的世界の常識となっていった背景には、科学者たちの積極的なかかわりがあった。宇宙を自らの職業的活動分野とする天文学者たちは、複数世界論をめぐる神学者、哲学者たちの議論を傍観していたのではない。彼ら自身もこの自然神学と科学の共犯性に参入し、その確立に積極的に加担していった。とくにニュートン派の天文学者たちの役割は大きかった。

ニュートンの盟友の科学者デイヴィッド・グレゴリーの『自然学的、幾何学的天文学への入門』（*Astronomiae Physicae et Geometricae Elementa*, 一七〇二）は、ニュートン体系に基づく天文学の最初の学問的教科書として科学史上で名高いが、その一つの章では「比較天文学」が論じられている。ここまでの章で「われわれは地球の住民に合致した天文学を説明した」[17]と書いた後、グレゴリーはこれから「他の諸惑星と宇宙に散らばっているそのほかの天体の住民たちにとっての天文学」[18]を論じると言う。それは異なった運動をするそれぞれの天体上に座標軸の原点をとって、天体の運動がそれぞれの惑星の住民の目にどのように現れるかを示す理論である。グレゴリーは複数性論を提唱するからではなく、あくまで天文学の理論として、太陽系の天体の運動に関する相対論を展開するのだと言う。

そのような天文学者が存在すると信じたり、そう主張するからではない。[19]

先駆者のケプラーやホイヘンスは諸惑星の住民たちの存在を信じていたが、グレゴリーは天体の運動の現象を数学的に説明する天文学として、それぞれの惑星上から観察される天体現象の理論を展開する。[20]だがプルタルコス、ケプラー、ホイヘンスの名前を挙げて、「古今の高名な人々が、感覚を持った住民たちがそこに存在していると信じている、太陽をめぐる惑星やその衛星」[21]について説明をするだけでなく、「誰も住民が存在すると考えていない彗星、恒星」についても天文学を考えるというグレゴリーの言い方から、[22]彼の「比較天文学」がたんなる純粋な空想上の想定として構成されたのではないことが読み取れる。ニュートン力学の形成で一つの決定的な意味を持ったこのガリレオ的相対論は、一五九三年に近代天文学の創設者だったケプラーの卒業論文によって試みられていた。[23]教師が同意しなかったため完成しなかったが、ケプラーはこの論文で、月の上の観察者に天文現象がどのように見えるのかを論じようとした。天文学上の偉業を成し遂げた後、ケプラーが執念を持って公表しようとしたこの論考は、たんなる理論上の仮説ではなく、「レヴァニア」と呼ばれる、知的生命が居住する月への空想的な宇宙旅行という形式をとっている。地球を離れることができない人間の視点を相対化する「比較天文学」は、地球外知的生命の存在の確信と結びついていた。

ベントリーやグレゴリーたちがそれぞれに示した天文学と自然神学、複数性論、「比較天文学」の間の関係は、グレゴリーの学生であり後継者で、ニュートン主義の闘将だったオックスフォードの天文学者ジョン・キールの著書で詳しく説明されている。志筑忠雄がオランダ語訳で学んだ『正しい天文学入門』(*Introductio ad Veram Astronomiam*, 一七二五)は、ブリテンにとどまらず、大陸でも広く普及したニュートン体系の概説書だったが、キールはここで、万有引力を自然神学的な言辞を使って賞賛する。

この法則は、あたかも自然を結びつける絆、結合の原理であり、万物はそれによってあるべき状態と秩序を持つのである。それは惑星を牽引するばかりでなく、彗星をもそれら自身の領域の中に留め、大宇宙の無限の広がりの中にさまよい出すのを阻止しているのである。そのおかげで、われわれはいまや航海の技術を改善することができるのである。[24]

この世界を規律する法則の発見は、神の万能と力の実証という、自然科学の領域をはるかに超えた、重大な形而上学的意義を持っている。それは本質的に、万人が合意できるような義しい信仰の礎石となることができる。

王や予言者たちは次のように言う。天が神の栄光を顕わし、蒼穹が神の細工を示す。そして天が神の公正さを顕わし、すべての人民が彼らを支配する者の栄光を見たのである。天の光に満たされ、目に最も美しく映り、思考の対象となるときもっとも喜ばしい、あれほど多くのあれほど巨大な物体以上に、人間の心を神への賛嘆と尊敬と愛へとかき立てるものはないではないか。それらの相互作用、もっとも規則的な運動、明確に規定された循環、回帰と周期はすべて神の法によって定められ、驚嘆すべき調和の中にあり、それらを創造したものの強大な力と智慧と摂理をわれわれに示すのである。(25)

だが天界と月下界を一続きのものとして把握し、りんごと太陽が同一の重力の法則にしたがっていることを立証したニュートン力学によれば、かつて古代の「王や予言者たち」が考えたように、地球が宇宙の中心に位置しているとは考えられない。プトレマイオス体系が示すような、回転する天空の中の不動の点の位置に生を受けるという運命は、もはや人間のものではない。人間の眼差しもまた、世界を測る絶対的な座標を提供することはできない。空間的な自己中心性を喪失した、自然を見つめる眼差しの「相対性」の原理が、物理学によって導入される。

もし観察者の位置も同様に可動的であるなら、非常に異なった外見が生じるだろう。目は静止している物体をすばやく動いていると見るだろう。これらの外見がそう見えるだけでなく、物体の運動自体が実際にそうあるのとはまったく反していることもありうる。東に動いている物体が西に向って動くと見られることもあろう。(26)

さらに同書の「第三講義　世界の体系」では、キールはこれを天文学の観察に当てはめて、地球上からの観察では正しい宇宙の像は得られないと言う。

われわれは以下のことを示してきた。観察者の異なる状態と運動にしたがって、ものの外見はさまざまに極めて異なるのである。また世界の構造のより明瞭な知識を得るためには、さらには賞賛すべき美、その中に含まれている物体の調和に満ちた運動がより容易に理解されるためには、神的で壮大な構造は唯一の点、唯一の場所から見られてはならないのである。それは大きな宮殿を見るときのように、さまざまな場所から違った視点で観察されなければならないのである。したがって真実の正当な世界の観念を獲得するためには、われわれはそれが異なった場所と距離から観察されるべきであり、そしてそれによって得られるさまざまな見方を考察し、それらを総合して比較することによって、ついにわれわれは万能の神の壮大な宮殿の明瞭な知識を得られるであろうし、そして無限に智慧ある建築家にふさわしい世界の観念あるいは像をわれわれの心の中に持つことができるであろう。(27)

絶対空間の観念を堅持していたニュートン派のキールは、正確な天体の運動を記述できる場所は地球上ではなく、静止した宇宙空間の中のある場所であると主張する。そしてこれを説明するために、天文学は観察者の想像上の旅を行うのだと言う。

われわれは観察者を、真実の絶対運動がそこからできうる限り等しく斉一的なものとして観察できるような天空の不動の点に運ぶのである。(28)

地球が宇宙の中の特権的な場所にないのなら、天地創造は人間が住む場所を造るためだけに行われたのではないだろう。キケローやボエティウスの名前を挙げながら、キールもまた第1章で引用したような、天文学的複数性のヴィジュアル・イメージを描き出していく。

このように十八世紀の専門的天文学者たちは、複数性論のヴィジョンを記述の前提としたり、著書の一部を割いて説明していった。キールの著書に続く代表的なニュートン体系の解説書の一つである、ヘンリー・ペンバートンの『アイザック・ニュートン卿の哲学概説』（一七二八）[29]の冒頭には、「あれらの遠い諸世界の光の瞬きが」、「回転する諸世界を導く」、「無数の世界を照らす」といった、複数性論に基づく詩句を含んだ、ニュートンを讃える献詩が掲げられている。またケンブリッジの天文学者ロジャー・ロングの『天文学』（一七四二）は複数世界論を論じ、「宇宙 universe」と「世界 world」とは異なる言葉であり、近代の用法では、「世界」は太陽系の惑星の居住可能な環境のことを指すと、世界の複数性の定義を与えている。そのうえでロングは太陽系の住民[30]を論じ、恒星にも惑星があり、世界があるとしている[31]。同時期にフランスのニコラ・ルイ・ドゥ・ラカーユは一七四六年の『天文学教程[32]』で、フォントネルやホイヘンスが言うように惑星に生命が存在するのは確からしいと書き、数年後にその英訳が出版されている[33]。

ヴォルテールは一七三八年の『ニュートン哲学入門[34]』で、フランスの読者に対してニュートンの自然哲学の体系的な紹介を行った。この著書の最初の部分では、ニュートン周辺の神学者たちとの交流などによって得られた知識に基づき、『プリンキピア』や『光学』のような専門著作からは知ることができない、当時の自然神学を含めたニュートン主義の全体が、かなり正確に描き出されている。そこではニュートンが天文学的複数性論を支持していることも述べられている。ホイヘンスたちと同様に、ニュートンたちが考えた惑星人も、人間と多くの点で異なっていた。

> ニュートンは、われわれの魂とは全く異なった本性を持つような考える存在が何百万と存在することは可能だと考えたのである[35]。

ヴォルテールはその根拠が、有神論的形而上学の論法にあることも伝えている。物質だけで宇宙を満たすのが神の意図だとは考えにくい。そうであれば、無限宇宙は精神によって満たされているはずである。

じっさい、この膨大な空間の中を、神は人間と何の共通性もない数限りない存在で満たしたと、誰が言えるだろうか？[36]

このようなニュートン主義のキリスト教的複数性哲学だけでなく、フォントネルの系譜を受け継ぐフィロゾフの首領ヴォルテールにとって、複数世界論は人間を相対化する視点を提供する機能をも持っていた。「パスカル氏に対する批評」では、ヴォルテールは「虚空の恐怖」から人間存在の意味を問いかけようとするパスカルの議論に言及して、それを嘲笑している。世界のシステムの偉大さ、膨大さに比べて、そもそも人間など、世界の周辺で生きる一動物に過ぎない。神の創造物たる全宇宙の中のちっぽけな人間に、何らかの重要な存在価値を与えようとしても徒労に終わるだろう。

この動物［人間］と、自身を取り囲む多くの諸世界に光と熱を与える星［太陽］のどちらが宇宙にとってもっとも有用だろうか？[37]

スコットランドの科学者コーリン・マクローリンの『アイザック・ニュートン卿による哲学的発見の概要』は、世紀初頭のキールの諸著作やペンバートンの解説書に続く、十八世紀ブリテンの代表的なニュートン体系の解説書の一つとみなされているが、そこでは神の自由意志を重視するキリスト教的複数性哲学の伝統を汲んで、自然神学と天文学的理論のかかわりがさらに体系的に説かれている。時には自然法則を破棄してまで宇宙に介入する神の自由を弁証することが、ブリテンの科学者たちの自然神学を特徴づけていた。ニュートン的科学の理論的不完全性は、それにふさわしい理論的枠組みを提供した。神の選択の最適性を主張するライプニッツとは正反対に、十八世紀前半のブリテンのニュートン主義者たちは、神は何物にも縛られないでまったく自由に選択を行い、その理由は人間には理解できないと考えた。そのため人間の知性にとって、神の創造の行為にはなんの合理性もないように見える。

アイザック・ニュートン卿はとりわけて注意深く、つねに神を自由な作用因として描いた。それは万物を支配する宿命的で絶対的な必然性の原理がもたらす危険な帰結を、正当にも理解していたからだった。神は彼の行為を決めるどのような必然性からでもなく、自身にふさわしいようにこの世界をつくった。物質は無限な存在でも必然的でもなく、神は妥当と思うだけそれを創造した。神は自らの楽しみのために、恒星系をそれぞれ異なった距離に配置した。神は太陽系の中に惑星を太陽からそれぞれに異なった場所に置いたが、それも自身の好みにしたがってだった……このようにわれわれはさまざまな事例を通じて、智慧ある作用因が、自らの思うままに、完全に自由に行為した痕跡を見るのである。(38)

科学史家たちによってしばしばヴォランタリズムという教義学的用語で呼ばれるこの考えは、かつてスコトゥスやオッカムたちが可能的世界論にかんして展開した、さらにはガザーリーが反アリストテレス哲学の立場から主張した、創造と神の意志に関する議論の系譜を引いている。十八世紀ブリテンのニュートン派の経験主義的科学論では、それは世界が無秩序ではないにせよ、究極的には神の見えざる手によって操られ、また自らが被造物を超える存在であることを示すために、神が時として自然法則を破棄する形で介入することを意味していた。『神秘神学』が言うように、神の意図は論理と人知を超え、はかりがたい。クザーヌスにとってと同様ニュートン主義者たちにとっても、神の領域は合理的な推測を超えた、不可能が可能になる場所である。そのため神が自由に行為する宇宙では、経験的研究以外に真理に到達する方法はないことになる。たとえばマクローリンは、機械論的原理では太陽系の惑星軌道の秩序が説明できないこと、化石や水成岩などの地球物理学的事実が理解できないことなどを挙げて、それらが神の恣意的な働きの痕跡だと言う。あるいは化学結合の驚異や生体の複雑な仕組み、心身結合なども、機械論的な説明が困難であることから、むしろ積極的に神の恒常的な介入の証明だと考えられていた。

事物の現在の状態が変化なしに永続することは、神の意図ではないように見える。それは道徳世界に生じたことばかりではなく、物質世界での出来事からもそう言えるのである。天体を回転させている重力の力はその性質をまったく変化させることなく太陽や惑星の中心に到達し、規則的に減少しながら膨大な距離を超えて広がっている。その作用は、通常の機械的な原因のように物体の表面にではなく、その内部の固形部分の量に比例している。したがってこの力は、たんなる機械的な原因を超えているのである。しかしわれわれがそれについてどう考えようと、それは天球の現在の状態や事物の現在の性質を作りだしはしなかったのである。重力は惑星が天球を西から東へと、ほとんど同じ平面上を循環することを決定したり、彗星をさまざまな方向へ投射しはしなかった。このシステムの物質が自身の重力によって中心に集中することを考えれば、どのような機械的な原因も、これらの膨大な量塊を太陽や惑星へと分割し、それらを異なった場所に置いた上で、作用と反作用の同一性や、システムの重力の中心を維持したまま、それらをそれぞれの方向へと投射することなどできはしなかった。このような精妙な事物の構造は知的で、自由で、もっとも力ある作用因の工夫と影響なしには生じ得ない。したがって現在永遠の宇宙を統治し、そのさまざまな運動を行わせている重力などの力は、宇宙を無から作り出したり、現在そのように動いている賞嘆すべき形態をつくりだした力とは異なっている。(39)

こうして科学の理論はその無力さ、「無知の知」を通じて、万能で自由な神のア・ポステリオリな存在証明を与える。神の存在や属性や業は、ライプニッツの神義論のような合理主義的な形で完全に知られることはできないのである。

彼の存在と属性は思慮深く十分な仕方で、彼の創造物を通じてわれわれに知らされている。しかし彼の本質ははかりがたい。われわれの存在や、われわれの周囲の偶然的な存在から、われわれは必然的に存在し、他の何にも依存しない第一原因の存在を結論するのである。しかしこのように彼の存在を推論することは、あくまでもア・ポステリオリな仕方でであり、幾何学の永遠の真理や、図形の属性をその本質から演繹するのとは異なっている。あるいは空間の必然的な存在を直接に、自明な仕方で知るのとも相違しているのである。[40]

神のみが知る最終的な真理は、学問的な知識としては人間に与えられない。これに対応するように、ニュートン主義者でもあった同国人の哲学者トマス・リードは諸命題に妥当性を与える正当化原理を複数数え上げたが、「経験」や「コモン・センス」はその一部に過ぎなかった。認識の全体を支える単一の原理は存在せず、それら複数の原理自体の妥当性は前提されるだけで論証することができない。第5章で見るように、それらはデカルトの方法の妥当性のように神の存在によってのみ支えられる。科学を含んだニュートン主義の体系の普遍性は哲学的システムとしてではなく、信仰を包括した全体によって可能になっていた。[41] 徹底的な合理論として構成されたライプニッツの複数性哲学と対照的に、否定神学の論法を採用するブリテンのニュートン主義者たちの複数性哲学は、クザーヌスの体系に似て、最終的に宗教によってのみ触れられる「神秘神学」の境位を残した無限宇宙論として構成されていたと言えよう。この点でキリスト教的有神論の形而上学的枠組みが、無限空間論によって再編された複数性哲学として、いまだこの世紀の科学の歩みの背後で作用し、彼らの自然研究の形而上学的動機を支えていたと考えられる。

包括的なライプニッツの体系とは異なり、専門的科学者だった彼らの複数性哲学が体系的な形を採ることはなかった。デカルトやライプニッツの形而上学的思考を「才人の思いつき」だと批判するブリテンの経験主義的ニュートン主義者たちにとっては、人間の脳内の存在である数や図形に対する操作である数学以外の意味ある知識は、「分析と総合」とニュートンが名づけた経験的方法のみによってしか得られない。この方法によって建設される理論は、あくまで「観察と実験」という、人間の具体的な対自然行為に紐づけられた言語によって構成される。世界全体と比較して、人間の対自然行為が限定的な範囲でしか行われないので、この理論は定義上部分的な体系でしかなく、しかもそれは「観察と実験」の進展によって書き換え続けられるだろう。そのためそこには壮大な形而上学の言説を構成する余地が残されていない。この経験主義の体系は自然に関して、限定的ではあれ意義深い解明を与えるが、人間の生死にかかわる重大事について、何一つ語ることはできないだろう。本章第五節で見るように、この点で粒子と宇宙の鮮明なヴィジュアル・イメージが、いわば明示的な形而上学的言説に代替し、自然神学と科学の体系を架橋し、ニュートン主義を一つのキリスト教的有神論の疑似哲学としていたと考えられる。二十世紀初頭にこのイメージが消え去るとき、科学は人生に意味を与えるこの役割を放棄することとなるだろう。

このニュートン主義の科学を根拠とした自然神学の弁証の中に、地球外知的生命が登場する。経験主義的ニュートン主義者マクローリンは、科学の方法によって地球外知的生命の存在や性質を直接知ることはできないと慎重な態度を取る。しかしそれは、彼が地球外知的生命の存在を疑問視しているからではない。マクローリンはむしろ、蓋然性が極めて高い彼らの実在を当然の前提として、そこから自身の自然神学的議論を組み立てている。ニュートン体系の説明力の確かさと、同時にそれが自然のわずかな部分にしか及ばないことを指摘した前掲書の最終部分で、人間の認識は無限に発展し、いつか人間に可能な範囲で、宇宙の姿を解き明かすだろうとマクローリンは予言する。その時こそ、人間は成人の状態に到達する。

だが世紀末のフィロゾフであるコンドルセの知識論のような、この知識の無限の進歩への信頼は、現代から見ればきわめて奇妙な議論によって弁証されている。もし人間がいつまでも自然の法則を把握できないとすれば、宇宙に存在する「他のすべての惑星や他のすべての恒星系の住人たち」もそれに失敗するだろう。彼らも人間と本質的に異なった存在ではないだろう。もしそうであるなら、宇宙は知的存在者に満ち溢れているにもかかわらず、この宇宙を真に認識できる精神的な存在がいないことになり、創造主の意図が疑われる。したがって現在の地球上の人間たちは、その知的発展の最初の段階にいるに過ぎないと考えられるべきである。

われわれは次のようなことが自然の作者の意図的な設計であったということに気づかざるを得ない。彼はわれわれが現在のままでは、この地球から宇宙にある他の巨大な物体に連絡をとることができないようにした。また彼が他の惑星同士や、他の恒星系同士の連絡もできないようにしたというのもかなり確かだと思われる。われわれは望遠鏡によって月には山や断崖や窪地があることを知っている。しかし誰がこの断崖を歩くのか、何の目的でこれらの巨大な窪地があるのか（それらの多くは中心に小さな隆起がある）、われわれは知らない。そしてこの惑星が大気や蒸気や海なしに、われわれの地球のような目的に役に立つのかどうかを考えて、われわれは途方にくれる。われわれは巨大な木星の表面に、地球の住人には致命的であるような、突然の驚くべき変化を観察する……われわれはこれらを見せられ、神の作品に対する好奇心をかきたてられながら、最後にはただ幻滅するだけだとは思えない。人間は疑いなくこの天体の主であり、この天体はおそらくもっとも重要な点で太陽系の他のどの惑星に劣るとは言えず、そしてまたこの恒星系も他の宇宙の恒星系のどれにも劣っているとは言えないだろう。もし人間が、現在の状態のきわめて不完全な知識のまま、いっそう完全な自然の知識に到達しないで滅びるとすれば、類推か類似性に基づく推理によって、同じような欲求を持つ他のすべての惑星や他のすべての恒星系の住人たちを失望させると考えられるだろう。そしてこの自然の美しいシステムが、彼らの誰に対してもきわめて不完全な仕方でしか現れないと考えられるだろう。したがって、このことは必然的に、われわれの現在の状態はたんにわれわれの存在の夜明け、あるいは始まりであり、いっそうの進歩の準備か見習い状態であるという考えに導くのである。(42)

言い換えれば、無限宇宙の膨大さと、そこに住む地球外知的生命の存在こそが、人間知性の無限の進歩を担保しているのである。

（2）十八世紀のサイエンス・ライターたち

ニュートン派の神学者ベントリーたちの議論を受けて、グレゴリー、キール、マクローリンといった天文学者たちは、天文学的複数性論を彼らの宇宙観の中に埋め込んでいった。教科書とはいえ高度な内容を持ち、多少の数学的知識を前提とする彼らの著書は、ある程度の科学の専門知識を持つ者にしか利用できなかっただろう。その点でフォントネルの『世界の複数性についての対話』が果たした役割は大きかった。その汎ヨーロッパ的な影響は、英語圏での評価によっても知ることができる。すでに十七世紀末のウィリアム・ウォットンが『古代と近代の学術について』（一六九四）で、フォントネルを高く評価している。(43)『世界の複数性についての対話』は十八世紀の文庫カタログにもたびたび登場し、フォントネルを推奨している教育書や読書の手引きも多い。(44)この著書はとくに女性向けの教養書として推奨された。フランチェスコ・アルガロッティは『ご婦人方のためのアイザック・ニュートン卿の哲学』（一七三九）で、フォントネルの読書を推奨している。(45)有名女優アン・オールドフィールドが『世界の複数性についての対話』に触発されて詩を書き、『ヘンリーとフランセスの書簡』にはこの本を貸す記述があり、(46)トマス・ワーボイズの喜劇には小道具として登場する。

シルヴィア　本を取って頂戴。

キッティ　どれでしょうか、奥様。
シルヴィア　『世界の複数性』を。[47]

だがフランス王立科学アカデミーの中心人物の手によるこの重要な啓蒙書／思想書の影響力だけでは、複数性論の広範な受容を理解することはできない。それにはさまざまな種類の著作家たちが加担していた。

天文学者以外の科学者たちも、天文学的複数性論を紹介したり、同意の声を挙げていった。ウィリアム・モリノーは一七〇九年の『屈折光学』で、複数世界論についてウィルキンズとフォントネルの著作を挙げ、「自然にも道徳にも宗教にもこの意見に反するようなことはない」と断言する。また地球と他の惑星の環境が違っていても、地球外惑星の生命のあり方はそれぞれの環境に合わせて異なっているはずなので、それらの惑星上に生命が存在しない理由はないと言う。[48] 一七〇九年の『完全な地理学者』の著者は、ホイヘンスの恒星系の複数性論を天体間の距離とともに紹介し、それが正しいかどうかは読者に任せるとする。[49] ニュートンの友人の医師で菜食主義を唱えたジョージ・チェーンは『自然宗教と啓示宗教の哲学的理論』（一七二五）で、恒星系に存在する惑星たちには生命が住んでいると言う。[50] 博物学者、地質学者、外交官のブノワ・ドゥ・マイエは『テリアメド』（一七四八）で、水成説に立って生命の自然的起源の理論を構築しているが、その中では世界の複数性を前提として、惑星人の性質などを議論している。[51]

天文学者やこれらの科学者たちの業績から学問的な裏書を得ながら、神学者とサイエンス・ライターたちは相互に区別できないほどに密接に協働し、天文学的複数性論を公衆の中に浸透させていった。天文学者やその他の科学者たちと同様、彼らの議論も科学的証拠をわかりやすく説明しながら、キリスト教的有神論哲学の立場から複数世界論を説いていた。神学者で科学愛好家のウィリアム・ダーハムは「神学」にかんする三部作、『物理神学』

(*Physico-Theology*, 一七一三)、『天文神学』(*Astro-Theology*, 一七一五)、『キリスト神学』(*Christo-Theology*, 一七三〇) で多くの読者を得た。『物理神学』は自然の研究を通じて神の存在と属性を論究し、『天文神学』は天文学の知識に基づいてそれらを行う。ダーハムの『天文神学』は、地動説が信仰に力を与えると主張する。なぜなら「この観察はわれわれに天の新しい讃嘆すべき光景を開くのである」[52]。ダーハムは「コペルニクスの新しい体系」を称揚し、「新しい体系は多くの太陽と惑星のシステムがあるとする」[53]と説明する。

現代の最も優れて学識ある天文学者たちは通常、われわれが見たり、存在すると想定する恒星の膨大な集団が多数の太陽であり、そしてそれぞれが惑星のシステムを持っていると考えている。[54]

この理由でダーハムは、白鳥座などの銀河の観測を推奨する。それは神の創造の無限性を目で見ることができるからだった。さらに巨大な宇宙空間の知識は、複数世界への思索を誘う。神の偉大な創造物である銀河を観測し、それらが恒星からなっていることを知ると、それらの役割は何かという疑問が浮かぶだろう。[55] それらの弱い光を考慮すれば、恒星たちがたんにわれわれを照らすために造られたとは思えない。[56] そこには生存可能な世界があるはずである。[57]

新しい体系にしたがって宇宙のありさまをこのように示すと、通常次のようなことが問題となる。太陽の周りに見える多くの惑星、恒星の周りにあると想像される惑星の役割はいったいなんだろうか？　これに対しては、それらが居住可能であるように提供されていることから、それらが諸世界であり住む場所であるということが、結論される。[58]

ダーハムは太陽系の惑星や月[59]の様子、月の海[60]などの観測例を挙げて、複数世界の存在の説得を試みる。

このような納得すべき理由から、新しい体系の支持者たちは太陽と恒星のあらゆる惑星が住まわれる世界であると結論する[61]

「住まわれる世界」の存在が確認できれば、次にはそこにどのような被造物が住んでいるのかが問われるだろう。[62]著者はホイヘンスの『コスモテオロス』の参照を推奨する。[63]それらは知性を持ちながら、人間とは異なった存在だった。とすれば、宇宙は人間のために造られたのではないことになる。[64]知的生命が住む無限宇宙のヴィジョンは、懐疑論者と同様キリスト教徒に対しても、宇宙における人間の位置を再考するように迫る。それはかつてリン・ホワイト・ジュニアが近代の産業による自然破壊の思想的起源とした、[65]神の手から自然の支配を任された主人というキリスト教的人間像には反するが、人間のおごり《ヒュブリス》をいましめ、謙虚さを求めるキリスト教信仰の伝統とは両立するだろう。

こうして天文学的複数性論は、紳士淑女の教養の一つと見なされるようになっていく。一七四五年のジョン・ハリスの『紳士と淑女の天文学的会話』では、地球外惑星に住民がいる可能性は非常に高いが、月の住人や惑星人はわれわれとは大きく違っているはずとしたうえで、「比較天文学」によって、それぞれの住民に天体がどう見えるかを説明する。[66]また英語教育家のアン・フィッシャーは一七五六年の教養書でフォントネルを取り上げ、アナロジーによれば、地球外知的生命の存在は「極めて確からしい」[67]と読者に伝えている。

独学の天文学者で実験器具製作者だったジェイムズ・ファーガスンも、十八世紀ブリテンの代表的なサイエンス・ライターだった。世紀の半ばに出版された『アイザック・ニュートン卿の原理に基づく天文学入門』（初版一七五六）は、その第一章の冒頭から複数性論で書き始められている。著者は天文学の効用について航海術などの実用的な用途に触れた後、天文学の最大の有用性は、神の存在を信じさせる点にあると主張する。

だがわれわれの能力は天文学が伝える偉大な観念によって広げられ、われわれの精神は低劣で狭隘な俗人たちの偏見から高められ、われわれの知性は至高なる存在の現存と智慧と力と善と支配とを、明確に確信するにいたったのだ。(68)

天文学は神の力の発現である、無限宇宙の広大さを教える。(69)かつてホイヘンスは、光がまだ届かないほど遠くにある星が存在すると考え、アディソンは、宇宙は神の無限の力の産物なのだから、そのような考えは奇妙ではないと正しく議論している。(70)人間は天体観測によって、神の御業に触れることができるのである。

それに加えて、天文学は無限空間に無数の複数世界が存在していることを証明する。恒星は太陽から遠く離れて輝いているので、自分たちの光を持っている太陽のはずである。(71)無数の太陽をめぐる無数の世界の膨大さと比べれば、人間世界など取るに足らない。

未熟な天文学が想像するように、一つの太陽と一つの世界だけがこの宇宙にあるのではない。科学は限界のない空間に散らばる、想像できないほどの数の太陽と体系と諸世界を発見したのである。もしわれわれの太陽が、それに属する惑星、月、彗星とともに消し去られたとしても、被造物の損失は浜辺の砂粒一つ程度なのである。(72)

現代の天文学の理論にしたがえば、恒星それぞれをめぐる惑星上に、人間界とは違った世界が存在していると結論することができる。

われわれの体系から合理的に結論できることは、その他のすべても同様な智慧に基づき、理性的な住民たちが造られてそれらの上に住まわされているということである。(73)

このように複数世界から成る大宇宙に神を見るのが天文学の目的だと宣言して、ファーガスンの入門書はわれわれにとって知ることのできる唯一の太陽系から研究しようと、太陽系の議論を始める。創造の成果には非常な多様性があるはずだが、天文学の研究は、それらの部分すべてを類推によってまとめあげる、一つの計画、一つのデザイン、一つの全体が存在することを教えている。[74] 太陽系の月や惑星も、地球と同様な目的で造られていることは極めて確からしい。[75] 月には山や洞窟があり、そこには知的生命が住んでいるだろう。月には大気がないので「月の住人はまばゆい太陽の輝きから一瞬に漆黒の闇に変わるのを経験する」。[76] このようにファーガスンはニュートン主義の権威に基づいて、複数世界論を最新科学によって証明された知識として紹介する。

一七六七年のジョージ・コスタードの『天文学と、その地理学、歴史学、年代学への応用の歴史』では、比較天文学が取り上げられている。[77] コスタードによれば、そこに住む住民の不都合を考えると、水星は自転しているように思える。[78]「火星の住民にとっては、われわれの地球は明けの明星」[79]である。木星の住民には日食が見られる。[80] 彗星がそれらの惑星を通過するときは、大洪水が起きて住民に多大な不都合が生じると著者は言う。[81] また、一七八六年に出版されたジョン・ボニーキャッスルの『教師と生徒の往復書簡の形の天文学入門』は、恒星の周りに展開する諸世界を解説し、[82] エドワード・ヤングの「夜想詩」(night thought) にある「千もの世界」[83]といった詩句を引用しながら、そこには何十万もの世界があるという。[84] この無限の空間に広がる諸世界にくらべれば、太陽系は点のような微小な存在でしかない。[85] 彗星が居住できる世界かどうかはわからないが、[86] 望遠鏡による正確な観測で、惑星世界の仮説はさらに確証されることになるだろう。[87]

ニュートン主義の知的権威が確立していた世紀の半ばでも、複数世界論に対する反論がなかったのではない。ジエーン・スクワイアーは経度を論じた独自の理論を展開した論文（初版一七四二）で、複数性論と地動説を同一視してこれらに反対している。その理由は天文学的複数性論が無限宇宙論に帰着すること、聖書の言葉に反することなどだった。[88]

独学の宗教的著作家ジョン・ハチンスンは、ニュートン体系に対する全面的批判を意図した著書の中で、たびたび複数世界論に触れている。たとえば独自の宇宙論を展開した『モーゼのプリンキピア』では、プラトンに関連して次のように主張する。

一つの天が存在するのか、多くのあるいは無数の天が存在するのか、どちらが正しい言い方なのか。「典型」に関して言うなら、一つしかないと言う方がはるかに良い。[89]

『本質的および機械的力の理論』では、アレクサンドリアのフィロンについて、世界の複数性説を否定したことをあげている。[90] これらの著作は、「創世記」のヘブライ語版の字句の解釈からデカルト的な物理学的理論を引き出してニュートン主義を批判するという、ハチンスンの奇矯な企ての一環だった。現在のクリスチャン・サイエンスのようなこれらの奇妙な議論は、知識人に黙殺されたのではない。スコットランドの政治家でエディンバラ哲学協会のメンバーだったダンカン・フォーブズのように、彼のニュートン批判に賛同して体系の解説を引き受ける者まで現れた。ハチンスン主義者の外科医ゴッドフリー・マコールマンは、ハチンスンがニュートンに匹敵するほど偉大だと主張して、地動説に反対し、「太陽の運動と地球の静止性」を論証しようとした。[91] しかしハチンスンの学説がニュートン主義に支配された科学者集団に影響を与えたり、その宣伝を引き受けたサイエンス・ライターたちを大きく動かすことはなかっただろう。スクワイアーやハチンスンは科学のニュートン派的正統から排除された人々だったが、それが直接複数性論への反対に直結したのでもない。たとえば独特の電気学説を提案したリチャード・ラヴェットは、太陽系の複数性を擁護している。[92] またハチンスン主義のオックスフォードの聖職者ジョージ・ホーンは、ハチンスンとニュートンを折衷しようとしていた。[93]

科学の普及によって複数性論が広く受け入れられたことは、さまざまな著作家たちの発言からもわかる。作家のイライザ・ファウラー・ヘイウッドは『フィーメール・スペクテーター』（一七四六）で、世界の複数性の考えは理に適っていて、これに反対する理由はないと言う。(94) 一七七三年にはジェイムズ・ジェンキンズの恒星系をうたった詩がある。(95) 法律家、作家のキャペル・ロフトは、『ユードシアあるいは宇宙の詩』（一七八一）(96)で、アナロジーによる世界の複数性の思索を披露している。一七四七年の『ウェストミンスター・ジャーナル』には、月人からの手紙が載せられている。(97)

複数性論を立証された科学として解説するこの傾向は、世紀の終わりに向かって一層顕著になる。フランスの地図製作者ジャン・パレレは、惑星にはすべて住民がいると言い、この点でダーハムとフォントネルの読書を推奨している。(98) 一七七八年の『ブリタニカ百科事典』も、すべての系外惑星には知的生命が存在すると断言する。

多数の太陽に照らされた居住可能な世界に住民がいないと考えるのはばかげている。したがってすべての恒星系のすべての惑星に住民がいることが結論されるのである。(99)

その他にも『やさしい天文学』（一七八〇？）は、アナロジーによって惑星人が存在すると結論できると言い、(100) スコットランドの教育家ウィリアム・フォーダイス・メイヴァーは『地理学』（一七八二―三）の最初の天文学の章で、恒星や世界の複数性を論じている。(101)

父親の仕事を継いで、世紀末に科学器具製作者、サイエンス・ライターとして活躍したジョージ・アダムズが出版した啓蒙書も、天文学的複数性論を科学的知識として解説している。アダムズの一七九四年の『自然哲学・実験哲学講義』は、ミクロとマクロの複数性を論じている。それは複数性論の伝統と、顕微鏡と望遠鏡の発明という二つの点で、この世紀のミクロとマクロの複数性が相互補完的な関係にあったことを、改めて示している。

> 水滴一つさえも生命で満たさないではいない万能の主が、これほどの巨大な物体を居住者なしで放置するであろうか[102]

同じくアダムズが一七八九年に出版した『天文学・地理学について』は「世界の複数性について」と題する章を設けて、天文学的複数性論を論じている。恒星は自ら輝いており、非常な遠方にあり、地球を照らす目的で造られたとは思えない。「それらは同じ目的で造られたはずである[103]」。恒星たちが創造されたのは、

> 多くの地球が存在し、その上にいる、永遠に神とともに幸福に生きるために創造された人々が生存するための手段[104]

であり、それによって神の偉大さが示される[105]。かつてガリレオが『天文対話』で暗示したように、宇宙全体を神への讃嘆の声で満たすことが、複数世界が造られた目的である。

> 神は一つの地球、一つの世界だけで讃えられるのではない。彼は何万倍の何万倍もの世界でそうされるのである[106]。

アダムズの議論は天文学と自然神学の結合に基づいているが、同時にミクロコスモスとマクロコスモスの照応、「多様性の中の統一」という、ルネサンス的な自然のヴィジョンがこの世紀にも生きていることを示している。

> 恒星はわれわれの太陽と同じ性質を持っており、それらには地球と同様、理性的な生命が住んでいる惑星が付随していると、一般的に考えられている。したがって一つの太陽、一つの世界の代わりに、限りない空間が太陽や星や世界で満たされていることをわれわれは見出すのである。この考えは古代から近代にいたる多くの最

も有名な哲学者や天文学者たちによって説かれてきた。それに従うと、われわれのシステムは外部の自然の中に存在する一つの種の中の一個人に似ていることになる。それは他のすべての同種の個体と異なっているが、多様性の中の統一性から生まれる美を形作っているのである。(107)

こうしてさまざまな形で、複数性論の拡散が進んでいった。ジャスパー・アダムズの『有用な知識の要説』(一七九三)は天文学、神話学、年代学、修辞学の入門書とうたわれていて、その第XVI章で世界の複数性を説明している。(108)また、対話形式で書かれたジョン・ステッドマンの『少年向け天文学』(一七九六)は第一対話で、世界の複数性を当然のこととして、それが聖書と矛盾しないことを教師が生徒に教えている。たとえば地球外知的生命はアダムの子孫ではなく、他の宇宙のアダムの系譜があるはずだと解説される。(109)

サイエンス・ライターたちの自然神学的議論と結びついた複数世界論の啓蒙は、世紀を超えても続けられていった。自然に関するさまざまな話題を集めた読み物『思索する哲学者』(一八〇〇)の著者リチャード・ロップは、前世紀の議論をまとめている。自然神学による神の論証には、サミュエル・クラークのような、論証に基づくア・プリオリな神の弁証と、自然の経験的研究によるア・ポステリオリな弁証の二つがある。後者の方が「一般的により明瞭で、抗しがたい確信を与える」(110)のである。

それは宇宙の構造、そのすべての部分に見られる明白な計画の痕跡と、事物の相互の適合性から推理する。(111)

ロップはポープ、ミルトン、エイキンサイドなどの自然を讃える詩を引用しながら、「もっとも賢明な哲学者たちの考え」(112)だとして、世界の複数性を紹介している。

(3) 神学者たちの複数性論

天文学的複数性を科学的探究の結論として説明する科学者たちと科学啓蒙家たちの活動には、その自然神学的意義を解説する神学者たちの議論が対応していた。それによってベントリーが提示したような自然神学の論法は、教会の中に浸透していった。理神論をめぐる論争が起きた世紀の初頭の出版物には、複数性論に関しても反対論、擁護論がともに見られる。たとえばジョン・サージャントの『科学の方法』(一六九六)[113]は、複数の世界は存在しないと主張し、自由思想家のウィリアム・カワード William Coward を批判する匿名の『霊魂論』(一七〇二)も、複数性論に反対している。[114]ウィリアム・テンプルは一七〇五年にフォントネルに言及して、文章はすばらしいがその内容には同意できないと評している。フォントネルの議論は「古くてすでに批判されている」考えに基づいていると、テンプルは一蹴する。[115]トマス・ベーカーの『学術についての考察、とくにそのいくつかの不十分性について』(初版一六九九)という論考も、複数性論を批判している。ベーカーの反論には月に水がないといった正当な議論も見られるが、コペルニクス体系では運動の斉一性の理由が説明できないとか、天体を点としてあつかうのはおかしいといった、ニュートン力学の無理解から来た論難もあり、学問的に能力の高い著者による批判とは言えない。[116]

天文学的複数性への賛成論もさまざまだった。理神論者のチャールズ・ブラウントは一六九三年に、「世界の複数性の考えは、つねに新しい世界を創造する神の無限性によく合致している」[117]と、有神論的形而上学の観点から複数性論を擁護している。一七〇〇年に出版された『デカルトの新哲学』でエドワード・ハワードは、デカルトに反対しながら、世界の複数性を肯定する。[118]一七〇四年の『神が人間を創造したことについての神聖な思想あるいは三位一体の神秘の証明』(チャールズ・ポーヴィ著)は、天文学の成果に依拠して神の力の証明を行い、複数性論に立って、月にも太陽にも住民がいることや、[119]恒星にも惑星と住民があることを主張している。[120]また一七〇九年の『キリスト教新聞あるいは不可視の世界についてのニュース』は、世界の複数性に賛同する記事を載せている。[121]一七五四年の著作集に収録されたボリングブルックの論考「一神論の勃興と発展の考察」は、複数世界論を前提として、アナロジーに基づいて複数世界の住民の性質を論じている[122]。

天文学者と並んで、ベントリーに続くニュートン周辺の神学者たちも活発に発言した。ニュートン派の数学者、神学者のウィリアム・ウィストンは、『自然宗教と啓示宗教の天文学的原理』（一七一七）で、神学的立場からも複数世界論を積極的に擁護している。

十個、五十個、百個もの世界が同じ知性によって統治され、一つの原理にしたがっている[123]

一七二三年には、複数性論は棄教に結びつくのではなく、宇宙の住民たちを救う万能の救世主の存在を示すものだという議論が現れている[124]。ベンジャミン・パーカーは一七三四年の『哲学的瞑想』で、世界の複数性はキリスト教信仰の害とならず、むしろそれを促進するのだと主張する。惑星の理論については、パーカーはウィストンの地球の理論を批判し、洪水論を検討しているが、その際には他の地球の住民の創造が前提となっている。

最近のニュートン卿の『プリンキピア』による発見により、恒星は多くの太陽であり、惑星がその周りを回り、それらから光と熱を受けることがわかった。それは偉大な創造者の素晴らしい創造物に対する、絶大な讃嘆の理由となるものである。私はこの説は、そうらしいという以上に正しいものだと考える[125]。

コペルニクスが地動説を提案し、ニュートンが恒星をめぐる複数世界の存在を主張したが、それがウィストンの異端説の起源となったとパーカーは書き[126]、当時ニュートンが複数世界論を提唱していると見なされていたことを伝えている。

十八世紀に思想的、宗教的に大きな影響力を持ったジョゼフ・バトラーの『自然宗教と啓示宗教のアナロジー』

(一七三六)は、現世の世界の経験的観察から、神の属性と来世の世界を「アナロジー」の方法によって導きだし、理神論者たちを批判しようとする。その過程で、バトラーは複数性論に触れることを躊躇しない。むしろそれに基づく論法を積極的に援用しようとする。人間が「自然」と思えるものごとには限界がある。中にはキリスト教をすぐに受け入れられない人々もいるが、それはキリスト教の欠陥ではない。天空には生まれながらのキリスト教徒である生命が存在するかもしれないと、バトラーは複数性論の懐疑論的論法を利用する。

宇宙には優れた能力と知識と視野を有していて、その眼にはキリスト教の制度のすべてが自然なものに映るような存在がいると考えるのはばかげたことではない[127]。

キリスト教を擁護する立場が複数性論を受け入れるなら、キリストが地球にしか現れなかったのに対しては、どう答えればよいのか。それは神が地球という、宇宙の中のささやかな一点に降臨することで、己の愛の一種の「実例」を示したと理解すればいい、とバトラーは言う。そうであれば、何らかの形で主の受難の情報は宇宙に拡がるだろう。

これら美徳の利点が、時間的・距離的に非常に離れている一種類、あるいは複数の種類の被造物たちの間に拡がり、神の宇宙の王国全体にいる、悪徳にまみれた被造物のすべてによって知られたとしてみる。この美徳の麗しい効果は実例として、あるいはおそらくまた別の仕方で、これらの存在を矯正する傾向がある。もしわれわれの摂理の計画の理解が、最近の発見によって広がったわれわれの物質世界の像に比例させられるなら、このような表現をばかげているとか、奇矯だと言うことはできないだろう[128]。

人間知性には限界があるため、地球上での実例がどのような仕方で宇宙全体に伝達されるのか、われわれにわからないのはむしろ当然である。無限空間からのアナロジーによって、神の計画が人間の想像力をはるかに超えていることが推定される。

物質世界が限界なく膨大であるように、摂理の仕組みがそれに比例して壮大であるのは確かである。[129]

この議論は、後に理神論への反論を試みたトマス・チャーマーズが採用することになる。さらにバトラーは、人間の復活後の居場所はどこかという疑問に対して、それは宇宙のどこかの惑星かもしれないという答えを示唆している。確かなことではないが、そのように考えることは可能である。

われわれが何らかの形で、われわれがその中に生まれた、限りない宇宙のより遠方に結びつけられているかどうかは明らかでない。だが、われわれの視野に入ってくる物事の成り行きは、何らかの形で、過去と現在と未来に結びつけられている。いわばわれわれは、いずれにしても理解を超えた計画の中間にいるのである。[130]

天文学的な複数世界論は国教会ばかりでなく、スコットランド教会にも浸透していった。スコットランド教会穏健派の代表者の一人ヒュー・ブレアは、スコットランド啓蒙に重要な役割を果たし、また十八世紀修辞学の重要な著者だった。ブレアはスコットランドの信徒たちの前で天文神学を披露する。

宇宙の構造を見るがよい！　この建築物の壮大さのみがわれわれの賞賛をかきたてるのではない。限りないその部分をそれぞれの目的のために組み合わせる、精妙な技こそが、そうさせるのである。自然の研究は……創造において示された神の智慧を探ることに他ならないのだ。[131]

ブレアは説教「世界の創造について」で、聖書に記された天地創造を地球の創造と解釈する。聖書の「天地創造」

は複数世界の中の一つの出来事であり、無数の知的生命が生きている宇宙全体の創造とは区別しなければならない。

他の太陽によって照らされている他の天体や世界は、現在そう見えているように、今までも空間の非常に大きな部分を占めてきただろう。われわれが知らない数限りない生命が宇宙の広大な領域に生きている……この神の統治のある時期に、この地球が存在するように命じられたのである。[132]

ブレアに限らずこのような言説では、「現代の天文学」、「ニュートン卿」が発見した神の無限の力の証明とされる天文学的複数性論と、聖書にある世界の始まり、終わり、再創造の「科学的解釈」としての、惑星の生成と崩壊論という、一種の時間的複数性論が統合されている。それはスコラ哲学でのアリストテレス研究を受け継ぐキリスト教的複数性哲学がこの世紀の地球外知的生命存在説の背後で機能し、さまざまな複数世界論の視野を提供していることを示している。

同じくスコットランド教会の聖職者で、人口論ではマルサスの先駆者とされるロバート・ウォレスは、人口論やユートピアを扱いながら人間の現世と来世を論じた『人類、自然、摂理についてのさまざまな展望』（一七五八）で、複数性論を利用している。キリスト教では、最後の審判の後、人間は体を持って復活することになるので、その時「どこに住むのか」という具体的問題が生じる。「復活する」のはアダム以後のすべての人間なのだから、あまりに復活者たちの人口が大きくなりすぎて、地球上に立つ場所さえなくなってしまうのではないか。複数性論はこれに回答を与える。宇宙にある多数の惑星はそのために準備されている。人間は復活した後、善人たちはどこかの惑星で、人口成長に対する資源制約があるため地上では実現不可能な真のユートピアを建設して暮らすのである。[133]

確かに彼らをいっぱいになった地域から別の場所に移す必要はあるかもしれない。それは地球についてはあきらかである。だが無限の空間ではその必要はない(134)。

複数性論の拡散につれて、国教会やスコットランド教会以外の宗教界にもその支持者が登場していった。グラスゴー大学で教育を受けた、アイルランドの改革派の長老派聖職者ジョン・アバナシーは、一七四〇年の『神の存在と本性的完全さについての論説』で、複数性論を含む自然神学を論じている。アバナシーによれば、地球は世界の全体ではなく、宇宙の他の知られざる諸世界と結びついており、それらのすべてが神によって統治されている(135)。

［神は］諸世界の上に諸世界を創造した、それらに人間の知識が及ぶことはない(136)。

メソジスト運動の指導者ジョン・ウェズレーも、天文学的複数性論を熱心に信奉した。ウェズレーは一七七七年の『創造における神の智慧』で、自然研究のさまざまな分野を論じている。この書では複数性論は、すべての知識人たちが承認している、もはや疑いえない学説として紹介される。

現在の学問では、星々はわれわれの太陽と同じであり、それら自身の惑星を持っていて、それらがその周りを回っており、それらは大なり小なりわれわれのものに似たさまざまな諸太陽系を構成しているということを否定するのはばかげたことである。現在ではすべての哲学者たちがこの理論に同意している(137)。

ウェズレーは近代の学問だけにその手柄を独占させるつもりはない。古代人は現代人と変わらない程度に複数性論に賛成していた(138)。天文学的複数性論は古代からある、由緒ある学説である。またウェズレーはプルタルコスに反論し、地球外知的生命の性質を論じて、月にも生命が存在すると主張する。地球のような環境がなくても、われわれと異なった生命体がいると考えるのに不都合はない。

彼は雲も風もなく、当然植物も動物もいないとした。これらは月が住まわれていることに反対する近代人が挙げる理由だが、そこから必然的に帰結するのは、この惑星の住人たちがわれわれとは根本的に異なり、彼らの体の仕組みはその気候や環境に適しているということだけである。[139]

これら代表的な宗教的著作家たちの自然神学への参加によって、ニュートン主義の拡散に並行し、天文学的複数性論は宗派を超えて支持者を拡大していった。十八世紀の宗教界で複数性論が常識化していったことは、アイルランドのカトリックの聖職者アーサー・オリアリーが論争の中で言った言葉にも示されている。

こんな挑発の後で私がいささかも熱くならなかったとすれば、世界が複数あると認めるなら、私はきっと木星生まれのはずである。[140]

地球外知的生命の性質を考察する場合、モンテスキューが『法の精神』で諸民族の性向を論じる際に試みたように、熱による血管の収縮、膨張の程度によって気質が決まるとする考えがしばしば用いられた。太陽からの距離に応じて、惑星人たちが激情的か理性的かが判断できる。木星は遠い惑星なので、そこには地球人よりはるかに理性的な惑星人たちが住んでいるはずである。この論法は、カントも用いることになる。

拡散する複数性論はさまざまな宗教的傾向を持つ人々に霊感を与えた。印刷業者で宗教的著作の作者であるジェイコブ・イリーヴは一七三三年の演説で、聖書に結びつけて複数性論を描いている。その第一章では、聖書の字句から、聖書が複数性論に合致していることを示そうとする。イリーヴは複数世界の住民たちを、天使のような存在と考えている。第二章では地球を地獄としてとらえ、第三章では、人間の魂は堕落した天使だと言われている。[141] 世紀末の一七九五年に出版された『神の作品についての思索から導かれた神の存在と属性についての講義』でも同様の傾向が見られ、神は無駄に創造を行わないので、その理由はわからないが、複数世界が人間のためにあるはずだと論じられる[142]。キングズ・カレッジ出身のスコットランドの哲学者、アンドリュー・バクスターは『対話による子供のための宇宙神学[143]』（初版一七三八）で、トーランドとマクローリンの物質論の両者を批判しながら、世界の複数性を積極的に擁護している。J・フォーセットの『説教集』（一七四九）の中の「天文学について」では、聖書の詩編が世界の複数性を語っているとする[144]。

とはいえ複数性論に対する聖職者たちの批判が、十八世紀には影をひそめたのではない。それは十八世紀の後半にも続いた。一七五六年に神学者で地質学者のアレグザンダー・キャトコットは、複数性論はキリスト教に悪い影響を与えると批判する[145]。また一七六五年に出版された『ドッド師の解説にたいする弾劾とヒートコート師の理性の使用についての省察』は、複数性論が聖書に反していると言う[146]。ベルギー人の神学教授フランソワ・グザヴィエ・ドゥ・フェレは一七七三年の『哲学教程』で、現在複数性論が流行しているが、科学的にも神学的にも支持することができないと言う[147]。一七八〇年に国教会の聖職者トマス・アルコックは、同一の微細物質が宇宙全体を満たしていると考え、世界の複数性を採用しないで、宇宙を地球中心的に考えることができると主張している[148]。一七九七年に国教会の牧師サミュエル・グラスは、「あの理解しがたい世界の複数性に都合のいいものはほんの少しもない」と否定する[149]。

これらの否定派に対して、数々の熱烈な支持者たちが自説を公刊している。ダブリンの大司教を務めたウィリアム・キングは『悪の起源論』でミクロとマクロの複数性を肯定し、さまざまな物質でできている世界にはすべて生命が生息しているとし、『スペクテーター』誌の五一九号を引用して、われわれの身近な物体にも生命が住んでいるとしながら、フォントネルを称讃している[150]。一七六七年の『キリスト教徒――神聖な知識の宝庫』は、「神はこの太陽を惑星の中心に置く前に、数えきれない生命と何千もの世界をつくった」と主張する[151]。一七五九年のJ・フォーセットの『他の世界についての対話』は、天使や天上界についての宗教的な著作だが、その中でも月の世界や惑星の世界が言及されている。(152) オランダの牧師、作家であり、生物人口論を論じたジョン・ブルックナーは一七六七年の『動物の体系について』で、生命は創造の目的なのだから、世界が複数あるのは当然だとする。(153) ルター派の牧師クリストフ・クリスティアン・シュトゥルムは各国語に訳された『自然の宝における神の作品と日々の摂理の考察』(一七七二―七六)で、神の創造の本質という宗教的な理由から、世界の複数性を積極的に主張している。(154) トマス・ハリントンの一七七四年の著書『改善された科学、あるいは宇宙の理論』は、神は言葉で創造の御業を行ったのだから、世界は複数のはずだと言う。(155)

スコットランドの聖職者トマス・ウォーカーは、一七七四年の『スコットランド教会の規律と体制の擁護』でフックの顕微鏡を取り上げ、ミクロの複数性論に触れている。(156) またウォーカーは神の偉大さを讃える説教の中では、天文学的複数性を論じている。(157) 一七四〇年に王立協会のメンバーのジョージ・チェーンは、人間はこの世を離れると、道徳性の高さに応じて天界に住むことになると、地球外の惑星を生まれ変わりの場ととらえている。(158)

宗教界からの複数世界論への批判と擁護は、十八世紀の終わりにも続いた。スコットランドの法廷弁護士ジョン・マクローリンは、ガリレオの学説は無限の世界と複数世界の観念につながり、不信心に道を開くと指摘する。(159) 反対に一七九〇年に出版された『天の栄光』は、神がこの世界だけを造ったとはとても思えないと言う。(160) 一八〇〇年の『キリスト教徒の高雅な宝庫』は、世界の複数性は聖書に反しないと肯定する。(161)

一七九〇年にエディンバラで出版されたパンフレット『理神論論争にかかわる論考と説教』は、ホイヘンスの『コスモテオロス』を取り上げている。(162) このパンフレットは、地球外生命論の論点となってきた、人間と地球外生命の同質性・異質性にかかわって、惑星人は人間からそれほど違っていないはずだと主張する。宗教者らしい著者の意図は、「天文学の発見と神の啓示の融和」(163) を図り、理神論を批判することにあった。そのためにこの著者は、人間の死は必然的でないと言う。死は楽園追放が引き起こした、現在の地上におけるさまざまな不都合な生存条件が原因となっている。聖書にしたがえば、不死の者もいるはずなのだ。他の天体のなかには、より恵まれた環境を持つものがあるに違いない。そこでは人間と共通する性質を持つ知的生命はより長寿、あるいは不死だろう。この著者も宇宙の地球外生命圏を、そこで蘇った者たちが暮らす天国として描こうとする。

おそらく天の星、とくに高尚な天体は祝福された者たちの住処である(164)

（4）天文学の発展と複数性論

世紀の後半から末期にかけても、サイエンス・ライターや神学者、宗教的著作家たちのみならず、天文学者や科学者たちの複数性論への関与が続いた。ビュフォンは主著『博物誌』の中で、時間的複数性論の系譜に属する地球の生成論を論じる際に、天文学的複数性論に触れている。「人間は自分を他の地上の生物と比べて第一の存在と思い、すべては彼のために造られたと考える(165)」が、それは現在の天文学的知識には反している。啓蒙のフィロゾフであるビュフォンは、人間の自己中心性を否定する議論を展開する。

この地球がいくら大きいといっても、比較的小さな惑星の一つに過ぎず、他といっしょに太陽を回っている小さな物体だということは、もはや疑いえない(166)。

そればかりでなく、ビュフォンは複数性論を前提としつつ自己の地質学的思索に基づき、惑星のエコ・システムについての独自の学説を提起する。大きな距離のため、太陽の熱では惑星の生命を支えられない。それは太陽に最も近い水星でも難しい(167)。地球内部の熱が生命を支えると考えるべきである(168)。それは他の惑星についても同様だろう。

地球とのアナロジーによって、他の惑星にもそれ自体から発する熱が貯えられていて、生きた自然を支えているのではないかと考えられないだろうか。いたるところに神の力を知り、彼の栄光を讃える存在がいると考えるのは、宇宙からあらゆる存在を奪い、地球を除いた宇宙全体を無人の地にするより、はるかに偉大で価値ある神の観念ではないだろうか。そうでなければ、宇宙は全く孤独なものとなり、われわれはそこで荒涼とした空間と生命なき物質の恐るべき量塊だけを見出すのである。(169)

パスカルの言葉の響きを残しながら、ビュフォンは惑星史の内的産物としての、生命に満たされた複数世界を描き出そうとする。

増大していく複数世界論への賛同者の隊伍には、大数学者の姿も見られた。十八世紀を代表する数学者の一人であるレオンハルト・オイラーは一七六〇年九月十一日の書簡で、世界の複数性を肯定している。

すべての惑星、いえすべての衛星にも、地球と同じ権利があります。これらのすべてが地球と同様に住まわれているのは極めて確からしいことです。(170)

この世紀には、全面的に複数性論に反対する科学者はあまり見られない。だが科学者たちの論調には差異もあった。天文学者ラランドは、入門書『天文学綱要』(一七九五)と『淑女のための天文学』(一七八五)の中に「世界の複数性について」という章を設け、天文学的複数性論を紹介している。ラランドはビュフォンたちの議論も紹介しながら、最後に『百科全書』の「世界 Monde」の項目を挙げて、天文学的複数性論にある程度の留保をつけている。(171) この項目は天文学的複数性論を詳しく紹介した後、その蓋然性が高いことを認めたうえで、「惑星に住人が存在するという説は正しいように思えるが、難点もある。」として、月のように、大気があるかどうか、木星のように、地表の著しい変化が生命に適しているかどうか、彗星のように、非常な熱と冷たさの中で生存できるかどうかといった科学的な難点を挙げ、惑星に地球外知的生命が存在するかどうか、

われわれは知らない

と結論する。ラランドはこの結論を支持しているが、その理由は違っていた。彼の議論は、膨大な宇宙空間の中に小さくて取るに足らない知的生命を配置したところで、それが果たして神の栄光になるのだろうか、という自然神学的なものだった。ラランド自身も、複数性論の蓋然性の高さは承認している。

しかし世界の複数性のある原理に同意しない哲学者たちもいる。それは地球が住まわれるために造られたということ、少なくともその住民たちが、それが存在する第一の有用性と意義となるということである。ほとんどの哲学者たちにとって、惑星が住まわれなければ、何物にも奉仕しない。この考えはあまりにも偏狭で思いあがったものではないか？　この宇宙にくらべたら、いったいわれわれはなんだというのだろう。われわれはその大きさ、性質、意味、諸関係を知っているのか？　このいくつかの原子のようにはかないものが壮大な全体に益をなしたり、その完全性と意義と偉大さに何かを付け加えることができるのだろうか？(172)

他方近代フランスを代表する数理科学者の一人、ピエール＝シモン・ラプラスは天文学入門書『世界の体系』（一七九六）の末尾で、『百科全書』が指摘した惑星環境の地球との違いに触れながら、それは複数世界論への疑問とはならないと主張する。生命は多様であり、異なった環境に合った形で生存することができるはずだからである。

人間は地球上で享受している温度に適合しているので、他の惑星が示すすべての様子から見て、それらの上で

生きることはできないように思われる。だがこの宇宙の天体のさまざまな温度に適合して、多様な生命が存在してはならないのだろうか？　住む場所や気候の違いのみで、これほどの多様性が地球上に生まれるのだから、諸惑星や諸衛星上ではどんな無限の多様性が生じるだろうか？　想像力を精一杯働かせても、それらにかんする正確な観念を形作ることはできない。だがそれらの生命が存在することは極めて確からしい[173]。

『百科全書』の記事とラプラスのこの言明は、当時の専門的な科学者たちの天文学的複数性論に対する態度の分布域を示している。当時の科学的知識の水準から正当に結論できる「真実」は、『百科全書』の〝on n'en sait rien（それについて何も知らない）〃とラプラスの〝très-vraisemblable（極めて確からしい）〃の中間にあっただろう。あるいはこの違いは、真理を証明する手段として確率論的推論を重視したラプラスと、それを認めなかった、記事への署名からはダランベールと思われる『百科全書』のこの項目の著者の間の、方法論的差異にあったのかもしれない。『百科全書』の項目の著者にくらべ、世紀後半のイングランドの代表的な天体観測家、ウィリアム・ハーシェルははるかに楽観的だった。ハーシェルは重要な科学的業績となった星雲のカタログの中で「このカタログにある星雲の住人達にとって[174]」と書き、星雲内の惑星に知的生命が存在するのは当然としている。星雲研究の中でも、「土星や天王星の住人達[175]」や星雲の中にある惑星の住人達に触れている[176]。ハーシェルはホイヘンスのような比較宇宙生命論にも参加し、木星や土星の住民とそれらの衛星の住民を比較して、太陽の光を直接浴びないので、「この考察によって、それらの惑星の住民たちは、それらをめぐる衛星の住民たちよりも賢いことになる[177]」と議論する。ハーシェルはさらには、太陽にまで複数世界を拡張しようとする。

太陽に多くの住民がいることを認めるに躊躇する必要はない[178]。

天文学的複数性論が広く受け入れられていた世紀末では、この大観測家のこれらの言明に違和感を覚える読者は少なかっただろう。世紀末のドイツの数学者、天文学者ハインリヒ・ランベルトの『世界の体系』（一八〇〇）も、銀河は恒星系でできていて、そこには複数世界があると主張している。[179] またチャールズ・ダーウィンの祖父エラズマス・ダーウィンは、バーネットやビュフォンのような時間的複数性論の系譜に入れることができる地球や生命をめぐる思索を展開したが、一七九一年の『植物園』[180]、一七九四年の『ズーノミア』[181] などの著書では、天文学的複数性論を前提として、恒星系の形成と崩壊や生命の誕生と発展を論じている。

このように天文学的複数性論の普及活動は、高度なスキルを持った自然科学者、聖職者としての資格を持つ教会人から、おもに科学器具製作者兼科学啓蒙家として身を立てたサイエンス・ライター、民間の宗教的著作家に至る、多くの人々の共同プロジェクトだった。前世紀の前半には、それを公言することが身を危険にさらす可能性もあったこの観念は、この世紀に入って、啓蒙運動の一環として広く受け入れられるようになった。こうして十九世紀の初めには、地球外知的生命存在説を論証したのはニュートンだとさえ言われるようになった。[182]

さまざまな著者たちによってこれらの文献の中で説かれていった天文学的複数性論は、天文学、力学上の証拠とともに神の完全性からの論証によって複数世界の存在を主張する点で、基本的にキリスト教的有神論の複数性哲学に基づいていた。既成のキリスト教の諸教会に対する親和性の程度に差はあれ、つねに彼らの議論は複数世界の壮大な展望を示すことで、人間の自己中心性を解体する方向に向かっていた。それは次節で見る反キリスト教的な唯物論、理神論の場合も同様だった。キリスト教親和的あるいは反キリスト教的な著者たちの両者にとって、天文学的複数性論はそれぞれの主張を裏づけるために使用できる、すでに論証された学説だった。初期近代に再生した複数性論はこれら異なった著者たちの議論に共通するコンテクストとなり、自己中心性を批判し、地上の視野に縛られない知性の自由な運動を確保する機能を果たしていった。

2 複数世界論と理神論

(1) 唯物論と複数世界

地球外知的生命存在説は弁神論として自然神学の中に統合されることで、十八世紀には広く流布することになった。だがそれはバトラーによって退治されたかに見えた、科学を論拠とした理神論者のキリスト教批判に結びついていく危うさも持っていた。その破壊力の一端は、世紀末に現れたトマス・ペインの思想的な主著『理性の時代』(一七九四―一八〇七)に明確に現れている。

複数世界論の英語圏での展開は、主に自然神学的議論に基づいていた。科学とプロテスタントのキリスト教を結びつけようとする著者たちは、既成の教会と聖書の権威を正面から否定しなかった。彼らは自然という書物の読解が、誤読のない、正しい信仰に導くのだと考え、教会の説教や聖書の読解より、天文学や博物学の研究を勧めたのだった。だがこれらの宗教的権威を批判する立場の理神論者たちも、世界の複数性を受容するのに抵抗はなかった。その英語圏での代表者であるジョン・トーランドは、ブルーノの無限世界論に関心を持ち、出版を準備していた(183)。自身の著作の中でも、トーランドは複数世界論を支持している。『セレナへの手紙』(一七〇四)で、トーランドは無数の世界の存在に触れている。この理神論者はスコラ哲学の学匠ビュリダンの定義に従い、一つの無限宇宙 universum の中に、無数の天文学的複数性が実在していると書く。

われわれが一つであるという時、それは無限で分割不能ということを意味している。一つの宇宙があり、そこには無数の諸世界があるだろう(184)。

トーランドは遺稿『汎神論』（一七五一）では、複数世界論を汎神論者の信条とすると主張する。無限の事物が生み出す無限の世界が出現する。そのすべてを支配するのが、造物主としての理神論者の神である。

無限の全体の力と調和を形作っている運動と知性から、無数の種類の事物が生じ、そのそれぞれの一つ一つが質料と、部分の配列以外ではない形相をもっている。ここからわれわれは、最高の知性、最も完全な秩序が宇宙のすべてを支配していて、そこにはお互いに区別される無限の諸世界が存在すると考えることができる。[185]

だが創造神の実在は複数性論にとって論理的に不可欠ではない。意志のない原子の運動に支配されるデモクリトスやエピクロスの世界にほとんど神の場所がなかったように、天文学的な複数世界に神が存在しなければならない必然性はない。そのため唯物論者も複数世界論者であることができた。というより、古代の思想的伝統に基づけば、唯物論者こそが複数世界論の主要な支持者であるはずだった。

人間を宇宙の中心に置こうとする神の意志が存在しないのなら、神の代わりに「自然」がすべてを生みだすとする『自然の体系』（一七七〇）の著者にとっては、自然の法則にしたがって複数の世界が誕生すると考えるのが当然となる。

自然はその配合によって諸々の恒星を生み、それらの恒星は同数の体系の中心に位置する。また自然は諸々の遊星を生み、それらの遊星はその本質によって引力を帯び、恒星の周囲を公転する。[186]それらの世界には知的生命が生まれてくるだろう。だが、それらが人類と同じである理由はない。知的生命の誕生も自然的な過程なのだから、地球のさまざまな条件の下で生存する多様な生命のように、それらを取り巻く環境に適合した体制と性質を持っているだろう。

いかなる立場をとろうとも、植物や動物や人間は、現在の地球の位置や環境では、私たちの地球にとりわけ固有、適切な所産と見なされうる。もし地球がなんらかの変革で場所を変えることでもあれば、これらの所産も変わるであろう(187)。

以上の考察は、他の惑星にも私たちの地球と同様に私たちと似た存在が住んでいると推測したがる人びとの観念に反するかもしれない。しかしラポニア人とホッテントット人があれほど際立った仕方で異なるとすれば、私たちの惑星の住人と土星や金星の住人とのあいだになんらかの差異を想定すべきではないだろうか(188)。

造物主を否定することでキリスト教と正面から対決する唯物論にとって、世界の複数性は懐疑論者にとってと同等の含意を持つことになる。それは創造の観念と結びついたキリスト教的な人間の自己中心性を否定する。こうしてドルバックたちはモンテーニュと同じ議論を使い、複数世界のヴィジョンを通じて人間存在の特権性を剝奪し、信仰の根拠を破壊しようとする。

人間は自然の中で特権的存在と思いこむ理由をもたない……自己の存在に結びつける優越性の観念も、利己心と自己への偏愛以外に根拠を持たないことを知るであろう(189)。

このキリスト教に対する複数性論の破壊的な機能は、創造主の観念を承認する理神論者にとっても同様に利用可能だった。だが、その使用の仕方は少し異なっている。懐疑論の論法を採用して、複数世界の知的生命の多様性を強調する唯物論と比較すると、理神論は宇宙の知的生命の同質性を主張する。これらの生命は同じ造物主によって創造され、造物主に近づくことを目指す点で、同じ目的を持っている。理神論が世界の複数性を武器とするのは、それがキリスト教の教義の中で、聖書とキリストによる救済神話を攻撃の的に据えることを可能にするからだった。

（2）『理性の時代』をめぐる論争

十八世紀ブリテンの「財政・軍事国家」を支えた税務官吏の一人として算術と天文学の知識を身につけたペインは、真の宗教を根拠づけるのは矛盾に満ちた聖書ではなく、科学、とりわけ天文学だと主張する。明らかに複数の人間の手で書かれた著書である聖書には一貫性がなく、その教えは残酷で不道徳でさえあると、ペインは『理性の時代』の増補版で、細部にわたって論証していく。これに対して天文学は、ニュートン主義者たちが言うように、神の力と智慧とを科学的に立証している。牢獄の中で書き起こされたこの書の最初の部分で、ニュートン的な科学こそが、またそれだけが、神の姿を開示する真の教典なのだとペインは主張する。

その中で天文学が主な位置を占めるところの科学の全分野を包含している、現に自然哲学と呼ばれるものは、神のみわざについての、また神の力と英知についての研究であり、真正の神学なのである。(190)

このように熱烈に信奉するニュートン主義の教説の中でペインは、とりわけて地球外知的生命存在説を重視する。世界の複数性は地上の人間にとって見極めることができない膨大な創造の業を開示し、神の偉大な力を示している。

第二に。全能者を窮むることを得んや？　いな、なぜならば、私が見る天地万物の構成の中で、彼が明示してきた力と英知は私にとって理解しがたいというばかりでなく、この明示でさえ、偉大ではあるが恐らくは、その遠隔のために私の目には見えない何万という別の世界を創造し存在し続けさせたところのあの、広漠たる力と英知の、微々たるあらわれに過ぎないのだからである。(191)

ペインによれば、地球外知的生命存在説を含む世界の複数性論は、古代ギリシアのデモクリトスやアナクサゴラスなどの哲学者たちの学説にも広く見られた。それは存在するものはただ一つと主張したパルメニデスを継承した、プラトンやアリストテレスや彼らを継いだ学派によって否定され、またキリスト教会ではオリゲネスの複数性論が異端説とされたため、ヨーロッパ思想史の伏流となったに過ぎない。他の同時代の複数性論者たちと同様、ペインはこのような経緯を理解した上で、世界の複数性は近代になって復活した観念だったと語る。

世界の複数性を信じるのは古代人にとっては珍しくもなかったけれども、われわれが住んでいるこの地球の広さと大きさが確かめられたのは、近々三世紀以内のことに過ぎない。(192)

ペインにとって近代の複数性論は、古代からの思想的伝統を受け継ぎながら、近代天文学の知識によって初めて立証された正しい科学的世界像だった。だがホイヘンスやベントリーと同様ペインにとっても、この「科学的論証」には有神論的複数性哲学の論法が結びついていた。複数性論の論法を下敷きとして、近代天文学が発見した膨大で空虚な無限空間の存在は、精神的存在にとって無意味のように思われ、創造神としての神の観念に見合わないと、彼らは論じた。ペインは無機的な宇宙空間が万能の知性の意図とは思われないという、複数性論の中で百年前から使われてきたキリスト教的形而上学の論法を繰り返す。

われわれの地球のどの部分も、占領されずには残されていないというのに、広大な空間が裸で人の気もなく、永遠の荒野として横たわっていると想像されなければならないのだろう？(193)

この宇宙空間が何らかのために造られたとすれば、そこは神の似姿である精神的存在によって満たされているはずだと、ペインは有神論的な複数性論者たちの主張を反復する。さらにこの議論を進め、ペインは彼の理神論の中核的教説として、「造物主が世界の複数性を創りあげた結果、人間にもたらされる大いなる恩恵(194)」を解説していく。それによれば、無限の空間と無数の惑星や恒星や彗星という膨大な物質は、創造の力の浪費ではない。それはそれらが知的生命に開示する自然法則を通じて、宇宙空間内に散在する知的生命に世界の真の態様を教える役割を持っている。

われわれと隣り合う世界の体系はその公転において、その体系の住人たちへ、わが体系が我々にするのと同一の科学の原理と考え方を示し、それはこの広漠たる宇宙全体を通じてそうなのである。(195)

神が創造した複数世界の天文学的秩序によって、宇宙に拡散する知的生命たちは相互に連絡することなしに、同一の知識、同一の科学に到達することができる。

世界の複数性から生じる恩恵は、この地球の住人であるわれわれだけに限られるのではない。われわれの体系を構成する諸世界のそれぞれの住人たちは、われわれが受けるのと同一の知識の機会を享受する。……したがってまた、同一で普遍的な科学の考え方が、すべての人々に対して現れてくるのである。(196)

天文学を中心とする科学的知識のみが真の神への道なのだから、あらゆる知的生命に共有された科学は、正しい神の観念へと彼らを導くだろう。この論法が示すように、ペインにとってニュートン的な科学を「教典」とする理神論は、じつは人間の宗教ではなかった。それは宇宙全体に存在する知的生命体が共有する、普遍的宗教なのだった。この科学主義と自然神学が混交した壮大な宇宙論的イメージが、ペインの「人間の権利」、「理性の時代」を支える基礎的観念となっていた。フォントネルやホイヘンス以後通常そうであるとされてきた、地球とは異質の環境に適合した、姿かたちが全く異なる宇宙人と人類が同一の「宗教」を信じる同等の存在であるなら、人類の間に生まれながらの区別などあるはずがない。神の被造物であるすべての精神的存在は、教育や環境から生じる差異はありつつ、本来同等の価値を持ち、同等の権利を持って生まれたことになるだろう。このように世界の複数性と理神論は、表裏一体の関係を持っている。

さらにニュートン的科学によって証明された「世界の複数性」の観念は、キリスト教の教義の不条理を明らかに示す。ペインはモアやベントリーが指摘していた問題点を掘り下げる。

われわれの住んでいるこの世界が、住むに適した創造物のすべてだということは、キリスト教体系の直接的な題目ではないにしても、しかもなおそれは、天地創造についてのいわゆるモーゼ説話、イヴとリンゴの物語、そして神の子の死という上述の物語の裏返しから作り上げられているので、別な風に信じる、つまり、われわれが星と呼ぶものと少なくとも同じぐらいにおびただしい複数の世界を神が創造したと信じるのはとりもなおさず、キリスト教の信仰体系をちっぽけでこっけいなものたらしめるのであり、風の中の羽毛のように心の中から吹き飛ばすのである。(197)

世界の複数性を信じるペインは、フォントネルと同じようにキリスト教批判を行う。キリスト教多数派の中心的な信仰箇条は、創造主である神が、ある特定の歴史的時点に、特定の地域に、ただ一人の人間として降臨し、地上の人間たちの罪を背負って十字架の上で死んだという事実なのだから、世界の複数性は彼らに難問を提起することになる。どうして神は全宇宙に存在する無数の他の知的生命を捨てて、このような宇宙の片隅に棲息する人類のためだけにわざわざ死を選んだのだろうか。そうであれば、「神の愛」はただの偏愛に過ぎなくなる。そうでないとすると、さらに不条理な仮定が必要になる。無限で普遍の愛を持つ宇宙の創造主は、あらゆる罪ある知的生命に赦しを与えるために、次々にそれぞれの惑星で人間になり、すぐに刑死するという奇怪な行いを、宇宙の果てから果てまで際限なく続けていかなければならなくなる。

もしそうなら、幾万の天体をひとしく自分の庇護のもとに置いた全能神が、他のすべてのものへの責任をうち捨てて、われわれの世界に来て死ななければならない。しかもそれは、彼らの言うところによれば、一人の男と一人の女が一個のリンゴを食べたからだという！　こんな孤独で奇妙な臆説は、一体どこから生じるのだろう。そうでないならわれわれは、限りなき創造物のなかのどの天体もが、一人のエヴァ、一個のリンゴ、一匹のヘビ、一人のあがない主を持ったと想像すべきなのだろうか？　この場合、不敬にも神の息子あるいは時として神自身と呼ばれる人物が、ほとんどつかの間の生命を持って、つぎからつぎへと果てしもなく死を遂げながら、天体から天体へ旅をして回る以外には何もしなかっただろうということになるのだ。[198]

しかしこの全宇宙を旅する「複数のキリスト」の想定は、「唯一のキリスト」という信仰箇条の決定的な否定となってしまう。当時の知的状況下でそれに反論する困難が大きかったことは、『理性の時代』を批判するために現れたパンフレットの論調から知ることができる。

ペインの中心的な論点は、キリスト教を前提とすれば、宇宙の知的生命たちにとっても救済者が必要なはずだということだった。そのため地球外知的生命の存在を否定すれば、ペインの論拠は崩れることになる。ペイン批判のパンフレット『『理性の時代』を批判する』（一七九六）は、この立場から天文学的複数性論の正当性を否定しようとして、[199]地球以外に世界が存在するかどうかは確かでないので、[200]それを根拠とするキリスト教批判には説得力がないと反論する。『トマス・ペイン氏の「理性の時代」に対する回答』（一七九五）も、同様な論法を取ろうとしている。惑星の住人の存在は証明されていない。宇宙の広大さもそこに住民がいる根拠にはならないと、著者は当然の反論を行う。しかしこのパンフレットはさらに、天文学は不確かな学問だと言い出し、反科学的な傾向を示している。[201]『ペインの「理性の時代」』（一七九四）も、「ペイン氏が月に人を見たというなら、彼らを私に見せてくれなければならない[202]」と、複数性論を批判する。この著者は、他の世界の光は地球に届かない[203]などと奇妙な議論を始めるので、説得的な批判とはなっていない。

これらのいささか怪しげな議論を含む三つのパンフレットの著者たち以外の批判者たちは、ペインの天文学的複数性論自体を否定しようとしない。それらの議論は二つに分けることができる。その一つは、なにはともあれ、聖書の立場は天文学的複数性論と衝突しないという論法だった。『ペイン氏の「理性の時代」第一部、第二部に見られる詭弁』(一七九六)は、世界の複数性論が正しいという前提を批判できず、それを受け入れたまま、聖書はガリレオより三千年前に地球の球体説と世界の複数性を伝えていたと[204]、聖書の複数性記述についての従来の議論を曲げて強弁しようとする。それこそが詭弁だろうと、ペインなら言い返すだろう。同様に『理性と啓示』(一七九四)は、おそらく太陽系の他の惑星や、他の太陽系にも住民がいるが、それはわれわれには関係のないことであるとして、正面から反論せずにかわそうとする[205]。『キリスト教のみが正しい神学』(一七九五)は、「創世記」は自然哲学に関するものではないので、ペインの攻撃は的外れだという[206]。『理性の時代と啓示』(一七九五)も、聖書はわれわれの世界にかかわるもので、他の世界を扱わないのは当然だと言い返すが[207]、ペインの批判は複数世界論が聖書の救済論と対立するというところにあるので、これらが有効な反論になっているとは言えない。

第二に、複数性に関する自然神学的議論を十分理解していないかに見えるこれらの著者たち以外のパンフレットには、ペインのキリスト教批判に対する当惑が見られる。『道徳の最良の礎としての啓示』(一七九八)は、ペインがキリスト教を曲解して示し、わざと世界の複数性論と対立させていると非難する[208]。『ペインの「理性の時代」に対する回答』(一七九六)は、聖書が現代の哲学に反しないことを示すと言い、天は複数であり、地球は球体で、宇宙の中では重要な場所でないことや、宇宙は巨大であることを聖書から説明しようとする[209]。『不信心の時代――ペインの「理性の時代」に対する回答』(一七九四)は、世界が複数あるなら、神がそれらの住民たちを気にかけるのは当然だとキリスト教徒は考える、と言い返す[210]。

パンフレット『詭弁の発見』（一七九五）の著者は、天文学的複数性論の支持者だった。おそらく自然神学的な複数性論を愛好していたこの著者は、ペインの攻撃に不当さを覚えて、「私は両方を信じて、それらを熟考しているが、一方が他方と両立しないとは思えない[211]」と書いている。『トマス・ペインの不敬な冒瀆、誤った告発、不寛容な非難に対する一平信徒の抗議』（一七九七）と題されたパンレットの著者も、宗教的激昂を思わせる著書の激しい攻撃的な題名にもかかわらず、天文学的複数性の支持者であり、複数性論とキリスト教は両立するのであり、ペインの批判は当たらないという[212]。『啓示の擁護』（一七九六）の著者も、題名からの印象に反して天文学的複数性論の支持者だった。彼は「私は世界の複数性がキリスト教に矛盾するとは思えない[213]」と明言し、「富と悲惨はこの世界にだけ見出せるのだ[214]」という。この著者にとって、多くの自然神学的複数性論文献が表明してきたように、天上の世界は優れた知性と徳性を持つ知的生命が住むユートピアなのだった。そのため彼は「世界の複数性を信じれば信じるほど、キリスト教は重要で心を惹くものとして現れる」と言って憚らない。

これら以外の著書も、複数性論を神の存在と属性の証明だとしてきた自然神学からのペインの逸脱を指摘する。『福音は自身の証人である――理神論の不道徳と愚かさと対比された、キリスト教の聖なる本性と神的な調和』（初版一七九九）は、神を信じていたベーコン、ボイル、ニュートンの名を挙げ、複数性論はキリスト教と両立すると言う[215]。『「理性の時代」の出版について、コークの住民に宛てた書簡』（一七九五）の著者は、世界の複数性に対する信念がキリスト教の信条に反するとは、ニュートンは思いもしなかったと指摘する[216]。

『聖なる書物の神的霊感を擁護する』（一七九六）は、他の世界の住人が罪人かどうかわからない。罪人なら贖罪があるはずであり、罪人でなければ、地球での贖罪は彼らに神の完全性を伝えるだろうと、複数性論を非難しないで容認したまま、批判をかわそうとする[217]。これはバトラーたちの議論に近く、のちにチャーマーズもこのように理神論者に反批判することになる。

天文学の学問的権威を盾にしたペインの批判に対して、多くのキリスト教徒は苦悶した。それは特に啓蒙の伝統を継承しようとしていた、世紀末に勢力を復活した福音派にとってそうだった。理神論者ペインのキリスト教批判は、たとえば『三人の詐欺師』[218]のような匿名の地下文書からの攻撃と違い、世紀末には公の場でほぼ絶対の知的権威を獲得していたニュートン的科学の名を借りていたため、反論が極めて困難だった。ニュートン主義が論証したと信じられていた世界の複数性を否定すれば、彼らは知的蒙昧の批判を浴びるだろう。だがそうしなければ、キリスト教の中心的な信仰箇条は不合理に満ちていることになる。

この懊悩は第6章で見るように、十九世紀のスコットランドの道徳哲学者であり、重要な宗教指導者だったトマス・チャーマーズの有名な説教によって、ひとまず解決を見ることになる。バトラーの示唆を敷衍したように見えるチャーマーズの議論によれば、宇宙の端であり、世界の価値的「底」に位置する罪深い人類のみを救済する、一回限りの全能の神の贖罪の行いは、天使の力や、人間には想像できない他の手段によって、宇宙の隅々まで伝達されている。地球とは、いわば宇宙人たちを観客として贖罪の劇が上演され、人間一人一人が神の愛にこたえるかどうかが注視されている、宇宙の果ての一大宗教劇の舞台なのだった。[219] また大宇宙に多数の惑星が存在することは、肉体を備えた復活の時、有史以来膨大な数に上る人間はどこに住むのかという難問に解決を与える。人間は死から蘇り、神によって準備された無人の地球外惑星という、新しい故郷に永遠の楽園を見出すだろう。こうして世界の複数性と福音主義の両立が可能になり、十九世紀前半の科学と信仰と自由主義の結びつきが生まれることになった。

3　道徳科学と複数性論

「人間本性の研究」は十八世紀に特徴的なプロジェクトであり、現在啓蒙思想の所産と見なされている観念の多くがここから生まれてきた。この企ての中にも、天文学的複数性論の議論のコンテクストのいくつかが顔をのぞかせている。

ジョン・ロックは草稿『自然哲学入門』で、自然神学の議論に基づく天文学的複数性論を肯定している。

すべての恒星が太陽であり、その周りを居住可能な諸惑星が回っていて、それら住人達にわれわれと同様、神の善性の印が顕されていると考えるのは、それら遠く離れてほとんどわれわれの役に立たない小さな物体がわれわれだけのためにつくられたと想像するより、神の智慧と力と偉大さにはるかにふさわしい。(220)

シャフツベリも世界の複数性のヴィジョンを提唱する。顕微鏡はミクロ世界の複数性を眼の前に現前させた。それはオレームが複数世界の一種として挙げた、世界の中の世界という、入れ子式の複数世界の近代版ともいえる。

弱い目は、技術の助けで、その中に隠された驚異を発見した。世界の中の世界、無限の小ささ(221)

望遠鏡によって眼を天に向けると、そこにはマクロの複数世界が見える。天の輝きのすべてが、太陽系と同じ世界の存在を示している。

広大な空間には、それぞれがわれわれ自身の世界と同様に、完全なシステムに属する巨大な天体がある。最も小さな銀河の光でさえ、われわれの太陽と同じなのだ。[222]

太陽は「それを取り巻く諸世界を照らし、活気づける」[223]と、プラトニズム的にこのヴィジョンを意味づけながら、シャフツベリはそこに創造主の痕跡を見ようとする。

どのようにしてあなたはこの運動する諸世界に命を吹き込まれるのですか?[224]

天文学的複数性論がロックの立場だったことは、死後出版された草稿だけでなく、署名入りの主著『人間知性論』(一六八九)の以下の記述からもわかる。ロックは複数世界論を受け入れるだけでなく、それを「人間本性」の研究の中に位置づけようとする。誤謬を論じた箇所で、ロックは地球外の知的生命の認識能力を論じている。複数性論の一つの議論では、地球外知的生命は地球とは異なった環境に合致した体制を持っているため、理性を持つとはいえ、人間とはかなり相違した能力を持っているのではないか、と言われてきた。その中には知覚能力も含まれるかもしれない。もしそうであるなら、ロックにとって認識の出発点にあたる単純観念そのものが、人間とは異なっているだろう。

宇宙の他の場所にいる生命〔creatures〕が、私たちの持つより数多いか、より完全か、あるいは私たちのものと異なっている感覚や能力によって、どのように異なった単純観念を持てるのか、私たちにはわからない。だがそれについて私たちは何もわからないという理由で、そうした単純観念は存在しないと考えたり言ったりすることは、盲人が視覚や色のようなものの観念やそれに類似したものを持たず、見ることとは何かについてどんな思念もつくれないからという理由で、視覚や色のようなものはないと独り決めしたりするのと変わらない。私たちの無知や暗愚さは、他のものが知識を持つことを妨げないし、制限もしない。それはもぐらの目の悪さが鷲の目の鋭さを否定する拠りどころでないのと同じである。あらゆる事物の創造者の無限の力と智慧と善性を考察しようとする者は人間がそうであるように、すべてが取るに足らない、卑しく無力なようにできているというわけではないと考えるのは理に適っていると思うに違いない。人間はあらゆる知的な存在者の最下位の一つだというのが、どう考えても確からしいのである。それゆえ、［人間以外の］他の種類の生命が、事物の本性と、その最も深い構造を洞察するどんな能力を持っているのか、そうした生命が、事物について私たちの観念とはるかに違う、どんな観念を事物から受け取ることができるのか、私たちは知らないのである。(225)

それらの知的生命は、人間の知覚能力では知ることができない、事物のより深い構造を知ることができるかもしれない。ロックにとって人間の知識のすべては単純観念から組み立てられるので、人間は彼らと同じ知識を獲得することはできない。複数世界の想定は、人間の知的能力の限界を示唆することになる。

私たちは次のことを知っており、また確かに理解できる。すなわち私たちは、事物に関するいろいろな発見をさらに完全にするには、それらについて現在私たちが持つ視点以外に、他のいくつかの視点を必要としているのである。……およそこれらの世界のどれかについて私たちが自分の目あるいは自分の思惟で及ぶことのできるものは何であれ、残りと比較しては一つの点にすぎず、ほとんど無なのである。(226)

ここには複数世界の多様性の観念に基づく、懐疑論的な議論の構造が現れている。ロックはそれを、経験主義的な認識論における、人間知性の限界論へと敷衍している。複数世界を想定するロックの認識論は、人間的知性を宇宙の知的生命の持つ知的能力と仮想的に比較しながら考察していく点で、いわばホイヘンスを受け継いだ比較宇宙生命論の枠組みの中に置かれている。

フランシス・ハチスンも『道徳哲学講義』（一七五五）の中で、自然神学的な天文学的複数性論にしたがって、複数世界の存在を神の存在証明だと考える。

われわれの目や思考をどこに向けようと、われわれの想像力が及ぶ限り、神の設計、意図、技、力の偉大な証拠が現れる。最も壮麗な天体、最も巨大な物体が、非常な速度で、規則正しく運行する。この人間が住まうのと同じ諸世界のいたるところで、その力が発揮される。(227)

ハチスンの『美と徳の理論』（初版一七二五）は、複数世界論の構図の中に位置づけられている。人間の認識能力の限界を見定めるために複数世界における知性の多様性を使用したロックとは違って、ハチスンはすべての理性的存在者が共有する、知性の本質的属性を強調する。

それらの惑星の住民たちの感覚が、われわれがそうであるように、彼らの居住圏、彼らの目に映る事物に適合しているなら、彼らの感覚はわれわれと同様な一般的基礎に基づいているだろう。(228)

この世紀の「人間本性の研究」にとって、天文学的複数性論は二つの形で機能していた。一つの議論は、複数世界の多様性から、異なった環境に合致した地球外知的生命の認知能力の多様性を想定する。彼らはすべて神の被造物とされているので、その中には人間より優れた能力を持った者たちが存在するはずである。そのため人間の認識能力には、生得的に限界が課されていることが明白になる。この議論は知覚の認知能力に上限を画して、経験を超えて全体的真理を求めようとする企てを否定し、経験論的方法論を保証する。もう一つの議論は、被創造物として神の属性の一部を分かち持った知的生命の共通性を強調する。この点では人間知性の内的原理の探究は、地上の人間を超えて、すべての知的存在者に共通する知性の本質を探るという意義を持つことになる。通常この二つは分離して現れるというより、同時に利用される。とはいえそこには著者の傾向に応じて、ニュアンスの差異があった。ジョージ・バークリーは『アルシフロン』（一七三二）で、人間の自己中心性に対する宗教的立場からの批判というコンテクストの中で、複数性論を取り上げる。

アルシフロン　少数の罪人たちがいるだけのこの小さな場所は、知性の宇宙全体に対してはちっぽけなものでしかないのです。ちょうど監獄が王国に対するように。われわれは啓示だけでなく、常識によっても、目に見えるものの観察と、それらからのアナロジーで推理して、人間よりはるかに幸福で完全な、数知れない知的な存在者の階層が存在していることを結論できるのです。人間の人生は短く、この地球という彼らの住処は神の創造の体系全体から見れば、ただの点にすぎません。(229)

自然神学に取り込まれ、神の存在証明に使われた「天文神学」的な複数世界のヴィジュアル・イメージは、バークリーにとって否定しがたい実在の感覚を伴っていた。『ハイラスとフィロナスの三つの対話』（一七一三）では、望遠鏡の映像を元に構想力が描き出す、燦然と輝く膨大な複数世界のイメージが、迫真の現実性の例として描かれている。自身の観念論的な哲学を読者に受け入れさせようとするバークリーは、この「イメージ」にすぎないものの実在性の迫力をどう説明するのかと問いかける。

恒星の輝きは、どれほど躍動的で燦然としたものなのでしょう！　曇りなき天球全体に広がって、それらが散らばって見える、ありのままの豊かさの、なんと壮麗ですばらしいことか。でも、もし君が望遠鏡を手に取るならば、それによって君の視野には、肉眼のときには見えなかった新しいたくさんの星が見えるようになるでしょう。ここでは、それらの星は、隣接し、小さく見えるでしょう。けれども、より近くから見れば、空間の深遠へと沈み込んだ、様々な距離にある光の天体なのです。さて、君は想像力に助けを借りなければなりません。弱々しく狭い感覚は中心火の周りを回っている無数の世界を見出すことができないからです。そして、それらの世界で、まったく完全な心の活力がはてしない形態で自らを誇示しているでしょう。ですが、感覚も想像力も、限りない範囲に散らばったそのきらめく調度品すべてを把握するほど十分に大きくはないのです。今従事している心は、その最大限の範囲まで、個々の能力を行使し、精一杯働かせるでしょうが、把握されず、測り知れないあまりにも多くのものが目立つことでしょう。しかし、この力強い構造を構成する莫大な物体は、どれほど距離があり離れていようとも、なんらかの秘密のメカニズムによって、なんらかの神聖な技術や力によって、相互の依存と交流においてつながっているのです。それはこの地球でさえそうであり、そのことは、ほとんど私の思考から滑り落ち、一群の世界においては失われているのです。すべての体系の、表現できないほど、考えられないほど巨大で、美しく、輝かしいことといったらどうでしょう！　この高貴で、喜ばしい風景からすべての実在性を奪ってしまう哲学者たちは、どんな処置に値するでしょうか？　目に見える創造のすべての美しさを、誤った想像の輝きだと私たちに思わせる哲学者たちの原理を、どのように扱えばいいのでしょうか？　率直に言って、君は君自身のこの懐疑主義が、すべてのまともな人々によってとんでもない不合理だとは思われないだろうなんて期待できるのですか？(230)

デイヴィッド・ヒュームは『自然宗教についての対話』（一七七九）で、ロックの『人間知性論』の議論を繰り返し、懐疑論的な立場から人間中心主義を批判する。人間の認知能力は地球環境という特殊な条件に適合した感覚能力を基礎とするので、それに基づいて人間が考えた結論が宇宙に共通する真理となるとは考えられない。

しかしわれわれが自然の一部分の他の一部分への諸作用を、全体の起源に関するわれわれの判断の基礎と見なすべきだということを（こんなことは決して認められえないのだが）容認するとしても、動物の理性や意図が、この地球という衛星の上で見出されるような、こんなにも微細でこんなにも脆弱でこんなにも制約された一原理をなんで選ぶことがあろうか。われわれが思惟と呼ぶ頭脳の中のこの小さな興奮は、われわれがそれをこのように全宇宙の典型としなければならないほどのどのような異例の特権をもっているのか。われわれの身びいきな偏向は、事実あらゆる機会に思惟をもち出す。しかし健全な哲学は、これほど自然な錯覚に対して注意深く警戒しなければならない。

「一部の作用が」とフィロは続けた、

全体の起源に関してなんらかの正しい結論をわれわれに提供することができると認めるどころか、僕は一部分が他の部分にとって、もし後者が前者から非常に遠いとすれば基準をなすとは認めないのだ。他の諸衛星の住民たちが思惟、知性、理性ないしはその他人間におけるこれらの諸能力に類似した何かを所有していると結論するに足る、なんらかの理論的根拠が存在するであろうか。[231]

複数世界の多様性を重視するヒュームにとって、宇宙は存在の多様性の例証として役立てられている。『宗教の自然史』（一七五七）では、神話の起源を論じながら、宇宙のどこかには神話の神のような不道徳で強力な存在がいるかもしれないと言う。

この可視的世界、人間及び動物を形成した同じ諸力ないし諸原理がどのような性質のものであったにせよ、同時に他の一切よりもより繊細な実体およびより偉大な権威を備えた一種の知的生物を産み出したと考えることのどこに困難が存していよう。このような生物が気まぐれで執念深く激情的で官能的でありかねないということは容易に考えられる。それにまた絶対の権威の認可ほどわれわれの間においてそのような悪徳をうみ出しやすい事情はあり得ない。かくして、要するに神話の体系全体はきわめて自然なので、この宇宙の中に含まれている莫大多様な遊星や世界の中のどこかしらで神話が現実に遂行されるということは蓋然性を超えた可能なことと思われる(232)。

世紀の後半にはすでに知識人の常識と化しつつあった複数世界の存在は、このようにヒュームにとってはモンテーニュ同様、懐疑主義の立証手段として機能していた。

感覚論哲学を確立したとされるコンディヤックは、「真の世界の体系」としてのニュートン派の天文学を解説する中で、多くの観察によって支えられたアナロジーに基づいているとして、天文学的複数性論を紹介している。

彗星も惑星であり、恒星はすべてが太陽と同じで、他の諸世界を照らしている(233)。

道徳科学の著作に属する『感覚論』（一七五四）の第五章十七節では、複数世界論が人間の認識の相対性を示すために使用されている。コンディヤックは時間の持続の感覚が相対的であることを、ミクロとマクロの複数世界の住民を例にとって議論している(234)。人間が住むこの世界よりはるかに小さい、ヘーゼルナッツの大きさの世界の中の惑星に住む住民の場合、人間はその惑星の自転や公転が速すぎて知覚することができない。この世界よりはるかに大きい惑星に住む住民の世界の場合には、その運動が遅すぎて人間には知覚できない。だがそれらの世界の住民は、人間と同様に自分たちの世界の一日や一年を感じ取るだろう。時間の持続の観念は、このように異なった感覚能力に対応して相対的である。この事例では同じ精神を持つ知的生命が、異なった閾値を持つ感覚に基づいて認知を行っていると想定されている。そのため外界についての認知能力は、感覚の弁別能力に依存していると言えるだろう。

アダム・スミスは複数性論が与えるヴィジョンを、二つの仕方で巧みに利用している。遺稿「天文学史」でスミスは哲学の起源を、不規則性を想像上のつながりによって規則的なものに変え、心理的な平静を得ようとする「人間本性」に見出している。この論考ではヒュームが強調した複数世界の多様性が、この機能の例証として言及される。異質な諸条件を持つ他惑星に移動させられた人間は、地球上ではぐくんでいた、不規則な現象を「規則性」へ還元する能力を働かせることができず、「遂に狂気と錯乱に陥る」だろう。

> 成熟に達していて、その想像力がこの世の諸事物の構造が必然的に刻印する習慣と特性を獲得した、もっとも判断力の健全な人が、ここで起こるのとは全く異なる法則によって自然が支配されている他のある惑星に、突然生きたまま運ばれたことを、もしわれわれが思い描きえたとすれば、彼には最高度に不協和で、不規則で、不調和に見えるに違いない諸事象に、たえず注意を向けることをしいられるだろうから、彼はまもなく、今のべたのと同じ混乱と目まいがおそいかかるのを感じるであろうし、それは同じようにして、遂に狂気と錯乱に陥るであろう。(235)

他方『道徳感情論』では、複数世界に生きるあらゆる知的存在者に配慮する、宇宙を貫く神の統治と、自分と自分の周囲にしか及ばない微弱な人間知性が対比される。

> 宇宙という偉大な体系の管理運営、すなわちすべての理性的で感受性のあるあらゆる存在［all rational and sensible beings］の普遍的な幸福についての配慮は、神の業務であって人間の業務ではない。無限宇宙のすべての知的存在者の幸福を考える偉大な神に対して、人間がすべきことは、

ずっとつまらない部門……彼自身の幸福についての、彼の家族、彼の国の幸福についての、配慮である。(236)この箇所でスミスは、バークリーたちを圧倒したマクロの複数世界の壮大なヴィジュアル・イメージと、身の回りのことに気を配って生きる、小さな人間の世界の対比を通じて、日常的な人間の視線から道徳や社会や文明を考察しようとする自らの立場をあざやかに提示している。スミスのこの議論は複数世界論を前提しながらも、「つまらない部門」へと視線の重点を置いていく点で、次の世紀の展開を予告している。天空には神が創造した壮麗な諸世界が広がっている。だがそれを讃嘆して仰ぎ見ながらも、この道徳哲学者の関心と眼差しは、普通の人間の無力で矮小な日々の営みの仕組みに焦点を移していくのである。この変容は、やがて新しい単一世界論への移り行きとなっていくだろう。

世紀末になっても、道徳哲学者たちの複数世界論への参与は続いていた。ジェイムズ・ビーティーは『道徳哲学綱要』(一七九〇―九三)で、天文学的複数性論のヴィジュアル・イメージが持つ衝迫力を指摘している。

われわれのものより壮麗で、おそらくわれわれのものより大きな何千もの太陽とその世界のシステムがあると信じる十分な理由がある。それらは驚嘆すべき全体をなしているので、人間の魂がそれを理解しようと努力しても、その驚異と崇敬に圧倒されて、自分自身と月下界のものごとが見えなくなってしまうのである。(237)

常識哲学の立場に立つビーティーにとって、天文学的複数性論のこの抗しがたい説得力は、無神論に対抗する有効な手段だと思われた。

天文学的複数性論が「人間本性の研究」を志す人々の共有物となっていったことは、ジョゼフ・プリーストリーが一七八八年にユニテリアンの立場を擁護する論争の中で、神による複数世界の創造に触れていることにも示されている。

もしキリストがこの世界を創造したなら、彼は太陽や月や星々、したがってあらゆる諸世界を造ったに違いない(238)

この世界だけでなく、あらゆる世界を創造した者は、あなたの原理が示すのよりはるかに強力に、彼の精神を刻印するに違いない(239)

またプリーストリーの『啓示宗教の証拠についての論説』(一七九四―九九)では、もし人間が永遠に生きるのなら、「他の太陽や他の諸世界は彼にくらべてはるかに短命となろう(240)」と論じる。プリーストリーにとって信憑性の高い知的常識と思われた複数世界の存在は、天地創造を論じる場合の事実的背景としての役割を演じていた。たとえば『物質と世界について』(初版一七七七)では、スピノザ批判に関連して、神はその創造物とは違うと論じる。プリーストリーは複数世界論の定義に従って、「宇宙、それはわれわれが存在すると想定する世界の全体(241)」であり、それは「諸世界の全体の体系(242)」だと定義する。『神の一体性についての概説』(初版一七八三)では、理神論のキリスト教批判を援用して、ユニテリアンの立場からの三位一体論批判のために天文学的複数性論が使用されている。

近代哲学が想定するように、われわれの世界のほかに、理性的で不完全な存在者たちが住む無数の諸世界があるのなら、彼らの多くはわれわれがそうであるように、自分たちと創造者との間に仲介を必要とすると考えることはできない(243)。

天文学的複数性論の事実性は、リチャード・プライスにとっても確かだと思われた。プライスは道徳を論じた際に、神はあらゆる複数世界を同じように支配していると書いている。

至高の存在者たちはこの世界で持っているのと同様の権威をあらゆる世界で持っている[244]

プライスは一七八七年にも、「哲学と天文学の近年の改善によって発見された数えきれない世界、諸世界のシステム[245]」と述べ、複数世界が天文学によって発見されたと考えている。プリーストリーやプライスにとって、複数世界は自身の信仰箇条を科学的に議論するための事実として役立っている。

複数世界論は人間の認知能力の性質と限界についての認識論や、天地創造とかかわる自然神学的な存在論だけでなく、倫理学にも霊感を与えている。晩年のアダム・ファーガスンの遺稿には、天空の複数世界が倫理学で果たす役割が示されている。人一倍古代ローマの著作に親しんでいたファーガスンは、尊敬するキケローの轍を踏み、多くの同時代人とともに空想の中で空間を旅し、宇宙に思いを馳せる。するとそこには、膨大で空虚な空間が広がっている。キケローの時代とは比較できない、正確な自然の理解と天空の観察に基づいて描き出された、この壮大な光景を目にしながら、十八世紀スコットランドを代表する道徳哲学教授は問いかける。

物質的存在はかくも巨大で、かくも多数である。それはなんのために存在しているのか？……物体の宇宙は精神のためにあるのか？……もしそうなら、自然の身体的な部分がそのために造られ、膨大な空間に広がっている、あの精神とはどのようなものなのか？[246]

『市民社会史論』（一七六七）の著者ファーガスンは、この問題に対する自然神学の回答を、「人口論」という、社会科学的原理によって言い換えていく。

われわれは諸惑星にも、きわめて多種多様なもの、またわれわれが(地上で)経験しているものと類似しているものの存在の可能性を認めざるをえない[247]

もし生まれようとする知的存在の源が絶えることなく、その群れが倍増していくなら、精神の宇宙はそれによって知覚される物質の創造に歩調を合わせて増えていくだろうことが想像できる……人類の一世代が十億だったとして、百世代を経れば一兆の魂がすでに地球から生まれ出ることになる。もし太陽系の他の惑星が同様に生産的なら、合計は七兆となろう。そしてもし恒星が二百個あり、それらがわれわれと同様な恒星系だとすれば、二百兆となる……このように物質世界はいかに巨大でも、[精神に]従属しているのだ[248]。

人間が夜空を見上げるとき、そこに浮かぶそれぞれの惑星には、人間と同様な知性を持った知的存在者たちが住んでいる。さらに夜空は恒星で埋め尽くされている。それらの光り輝く太陽以外の恒星も惑星を持っている。そのそれぞれにも、数知れない知的生命が生きているに違いない。人間たちはこのような、壮麗な天体と膨大な数の知的生命で満たされた、「この宇宙の片隅[249]」で生きているにすぎない。

人口の大きさは、十八世紀半ばの古代と近代の人口をめぐるデイヴィッド・ヒュームとロバート・ウォレスの論争に示されているように[250]、マルサスの『人口論』の深刻な影響が現れるまで、国家の強さと繁栄の印であると考えられていた。ファーガスンはエディンバラ大学の道徳哲学講義の一部として、political economy を教えていたが、その講義ノート[251]によれば、彼の political economy は国民的資源としての人口から始まる。この人口は国の宝だという彼の哲学は、いまや宇宙全体に拡大され、知的生命は宇宙に溢れることになる。この宇宙社会の中で膨大な物質的空間は、精神的存在に生存圏と認知の対象を与えるという意味を持つようになる。そこでは数知れぬ知的生命が道徳的向上を求め、神に近づこうと努力を続ける。それは地上の一人の人間にとっては、目も眩むような光景なのかもしれない。だがそこにこそ人間性の完成への励みがある、と老哲学者は言う。

高きを望む精神が、彼と同じく栄誉を求めて戦う百兆もの、そのまた十万倍もの精神のことを想起するとき、彼はおそらく絶望に沈むだろう。しかし正しく判断すれば、正当な野心の目的は相対的ではなく、絶対的な価値を持っているのだ。生きていることの価値は幸福になる能力にあり、栄誉をめざして競う者がどれほどいようと、幸福な心には最も高い価値がある。もし君が今この瞬間になすべきことを仁愛と、勤勉と、決意をもって行うなら、君は幸福なのだ。それから私はこう付け加えよう。同じ目的を追求する者たちの数が多いことは、［幸福の］妨げではなく、むしろ成功を促すのだと。(252)

「最後のローマ人」と言われるこの老哲学者の世界では、国のために戦い、星となって天上に祭られることを望んだ古代ローマの市民のように、天界と地上での活動的生活が、途切れることのない織物によって結び合わされている。人間の想像力を超えた膨大な宇宙空間のいたるところに、神の祝福を受けた知的生命体が生存する。太陽系外の恒星の存在理由は謎ではなく、知的生命を生存させるために造られた。彼らはキリスト教徒ではないかもしれないが、神の知的な被造物であり、その点で人類の同朋だった。人間の使命はこの無限の空間の中で、神に接近すべく、彼らと競争しながら、知的・道徳的に進歩するところにこそあるのだった。(253)

4　近代複数性論のテクストと議論

(1) 天文学的複数性論文献の類型学

文献に登場する頻度の膨大さでは他の重要な主題に劣るとは言えないにもかかわらず、十七、十八、十九世紀の天文学的複数性論が思想史、科学史の中心的なテーマに取り上げられなかったのは、複数性論資料が寓意・諷刺文学のコンテクストの中で読まれる場合が多かったからだろう。本節では世界の複数性論のテクストを類型化して概観する。

十五世紀から十八世紀初頭までに、さまざまな天文学的複数性論の文献が現れた。第2章で見たように、天文学的に捉えられた世界の複数性の最初の提唱者となったのはクザーヌスやブルーノたちだった。「近代思想」の出発点に立つモンテーニュは、『エセー』の中の「レイモン・スボンの弁護」で複数性論を論じた。ガリレオやケプラーたちは望遠鏡によって月面を観測したり衛星や太陽黒点を発見して地球外天体の実在性を示し、それを著書で報告している。これらの業績に基づき、一方で古代のルキアノスを受け継ぐシラノ・ド・ベルジュラックの寓意的な宇宙旅行物語などが書かれるとともに、ウィルキンズのような科学者たちによって地球外知的生命存在論が発表される。任意団体、書簡等、活字以外の当時の討議世界の広がりを考えると、科学者、哲学者たちの間では、おそらくかなりの議論が行われていたと推測できる。十七世紀後半にはボレルの単著やケンブリッジ・プラトニストやボイルたちの論考が現れ、世紀末に向かう時期にはフランスのフォントネルとオランダのクリスティアン・ホイヘンスの著作が登場し、近代複数性論の展開の画期となった。王立科学アカデミーの書記を務めたフォントネルは、デカルトの宇宙論を継承しながら、これにリベルタン的伝統を接合し、啓蒙の出発点とさえ言われる名著『世界の複数性についての対話』を発表した。同書は主にデカルト派の立場から書かれた近代科学の啓蒙書のベストセラーとして知られているが、その中心的な論点は地球外知的生命存在説だった。フォントネルはこれにキリスト教批判と自己中心性を相対化する知性の運動を結びつけて、複数性問題に大きな思想的含意を与えた。

啓蒙期での複数性論の思想的系譜を決定づけたフォントネルに対し、十七世紀を代表する大科学者ホイヘンスは「科学的」な複数性論の体系を提出した。ホイヘンスは遺著『コスモテオロス』で、フォントネルたちが複数性を文学やエセーの主題として取り扱ったことを批判し、これを真正の学問的問題にしようとした。同書でホイヘンスは、自身が科学的と考える方法に基づいて、地球外知的生命の存在証明を行った。さらにそれにとどまらず、ホイヘンスは知的生命のさまざまな性質についての仮説を展開した。この包括的な論述は以後複数性論者たちによってたびたび参照され、地球外生命の形態、性質に関する研究の土台となっていった。

フォントネルとホイヘンスは以下の二点で、十八世紀に膨張していく天文学的複数性論文献の特徴をそれぞれに代表している。それは第一に、複数性論の対照的な扱い方だった。フォントネルの『世界の複数性についての対話』は、科学入門書という体裁を取りつつ、ルキアノスやシラノ・ド・ベルジュラックらの風刺・寓意文学の伝統を継承している。それはありえるかもしれない架空の世界を描き出し、それを現実世界に対する批評空間とする語り方だった。近代複数性論の文学的出発点の一つであるシラノの月世界旅行はその典型だった。以後この範型に基づく創作には、ヴォルテールをはじめ、多くの作家がかかわることになる。これらの文献では、地球外にエコ・システムが現実に存在するかどうかは直接の問題でない。世界の複数性の観念が提供する想像力の飛翔が、娯楽として、批評として消費される。

これに対してホイヘンスは学問的立場からの複数世界の研究を主張し、著書を学問的論考として執筆した。この系譜には、月の表面の人工的構築物の存在を示唆したケプラーに始まる職業的天文学者たちの議論や、イマヌエル・カントの『天界の一般自然史と理論』の最終章として書かれた惑星人の考察などが属している。このジャンルの著作では議論の「科学的信憑性」が問題となり、想像力の自由な使用は否定される。

しかし実際にはこの二つの類型は、必ずしも明確に区別できない。たしかにヴォルテールの『ミクロメガス』[254]のような作品は純然たる寓話の形式を取っているが、フォントネルの『世界の複数性についての対話』自体、デカルト自然学の啓蒙書という性格を持っていた。とくに批評を重視して書かれた作品の場合、倒立した鏡として設定された世界に多少の「現実性」、つまり有効な「現実」の比喩としての機能がなければ、批評自体の有効性が殺がれることになるだろう。シラノ―フォントネル型の作品は『コスモテオロス』と画然とは区別されず、天文学的複数性論の諷刺・寓意文学類型はホイヘンスの作品に向かった連続的なスペクトルを持っていると見るべきだろう。

このようにこの二つの形式は、学問性を標榜する点ではそれほど明確に区別されない。だが現代のフォントネルの読者の多くが、『対話』を一種の科学的寓話ととらえているように、『対話』の主眼は地球外知的生命存在説の論証にあるのではない。それは惑星人の存在をカッコに入れて読む読者にとっても、知的な快楽の享受の役に立つ。複数性説をきっかけに展開される思想の遊戯空間として、この類型はテクストとして成立している。他方でホイヘンスは、大科学者の力量を尽くして地球外知的生命の存在を確立しようとする。『コスモテオロス』やカントの作品のテクストとしての成否は、それらの存在説としての説得力にかかっている。著者が「現実に宇宙人は存在する」と主張しているという読みがなければ、この類型のテクストを解釈することはできない。これら二つは、地球外知的生命存在説そのものがテクストの中心なのか、あるいはそれはテクスト成立の契機に過ぎないのか、という点で区別することができる。

第二に、地球外知的生命存在説の論証を主題にしなかったフォントネルの真意は、近代天文学が描き出した広大な宇宙のヴィジュアル・イメージを提示することで、地球中心的なキリスト教的世界理解の狭隘さを批判するところにあった。この点でフォントネルの作品はキリスト教批判、教会批判という、リベルタン思想のコンテクストの中に置くことができる。自由思想家的なフォントネルとは対照的に、ホイヘンスの議論は宗教批判を目的としたものではなかった。題名が示すように、『コスモテオロス』は全編を挙げて地球外生命存在説の論証と、その具体的な存在形態の解明を行おうとしている。フォントネルとは違い、この作品での惑星や他の恒星系での知的生命の存在は、キリスト教を批判する機能を果たさない。むしろそれは神の力と知恵の顕著な証明ととらえられている。しかもここには論旨の一種の振れが見られる。存在説の主張にあたってホイヘンスが使用する論理はアナロジーだが、これだけでは決定的な論証は可能でない。経験からの推論だけでなく、著者は創造神としての神の作品である世界の完全性の観念に頻繁に訴える。ここでは創造神の存在が知的生命存在説の結果であり、またその前提でもあるという、論証の循環が見られる。

この点でホイヘンスの「科学的」な複数性論は、キリスト教的有神論の枠組みの中で展開された世界の複数性論を継承している。それは信仰による創造神の実在の確証を前提として、神の属性から創造された世界のあり方を考察し、複数世界が存在すると推論する。アクィナスが否定した、神の万能の顕現としての被造物の無限性を肯定し、無限空間の中に浮かぶ無数の世界を構想することで、膨大な複数世界の描像が描かれる。神の知的属性から見て、そこには神の似姿である、人間以外の知的生命も存在するはずである。この議論を異端者や異教徒や無神論者に対するキリスト教の弁証に書き換えれば、自然神学的な天文学的複数性論となる。ホイヘンスの自然神学と抱合した学問的宇宙生命存在説というフォーマットは、十八世紀の自然神学者や科学者たちの多くが採用することになっていく。

天文学的複数性論は必ずしも有神論を必要としない。古代の代表的な複数世界論であるデモクリトス、エピクロスの原子論では、神は存在するとしても有効な機能を果たさない。現代科学における系外惑星の観測や地球外生命探査は科学的関心に基づき、無神論者や非キリスト教圏の国々も参加していて、キリスト教とはかかわりを持たない。十七世紀以後の科学の発展の中で原子論、粒子論の再生が大きな役割を果たしたことを考慮すると、唯物論的な天文学的複数性論の方がむしろ自然であり、論理的には近代複数性論がその形で展開してもおかしくはなかった。しかし初期近代のヨーロッパの思想史的コンテクストではキリスト教的有神論の形而上学的枠組みが支配的であり、原子論、粒子論も多くの場合これに組み込まれて再構成されていたので、「科学的」複数性論の大半はホイヘンスの論旨を受け継いで展開された。

以上の議論から一八世紀初頭の段階では、表1のように天文学的複数性論に関する思想史的資料を類型化することができるだろう。

表1　近代の天文学的複数性論文献の類型

	宗教批判	自然神学
寓意文学	文学的宗教批判（フォントネル）	文学的自然神学
科学的著作	科学的宗教批判	科学的自然神学（ホイヘンス）

フォントネル、ホイヘンス以後の天文学的複数性論はこのどれかに添う形で展開した。このうち科学的宗教批判の例としては、トマス・ペインの『理性の時代』を挙げることができる。十八世紀末のペインは複数性論の立場からキリスト教の偏狭性を批判し、理神論を主張した。この現在では疑似科学とも思える議論は、天文学的複数性がすでに「ニュートン」体系によって論証済みであるとした十八世紀末の理解に基づいていた。その限りで、ペインの議論は科学的宗教批判の系譜に組み入れることができるだろう。キリスト教批判としての複数性論への説得的反批判には、第6章で見るように、ウィリアム・ヒューウェルを俟たなければならない。しかも、十九世紀の半ばにそれが現れる前には、トマス・チャーマーズの複数性論と福音主義を両立させようとする議論が登場し、福音主義者たちの中で支持されていた。ヒューウェルの議論は、このようなキリスト教界での複数性論の広い受容という背景の下で行われたのだった。文学的自然神学の類型については、ミルトンをはじめとして、多くの文献がこれに属している。

表2　近代の単数性論と複数性論の類型

	単数性論	複数性論
形而上学	形而上学的単数性論	形而上学的複数性論
自然学	天文学的単数性論 ミクロの単数性論？ 時間的単数性論？	天文学的複数性論 ミクロの複数性論 時間的複数性論

一方、複数性論には、ライプニッツのような、スコラ哲学の伝統を引いた形而上学的複数性論と呼ぶべき側面がある。スコラ哲学の可能的世界論は十七世紀に新しい背景の下で再度議論が続けられ、そこからライプニッツの『神義論』が現れ、さらに十八世紀のフィロゾフたちの世界の完全性をめぐる議論の主題ともなったのだった。第2章で述べたように、このスコラ哲学の可能的世界論が論理的な土台をなすことで天文学的複数性論も展開しえたのだが、近代においては形而上学的複数性論がひとつの類型をなしていたと捉えられる。これに、天文学的な複数性論と並行して論究されていた、オレームの分類によるミクロの複数性や時間的な複数性（本書では取り上げていない）も加え、単数性論とあわせて整理すると、表2のように分類できるだろう。この表の右下の欄の天文学的複数性論の部分が、表1では四つに区分されている。

これらの分類に基づけば、十八、九世紀に支配的となったニュートン主義の複数性論は、天文学的複数性論のうち、科学的自然神学の立場に立ったものと特徴づけられる。ディックやクロウのような科学史家たちの専門研究を除き、近代複数性論研究が言及してきたのは、天文学的複数性論のうち、主に宗教批判にかかわる資料であり、とくにフォントネルの系譜に属する、文学的宗教批判の立場に立つ、フィロゾフたちの文献だった。そして思想史家の関心を引いたもうひとつの系譜が、ライプニッツに代表される形而上学的複数性論だった。そのため近代複数性論の本体とも言えるニュートン主義的な複数性論は、かならずしも分析の対象とされてこなかったと考えられる。

（2） 複数世界論の議論の構造

十八世紀に入って天文学的複数性論は広範に流布し、受容されていくが、フォントネルとホイヘンスの代表的著作以後、これを扱ったまとまった学問的論述は少ない。天文学の教科書以外では、それはさまざまな論説の中のパラグラフに姿を見せる形を取っている。だがこの事実は複数世界論の影響力が小さかったことを意味しない。十八世紀に議論された多彩な科学的、社会科学的、思想的主題の中で、天文学的複数性論にはフォントネルとホイヘンスが論じた以上には、とりわけ議論できる新しい内容がなかった。継続的に行われていた望遠鏡による観測は、地球以外の惑星上のエコ・システムを発見することに失敗し、スウェーデンボリのような人物[255]以外には、地球外知的生命に遭遇したと主張する著者がいなかったからである。そのためこの議論は通常正面から論じられるというより、行論の中で言及されるという形態をとっていった。

十八世紀英語圏での哲学的言説には、天文学的複数性論が広く存在していることが確認できる[256]。世界の複数性というコンテクストは、plurality, worlds, inhabitants などの少数の単語の組み合わせで検出することができる。仮にここで、少数の単語の組み合わせで検索可能なひとまとまりの論述を議論 argument とし、その組み合わせからなるコンテクストを議論の構造 structure of argumentation と名付けるなら、天文学的複数性論は主に次の三つの議論の構造として表れている。

第一に、自然神学的議論が支配的だった英語圏では、天文学的複数性論は神の存在をその智慧や偉大さを通じて示す機能を果たす場合が多かった。この類型の中にはさらに、キリスト教会の中にとどまる弁神論という形態と、理神論者の抽象的創造神、「最高存在」の弁証という二つの方向があったが、それらは「ニュートンがもたらした光」の中に新しい創造の証明を求めるという点で、ともに科学親和的な有神論的議論の構造だったと言える。

第二に、聖書の記述と対比された場合、天文学的複数性論は反キリスト教的言説となることもできた。ベントリーたちの楽観的な主張にもかかわらず、特定の地域、特定の人物の姿をとった、歴史上一回限りの神の受肉というキリスト教多数派の根本的信仰箇条は、無限宇宙の中の無数の知的生命とそれらが暮らす多数の世界というヴィジュアル・イメージとの間に、どうしても解消することができない齟齬をかかえていた。そのため自然神学の枠内で弁神論として使用される場合でも、天文学的複数性論にはこの危険性がつねに随伴していた。十九世紀のヒューウエルは、この点をあらためて問題とすることになる。

第三に、天文学的複数性論はモンテーニュが使用したように、懐疑論的論述の挙証の一つとして登場することもできた。ケプラー以後系内惑星の観測がある程度進んで、地球以外の複数世界には地球とかなり異なった環境があることが推測されていた。そのためスウェーデンボリを例外として、通常複数世界論では、他世界には地球人とは異なった体制、異なった生活様式を持つ知的生命が棲息していると考えられた。多くの場合それらの異星人たちは、地球人より優れた知性と道徳能力を持つと想像されていたが、ともあれ彼らの世界が人間にはただちに了解できない性質を持つ可能性があった。人間の理解力がそれらに及ぶことができないのなら、人間知性は最初から限界づけられていることになるだろう。とくにこのタイプの議論の構造は人間の自己中心性の全般的解体に向けられたが、前二者の議論の構造も、人間の信念や知性の限界を示し、視野の偏狭性を指摘する点で同様な働きをしていた。

これら三種類は相互に排他的であるため、同時に現れることはない。天文学的複数性論は広教会的な弁神論者、キリスト教会を解体しようとする理神論者、懐疑論者、無神論者という、高教会以外の知識人、著作家たちが共有し、それぞれの立場を弁証する目的で利用することができた。創造の御業の偉大さの前に人間の傲慢さを戒め謙譲を説いたり、キリスト教徒の視野の独善性を批判したり、人間知性の限界と無力を論証したりと、論者によってさまざまな形を取ってはいたが、複数性論はこれらの議論の中で人間の自己中心性を解体し、知的視野を拡大する点で、「啓蒙の世紀」において共通の機能を担っていた。

天文学的複数性論の異なった傾向を持つ論者たちの間での広い受容は、「ニュートンによって証明された」とされた複数世界論の信憑性の高まりに対応していた。そしてそれは複数性論を採用した人々の間での、この世紀におけるニュートン主義の科学的権威の確立を背景としていた。それが彼らの議論の威力を保証していた。また逆に、天文学的複数性論がニュートン主義の普及を促進したと言うこともできる。

5　天文学的複数性論とニュートン主義

(1) 複数世界論の伝統と天文学的複数性論

ニュートン体系にとって複数性論が天文学的な形を取ったのには、固有の理由があった。ニュートン体系では空間は、個々の物体から離れて実在する無限の絶対空間と理解される。無限という属性を持つ存在者は神だけなので、空間は神の属性だということになり、無限空間の外に世界があるとすれば神の外側があることになるため、空間の外部は存在しない。このように原理的にニュートン体系が許容するのは絶対空間内の（天文学的）複数性だけとなる。ミクロの複数性や時間的複数性も、これに合わせて顕微鏡的空間内の生命世界や、惑星世界の生成消滅として理解された。十八世紀の天文学的複数性論は、地動説とニュートン力学を根拠とする新しい宇宙論に基づく、古代から中世、初期近代にかけて完成していった複数世界論の一つの定式化だと考えることができる。

天文学的複数性論の代表的な研究者であるディックやクロウが指摘しているように、科学的理論として見るとき、近代の天文学的複数性論は帰納論理の錯覚という、決定的な論理学的誤謬の上に立脚していた。「宇宙人が存在する」という単称肯定命題は、ポパー的な意味で原理的に反証不能である。その点でこの命題は「雪男が存在する」

という命題と同質であり、確証はできるが反証することができない。この命題の真偽が明らかになるときは、最低一人の「宇宙人」が発見され、この命題が「正しい」ことが証明されたときであり、その時点までこの命題の真偽は立証できない。

しかし、反証不能な命題につねに科学的意味がないとは考えられない。たとえば「モノポールが存在する」という仮説は反証不能だが、それは実験物理学者の研究を促進し、科学に対して前進的な役割を果たしてきた。単称肯定命題が科学的に無意味な命題か有意味な命題かは、それがある程度の理論的蓋然性を持っているかどうかにかかっているといえるだろう。科学的理論の予測能力が、反証不能命題を科学的に有意味な命題に変える。モノポールの存在が充分に確立された電磁気学の理論と両立するため、有効な科学的仮説となっていたように、「宇宙人存在仮説」はそれが議論された近代天文学の水準から考えるとき、ある程度の蓋然性を持った学説だっただろう。惑星や太陽の物理的性質がほとんど解明されず、望遠鏡による映像を中心に考察する限り、初期近代の世界では、「宇宙人」は証明されていない、高い蓋然性の領域に存在していたと言える。だからこそ多くの当代一流の天文学者たちが、この問題を学問的課題として真剣に取り上げていた。『世界の体系』でのラプラスの「[宇宙生命の存在は]極めて確からしい」という表現[257]は、宇宙生命の存在確率を宇宙全体の恒星系の予想される数との関係から考える現代の天文学者たちの多くの意見と、それほど異なってはいなかった。

天文学的複数性論は地動説の宇宙像に基づく宇宙生命論であるとともに、このような形で近代科学に支えられた、複数性論《プリューラリズム》という大きな思想史的コンテクストの復活でもあった。それが当時の科学的推論の蓋然性とともに、あるいはそれ以上に、地球外知的生命存在説を流布させたと考えられる。三千世界の一つ一つに如来が座しているといったインド的な複数世界論でなく、唯一の創造神という単一性論《モニズム》的に規定された神概念の枠組み内で複数性論が再生するなら、神の万能の顕現としての一つの宇宙 universum、ニュートン的には「一つの無限空間」の中に多数の世界がある、という形しかない。地動説と無限空間という自然学的思考が自然神学の弁神論を介してキリスト教に統合されたのか、あるいは意識的、無意識的にスコラ哲学の学匠たちの肩の上に乗りながら、アリストテレス体系を完全に代替する魅力的な古代の複数性論を今復活させる道として、一つの無限空間内の複数世界というヴィジョンがとられたのか、どちらが十七世紀、十八世紀の知識人たちの考えだったのだろうか。おそらく彼らはこのような区別を意識していなかっただろう。あるいは両者の符合という形で、近代複数世界論を真理の到来として歓迎したのかもしれない。コペルニクスやケプラーやガリレオ、フックやバーネットやビュフォンの例で見たように、宇宙と生命と地球のあり方を解明しようとした「近代科学」の端緒自体、複数性論という一つの世界の表現《リプレゼンテーション》の仕方がもたらす、ある関心と眼差しに導かれて開かれたとも考えられるからである。

(2) ニュートン主義における複数世界論の役割

本章で概観したように、天文学的複数世界論の普及は十八世紀初頭のニュートン主義の成立に多くを負っていた。では十九世紀には「科学的世界観」の典型と見なされるようになるニュートン体系は、「空想的」な地球外生命存在説とどう内的に結びついていたのか。それを考察するためには、それ自体は幾何学の図形や数式と、厳密に定義され、自然言語と明確に区別されたテクニカルな術語によって書かれた物理学の理論が、同時代の倫理、宗教、価値的言説と一体化しえた仕組みを理解する必要がある。それは科学的認知の道具として純化していく科学の言語と、倫理や宗教などを表現する自然言語の、ヴィジュアル・イメージによる間接的な接合という仕掛けだった。そこでは複数世界論が一つの機能を果たしていた。

十五世紀に現れたクザーヌスの先駆的な体系、十六世紀のブルーノのルネサンス的自然観を統合した複数性哲学、十七世紀末に登場したライプニッツの包括的な合理論的体系など、天文学的複数性論を含意していたデカルト体系以外にも、いくつかのキリスト教的有神論哲学が、反アリストテレス主義の立場から明示的に複数性論を組み込んだ形で提案されてきた。だが十八世紀に主流となり、科学主義の王者として思想史的コンテクストを形作ったのは、科学史上の金字塔とされる『自然哲学の数学的原理』（一六八七、一七一三、一七二六）[258]をカノンとし、ニュートン周辺の科学者、哲学者、神学者たちがつくりあげたニュートン主義だった。デカルトやマルブランシュやライプニッツたちの体系のような形而上学の明示的な教説を持たなかったが、同時代人ヴォルテールが正確に理解し、自らの解説書で示したように、十七世紀の王立協会に集結した「キリスト教的科学者」たちによって建設された十八世紀初頭のニュートン主義は、それらと同様に、キリスト教的有神論の形而上学的視野と関心に規制されて形成された。彼らが共有した、スコトゥス以来の神の自由な意志を重視する類型の複数性哲学は、人間知性による被造物である自然の解明が、確実な真理に到達することを許さない。自然の領域には人知を超えた神の自由な働きの余地が与えられるため、人間に可能なのは蓋然的な知識でしかない。知識を厳密に感覚の結果に紐づける経験論の要請がここに起因し、そのため経験論では人間知識に関する懐疑論の方式が使用される。経験論の方法論はちょうど検閲官のように、人間の推理がこの限界を超えないかどうか、つねに監視する。人間知性の越権行為を発見したとき、経験論の方法論はそこから先を神の領域として封鎖することになる。「ベーコン主義」と通称されるこの思考方法は、王政復古後に王立協会を中心に集った有神論的な科学者／哲学者たちを支配することになる。

彼らを動かした政治的動機も、経験論の厳密な方法の採用を促した。「新しい科学」を発展させるために当時大学を支配していたアリストテレス主義を打倒するという学問政策的理由とともに、彼らの関心は、「ピューリタン革命」の混乱を引き起こした宗教的な「熱狂主義」を抑圧する知的手段を開発することに向けられた。末期スコラ哲学の空疎な術語の乱用を止めさせ、民衆に影響力をふるう説教師たちを駆り立てる想像力の放逸を「取り締まる」という、二重の目的を同時に達成しようと、彼らは科学／哲学における言語の正確な用法を確立しようとした。

その一人であるトマス・ホッブズは、知性の誤りの主要な理由を二つ挙げている。一つは観念の結合の誤りであり、ホッブズはこれを「計算」の誤謬と考えている。もう一つが術語の不正確な定義から生じる誤謬である。[259] これらを克服するため、「実在」および「観念」と、記号としての「言語」の三者をいかに関係づけるかが探究された。ホッブズはその際ユークリッドの方法を参照して演繹的方法論を重視したが、「無神論者」ホッブズと対立した王立協会の科学者／哲学者たちにとって、それは観測や実験という統制された環境下での経験と、科学の言語を厳密に結びつける経験主義の方法論だった。こうして十七世紀後半から十八世紀にかけて、イメージの奔放な噴出が手厳しく戒められ、あくまで経験に基づいて思考することが推奨された。十八世紀の英語圏では「想像力 imagination」、「思いつき invention」を批判して、哲学的言説を経験に厳密に関連づけることを求める推論の方法が主流となり、それにしたがって論理学の位置も変化し、学習の最初に学ぶべき正しい思考の方法の学ではなく、学習の最後の教程に置かれた、経験主義の方法によって獲得された知識をまとめあげ、具体的な知識の習得を総括する学問になった。[260] ニュートンのような科学的な「天才」の出現を、経験によって飼いならされた想像力の機能によって説明するアレグザンダー・ジェラードの『天才論』[261] が書かれたのも、このようなコンテクストの中でだった。[262]

十七世紀の科学者／哲学者たちの経験主義は、近代科学を生み出した知識の諸領域間の再編成とも関連していた。初期近代までは思弁的な自然学にくらべ、専門的技能を必要とする数学や実験の「学問的知」としての地位は低かった。現代では学問的に最も高く評価されるそれらの知識は、ラテン語、ギリシア語などによって書かれた古典の読解に基づく高尚な「人文的」知識にくらべ、職人的技芸の一種ととらえられていた。[263] 科学の手段としての科学的言語を厳密に定義し、想像力の乱用や空疎な語彙の使用を根絶しようとした十七世紀の科学者／哲学者たちの努力は、これらの職人的知によって科学の言語を定義し、科学の言語を「計算」と「観測と実験」に紐づける形で整えることになった。自然の迷宮をさまよう人間知性の導きの灯火が経験や数学だとしたフランシス・ベーコンやガリレオ・ガリレイの趣旨に基づき、科学は職人的技芸を有する科学者が操る「数」と「経験」を意味する記号の体系として作り上げられていった。それは論理的な思考から、説得のための虚偽、「可能的世界」から排除された矛盾を許容する奔放な幻想までを包括し、不可能な物事を含め、人間の全体的な生きた経験を表出しつつ形作る多面的な自然言語から自らを区別し、科学者の思考と経験のみを志向し、科学者集団の中で使われる閉じた記号の集合となっていく。この厳密な術語の定義に基づいて日常言語と断絶し、観測や実験という統制された経験のみを志向する自律した記号体系としての科学的理論が、十七世紀末から十九世紀にかけて、徐々に形成されていく。

イングランド階級社会の下層中産階級から造幣局長官まで上り詰め、貴族の称号を手にしたニュートンの武器も、卓越した数学的才能と、望遠鏡の製作などの実験器具の作成・運用能力といった「職人的技芸」だった。法服貴族出身のデカルトは同じく数学的才能に恵まれていたが、ニュートンにも多大の影響を与えた主著『哲学原理』[264]は、「良識 bon sens」を持つ者ならだれでも著者の推論の鎖を論理的かつ直観的にたどることができるように書かれ、ラテン語を解する読者に広く開かれていた。これと対照的に、同じくラテン語で書かれたニュートン体系の中核である『自然哲学の数学的原理』は、科学を愛好する中流・上流階級の教養あるアマチュア的読者を遠ざける作品だと言える。極めて複雑な幾何学的論証と、時には文章に現れない微分法の計算結果を用いて書かれたこの書物は、現在でも読みこなすことが難しい。高度な数学の演算と精緻な天体観測によって得られた数値を厳密に結びつけて、デカルト体系を数理的に批判するこの書物は、見事なデカルト批判の書であるとともに、技術化、専門化していく科学の初期の代表的作品であり、以後の科学の方向性を示している。著書の題名に明示されているようにニュートン自身この点を明確に意識しており、以後ニュートン主義者たちは数学を使わなかったために不正確な推論を行ったと、デカルトを非難することになる。

自然言語から断絶した術語からなる記号体系としての科学が機能するのは、最初は私的なサークルや文通のネットワークの形で現れ、やがてロンドン王立協会やフランス科学アカデミーといった公的地位を持った団体を中心に構成されるようになる、新しく形成された認知共同体としての科学者集団の内部だけになっていく。科学の展開の初期の段階では、それに参加する資格を獲得するのはさほど困難ではなかった。多くのアマチュアを抱えこんだロンドン王立協会の歴史が示すように、自然研究に関心を持った通常の知的サークルの構成員なら、あまり苦労することなく科学者集団に参加することができた。デカルトの『哲学原理』を読んで議論に参加することは、ラテン語に習熟する程度の教育水準に達し、論理的に思考する訓練を経た人たちにとって難しいことではなかっただろう。

だがニュートン体系が成立し、高度で精緻な数学的論証が記号体系の中核を構成するようになると、もはや一般の知的サークルの構成員には、科学の記号体系を理解し操作することができなくなった。ニュートンを讃え、模範としようとした十八世紀の哲学者や文人たちのうち、何人が『プリンキピア』を読むことができただろうか。たとえば医学者でもあった科学者／哲学者ジョン・ロックには、それができなかった[265]。ニュートン主義の影響下にあったスコットランドの道徳哲学者たちの中で『プリンキピア』を読解できたのは、おそらくトマス・リードだけだったと思われる。リードは人文的教養を主とした生粋の道徳哲学者ではなく、ほとんど自然科学者と見なすことができる例外的存在だった。そのためニュートン主義の「解説書」が数多く書かれた。グレゴリーやキールやマクローリンなどによる、ある程度技術的な面にも踏み込んだ専門的概説ばかりでなく、本章で見たような、さまざまな一般向けの入門書の類が出版された。だがこれらを読んでも、ニュートンやマクローリンやダランベールやラプラスたちに肩を並べて、科学者集団の中核部分に入会できるのではなかった。社会全体を巻き込んだ対立から離れて中立的な議論を行い、ジェントルマン同士の社交を行う場として発展した十七世紀ブリテンの王立協会、哲学協会では、宗教や政治の談議が禁止されていた。科学の議論は彼らが立場の違いを超えて、談笑し合うことのできる主題だった。十八世紀になると、このような「アマチュア科学者」的な性格を長く保っていたブリテンの任意団体では、ときとして「数学」に関する議論が禁止されるようになった。当代の科学を代表する作品『プリンキピア』の具体的な内容は、もはや紳士が議論を楽しむ題材ではなかったのである。

専門性を高め、閉じていくその一方で、科学は公共的な知として共有されることをめざしていた。初期には学会などの制度が整わなかったり、分野によっては教会の介入の危険などもあるため、少数の知的サークル内で文通などによって情報が共有されていたが、十七世紀末期からはロンドン王立協会の『トランザクションズ』などで、科学を形式的にも共有できる知識としていく努力が払われていた。しかし高度な数学的技量や実験技能を必要とする先端的分野がアマチュアの容易な参入を許さなかったので、数学者、天文学者、物理学者といった科学史の中心的業績を担った科学者たちの実践のありさまは、一面ではかつての錬金術師たちの世界に似ていた。錬金術師たちは門外不出の秘伝をつくり、独特の記号体系を作り上げることで、自ら閉じていた。科学の共同体は形式的には開きながら、実質的にはそのように閉じられた世界になっていった。自然言語から明確に分離した記号体系が整備されていけばいくほど、形式的な開放性の高まりの反面、実質的な閉鎖性は高まっていく。それは現代の知識による「専門家」支配への道につながっていた。

十八世紀にニュートンは啓蒙の文化英雄として、知識人、教養人、中間層からの尊敬をヨーロッパ全体で集めたが、古代を超える近代人の偉大な学問的達成とあれほどまでに喧伝されたその主著を、じっさいには少数の専門的科学者以外、彼を崇拝する者の誰一人として読むことができなかったという、いささかグロテスクな事態がそこにはあった。しかもこのイリテラシー集団の中には、ロックを始めとした、この時期の主要な思想家たちの大半が属していた。現代の科学がそうであるように、数学と「観測と実験」によって厳密に定義された記号の体系によって形作られ、統制された科学者たちの経験のみに結びついた認知システムが、この時代にもそれ自体として自己完結していたなら、科学の体系は主に自然言語によって構成される知的世界に直接大きな波及をもたらさなかったはずだった。十八世紀の政治思想や社会思想に関心を持ち、ニュートンが啓蒙運動の偶像だった理由を知ろうと『プリンキピア』を手にする者は、無味乾燥で難解な幾何学的推論に満ちたこの大著を前に途方に暮れるだろう。科学的行為の外で行われる通常の人間の生の営みを表現し、整序し、伝達するのは自然言語なので、それが機能する世界に立ち入らない科学は、天体の精密な観測によって航海法を改善するといった技術的な有用性以外には、人間の人生にとって無関係な存在となっていっただろう。もしそうであったら、十八世紀における科学主義であるニュートン主義が、あれほどの思想的影響力を持つことはなかっただろう。

実際には十九世紀半ばまでの科学の記号体系は、たんに「数」や「観測と実験」のみを意味として志向する記号であっただけではない。それは視覚的なイメージを伴っていた。難解な数学とテクニカル・タームのみによって構成され、厳格な経験主義に立脚するニュートン主義が、ヴォルテールが正しく紹介したように、現代的な意味での「科学」ではなくキリスト教的有神論の疑似哲学体系として受容されたのは、以下のような「真空内を運動する粒子」が織りなすヴィジュアル・イメージの機能によると考えられる。

自然言語との関係を切断しながら、デモクリトスやエピクロスの非アリストテレス的哲学を受け継ぎ、『プリンキピア』に代表される科学の記号体系は、自身こそが真の「実在」に対応していると宣言していた。ロックは物体の色や匂いや音のような感覚的な属性と、本来の属性を区別して、後者を一次性質と呼んでいる。

物体のうちこんなふうに考えられる性質は、第一、物体がどんな状態であれ、物体からまったく分離できないようなもの、物体がどんな変更・変化を受けようと、どんな力が物体に加えられようと、それらを通じて物体が不断に保有するようなもの、知覚されるに十分な大きさの物質分子のすべてに感官が不断に見いだし、また、たとえ単独では感官が知覚するのに小さすぎる物質分子であっても、すべての物質分子から分離できないと心が見いだすようなもの、そうしたものである。こうした性質を、私は物体の本原的性質ないし一次性質と呼ぶ。この性質が私たちのうちに単純観念、すなわち固性、延長、形状、運動あるいは静止、および数を産むことは、私たちに観察できようと思う[266]。

「一次性質」とは、物質を構成する粒子が持つ性質を意味している。それが認知の出発点となる「単純観念」を生み出す。この「固性、延長、形状、運動あるいは静止、および数」という「観念」は、言い換えれば力学や数学の言語の記述対象を指している。ロックによれば、これこそが世界の本来の在り方であり、それ以外に知覚が生み出す世界の姿は、これらが原因となって副次的に人間の精神の中に生じているに過ぎない。

一次性質と二次性質の区別により、湿乾温冷といったアリストテレス的な、人間が日常的経験で確認できる質の世界は世界の本体ではなく、人間の心の中に現出する現象界だと見なされた。本体的な世界は感覚的性質を持たず、直接知覚できない、微小な粒子が飛び交う空間である。この視覚イメージが世界の正しい表現《リプレゼンテーション》だとされた。粒子の具体的な性質の解釈には学派によって差異があり、デカルトや経験主義的ニュートン主義のように、粒子は受動的で、運動や力を外から与えられて初めて動き、自分から運動することはできないという立場から、重力や電磁気力のような遠隔力については、神が粒子の中に動因を埋め込んでいるというニュートン自身の立場、さらに本来的に粒子は能動的で、外からの介入は必要ないという立場まで、それにはいくつかのヴァリエーションがあった。

粒子はまだよくわからない仕方で集合し、物体を形成し、知覚可能な世界を構成する。さらにそれらは天体となり、天体は無限の空間を運動して、もはや地球がその中心にはない、大宇宙を形作る。しかもこの大宇宙は空虚な入れ物ではない。そこにはこの地球と同様な、豊かな世界が多数、あるいは無数に存在しており、それらにはおそらく人間より優れた知的生命たちが暮らしている。まだ具体的には解明できていないが、このミクロからマクロまでの世界のすべてが、同質的な法則によって支配されている。この世界の統一性の証こそが、地上の物体と天体を同じ法則によって数理的に解明したニュートン力学だった。世界の成り立ちについても、神の恒常的な直接介入を許す者、時計のネジを巻くような、時折の介入を主張する者から、神は創造しただけで後は自然自体に任せるのだという者まで、意見は分かれていた。これらの見解の違いは大きく、そこには神学的・形而上学的対立がかかわっていることも多かった。世紀の後半には、神自体必要ないのだという唯物論者たちが登場した。しかしこれらの描像は、それらすべてが「真の実在」を記述するとされる粒子哲学によって、アリストテレス体系の質的・日常的・現象的世界を代替する点では、同じ志向性を持っていた。

こうして目に見えない極微の世界から無限の大宇宙に至る、壮大なヴィジュアル・イメージが誕生する。しかもこれらの重要な部分が、すでに科学によって解明されたと思われていた。このヴィジョンは想像の産物ではなく、神が創造した、あるいはそれに代替する実在である「自然」が自ら生み出した、世界の真の姿であると考えられた。なぜならすでに正当性が立証された科学の記号体系の語彙は粒子の像に対応し、その全体が世界のヴィジョンに翻訳できるからである。それはヴィジュアル・イメージにすぎないため、直接人間の幸福にかかわりはしないが、イメージが複数世界論によって自然神学に接続する地点から、個人の日常世界に関係してくる。そのかかわり方は占星術や魔術のように、個人の折々の願望を「科学」が実現するという形ではない。ヴィジュアル・イメージによって表現される大宇宙の整然とした、秩序に貫かれた崇高なあり方が、それを造ったものへの讃嘆を促す。無限宇宙のヴィジョンがかきたてる造物主への確信は、教会や聖書への信頼を強め、あるいは創造神や理性への信念を高めて、個人の日常世界を価値的に支えるだろう。科学が明るみに出した世界の真の姿の観照が、神への信仰、あるいはそれに代替する自然を貫く理性への信頼に変わる。占星術や魔術のような直接的な仕方ではなく、この迂回路を通じて、自然言語の世界と科学の記号体系が間接的に接続することになる。科学の記号体系に伴うヴィジュアル・

イメージは、科学の方法論がいったん破棄した、自然言語が現出させる空想の世界を再建することになる。

この点で、「良識」を持つ者すべてが納得できるように書かれ、すべてを疑うことから始まって、その絶対的終着点である「コギト」から出発し、直観的に明晰な推論の連鎖によって太陽系の生成までを説明する、鮮明なヴィジュアル・イメージが溢れる壮大な知のモデルであるデカルトの『哲学原理』が、一つの範型を提供したと思われる。日常経験によって確認できそうな粒子の運動のみによって宇宙全体を描き出していくこの体系は、論理的に整合的で美しく整えられ、一次性質のみから構成される世界を脳裏にありありと現出させる。それは物理学のヴィジュアル・イメージの原型とも言える。解析力学に至る十八世紀でのニュートン的科学の発展は、あちこちに欠陥を持っていたニュートン力学を、数学的手法の洗練によって『哲学原理』の単純さ、整合性、美しさに近づけていく企てだったのかもしれない。

記号体系とヴィジュアル・イメージとの相関性は、必ずしも必然的でない。記号が「観察と実験」という科学的な対自然行為と対応関係を持つだけで、記号体系は意味論的に成立している。これにヴィジュアル・イメージが重なるなら、記号はF・L・G・フレーゲが言う、意味 Bedeutung を二重に持つことになる。ヴィジュアル・イメージは記号体系が成立するための必要条件ではない。だが「観察と実験」と、真の実在と信じられた粒子世界のヴィジュアル・イメージとの二重の意味《ダブル・ミーニング》の成立が、「真理」を満たす条件を与えるとされたその方法論とともに、ニュートン的科学がキリスト教的有神論の疑似的な複数性哲学の主柱として、知的世界を刷新していく一つの大きな根拠となった。天空を知性で満たした地球外知的生命存在論は、その末尾を飾る、壮麗で驚嘆に満ちたコーダとして機能し、宗教的・倫理的・意味的世界の扉を開く役割を果たした。それが自然言語の空想的世界に連続する人間的世界の解釈をも提供したのだった。

この土台の上に十八世紀の「人間本性の研究」も置かれ、宇宙の中の人間とは何かが問われていくことになる。

前世紀からこの世紀にかけて、アリストテレス体系に代替する形而上学の体系がいくつか現れた。デカルトの体系のように暗示的に天文学的複数性を含んだものや、ライプニッツのように明示的に多様な複数性論を組み込んだものなど、そのうちの多くは、アリストテレスの単一性哲学に対抗する複数性哲学として登場してきた。しかしこれらは厳密な科学の記号体系を中核とするニュートン体系の権威が確立するにつれて、この「真の体系」（コンディヤック、*Traité des Systèmes*, 一七四九）によって淘汰されていった。この知的世界の変化は、十八世紀のプロジェクトである人間本性の研究の形而上学的、宇宙論的背景を構成していたと考えられる。

その多くは、ロックやヒュームやハートリーのように、いつかその物理学的基礎が粒子哲学によって解明されるだろうという予想のもとに、粒子のメタファーを使用して人間心理の機構を記述した。このデカルト的、ニュートン主義的なヴィジュアル・イメージの直接的な影響を受けた哲学者たち以外に、この世紀には物質と精神の厳密な区別に基づき、粒子のメタファーを排除して全体としての精神の機能を記述しようとした、リードやカントのような人々がいた。とくにリードとカントは、ブリテンと大陸の知的伝統の差異を見せながら、ともに自然観、学問観ではニュートン主義的な傾向を示している。だが粒子のメタファーに基づかない彼らの精神の哲学に、ニュートン主義的な形而上学と宇宙論がどうかかわっているかは、かならずしも明確でない。次章では「分析」の方法に基づく厳密な学問的叙述を目指したリードの主著に含まれて公表された奇妙な小品である、薔薇十字団員の月世界旅行記の分析を通じて、彼らの精神の哲学と有神論的複数性哲学とのかかわりを検討する。

第5章　複数世界と理性

1　ニュートン主義と不可知の世界

(1)　リードにおける「科学」的言説の公共性

十八世紀の哲学的テクストにおける書かれたものと隠されたものとのかかわりは、スコットランドの常識哲学者トマス・リードについては、比較的明瞭であるように見える。「哲学」という名辞が体系的、理論的探求といった程度の漠然とした意味合いを持ち、「専門学としての哲学」がいまだ成立していなかったこの時代でも、刊行された著作から見た限り、リードは専門的哲学者と呼んでも不当ではないような、明確に囲い込まれた領地の内側で活動した著作家だった。リードは最初の著書でデイヴィッド・ヒュームの批判者として論壇に登場した。そのヒュームは対照的に、同時代の他の「哲学者」たちと同様に、当初歴史家として名を顕し、「哲学」に限らず、政治、社会、経済、文化など、さまざまなジャンルで活躍した幅広い著作家だった。

アダム・スミスの後任としてグラスゴー大学の道徳哲学教授を務めたリードは、自らの道徳哲学講義への導入にあたって、知識全体の中での彼が担当するこの学問の位置づけを論じている。前任校のアバディーン大学で、リードはより古い教育システムに従い、自然科学から政治学にいたるほぼ全分野の講義を担当していたが、低地地方の重要な大学の道徳哲学教授となることによって、「道徳哲学」という「専門領域」の教授に専念することとなった。現代の英語圏で通常倫理学を意味するこの「道徳哲学 moral philosophy」という名称は、十八世紀スコットランドの大学教育の中では、ギリシア語、ラテン語、歴史などを除いた、今日では人文・社会系に属する理論的知識をほぼ包括する講義題目を指していた。グラスゴー大学は大学教育の専門化を先導したモデル大学の一つと言われるが、この事実が、その「専門性」の十八世紀的な度合いをよく表している。

リードによれば、「道徳哲学」は精神学《ニューマトロジー》、倫理学、政治学の三部門から成り立っている。前任者の道徳哲学者スミスは、これらのほぼ全体を著作として発表する意図を持っていたように思われる。スミスの『哲学論文集』[1]と通称される遺稿集に収められた認識論、学問史、科学史などに関する諸論考は、おそらくヒュームの強い影響のため、オリジナルな体系としては完成しなかったスミスの精神学のうち、著者が公表に値すると考えた部分だった。道徳哲学の他の構成部分である倫理学および政治学の第二部が、それぞれスミスの広く知られた著書である『道徳感情論』および『諸国民の富の起源と本性の研究』にあたる。出版を果たせず、研究者の手で『法学講義』として公刊された二つの講義ノートは、道徳哲学講義の残りの部分である政治学の第一部に該当する。独自の精神学の包括的理論を持たないとはいえ、スミスはこれらの広大な領域を網羅した学問的体系を築き上げようとしていた。

死後残された膨大なマニュスクリプトの一部からは、リードもまた、講義を担当した「道徳哲学」のすべてについて独自の見解を展開していたことが見て取れるが、このうち通常リードの哲学と見なされ、自身の手で公刊した部分は、はるかに限定された「精神学《ニューマトロジー》」についてのみとなっている。残された講義草稿では、開講にあたってリードが、この学問が道徳哲学講義の全体に基礎を与える原理的部分であると説明していることがわかる。

私の講義は精神学《ニューマトロジー》、倫理学、政治学の三部から成っている。最初にこの三つの概観とそれぞれの依存関係とを示しておこう。というのは、これらはそれぞれ哲学の別種の部門であり、つねにそう考えられてきたが、通常信じられている以上に、その相互の関係と依存は大きいからである。とくに後の二つは最初のものに大きく依存しており、精神学の適切な諸原理の上に築かれないと、理解されることも科学的に扱われることもできないのである。(2)

この精神学《ニューマトロジー》という「哲学」の領域の中に、著作家リードが三冊の著書を公にした専門分野が含まれている。あるいはより厳密に表現すれば、リードの専門領域とは、道徳哲学の一部門である「精神学」の第一部だった。精神についての学が対象とする十八世紀の「精神的存在者」には、人間以外にも、神や天使やその他の、現実に存在するとされていた「高度な知的存在者」たちが数えられていた。またとくにこの学問で扱う必要はないとされるが、動物たちも低次の「精神」を持っていると考えられた。そのため「精神学」の第二部は、至高の存在者である神の本性と属性を、聖書に拠らず哲学的に探求する自然神学であり、第一部が人間精神を扱う心理学《サイコロジー》となっていた。リードの三冊の著書のすべてが、この第一部を構成する体系の一部分となっている。

私は精神学《ニューマトロジー》を二つの部門に分ける。最初の部分は、ヴォルフが心理学《サイコロジー》という名称を与えた、人間精神を扱う部門である。他の一つは至高の精神を扱い、通常自然神学と呼ばれる。人間精神は獣に見られるすべての性質を備えていて、そのうえもっとも賢い獣たちにも見られない、いくつかのより高度な性質を持っているので、獣の精神を別に扱う必要はない。人間精神を扱う際に、獣と人間の精神の同一性と違いに触れることができよう。

そこでわれわれはまず人間存在の一部であり、もっとも高尚な部分である、人間精神を取り上げよう。そこではまず人間精神の能力と働きをできるかぎり判明に述べ、それが物質的なものか不滅のものか、それが体とともに滅びるのか、来世にまで存続すると考える理由があるのかどうかを考察する。(3)

人間の精神を検討するに当たって、伝統に従いリードは「人間精神の能力」を認知的なものと実践的なものとに分けている。

人間精神には二つの主要な能力、働きがあり、他のすべてはそれに帰すことができる。それは思索的なものと能動的なものである。最初のものは、真理の発見に用いられる。第二のものは、われわれの人生における行動を指示する。(4)

彼の最初の著書『コモン・センスの原理に基づく人間本性の一研究』(5)は、この二つのうち認知的能力を扱う体系を意図して企画されていたが、この主題を詳細に論じ過ぎたため、体系の最初の部分である知覚論で終わってしまうことになった。そのため大著『人間の知的能力について』(6)が、後に人間精神の認知過程に関する全体系を提示する第二の著書として出版されることになった。この書物とともに印刷された最後の著書『人間の能動的能力について』(7)は、人間精神の実践的能力に関する体系である。その他に、生前に出版された二つの論文も、この領域に属すると考えられる。その一つであるロンドン王立協会の『哲学的トランザクションズ』上で公表された小論「量について」(8)の後半部分は、心理学における数学利用を検討している。友人ケイムズ卿の著書の付録として出版された、アリストテレス論理学を批判的に要約した論文「アリストテレス論理学の分析」(9)は、論理学の著書と言える。リードが中心的な役割を果たしたアバディーン大学でのカリキュラム改革の一つの理論的柱となった「新しい論理学」は、アリストテレス論理学と決別し、ロックの『人間知性論』を基礎とする科学の方法論と再定義され、理論学の補助的学問として構想されていた。そのためこれも認知理論にかかわる論考と見ることができる。

このようにリードのすべての作品が、「精神学《ニューマトロジー》」の第一部の公表だったといえる。この心理学に等値できる狭義の「精神学」という、著作家リードが選び取った固有の領土は、当時の語彙に従えば「人間本性の研究」とも呼ばれる領域だった。ロックやバークリーやヒュームの「哲学的」主著は、この分野にかかわっていた。幅広い著作活動を行った他の哲学者たちに比べ、自らの著作をこの近代ブリテン哲学の主戦場に集中させたという点で、リードという著者は「専門的」な哲学者という印象を与える。

しかし近代哲学史の認識論的転換という図式を踏襲して、十八世紀の「人間本性の研究」を、現代の術語が意味する「哲学」と安易に同置することはできない。もちろんヒュームと同じように、確かにリードにとっても「人間本性の研究」は、諸学の根幹を支える意義を持っていた。

すべての科学が人間精神に関連し、いかにそれから離れているように見えるものがあろうとも、なんらかの仕方でそれは人間精神に戻っていくという、ヒューム氏の見方は大変正しい。それは科学の中心的な要塞であり、ひとたびそれを我が物にしたなら、われわれはさらに遠く、広大な分野へと征服を進めることができる。すべての科学の第一の原理は、人間本性の科学に見出されるはずである。(10)

「科学の中心的な要塞」という「人間本性の科学」のこの特徴づけは、人間本性の学である哲学には諸科学を基礎づける権利があると主張しているのではない。「道徳哲学」という語彙が人間、社会に関する理論的知の全体を指していたように、リードにとってその一部である「人間本性の研究」も、単に知識の原理的な体系であるに過ぎない。それは人間にかかわる理論的知の中で、自然に関する理論的知の中での物理学の地位に対応している。

> 精神学《ニューマトロジー》からはじめるにあたっては、すべての人間の知識が物体か精神か、物質的事物か知的事物にかんするものだということをまず確認しておこう……
>
> したがってわれわれのあらゆる知識はこの物体と精神という二つか、それのどちらかに属する対象についてのものに限定されるので、哲学には二つの大きな部門がある。一つは物体に関するもので、もう一つは精神に関するものである。物体の一般的な性質と物質世界の法則は、自然哲学あるいは現代の意味での物理学《フィジックス》の対象である。精神の本性と働きは精神学《ニューマトロジー》の対象である。[11]

この世紀の知的世界を支配したニュートンの精密科学の体系が『自然哲学の数学的原理』と名づけられていることから知られるように、リードの精神学《ニューマトロジー》が「哲学」と称し得たとすれば、それは個別の学を基礎づける第一原理の提供者であるからではなく、たんに自然と並ぶ「精神」という対象の原理的解明だからだった。それは「物体」から成り立っている自然世界の探求に原理的拠点を与える物理学《フィジックス》に対応して、「精神」の世界の研究の道しるべを提供する機能を果たす、原理的な学であるとされている。

リードのこの固有の領地である精神学《ニューマトロジー》を現代語に移す際には、いくつかの注釈が必要になる。それは「精神」を対象とする物理学と同等の一つの科学であることを志向しているという点で、現代語の「心理学」にとりあえず等値できよう。しかし人間の認知や行動の経験的分析を志す現代の心理学と異なり、この「人間本性の研究」は、「人間の知的能力」にかかわる「外的世界」、「普遍的法則」、「因果関係」などの実在性とその認知可能性、また「人間の能動的能力」にかかわる「道徳率」の認識可能性や「道徳的行為能力」の存在証明という、抽象的で価値負荷性の高い「哲学」的問題を自らの中心的な探求の課題としていた。心理学が外界の存在やその認知、日々の人間の意思決定などを経験的所与と見なし、それらを自明の前提としたうえで、認知の仕組みや行動の法則性を厳密な実験的手法で明らかにしようとするのに対して、十八世紀の「人間本性の研究」は、これら心理学的探求に枠組みを与える当の与件そのものの根拠を問題にし、その存在を論証しようとする。あえてこのような試みが「科学」であるとするなら、それは「数」の本性とその存在根拠を学問的に問おうとした、フレーゲやカントールやクロネッカーやヒルベルトなどが遂行した、十九世紀後半から二十世紀はじめにかけての現代数学の英雄時代の試みに比較できるかもしれない。したがってリードが従事したのは、メタ心理学を含んだ心理学だったとも言えよう。もちろんこのような特徴づけは、科学が自分自身を根拠づけることは不可能だという難問に直面することになる。

あるいは「人間本性の研究」は、伝統的な形而上学的問いに対して漠然とした演繹的な思索ではなく、厳密に定義された学問的方法をもって答える強い方法意識を持っていたという意味で、言語論的転換以後の現代分析哲学に照応すると言えるかもしれない。たとえば十八世紀の哲学は言語分析ではなく、当時幼少期にあった心理学をその手段としたというように。また二十世紀末からの大脳神経の観察・操作技術の飛躍的発展に伴い、もし今後哲学の「神経生理学的転換」が展望できるとするなら、それは分析対象を言語からその背後にある「人間本性」へ遡行させるという点で、哲学の精神学《ニューマトロジー》への回帰であると呼ぶことができるというように。だがリードの精神学の学問性は、確定された対象領域と明確に定義された方法という二つの点で、個別の経験科学や数学と分離された現代哲学の専門性とは異なっている。リードが「人間本性の研究」で推奨し、自らがそれを全面的に採用したと主張する学問的方法は、基本的には『光学』や『プリンキピア』で定式化された「ニュートンの方法」と呼ばれる、理論的な自然科学の方法だった。リードはデカルト、ホッブズなどと比較し、自身が学問の「厳密な方法」に従って哲学を建設していると自覚していたが、現代の語法で表現すればそれはあくまで「科学」の方法であり、固有の哲学の方法ではなかった。そしてその対象も、後年の内観心理学のそれと区別されない「意識の現象」だった。

したがってリードにおける「人間本性の研究」の学に対する以上の特徴づけは、どちらも正確ではない。リードにとっての精神学《ニューマトロジー》の語義には、現代の語彙としての「哲学」と「心理学」の双方が、なんら区別されることなく含まれていた。リードの先行者のロックやヒュームの「哲学」も、知の内実ではなくその形式的条件を問題にし、個々の学問的探求から絶縁された知の領域を占め、それらに対して規範制定的に振舞うとされる、十九世紀以後の専門学としての哲学ではなかった。またそれは、固有の研究方法を持ち、確定された問いに専門的に答える、一種のパラダイム的ゲームとしての哲学でもなかった。ロックやヒュームもまた、心理学とメタ心理学、経験科学と認知の規範制定的学を区別することはなかった。「人間本性の研究」は、「自然哲学」の分野で驚異的な成果を挙げた「実験哲学」の方法を人間精神の研究に導入することで成立すると、彼らも素朴に考えていたように見える。ロックやヒュームはリードと同様に、哲学固有のパラダイム的ゲームの学問性と、経験科学の漸進的だが蓋然性の高い方法の科学性とを同一視していたようにも見える。

だがこの企ての開拓者であるロックにとって、「人間本性の研究」は、少なくとも「人間知性」の能力を確定し、それによって既存の哲学的問いを、確実に解答可能な問題と不可能な課題に類別し、前者に対してロック自身の答えを与えるという点で、伝統的形而上学に代替する役割を担っていた。より野心的なヒュームの場合、人間本性の研究は、それ自体の内容としては現代語の「心理学」と区別し難いものでありつつ、「自然哲学」の分野も含め、人間の知識の総体を基礎づける一種の哲学として、すべての知識の上に君臨するとされていた。これらの先行者たちと比較するとき、リードにとって「人間本性の研究」は諸学の女王ではなく、精神の学における物理学の位置を占めているに過ぎない。

それは精神学《ニューマトロジー》の範型となる学の選択にも現れている。リードの精神学が目指すべき学は「正しい形而上学」ではなく、姉としてすでに羽化を終えていた「物体の哲学」、つまり物理学だった。そしてその完全現実態である学問体系が『自然哲学の数学的原理』と名づけられているように、「人間本性の研究」もまた最終的には、数学的科学に匹敵する確実性を達成しなければならないとされる。

異なった時代の人々は人間精神の能力について、それぞれ異なった、互いに矛盾する説明をしてきたので、人々はそれについて語ることができるのは荒唐無稽で空想的なことばかりだと考えるようになったのである。しかしそれが軽はずみな人々にどんな影響を与えるにせよ、このような偏見が、基礎が薄弱なためであることは、慎重で洞察力のある人には容易に見て取れる。五十年前、いやもっと最近に至るまで、自然哲学についての人々の意見は、現在の人間精神の学がそうであるように、多様で混乱していた。ガリレオ、トリチェッリ、ケプラー、ベーコン、そしてニュートンは、彼らの真理の探究にあたって、われわれが精神の哲学に取り組むときと同様、意気沮喪させるような状況にあった。もし当時彼らが、今われわれが直面するのと同様な偏見によって、研究を思いとどまっていたとしたら、人間本性の名誉であり、彼らの名前を不滅のものとしたあのような偉大な発見を、現在のわれわれが享受することはできなかっただろう。科学の真の喜びを知るこのような高尚な魂は、困難によって鼓舞されるのである。……技芸と同様、科学の発展にも自然の順序がある。物体の哲学が精神の哲学の姉であり、早く成長するのには十分な理由がある。しかし前者に劣らず後者も生命力があり、徐々にとはいえ成人への道をたどっているのである。哲学のこの部門での正しい道を切り拓いたのはデカルトである。マルブランシュ、アルノー、ロック、バークリー、ハチスン、バトラー、ヒュームその他の人々がこの分野で努力を払い、それは無駄ではなかった。いかに多くの点で彼らの結論が異なり、相互に矛盾していたからといって、そして何人かがいかに懐疑的だったからといって、彼らのすべてがこの主題に新しい光を投じたのである。われわれは人間の才能と勤勉を嘆く必要はない。いつの日か、光学や幾何学に匹敵するような確実な原理の上に、人間精神の能力と働きに関する体系が築かれることを期待すべきなのである。(12)

十七世紀のロックが目前で形成されつつある「新しい科学」の体系を賞賛しながら、それと方法を同じくする新しい学を建設して形而上学に代替しようとし、十八世紀のヒュームがニュートン革命を方法論的に継承すると主張しつつ、それとは独立し、時にはそれ自体を批判する、数学や自然哲学をも基礎づける権利を有する独自の学を創り上げようとしたのに対して、リードは謙遜にも自然哲学の根幹を成す物理学に対応し、それに並行する精神に関する一個の理論体系を構築しようとする。その方法は自然界の研究で勝利を収めた「ニュートンの方法」だった。その点でリードにおける「人間本性の研究」は、一種の科学と考えられていたといえよう。しかもこの経験科学は、この学自体が前提とする哲学的問題の解決を委ねられてもいた。

広範な領域で色彩豊かな活動を繰り広げる同時代の他の哲学者たちに比較して、「人間本性の研究」の著述に集中するリードがモノトーンの専門家的風貌を見せるのは、彼の著作が批判期のカントに先駆けて、独自の領域と方法を持つより厳密な哲学となるよう企画されているからではない。リードの「専門性」は、哲学者としての方法意識ではなく、科学者としての方法論にあった。それは彼の知的背景と照応している。

道徳哲学者リードはエディンバラ大学のアダム・ファーガスンと並んで、十八世紀後半期スコットランドの大学での道徳哲学教育を担っていたが、この二人は対照的な自然哲学講義ノートを残している。当初自然哲学の担当者としてグラスゴー大学に着任したファーガスンの講義は、啓蒙的な性格を持っていた。講義要綱でファーガスンは、力や粒子などの当時の自然哲学の基本的な観念を簡単に説明しているが、そこには物理学の専門的な概念は登場せず、数学的証明など、理論の実体的内容への言及も見られない(13)。これに対してリードのアバディーン大学での講義を書きとめたノート(14)では、運動学から流体力学にいたる当時の物理学の実質が体系的に説明されていて、その細部の議論は数学的である。キングズ・カレッジを卒業した後に『プリンキピア』を友人の数学者ジョン・スチュアートと研究したリードは、十八世紀の段階ですでに専門家の占有物と見なされていた数学も含め、当時のブリテン人としては科学の十分な知識を持った科学者でもあった。ある意味ではこの「専門科学者」としての知識と方法意識が、そのまま哲学的探求における「専門性」を支えるという、一つの根本的な錯覚の上にリードの著作が成り立っている。その点でリードは、「人間本性の研究」というこの時代の哲学の専門家であるというより、哲学者でありかつ科学者であると自らを位置づけていたと言っていいだろう。

リードは主著を「コモン・センスの原理」に基づく人間本性の研究と名づけ、ヒュームとの差異を明確にした。ところがこの「コモン・センスの原理」とは、後年カントが批判したように一般人の常識によって哲学を論断することではない。リードは主著の冒頭で、『プリンキピア』の「哲学する方法」が「コモン・センスの原理」に準拠していると主張する。それに反する哲学研究は正しい結論に達することができない。

寒気が水を凍らせ、熱が水を蒸発させることを最初に発見した者は、ニュートンが重力の法則や光の性質を発見したのと同じ原理と方法に従っていたのである。彼の「哲学の規則」はコモン・センスの格律であり、日常生活で実践されている。それ以外の方法で哲学をしようとする者は、それが物質世界であれ精神についてであれ、目的を達成できないのである。(15)

リードの「専門性」は、かつての大学の哲学に対抗する形で発展した「新しい科学」の潮流の中に自らの思想を位置づけた十八世紀の知識人の中で、とりわけてこの新しい知的体系を知悉し、その方法論を厳密に適用することによって既成の哲学的問いに回答を与えられると考えた、十八世紀という、科学の専門化以前の幸福な時代における哲学者/科学者だったところにあった。このようなリード哲学の極端な「科学主義」は、その体系のナレティヴをも規定した。著作の内容である「人間本性の研究」の科学主義的な定義は、その叙述の方法に対応している。『コモン・センスの原理に基づく人間本性の一研究』を準備するにあたり、リードは自らその要約を作成した。(16)そこでは彼の哲学的思索の軌跡が簡明かつ的確に要約されているが、その末尾で、彼の著作家としての叙述の方法論が語られている。学問的叙述は学問的方法を忠実に写すべきだというのが、著作家リードの考えだった。「人間本性の研究」が「ニュートンの方法」に従って進められるのなら、その結果も同じ方法を忠実に言語に映す形で表現されなければならない。著作や講義でたびたびリードが正しい科学の方法として言及し、信奉するのは、ニュートンの『光学』で定式化された「分析と総合の方法」だった。この方法論は、大陸での用語法と異なり、この伝統的で多義的な語彙に、ニュートン自身のベーコン主義的な解釈を加えたものだった。そのためこのニュートンの定式は、自然の原理を探究する実験科学の方法を描写することになった。

数学と同様、自然哲学においても、困難な問題の研究では分析の方法が、総合の方法につねに先行しなければならない。この分析とは、実験と観察を行うことであり、またそれから帰納によって一般的結論を引き出し、この結論に対する異議は、実験または他の確実な真理からえられるもの以外は認めないことである。この分析の方法によって、われわれは複合物からその成分へ、運動からそれを生じる力へ、一般に、結果からその原因へ、それも特殊な原因からより一般的な原因へと進むことができ、ついには最も一般的なものに到達して論証は終わる。……そして総合は、発見され、原理として確立された原因をかりに採用し、それによってそれらから生じる諸原因を説明し、その説明を証明することである(17)

この二項のうちでリードは、現象から法則へいたる科学的探究の方法である前半部分の「分析」を、「人間本性の探求」の叙述法として採用する。それは科学的探究の過程を隠さず読者の前に提示することによって、公的空間での学問的判断を仰ぐための書き方だったと特徴づけられるだろう。

私は総合の方法ではなく、分析の方法によって書くことがもっとも適切で妥当だと考えている。総合の方法とは最初に結論を示し、それからそれを確証する事実を探すやり方である。分析の方法とは、感官が示す順序に従って事実を示し、それらから何が推論できるかを考察する仕方である。私は医者というより、研究者の役割を選ぶ。私は結論を出す前に事実を予告しておく公正な研究者の一人でありたいのだ。(18)

出版されなかったこの小文のこの部分が、当時の学問的著作の修辞法の歴史の上で持つ位置については、以下の二つの同時代人からの引用が妥当な傍注となるだろう。リードの前任者アダム・スミスは、学問的叙述の方法として、リードと同様に「ニュートンの方法」を提唱するが、それは同時代のブリテンのニュートン主義者の通常の理解に反して、ニュートンの定式の中で「分析」ではなく、「総合」のことを意味していた。

なんらかの体系を扱う教育的な著述には、以下の二つの方法がある。その一つは、一つあるいは少数の原理を立て、そこから自然の順序に従い、いくつかの規則あるいは現象を説明していくやり方であり、もう一つは、あれやこれやを説明するとまず述べてから、読者にとって目新しいか、あるいはすでに説明した原理へと進んでいく方法である……最初の方法こそがもっとも哲学的であることは疑い得ない。……すでに知られているか、あるいは証明されているいくつかの原理を最初に置き、そこから諸現象を同一の鎖に結びつけて説明する……このニュートンの方法と名づけることができる方法が、疑いなくもっとも哲学的で、自然哲学においてであろうが道徳哲学においてであろうが、より巧妙であり、またその理由によってより魅力的なのである。(19)

スミスはこの方法に忠実に自身の著作を構成した。スミスは学問的著作家として、十八世紀スコットランドでは最良の文体を持っていた。『諸国民の富』に十年先行してジェイムズ・スチュアートが公刊した political economy の大著『政治経済学の原理の一研究』の文体の冗長さ、繰り返しの多さ、羅列主義、そしておそらく著者があまりにも多様な経済政策の実際を知っていたための細部への不必要なこだわりと比較した時、スミスの主著のめざましい成功は、スミスが言う「ニュートンの方法」によって書かれた著作の圧倒的な修辞的優位に一つの要因があっただろう。それは第一原理から論述を開始し、脱線や論理的飛躍なしに、適時興味深い実例を披露しながら、体系を美しく過不足なく繰り広げていく見事な作品だった。

本来スミスはおそらく、「新しい科学」の精神と、またとりわけて道徳的実在論と経験主義的ニュートン主義を批判したヒュームの刺激的な思想を消化して、自由思想家たちが作り上げた大陸の知的世界に匹敵し、さらに学問性ではそれを陵駕する、一つの巨大な道徳哲学体系を完成させた哲学者となることを志していた。だが彼の「哲学」の第一原理はついに統合されず、経験的に遡り得る限りで確実か、あるいはそれ自体自明であるとされる基本的命題から開始される「学問史」、「倫理学」、「政治学／法学」、「political economy」など、経験的世界をそれぞれに応じた別個の諸原理から説明するという、包括的体系の断片に過ぎない諸体系が残されることとなった。これらの体系を展開した著作や講義ノートの最初の部分を読めば、スミスがこれらすべての体系の原理的出発点を「人間本性の研究」に求めており、これらの原理それ自体はそれぞれの部分体系の内部で確立することはできず、「人間本性」を解明する学問によって基礎づけられると著者が考えていたことが知られるだろう。

だがスミス自身は「人間本性の研究」を体系的に展開することはなかった。スミスの心理学《サイコロジー》自体が、論理的整合性を欠いていた。たとえば遺稿集『哲学論文集』のスミスは、「学問史」ではヒュームの想像力の理論とシャフツベリ的な美的感覚論を結びつけて、一種不可知論的な態度で哲学や科学の歴史的展開を説明する一方、外部感覚に関するエッセイでは、友人ケイムズ卿と同様の「ダイレクト・リアリズム」を主張していた。また通常自然に関する「真の体系」と見なされたニュートン体系までも究極的な真理とは見なせないと言明している、かつてトマス・

クーンに比定されたこともある「学問史」での、コペルニクス体系に対するモンテーニュの評言を思い起こさせる相対主義的接近と、『諸国民の富』で自らの体系を「自然的自由の体系」と絶対視した姿勢が、認識論上の齟齬をきたしていることも否めない。しかも、出版されなかった「政治学第一部」は当然のことながら、出版された諸体系のすべても、必ずしも著者の意図に沿って受容されたのではなかった。「学問史」はあまりにも断片的であるため研究者の再発見を待つのみで、広く知られることはなかった。倫理学もフランスでの「急進思想」としてのインパクトを除き、倫理学体系としては後年に大きな影響を与えることはなかった。そのためスミスの体系の中では、時流に適った優れた著作として高い評価を受けたpolitical economyの体系のみが重要な思想的、学問的コンテクストを形成し、それが結果的に道徳哲学者スミスの歴史的な役割となった。ある意味では「総合」の方法に基づく彼のナレティブの華々しい成功こそが、著者自身の意図を半ば隠す原因となった。

かつて十八世紀ブリテンの論理学と修辞学の関係を論じたウィンバー・サミュエル・ハウエルは、アリストテレス的論理学がロックの精神に従って改作されて新しい論理学となり、それがスミスの修辞学によって学問的著作の方法論になったと議論した。[20] ハウエルの主張では、「新しい論理学」に沿った学問的著作の「新しい修辞学」をスミスが建設することで、ロック哲学の影響の下で十八世紀中葉に論理学と修辞学が収斂したことになる。ハウエルが「新しい論理学」の建設者に指名したジョージ・キャンベルとデュガルド・スチュアートはリードの友人や学生であり、ハウエルの著書で要約された、彼らの新機軸と見なされた「新しい論理学」の内容は、アバディーン時代のリードの論理学講義ノートにすでに現れていた。[21] それに加えて、リードのナレティブの流儀を考慮すれば、「ニュートンの方法」の理解が複数存在したように、十八世紀の学問的著作における論理学と修辞学の融合には、「分析」と「総合」の二つの道があったと考えることもできよう。仮にスミスが後者の代表者であり、それが説得力という修辞的力を存分に発揮したとすれば、リードによって実現された前者は、著作の学問的公共性を第一義的に置いた、学術論文の作法を作り上げようとしていたと考えられる。「総合」の方法に基づくスミスの「新しい修辞学」は、「教育的」意図を重視し、少ない抵抗で読者の脳裏に自らの体系を複製することを目指した。「分析」の方法を読者の眼前で実演しようとするリードの修辞学は、「作品」としての機能よりも、研究の現場を隠すことなくすべて受け手の前で再現するべきだという、学問的作品の公的性格を第一義的に見ていた。

だが数学書や『プリンキピア』のように専門的な知識を持った特殊な読者を想定するのではなく、本来一般公衆を相手に書かれてきた道徳哲学の領域において試みられた、科学主義的な哲学者リードの「分析」に基づく「新しい修辞学」は、そのまま受け入れられたのではなかった。それは後に衒学的だとして、『リード博士の「コモン・センスの原理に基づく人間精神の一研究」、ビーティー博士の「真理の本性と不壊性」、オズワルド博士の「宗教のためのコモン・センスへの訴え」の検討』[22]で、ジョゼフ・プリーストリーから激しく批判されることになった。

リードが公の場で反論する気さえ持てなかったプリーストリーの、自らの主著に対する手厳しい批判の理論上の理由は、ヒュームの懐疑論の前提にあるとリードが考えたロックの「観念の理論」をリードが拒否し、それを『一研究』の中心的な論点としたことだった。この主張は、観念連合の理論を唯物論と結びつけたデイヴィッド・ハートリーの支持者だったプリーストリーには受け入れがたかった。それが「公の大学の教授」の手で「学術的」な文体によって提唱され、イングランドにも支持者を広げていることが、プリーストリーの憤激を喚んだ。

またリードは理論体系の公理的前提を提出する際には、「単純さ」の要請を否定し、あくまで経験的立証に基礎づけられた慎重な議論を推奨した。この方法による体系の叙述は、スミスのような、総合の方法に基づく、読みやすく明快な理論の提示ではなく、個々の論点を綿密に検討する形を取ることになった。認知科学に関する現代の知見から回顧してみるとすれば、『一研究』が扱った知覚の研究が十八世紀に完成するはずはなく、当時の「納得できる単純さ」を持った体系は、十分な経験的事実に裏づけられてはいなかった。リードにとっても、そのような体系が完成するとしても、それは「いつの日か」であり、彼自身の時代においてではなかった。またプリーストリーがあれほど自信を持って主張した、自然界での粒子のヴィジュアル・イメージからのアナロジーに基づく「観念連合」の理論や神経の振動の理論は、現代の経験的な認知研究の結果と対比すれば、心理学前史におけるたんなる歴史的遺物でしかない。「新しい科学」の「粒子哲学」を「人間本性の研究」に導き入れることによって成立したこの二つの説明体系は十八世紀思想の一つの中心的な動力となったが、それは科学的理論としては、想像力豊かなプリーストリーの確信に反して、最後までニュートンが排撃した意味での「仮説」であるに止まる運命を持っていた。

とはいえ、さまざまな分野にわたる多産な著者であると同時に、時代を代表する科学者の一人でもあったプリーストリーのこの冷たい反応は、「観念の理論」に対する批判の理解しがたさとともに、この時代にこのジャンルの著作を「分析的方法」によって構成する難しさをも示していただろう。プリーストリーはこの著作でリードが、さまざまな問題を第一の原理から導き出そうとしないで、説明を途中で放棄していると非難する。

　リード博士はある情操や信念などに出会い、それらの原因が説明できないとなると、それ以上骨折ることを放棄して、それらをある本源的な本能に帰してしまうのである(23)。

プリーストリーによれば、リードはロックやヒュームなどの先行学説を批判するにあたって、学者ぶってあれこれの細部にこだわり、いたずらに煩瑣な分析を繰り返す。そのためリードの体系は、少数の原理に立脚する明快で単純な体系ではなく、それぞれが相互に関連を持たない多くの「原理」を並存させる、「人間本性」のまとまりのない叙述となる。

　彼がロック氏の体系に代替しようとするものはあまりにも散漫で一貫性がないので、もっとも緊急の必要がない限り採用されるべきではない。というのも、［人間本性の研究でも］自然の構造の他の部分ではあれほどに明らかであるような、納得できる単純さの要請が満たされるべきだからである。(24)

いまだ科学の制度化が進んでいない十八世紀では、現代的な意味での学術論文に該当するテクストがどれかは必ずしも自明でない。この時代の専門的知のテクストの様相は、数学論文から道徳哲学にいたる、連続的な移行を示していた。これら「哲学的テクスト」は、現代の学術的な論述とは異なった形で相互に関係してもいた。その点で数学や技術など、現代的な意味で専門性の高いテクスト以外の作品は、なんらかの意味で「作品」としての性格を持っていたと考えられる。この点に関してリードの著述方法を要約すれば、「人間本性の研究」に自らの著作を限定するにあたって、リードは誰よりも学問的著述の作法を守ろうとした。そのため彼の著作はテクストが有する修辞的な力ではなく、学問的な公的討議に必要な情報を余すところなく提示するという、「専門的」なテクストとしての機能を優先して造られていた。しかもその際の「学問」とは、「ニュートンの方法」という単一の方法を持った哲学と科学の混合体であり、形而上学的問題への信頼できる解答と、個々の人間心理の経験的・原理的解明という、二つの課題を同時に担っていた。それは一般的に、実体科学とその基礎づけが分離していない時代に、内容と叙述の両面での「専門性」を目指した企ての産物だったといえる。

このような二重性を担う「哲学的テクスト」を自らが提唱する学術論文の作法によって生成しようとしたリードにとって、なによりもまず「著者」であろうとした同時代の多くの作家たちの修辞的戦略は似つかわしくない。彼の社会的地位も、大陸のフィロゾフとは異なっていた。十八世紀スコットランドの哲学者たちの多くは大学教授やスコットランド教会の聖職者であり、社会的に安定した基盤の上で著作活動を続けることができた。聖職者であり、後に大学教授となったリードは、その典型的な存在だった。この研究においても著述においても「ニュートンの方法」を精神の研究に応用することを主張する、自然科学的探求の内実を知悉した著者によって書かれたこのようなテクストには、修辞によって読者を操作するという、戦略的行為が入り込む余地はないように思える。あるいはスミスのテクストのような学問的作品が含意する発話内行為が持つ修辞的目的も、意識的に排除されていたように見える。リードの作品は、同時代のテクスト群の中でも、書かれることによって何かが隠され、その隠されたものが、自らを意識されることなく読者の背後で己を実現するという、「企み」に基づく「仕掛け」としてのテクストからもっとも遠いところに位置しているはずだった。

しかし実際にはリードのテクストの中にも、学術論文のスタイルからのある逸脱を発見することができる。しかもそれは、最初の著書『コモン・センスの原理に基づく人間本性の一研究』の中心的な部分に差し込まれている。この脱線は、数学のような高度に技術的な叙述を除き、いまだ科学の著述様式が制度化されていなかった時代に、学術的論文のスタイルを確立しようとした試みが垣間見せた一種の「綻び」であり、その間隙から前世紀的な著述のあり方が姿を見せていると受け取るべきかもしれない。あるいはそれは「学術的スタイル」の中に意図的に挟みこまれた、語られないものへと読者を誘うための「誘惑」であったのかもしれない。また現代の読み手にとってそれは、「人間本性の研究」という十八世紀の主導的な哲学的営みに対するモダニズム的な解釈を挫折させ、そのことを通じて、十九世紀に再定義された「近代」が置き去りにしたあの冥い世界を暗示する、一つの結び目であるとも予想できるだろう。

(2) 世界の複数性と不可知性

現存する資料に記録されたこのテクストの起源は、一七五八年六月十四日にスコットランド北東部の都市アバディーンで開かれた、「アバディーン哲学協会」という一つの小さな会合に遡ることができる。この会は一七五八年に結成されたアバディーン大学内の「研究会」で、この日の司会はジョージ・キャンベルが務め、出席者はジョン・グレゴリー、デイヴィッド・スキーン、トマス・リード、トマス・ゴードン、アレグザンダー・ジェラード、ジョン・ファークハーだった。

北海に面したアバディーンという都市は、大都市パリの華やかなサロンや、議会を抱える喧しいロンドンとは比較できないが、以後一世紀以上にわたって英語圏を中心に大きな影響力を持った「スコットランド哲学」の誕生の地だった。ドン川に面し、ハイランド東部に位置するスコットランド北部の中核となっていったこの都市の起源は明らかでないが、当初から今もなお往年の古都の風情を残すオールド・アバディーンと、現在では北海油田の基地でもある賑やかな港町の二つの中心を持っていた。これに対応するように、この都市は古くから二つの大学を有していた。一四九五年にはオールド・アバディーンにキングズ・カレッジが、一五九三年はニュー・アバディーンに、宗教改革の理念に基づくマーシャル・カレッジが設立された。

かつてこの二つの大学には、十八世紀スコットランドの知的発展にとって重要な役割を果たした二人の教師が在籍していた。一人は現在の科学史で十八世紀ブリテンを代表する数学者と見なされている、マーシャル・カレッジのコーリン・マクローリンであり、もう一人はマクローリンほど知られてはいないが、スミスの教師だったグラスゴー大学のフランシス・ハチスンに並んで、スコットランド道徳哲学の先駆者の一人であるとされている、キングズ・カレッジのジョージ・ターンブルだった。先進的な知性の持ち主だったこの二人の教授は、相対的に守旧的だった大学の他のスタッフと折り合いが悪く、それぞれ短期間で職を離れることになった。マクローリンは大学との衝突の結果職を辞し、ニュートンの推薦もあって、エディンバラ大学の自然哲学教授に就任し、以後スコットランドのニュートン主義の中心的な推進者となった。彼と比べて不運なターンブルは、外国への滞在が大学との直接の紛糾の要因となって教授職を離れたが、早期から始めた求職活動は結局実を結ばず、各地を転々とし、最後はイングランドで牧師職を得て生涯を終えることとなった。「アバディーン哲学協会」の主要メンバーはこの二人の下の学生であり、一七四五年のジャコバイトの乱に加担した教授陣が「公職追放」された後に教授団に加わり、ここで「ニュートンとロックの哲学」に基づくカリキュラム改革を推進した人々だった。

この時代のスコットランドの「研究会」の通例にしたがって、この会合でもquestionと通称されるテーマに基づく自由討論と、会員のエッセイの読み上げに基づく議論の二つが行われていた。この日の哲学協会での発表者は、この会の設立者の一人であり、活発な会員でもあった、キングズ・カレッジ教授トマス・リードだった。この日に彼が読んだのは、「正しい人間精神の哲学の困難――デイヴィッド・ヒュームの人間精神の哲学に対する一般的な偏見と、視覚によって得られる知覚についてのいくつかの考察」というエッセイだった。

「正しい人間精神の哲学の困難」は題名のとおり、「人間本性の研究」の課題と、その中でとくに視知覚の理論について詳論した論文だった。この会合でリードはさまざまなテーマについて報告している。その中には活字の形で公表されなかった論考も多かったが、この報告を含め、数年後の主著に収録される内容のいくつかが、この協会であらかじめ話されている。スコットランド道徳哲学にかかわる多くの著作は、このようにクラブ文化が花開いたこの地の研究会やクラブで検討された論文を元にしたり、議論されたテーマを反映していた。とくにこのアバディーン哲学協会については、「スコットランド哲学」の揺籃の地となる、以下のような明確な特徴を持っていた。

リードは主著の刊行に先立ち知人の意見を求めたが、その中には批判の対象とされたヒュームも含まれていた。リードはヒュー・ブレアを介してヒュームの批判を仰いだ。(25) 最初原稿の一部を送られ、一読したヒュームは後にリードが削除したと思われる、あてこすりめいた文章に感じた不愉快さを指摘しつつ、「めったに出会うことのない高いレベル」と、内容の高度さを賞賛する。(26) そしてリードが「熱や匂いや音や、またおそらく色の可感的な性質が実際に物体の中にあると信じていないで、それらの原因、それらを作り出す何ものかが精神の中にあると考えている」ことを批判する。

雪が冷たくも白くもなく、火が熱くも赤くもないと言うときほど、哲学の主張が人々に逆説的に映ることはめったにありません。(27)

ヒュームは第二に、ダイレクト・リアリズムがしばしば言及する、触覚による外的対象の実在性の知覚についても、「著者が延長の観念は触覚の対象に過ぎないと断言するのには驚きました」と批判する。これらの理論的な反論に加えて、ヒュームは「生き生きとした、人を楽しませるようなスタイルで書かれています」と文体を褒めながら、叙述の仕方の問題点を指摘する。それは市場の評価を得た著者であるヒュームから見た、「分析の方法」による書式がもたらす読解の困難に関することと考えられる。

私に判断できる限りですが、書き方にいくつかの欠陥があります。少なくとも、主題が順々に提示されたり、一部が他の部分に光を当てるようには見えません。著者の議論はたびたびもとに戻ってしまいます。例えば臭覚についての項では、彼は自分の哲学のもっとも深いところまでを一瞥させてしまいます。もっともまだこの全体を見ていないので、この私の批判は勘違いかもしれません。(28)

ブレアからヒュームの意見を伝えられたリードは、主な原稿を送ったと思われる。これを読み進めて、ヒュームはリードに一七六三年二月二五日付の丁重な返事を書いた。その中でヒュームは、原稿を部分的に読んだために生じた自分の誤解を詫び、リードの学問的達成を賞賛している。以下の文からは、この十八世紀ブリテン哲学史を代表する哲学者とその最大の批判者が、スコットランドの知的交流圏の中で持った関係を理解することができる。

刊行案内

＊

2014.2〜2014.9

＊

名古屋大学出版会

社会思想の歴史　坂本達哉著
カミュ 歴史の裁きに抗して　千々岩靖子著
無意識という物語　一柳廣孝著
敗戦とハリウッド　北村洋著
近世東南アジア世界の変容　太田淳著
イスラーム 書物の歴史　小杉泰／林佳世子編
出使日記の時代　岡本隆司他著
英語化するアジア　吉野耕作著

養護教諭の社会学　すぎむらなおみ著
戦後IMF史　伊藤正直／浅井良夫編
ヨーロッパ統合史［増補版］　遠藤乾編
アメリカ医療制度の政治史　山岸敬和著
物理学ミニマ　杉山直監修
血糖コントロールの実践　日吉泰雄著
最新 DNA鑑定　勝又義直著

■お求めの小会の出版物が書店にない場合でも、その書店に御注文くだされればお手に入ります。
■小会に直接御注文の場合は、左記へお電話でお問い合わせ下さい。宅配もできます（代引、送料200円）。
■表示価格は税別です。小会の刊行物は、http://www.unp.or.jp でも御案内しております。

◎第5回表象文化論学会賞奨励賞受賞　科学と表象（田中祐理子著）5400円
◎第31回渋沢・クローデル賞ルイ・ヴィトンジャパン特別賞受賞　美食家の誕生（橋本周子著）5600円
◎第51回日本翻訳文化賞受賞　マルコ・ポーロ／ルスティケッロ・ダ・ピーサ『世界の記』（高田英樹訳）18000円

〒464-0814 名古屋市千種区不老町一 名大内 電話〇五二（七八一）五三五三／FAX〇五二（七八一）〇六九七／e-mail: info@unp.nagoya-u.ac.jp

坂本達哉著

社会思想の歴史

―マキアヴェリからロールズまで―

A5判・388頁・2700円

近代と向き合い、格闘し、支えた思想家たちの思考のエッセンスを平易に解説、自由と公共をめぐる思想的遺産を縦横に論じて、現代社会をよりよく考える基盤を指し示す。政治・経済・哲学の枠を超え、近代社会の通奏低音をなす思想の姿を浮かび上がらせた、刺激に満ちた最良の道案内。

978-4-8158-0770-2

千々岩靖子著

カミュ　歴史の裁きに抗して

A5判・340頁・5500円

植民地に生まれ地中海を跨いで活躍した『異邦人』の作家は、なぜ、いかにして歴史に抗ったのか。『最初の人間』に至る小説創造と、アルジェリア時代や戦中・戦後に展開された政治的思索を合わせ捉えることで、歴史と非-歴史の境界で思考し続けたカミュの軌跡を鮮やかに照らし出す。

978-4-8158-0768-9

一柳廣孝著

無意識という物語

―近代日本と「心」の行方―

A5判・282頁・4600円

フロイト精神分析や「無意識」の受容は、日本における「心」の認識をどのように変化させたのか。民俗的な霊魂観と近代的な心身観がせめぎあう転換期を捉え、催眠術の流行や文学における表象をも取り上げつつ、「無意識」が紡ぎ出した物語をあとづける「心」の文化史。

978-4-8158-0772-6

北村　洋著

敗戦とハリウッド

―占領下日本の文化再建―

A5判・312頁・4800円

アメリカ映画を抱きしめて――。占領政策の一環としてハリウッド映画を利用したGHQと、その到来を熱烈に歓迎した日本人。両者の関係を多面的な交渉のプロセスと捉え、検閲・配給・宣伝をめぐる様々な試行錯誤から、ファン文化の形成まで、熱狂と葛藤に満ちた戦後占領史を描き出す。

978-4-8158-0775-7

太田　淳著

近世東南アジア世界の変容

―グローバル経済とジャワ島地域社会―

A5判・518頁・5700円

東南アジア有数の貿易国家バンテンを政治・経済・社会・思想・環境のあらゆる面から徹底的に解読、オランダや中国の刺激に積極的に対応して大きく変容していった現地商人・社会のダイナミズムを胡椒栽培・糖業から海賊活動をも視野に捉えて、その世界史的転換を示した渾身の力作。

978-4-8158-0766-5

遠藤　乾編

ヨーロッパ統合史［増補版］

A5判・402頁・3200円

政治・経済から軍事・安全保障、規範・社会イメージにまたがる複合的な国際体制の成立と変容を、近年公開の進んだ膨大な史料に基づいて描き出し、今日にいたる統合の新たな全体像を提示。ユーロ危機など、ヨーロッパ統合の行方を左右する、最近の動きも加えた、待望の増補版。

978-4-8158-0767-2

山岸敬和著

アメリカ医療制度の政治史

―20世紀の経験とオバマケア―

A5判・376頁・4500円

オバマケアの挑戦――。豊かなはずのアメリカでなぜ国民皆保険の実現が難しいのか。国のあり方と切り結ぶ医療制度の展開を歴史的にたどるとともに、現在のオバマ改革をめぐる動きと葛藤を、現地の多様な「声」からヴィヴィッドに捉え、アメリカ政治と医療の行方を展望する力作。

978-4-8158-0769-6

杉山直監修　野尻伸一／伊藤好孝／藤博之／門田健司著

物理学ミニマ

A5判・276頁・2700円

物理系学科の大学生がマスターすべき必須知識を、力学、電磁気学から実験物理まで全分野にわたりコンパクトに凝縮！　事項の単なる羅列ではなく、それらをつなぐ論理も平易に解説しており、物理学体系を一望できる。大学院生の学び直しにも、大学院入試のための参考書にも最適。

978-4-8158-0774-0

日吉泰雄著

血糖コントロールの実践

―臨床に根ざした糖尿病治療―

A5判・198頁・3600円

糖尿病の本態を捉えるためには、血糖値の「平均」だけではなく、変動する血糖値自体に目を向けることが必須である。本書は、糖質制限食やカーボカウントなど近年注目の話題に考察を加えつつ、薬物療法に偏らない総合的な糖尿病治療を目指す確かな一冊。医師・看護師・栄養士必読。

978-4-8158-0764-1

勝又義直著

最新　DNA鑑定

―その能力と限界―

A5判・336頁・6000円

DNA鑑定はどこまでが信頼でき、どこからが疑わしくなるのか。本書は鑑定の二本柱である個人識別と親子鑑定の現状について、生物学の基礎から、倫理的問題、最新のトピックまで、第一人者が分かりやすく解説した決定版。鑑定従事者や法曹関係者はもとより、警察官や裁判員も必読。

978-4-8158-0777-1

あなたがこの深遠で重要な主題を葬ることなく解明することに成功されたら、私は私の誤りがすくなくともあなたをして、私の原理のより厳密な検討へと導き、その無用さを見出させたという点で、名誉の一部を請求することができると、虚栄をはることができることでしょう(29)。

これに対してリードもまた、丁重な返事を書いた。一七六三年三月十八日の日付がある書簡には、ヒュームに対する批判者リードの腹蔵ない尊敬と評価がうかがわれる。以下の文を読む時、後年にリードが喧しいイングランドの知的世界に属するプリーストリーの激しい攻撃を受けた際の困惑を想像することができる。

あのような深遠な主題にいくらかでも新しい光を当てることを試みる際には、私は満足と絶望の中間の立場を維持しようと思っております。しかし実際に私がそれに少しでも成功したとすれば、形而上学では私はあなたの弟子であることを告白いたします。私が読んだ他の著者のすべてを合わせても、あなたの著書から学んだものにはおよびません。あなたの体系はすべての点で一貫しているだけでなく、同様にまた哲学者たちに広く受け入れられている諸原理から正当な形で引き出されたものであると思います。あなたが『人間本性の研究』で導き出されたいくつかの結論を知るまで、私はそれらの原理を問題にすることなどありませんでしたが、それを読んで、私は疑いを抱くようになりました。もしこれらの原理がゆるぎないものなら、あなたの体系は成り立つでしょう。そしてそうであるかどうかは、あなたがまだ雲と暗闇の中に隠されている体系の全体を明るみに出したときに判定することができるでしょう。この体系が破壊されたとしても、批判の標的にできるほどそれを明確ではっきりした形にし、そしてそうするための正当な武器を与えた点で、あなたには大きな評価を得る権利があるでしょう(30)。

これに続けて、リードは哲学協会のことを伝えている。

あなたの友人であり批判者であるキャンベル博士やジェラード博士やグレゴリー博士は、それぞれお礼状を差し上げると思います。ここにはこの三人が会員である小さな哲学協会があり、そこでの議論の喜びの多くをあなたに負っております。われわれは皆よきキリスト教徒ですが、あなたがいらっしゃるとすれば、聖アタナシウス以上に歓迎されることでしょう。そしてなにしろあなたにご出席いただくことができないものですから、あなたはそこにいる他の誰よりも被告人席について、批判されたり弁護されたりされていらっしゃいます。いささかの悪意もなしに、議論はずいぶん盛り上がります。もしあなたが道徳や政治や形而上学についてもう何もお書きにならないと、私たちには議論することがなくなってしまいます。(31)

このようにアバディーン哲学協会は、ヒューム哲学を検討し、批判することを大きな課題としていた。その意味でこの団体は、コモン・センスと実在論を中核とするスコットランド哲学が、少数の友人たちの議論を通じて形を整えていった、生誕の場所だったと言える。この学派の出発点を画する著作はこの日の報告で最初に姿を現したが、この報告の後も、リードは何回か主著に関する報告を行っている。(32)

(一)「臭覚と味覚の分析」一七五九年三月十四日
(二)「感覚の分析(続)」一七六〇年三月十日
(三)「触覚」一七六〇年九月二三日
(四)「視覚」一七六一年九月八日
(五)題名の記録なし、議事録によると、この論文を含めて以前に報告した論文を出版社に送る予定とある。

一七六二年一〇月十一日
(六)「知覚について」一七六三年九月十三日

このように『一研究』は、他のスコットランドの著作がそうであったように、ヒューム批判を討議の一つの課題とした研究会の議論の中で形を整えていった。

ところがこの報告の中には、とくに中心的な論点である視覚論にかかわって、実在論哲学の提唱者の主著[33]にはふさわしくない内容の、奇妙な小文が挿入されていた。それは「以下は薔薇十字団の哲学者であるヨハンネス・ルドルフス・アポデムスの著書からの抜粋と思われる[34]」という紹介文で始まる、「薔薇十字団員ヨハンネス・ルドルフス・アポデムスの月世界旅行」という、啓蒙期に多数流通した地下文書の一部のような、あるいは創作された寓話のような奇妙な挿話だった。

この「抜粋」は、シラノ・ド・ベルジュラック[35]かフランシス・ゴドウィン[36]の著作を思わせる、仮想の月旅行記の報告の形を取っている。しかも「抜粋」からの引用と自己のコメントを交互に交えるリードの記述は、寓話の語り口というより、実際の旅行記の紹介のように見える。正体不明の人物アポデムスはこの衛星で、奥行き知覚を持たない知的生命「イドメニア人」に遭遇する。小文はアポデムスの「旅行記」を引用しながら、この生命体の世界観を、とくに幾何学、数学、物理学という科学および形而上学に関して、詳細に解説していく。

前世紀の架空の秘密結社に仮託されたこの御伽噺は、「分析」の方法に基づく学問的内容の叙述という、リード自身の道徳哲学における学術的著作の方法論に明らかに反している。さらにこの報告は、団体の中心人物リードのヒューム批判を骨子とする主著の最初の検討会で読み上げられたことになる。しかもこの部分は落とされることなく、数年後には主著の構成上重要な部分へ収録されることとなった。活字となったこの部分では「引用」の若干の変更とともにリードの解説が拡張されているが、語り口は同じままとなった。この怪しげな人物はその中で、アネピグラフスという新しい名前を与えられている。

十八世紀のニュートン主義的科学者リードは、薔薇十字団事件の知的コンテクストであるパラケルスス主義に対して軽蔑の目を向けている。

地球の形成や動物の誕生、自然的、道徳的悪の起源などについてのわれわれの奇抜な理論のすべては、事実からの正当な帰納の範囲を超えている限り、デカルトの渦巻きやパラケルススのアルケウスと同様に、われわれの虚栄と愚かさの産物である。(37)

同時代人の中でもとりわけてリードは、自然の機械論的解釈に固執していた。リードにとって物質に内在する力の観念の導入は、ルネサンス的な自然観への退行と思われた。修辞上の理由だけでなく科学的信念の点からも、リードがこのような語り口を採用する真意は測りがたい。内容から見てこの「抜粋」の実質はリードの創作と思われるが、リードの主著における「アポデムス文書」あるいは「アネピグラフス文書」事件の真相は、現在のところ不可解なままにとどまっている。

だがこの哲学的テクストの中心部分における、リードの「科学的」言説の公的性格の破れは、解釈者にとっての一つの誘惑でもある。この「月世界旅行」と「薔薇十字団」という、ニュートン主義的哲学者にふさわしくないモチーフを持つ不可解な語りを比喩として解釈することによって、初期近代思想史の科学主義的解釈によって忘却された、十八世紀ニュートン主義の真の世界を垣間見る可能性が開かれるからである。

アポデムスあるいはアネピグラフスの物語は、月世界探検の報告書という形式を取っている。前述のように、宇宙旅行の寓話は、シラノやゴドウィン以来ヴォルテールの『ミクロメガス』(38)にいたるまで、天文学的複数性論に基づく初期近代の文学形式の一つの特徴となっていた。それは地動説の受容と惑星の観測や衛星の発見、重力の概念による天体の運動法則の解明といった、近代の天文学がもたらした新しい空間像と科学的表象や言語が、同時代の文学的想像力と語彙に与えた影響だと捉えられるかもしれない。またそれは思想史的には、広く普及したユートピア文学形式の天文学版であり、科学的・疑似科学的語彙によって語られた空間的イメージが既存の信念体系を相対化する拠点を与えるという意味で、批判的思考に一つの仮説的出撃拠点を与えていたとも考えられるだろう。地球表面の現実の探検が空間のヴィジョンを水平方向に膨張させたと同時に、天文学の思弁的宇宙探検は垂直的空間を飛躍的に拡大し、ともに文学的、思想的想像力に自由な運動の余地を与える、意味上の茫漠とした空白を創造し、初期近代の思想的作品のさまざまな語りを可能にした。

だが道徳哲学者リードの「月世界旅行」談は、「分析」の方法に基づく学術的文体の創造を目指して書かれた著書の只中に置かれていて、このような修辞的伝統の中で解釈されることに抵抗するように見える。とくにこの「旅行記」が、この書の中でもっとも難解かつ学問的な、幾何学を使った視知覚の理論の内部に現れているため、この違和感は大きい。むしろこの部分には、ユートピア物語と天文学的比喩を含みながら、それらよりはるかに巨大な知的コンテクストを形成している、初期近代における「世界の複数性」問題の一端が露呈していると捉えるべきだろう。科学者リードの語りに登場した「宇宙旅行」のイメージは、たんなる修辞的形式を超えて、十八世紀にはニュートン主義の一構成部分とさえなっていた地球外知的生命存在説に連関していると解釈できる。

あえて政治ジャーナリズムの用語を使い、キリスト教会との距離という点で、理神論者トマス・ペインをニュートン主義の「左派」と呼ぶとすれば、大半のブリテンのニュートン主義者たちは「中道左派」に属していた。彼らは既存の教会を打倒するのではなく、その教義を緩やかにしていく「体制内改革」を目指していた。そのため彼らは聖書の権威を否定しはしないが、ペインと同様に自然神学を重視し、ニュートン的科学の権威を利用して、宗教的信念の枠組みを事実上「理性」の範囲の内部のみに限定していこうとしていた。

多くのニュートン主義の観念を共有しながら、リードはニュートン的科学がキリスト教の正しさを証明すると考えて、宗教に関してはペインに対立する立場を取っていた。世界の複数性に対しては、マクローリンと同じくリードも、慎重かつ肯定的な態度を表明している。アナロジーに基づいて推理すれば、惑星や他の恒星系にも地球に類似したエコ・システムが存在することが予想される。あらゆる神の創造には理性的に説明可能な根拠があるはずだという、複数性の証明で必ず用いられた自然神学的な充足理由の原理と並んで、アナロジーの原理は科学の立場からの複数性論の推論根拠となっていた。後者は現在でも確率論的思考と結びついて宇宙探査を進める天文学的関心の背景の一つとなっているが、後にウィリアム・ヒューウェルが批判したように、それはあくまで蓋然性にとどまる推論でしかない。すでに見たように、近代複数性論者たちの多くは、容易に蓋然性から確実性へと議論を飛躍させていたが、厳密な経験主義を信奉するリードはこの点を見落とさない。現在のところ地球外知的生命の存在は、あくまで蓋然性の段階にとどまっていると、リードは考える。とはいえ下記の引用部分は『人間精神の知的能力について』の中の「アナロジー」についての議論の部分に現れていて、そこで地球外知的生命存在論はアナロジーの有効性を示す事例と見なされている。フランス・ニュートン派の物理学者ラプラス[39]と同じく、ここでリードはそれを確実な事実ではなく、「極めて確からしい」科学的予測であると考えている。

したがってわれわれが住むこの地球と、木星、土星、火星、金星、水星という他の惑星との間に、われわれは多大の類似性を見出すことができる。距離や周期は違うが、それらはすべて地球のように太陽を巡る。それらはすべて地球のように、太陽から光を受ける。それらのいくつかは地球のように自転しており、そのため昼と夜の交代がある。いくつかは、われわれの月がそうであるように、太陽が見えない時に光を与える月を持っている。それらはすべて、地球のように、重力の法則にしたがって運動している。この類似性のすべてから言って、われわれの地球と同様これらの惑星にも、さまざまな段階の生命体が棲息していると考えることは、理屈に合わないことではない。アナロジーに基づくこの結論には、ある蓋然性がある。……従ってアナロジーによる推論を、あらゆる場合に拒絶するべきではない。(40)

この認識はリードの「人間精神の研究」の背景を構成している。ホイヘンスのように積極的に地球外知的生命の性質を論じることはないが、リードは被造物である「精神的存在」を人間のみに限定してはない。それには地球外の精神が含まれている。しかしその実在性が「極めて蓋然的」であるにもかかわらず、彼らがどのような存在なのか知る方法はない。したがって「精神の研究」は経験的に実施可能な、人間精神の研究に限るべきだとリードは主張する。

この広大な宇宙の精神や考える存在にどんな種類があるのか、われわれは知っているふりをすることはできない。われわれは神の領土の小さな片隅に、他の部分から隔絶されて住んでいる。われわれが棲息している球体はわれわれの太陽を巡る七つの惑星の一つである。他の六つやそれらの衛星、われわれの体系の彗星に、どのような異なった仕組みを持ったものたちが住んでいるか、どれほどの他の太陽がわれわれの体系と同様であるかは、すべてわれわれからは隠されている。人間の理性と勤勉が惑星の規則性と距離やそれらの法則を驚くほど正確に発見したにもかかわらず、それらと交信する方法はない。生きた存在の棲息が極めて蓋然的であるにもかかわらず、それらの住人たちの本性や力はまったくわからない。すべての人間が自分自身の思考の原理や精神を意識しており、十分な証拠を持って他の人々も同様であると知っている。野生動物の行動は、われわれよりはるかに劣ってはいるが、彼らがなんらかの考える原理を有していることを示している。われわれに関するすべては、われわれに至上の精神、宇宙の主、宇宙の支配者の存在を納得させる。これらだけが、理性がなんらかの確実な知識をわれわれに与える精神のすべてである。(41)

リードの限定を言い換えれば、「人間精神の研究」は「精神的存在」の事例研究だということになるだろう。それは間接的に純粋で完全な精神的存在者である神の性質への洞察を与えるとともに、宇宙に散在する被造物としての「精神的存在者」たちの本質的なあり方への推測を可能にする。

世界の複数性というコンテクストの中で捉えたとき、「人間本性の研究」のテクストに出現した月世界旅行という比喩の意味はどのように解釈可能になるのだろうか。ケプラー以来、「月」は「複数世界」の在りかとされてきた。天文学的知識を有したリードが、月に人類に類似した知的生命が居住していたと考えていたとは想定しがたい。だが少なくともここには、啓蒙期から十九世紀まで継続する複数世界論の伏流が露呈している。

経験主義的ニュートン主義者リードにとっての「複数性」は、一種の「可能的世界」としての価値を有していたと思われる。だがそれは「たんなる可能性」ではなく、限りなく実在性に近い可能的世界だったと言える。「月世界旅行」の形で語られた「イドメニア人」の物語は、蓋然性の内部で展開された、リードの地球外知的生命存在論だっただろう。多くの十八世紀人と同様経験主義者リードにとっても、ニュートン的大宇宙に広がる世界の数々は、人類とは違った知覚能力を持つ知的生命や、人類よりはるかに完成した知的、倫理的能力を有する精神が建設した道徳哲学上の理想郷が存在するだろう場所だった。それらを直接に知ることができないという人間知性の限界こそが、一見「ユートピア」とも見える思考実験を根拠づけ、頑迷な経験主義者にとどまることをリードから免除した。実在とも架空ともつかない「月世界旅行」の語り口は、実証と堅実な推論からの修辞的逸脱ではなく、脳裏に広がる巨大な仮想空間をあくまで「分析」の叙述方法の境界内にとどめようとする、学術的著作家リードの慎みの表現だったのかもしれない。

さらに月世界旅行の内容に立ち入ると、「宇宙旅行」という語りの枠組みに示された天文学的複数性と並んで、リードにとっての「複数世界」のあり方にはもう一つの形があったことが垣間見えてくる。それは内容であるイドメニア人という比喩で暗示される、道徳哲学者であり物理学者だったリードが理論的に推定した、物理学的な世界の複数性だった。

アネピグラフスが訪れたイドメニアは、奥行きを知覚する感覚を持たない知的生命の世界だった。そのため発達した知性を持つ彼らの学問は、奥行き知覚が可能な人間とは異なっている。例えばこの物語は、『理性の時代』に描かれたような複数世界の地球外知的生命が、人間とは異なった知覚能力を持っていたとすればどうなるのかを考察する、ロックをはじめとした、「人間本性の研究」に関するリードの先駆者たちの試みを受け継ぐ「思考実験」だとも言える。人間と同様イドメニア人も、形而上学や自然学では多くの学派に分かれて論争を続けているが、数学的学問については一致した見解を持っている。とはいえ、彼らは空間認知の必要がない算術では人間とまったく同じ結論に達しているが、幾何学ではそうはいかない。

「イドメニア人たちは」と彼は言う。「多くが才能に長けていて、瞑想に耽っている。彼らは算術、幾何学、形而上学、自然学の発達した理論を持っている。とくに形而上学と自然学については、彼らは非常に多くの精密な議論を展開して、さまざまな学派に分かれている。しかし算術と幾何学については、人間と同様に一致した見解を持っている。彼らの数と算術の原理は、われわれとはまったく異なっていない。だが幾何学はかなり異なっている。(42)

イドメニア人の幾何学は、三次元空間を二次元に投影した幾何学になる。リードは視知覚では外的対象を認知できないというバークリーの「半観念論」を批判する目的で、人間の視覚が曲面である眼球に投影された像を認知する感覚であると想定して、視覚のみによって再構成される空間の幾何学を考案した。それは球面幾何学と同等なので、リーマン型の非ユークリッド幾何学になる。この推論は、視知覚が厳密にはユークリッド幾何学に従わないという現代の視知覚理論にたまたま合致するが、リードが目指したのは、仮に視知覚が従う幾何学が、当時客観的空間の秩序の表現と思われていたユークリッド幾何学に一致しないとしても、両者の関係を厳密に規定することができると示すことにあった。そうであれば、視知覚にバークリーが言うような空間認知の困難があったとしても、客観的空間から視空間への変換は厳密に数学的に定式化でき、計算可能になる。「歪んだ」空間の幾何学である視空間の幾何学から、逆に三次元ユークリッド空間の幾何学を、完全にではないにしても、ある程度再構成することができる。こうして視知覚のみによっても、外的世界の認知が可能だということになる。この実在論者リードの論法は、感覚的データが意識の背後にある神経過程で計算され、大脳で現実を再現するという、現代の知覚の計算理論と類似している。

「球面人」の物語がこの部分の後に嵌め込まれたのは、当時の読者にとっておそらく極めて難解だったこの議論の理解を進めるためだったかもしれない。

この著者のイドメニア幾何学の説明は、すべてがすでにその一端を示した視覚的形象の幾何学と一致するわかり易く説明するという目的から見て、成功したとは思えないこの比喩を超えて、アネピグラフスの報告は自然哲学へと進む。イドメニア人は三次元ユークリッド空間を認知する知覚を持っていないので、大きな困難に直面する。それは物体の通常の力学的運動を正確に知ることができないという問題だった。天体の運動や物質の変化、生命の秘密といった、人間の科学者たちが古くから格闘してきた難問ではなく、イドメニア人の科学者たちの知覚には、物体の日常的運動が不可思議な力に支配されているように映る。その説明を目的とするイドメニア自然哲学では、まずアリストテレスの四元素説のような古典的理論が生まれる。それは「色と形と大きさ」を本質的属性と仮定して、すべての現象をそれによって説明しようとした。この思弁的な試みは失敗し、自然学は諸学派が乱立する混沌に陥ることを避けられなかった。

彼らの自然哲学については、多くの人々がいまだ未発達な状態にあることを認めている。哲学者たちは、物体が互いに区別されるのは色と形と大きさについてだけであり、それらの特徴的な性質は、これら三つの本質的属性の組み合わせ方から生じるとしている。そしてそのため、自然哲学の目的は、どのように自然のすべての現象が、これら三つの属性の異なった物体の中でのさまざまな組み合わせから生み出されるかを示すことにある、とされているのである。この考え方からは数限りない哲学体系が生み出され、際限のない論争が長い間戦わされた。それぞれの体系の信奉者たちは批判する相手の弱点を暴きだし、自分たちの体系の弱点を大変巧みに取り繕っているのである。

こうしてイドメニア・アリストテレス派の破産に続いて、イドメニア懐疑論が誕生し、「造化の不可思議」とイドメニア知性の限界を主張するようになる。

最後には、果てしなく続く論争と、体系の弱点を取り繕う労苦がいやになった何人かの自由で軽妙な精神が、自然の造形の微妙さを嘆くようになった。彼らによれば、物体の形や色や大きさはいつまでも変化し続け、これらの外見を説明することは困難を極めるので、事物の原因を探求することは無駄で徒労に終わるという、あらゆる研究を放棄する口実を与えるのである。

初期近代の科学の勃興の過程で古代懐疑論の復活が大きな役割を果たしたのと同様に、月世界でも懐疑論の一時的隆盛の後に、イドメニアにも「科学革命」が到来する。いまやイドメニア・ニュートンが誕生し、「ニュートンの方法」による研究を提唱する。イドメニア人は人間と比べ、知覚能力に限界があるだけであり、知性の点では同等なのだから、この点では月世界で地球と同じ科学的方法が採用されても不思議ではない。

他方自然哲学は、通常のイドメニア人にはない何ものかを備えた偉大な天才と見なされているある人物によって、灰からの復活を遂げた。彼はイドメニア人の能力は思索に適しているのだから、誤った体系や、学者の誤謬などに費やすよりも、自然の造作の解明に向けられるべきだと主張した。そして自然の事物の原因を明らかにすることの困難さをよく理解して、自然現象の精確な観察によってそれらが生じる法則を見出し、その法則の原因そのものを問うべきではないとした。この点で彼は自身でもかなりの業績を達成するとともに、帰納主義的哲学者と自称することになった彼の後継者たちに、多くの研究計画を残したのである。懐疑論者たちはこの勃興する学派が自分たちの名声を傷つけるとしてねたみの目で見て、彼らの帝国の前進を阻もうとしたが、どうやって攻撃したらいいのか、途方にくれた。民衆は彼らが有益な発見を行っていると評価するようになった。

このイドメニア科学史の簡潔な記述は、ニュートン主義の形成にいたる過程がブリテンのニュートン主義哲学者にどう理解されていたかを示している。自然を一度に説明しようとする、「仮説」に基づくさまざまな自然哲学体系の出現の中から懐疑主義が生まれ、それが理論的探求そのものに疑問を突きつける。その後で誕生する経験主義的な科学は、思弁を捨て、知識の限界をわきまえながら研究を進めるという点で、懐疑主義の論点を自らに組み込んでそれを克服する。このような人間知性の発展は精神の普遍的な原理によるので、月世界にもニュートンが出現することになる。

しかし地球と月とでは大きな相違もある。イドメニア・ニュートン主義は経験科学の方法によって、可能な限りでイドメニア人の知覚に映る世界の原理的解明を進めたが、「ニュートンの方法」に従うイドメニア・ニュートン主義の自然哲学は、人間のニュートン主義の理論に比べ、欠点を持っている。この問題点は、経験主義の前提である知覚能力の相違から生じている。イドメニア人は奥行き知覚を欠いているため、二つの物体が重なった場合、それらが融合したように認知してしまう。ここから複数の物体が同じ場所を占めることができる、というイドメニア運動学の基本公理が成立する。

あらゆるイドメニア人たちは、複数の物体が同じ場所を占めることが可能だと固く信じている。このことは彼らの感覚が実証するため、そもそも彼らが知覚を持っているかどうかということと同等に、疑う余地のないことなのである。彼らはしばしば二つの物体がぶつかって、可感的な性質のどのような変化もなしに浸透し合い、一つの場所に共存するのを目撃する。二つの物体がぶつかり、同じ場所を占める際には、通常一つだけがその場所に見え、他の一つは消滅する。見え続けている物体は「征服物」と呼ばれ、消える物体は「被征服物」と呼ばれる。

さらに一つの物体が視覚に対して向きを変えて運動する場合には、物体自体が変化するように見える。そこでイドメニア運動学では、ちょうど相対論での物体の長さや時間のように、運動する物体はそれ自体が変化する。

彼らは動いている大半の物体が絶えず変化するのを知覚する。

経験主義的科学が直面するこれらの難問のため、イドメニア・ニュートン主義の成果は人間のニュートン主義に比べ、極めて貧弱なものとなる。イドメニア・ニュートン主義は運動学の基本原理をイドメニア幾何学によって説明するが、その原因を解明することができない。月世界のものであれ、ニュートン主義は経験によって遡行できる範囲を越えてはならない。しかしそのような結論に満足できず、イドメニア・ニュートンの体系を不合理だと非難する哲学者たちが出現した。おそらくイドメニアにもイドメニア・クラーク（ニュートン）とイドメニア・ライプニッツの論争があった。

イドメニア人の経験主義の創設者は、以下のようなことがイドメニア人の能力を超えていると信じている。それらは、これらの現象の真の原因を見つけ、それらがどのような法則にしたがって連関しているかを、観察から発見したことのみによって理解し、つねに経験によって確証される、運動と大きさと形態と物体の可征服的性質との間に数学的比例関係を確立することなどである。しかしこの学派に対する反対者たちは、それらが支配されている真の法則は説明不能であると謙虚に告白するより、これらの現象を曖昧な原因に帰することで満足しているのである。

イドメニア幾何学が人間の視空間の寓話であるなら、イドメニアにおけるイドメニア・ニュートン革命の叙述は何の比喩だと考えることができるだろうか。それはペインが信じたように、他の星の上においても科学的知識が獲得可能であり、少なくとも「ニュートンの方法」が全宇宙で普遍的に適用できるという、ニュートン主義者の信念を述べているのだろうか。だがペインが信じた理神論の学問的基礎である、ニュートン主義の宇宙的普遍性の喩え話としては、イドメニア・ニュートン革命の内容はあまりにも貧しく、その記述はむしろイロニーに満ちているとさえ言える。科学の救世主であるイドメニア・ニュートンは、万有引力の法則はおろか、運動学の基礎原理の説明さえ与えることができなかったのだから。

しかしこの科学の「無力さ」は、程度の差はあれ、リードが知っている限りでの人間のニュートン主義についても同様だった。それは太陽系の構造や重力の原因を説明できなかった。人間のニュートン主義ではこれらの「科学の限界」は、人間知性が自然の創造者である神の知性に及ばないことの証明だと解釈された。その点で経験主義の方法による部分的解明に対して開かれているとはいえ、自然は全体としては、人間の認知能力を超えた不可知の存在にとどまるのだった。

リードはしばしば人間知性の限界と自然の神秘について言及している。それは彼の時代の科学的知識と研究方法の発展段階を考慮すれば、むしろ当然だったといえる。重力の「原因」を説明しようとする説得的な試みは、二十世紀の一般相対論が初めてとなった。彼が想定した他の「神秘」の一つである、物質を結びつける力が発見されたのは、同じく二十世紀の量子力学の建設によってだった。十八世紀には手が付けられなかった「生命の神秘」は、ようやく二十世紀後半に解明の糸口が得られた。もう一つの「神秘」とされた身体と「精神」の関係については、現在でも充分な解決は得られていない。とはいえ神経生理学者と認知科学者はそれが解明できると確信していて、おそらく彼らの信念は正しいのだろう。慎重な経験論的ニュートン主義者に見られる、この科学史的には正当な知性の限界の意識は、有神論に裏打ちされて、人間の経験を超えた存在の領域の想定に向かっていた。それはより楽観的な理神論者にとっては、たとえば人間には到達不能で直接知ることもできない無数の宇宙生命の殿堂という、夜空に燦々と輝く視覚像の形を取っていた。

職業科学者と呼んでもいい専門的知識を持っていたリードが、同時代の著作家たちがしばしば確信を持って描き出したこの満天の精神の祭典に対して、禁欲的に、比喩的にのみ言及したとすれば、イドメニア・ニュートンの比喩はまた別の不可知の存在領域を示唆していると解釈できる。イドメニア・ニュートン主義が運動学で躓いたのは、それが経験主義的方法論に基づいていたからだった。イドメニア人の知覚能力は人間よりも限定され、それが彼らの経験科学の限界となっていた。この限界に対してイドメニア・ニュートンが宣言したのは、経験を超えて現象の原因に向かって遡及するべきではない、ということだった。人間にとってこの「難問」の解決は簡単であり、たんに奥行き知覚を持ちさえすればいいのだが、それはイドメニア人には永遠に叶わない奇跡だった。

この方式を人間のニュートンに当てはめてみると、重力が人間にとって説明不能なのは、イドメニア人が物体の重なりや角度の変化による見えの違いを知覚する三次元的知覚能力を持っていないように、人間に重力の原因を知覚する能力がないからだ、ということになるだろう。奥行き知覚を持たないイドメニア人は、三次元の世界に住みながら二次元世界の住人のように知覚する。これが彼らの科学に困難をもたらしている。これと同じ仕方で人間のニュートン主義が抱えた問題が説明できるとすれば、本来の自然は人間が知覚し得ない、より高度な次元の実在だからだと考えられるだろう。不可思議な重力の法則は、ちょうどイドメニア人の学問的難問が人間にとって一目瞭然の事実であるように、人間より「高次元」の知覚能力を持つ存在にとっては、なんら難問ではないのかもしれない。

イドメニア自然学の歴史を述べながら、リードは複数世界論によって人間の認知能力の限界を示唆していたロックやバークリーやコンディヤックの議論を受け継ぎ、それを以下のように敷衍していたのではないだろうか。人間知性の限界は、それが基本的に経験を起源とする以上、知覚能力の限定性によっている。そうであればニュートン主義が直面した難問の数々は、世界がより高次で、人間的な知覚では把握できないような存在だからだという可能性がある。人間の知性が困難に突き当たるのは、二次元の知覚を持つ知的生命が三次元の運動を理解できないように、三次元の知覚そのものが世界に釣り合わない、制約された能力で、自然の真の姿にはふさわしくないからではないか。そうであるとすれば、月世界ではユークリッド幾何学で記述できる実在の三次元的世界と、イドメニア人の幾何学に支配される知覚空間とに世界が分裂しているように、人間にとっての世界も単一ではなく、人間固有の知覚空間と、より高次な真の空間との二つがあるのではないか。かつてガリレオが指摘したように、三次元空間の「三」に特別の意味はないのだから。部分的にではあれ非ユークリッド幾何学を構想したリードが、世界のあり方についてこのような思索を巡らしたとしても不思議ではない。リードにとって、世界は人間の目に映るそのままで実在するのではなく、部分的な解明を許しながら、人間にとって不可知のままにとどまるものだったのである。

2　コモン・センスと「無知の知」

世界の複数性と不可知の世界という、科学主義の初期的形態と思われるニュートン主義の十八世紀的相貌には、歴史的起源が考えられる。『一研究』で平面人たちの世界の話の前後に書き加えられたリードの短い付加的部分には、その記憶が保存されているととらえることができる。

この「寓話」の導入部分は、ニュートン的科学主義の遠い起源を暗示しているように見える。学術論文の公的性格を修辞的に示そうとしたこのニュートン主義者の著書で、真の知識は隠されており、またそうあり続けるべきであるというルネサンス的学問の伝統が、修辞的に恭しく紹介される。それはここでは、ニュートン主義者たちの敵であるはずだった、オカルト学を初期近代で代表するあのパラケルスス派とその派生物の伝承とされている。この部分では薔薇十字団の伝承にふさわしく、哲学者は自由に自らの身体を移動することができる。この力を利用して、月世界への哲学的旅が敢行されたのだった。

可能なものごとの細部を考えることは、どんな薄弱な根拠を持つ事実についてそうするよりもはるかに困難なので、私はここでヨハンネス・ルドルフス・アネピグラフスの旅行記からの抜粋を示しておきたい。彼は薔薇十字団の哲学者であり、オカルト学の深い研究によって、自らを月世界のさまざまな地域へ移動させる術を身につけ、そこに生きるさまざまな生命との会話を行い、その結果として、私が想定するのとまったく同一の秩序に親しむことになったのである。

ここでは限りなく「薄弱な根拠を持つ」にせよ、「抜粋」は可能的世界にかかわる存在ではなく、「事実」であると語られる。この紹介の仕方は、天文学の複数性論とかすかな関連を持つ限りで、天使とエノク語で会話したイングランドのルネサンス哲学者(43)の著述よりは、この物語がわずかに信頼度を持つことを主張するかのようにも聞こえる。

また以下の結びの部分は、物語にかかわる特定の歴史的痕跡と、それに対するこの世紀のニュートン主義哲学者の対面の仕方を示している。

ヨハンネス・ルドルフス・アネピグラフスについてはここまでにしておこう。このアネピグラフスが、ボリッキウスやファブリキウスのような、ギリシアの錬金術についての著作家たちが記録している、いまだ著書が出版されていないあの人物と同一であるかどうかについて、私は知ったかぶりをすることはできない。名前の同一性と研究内容の類似性があり、いくばくかの議論がされているとはいえ、いまだ決定的な結論は得られない。また私はこの教養ある旅人の叙述の特徴が、筆者がその人であるという外的なしるしになると判断する気もない。私はむしろ批評家たちが内的なしるしと呼ぶものに議論を限定しよう。またイドメニア人が実在するかどうかも、たいして重要なことではない。そのことは学者たちの間で、われわれにもっと関連した問題について論じられてきた。重要な問題は、以上の議論が彼らの幾何学と哲学の説明となるかどうかである。われわれ人間は彼らが持っているすべての能力を持っており、その上彼らに欠けている能力も有している。したがってわれわれは、視覚によって得られる知覚と、それについての推論を他のものから分離することで、彼らの哲学と幾何学についての評価を下すことができる。こうすることができる限り、彼らの幾何学はアネピグラフスが描いたものと同一であると私は判断するのである。もちろん疑いなしにここには、旅行者に許された記述の自由さや、彼らが陥りやすい、意図的ではない誤りがあることも確かなのだが。

ボリッキウスやファブリキウスといった実在する十六、十七世紀の錬金術的著作家たちに囲まれて言及されているのは、古代の錬金術書の作家と伝承されている無名の人物「匿名（アネピグラフス）氏」である。だがリードは宇宙旅行を行い、イドメニア人の世界に「ニュートン」を見出したこの「匿名氏」が、古代の錬金術師であったかどうかは重要でないと主張する。リードの立場では、「人間本性の理論」に基づいて、イドメニア人たちの哲学を理論的に再構成できるという理由で、この「証言」には信憑性があるということになる。

神秘的で超越的な伝承に対する著者のこのような振舞い方は、ニュートン主義の創設者のそれらへの態度を想起させる。ニュートンはルネサンスの人文学者たちと同様、「古代の智慧」、「古代の神学」の観念にとり憑かれていた。そのため大数学者ニュートンは数学的証明を発見するための方法を記したというユークリッドの『ダータ』の復刻に関心を持ち、数学における幾何学的方法に固執した。だがニュートンの時代にはすでに多くの書物が発見され、神から直接モーゼに伝えられ、ゾロアスターやエジプト人ヘルメス・トリスメギストゥスによって伝承され、ギリシア人に伝えられたとされる、世界の根源を解明する「古代の智慧」の文献学的「復元」には、もはや限界が見えてきていた。人文学者ではなかった十七世紀のニュートンは、この問題に対して既存の知識に倦み、「世界という書物」を読みに出かけたデカルトと同じ接近方法をとった。それは自身の手によって古代の智慧を再構成してみせることだった。そのような意図が、解析学から錬金術、年代学にいたる彼の多様な活動を方向づけたと考えられる。『プリンキピア』をユークリッドの方法によって書き上げ、それが一天才の独創ではなく、古の智慧の再興であると誇った近代物理学の創設者は、物理学研究に当たっても、オカルト学や聖書を素材にした世界創造の秘密の怪しげな解き明かしの試行と、同一の探求に従事しているつもりなのだった。はたしてここでリードは、尊敬する自らの学派の始祖の事跡を辿っているのか、あるいは啓蒙の光の中で妖しげな光輝を失った始祖の素朴な信念に修辞によって敬意を払っているのか、ともあれここには、ニュートン主義者の地下に流れる知的水脈の一端が露呈していると言える。[44]

仮に生涯を通じたニュートンの探求の意図に対する挨拶が文飾に過ぎなかったとしても、リード自身の哲学的探求の道筋にも始祖の印が残されていた。書物の形で残された「真の知識」の源泉が尽き始めたように見えたとき、ルネサンス末期から「科学革命」の時代の哲学者たちは、書物に代えて「自然」という書物を読むことに向かった。だがそれは科学的方法が確立された十八世紀にそう思われていたように、自然を「在りのままに見る」ことではなかった。古代あるいは擬似古代の文献の読解が容易ではなく、そのためにさまざまな解釈の方法が考案されたように、自然という「書物」を読むためには、まず解釈の方法を確立しなければならなかった。そして失われた世界の真の知識を再興しようと、書物を離れて世界に立ち向かった解釈者の目に映ったのは、虚心の彼らの感覚に対して自らたち現れてくる単純な真理ではなく、彼らを混乱させ惑わせる、複雑で混沌とした自然の姿だった。たとえば十八世紀に「実験哲学」の方法の提唱者として偶像化されていたフランシス・ベーコンにとって、自然という書物は解釈を拒絶する迷宮のような森として現れていた。後年のベーコン主義者たちによって唯一で確実な学問的方法とされたベーコンの感覚的経験主義とは、この困難な森の迷路の中を探検していく不正確な手段であるに過ぎない。茫漠とした自然の多様性を前にした人間の手に与えられているのは、この頼りなく周囲を照らす感覚という光しかない。

この宇宙という建物は、その構造において考察する人間の知性にとっては迷宮のようなものであって、そこには実に紛らわしい通路や誤らせ易い事物と記号の類似や諸性質の隠れ持つ縺れた螺旋や結び目が至るところに見出される。ところがこの道は、時には輝き、時には不確かな感覚の光のもとに、数々の経験と個々の事物という森を通ってどこまでも進んでいかなければならない[45]。

真の知識を求めて宇宙をさまよう人間は、感覚という微かなともし火だけを頼りに、多くの隘路に迷い込みながら、どこまでもこの無限の森の中を歩いていく。それが初期の経験主義の方法のメタファーだった。「科学的方法」は直截に世界の真理を与えるのではなく、無限の迷宮を旅する科学者にわずかに与えられた羅針盤でしかない。この理解の仕方は、ベーコンの経験主義と対極的に捉えられがちな、ニュートン自身の方法論に直結している、ガリレオの数理的―実験的方法についても同様だった。ガリレオは有名な「自然という書物」が「数」という文字で書かれているという比喩の中で、ベーコンと同じ迷宮としての自然の観念を提示している。

哲学は、目の前に絶えず開かれているこの最も巨大な書物の中に書かれているのです。しかし、まずその言語を理解し、そこに書かれている文字を解読することを学ばないかぎり、理解できません。その書物は数学の言語で書かれており、その文字は三角形、円その他の幾何学図形であって、これらの手段がなければ、人間の力では、その言葉を理解できないのです。それなしには、暗い迷宮を虚しくさまようだけなのです[46]。

ガリレオにとっても、数学は一挙に自然の真理を与える万能薬ではなく、忍耐強く森の小道を辿っていく真理の探求者に簡略な地図を提供する、一種の翻訳機として役立つだけだった。

この創設者たちの迷宮のメタファーは、ベーコンやガリレオの方法の後継者となった「ニュートンの方法」によって道徳哲学の領域を探究しようとした十八世紀の哲学者リードにも受け継がれた。『一研究』で果たせなかった「人間本性の研究」の体系の出版を志した晩年の大作の序論で、リードは「精神」の研究の困難をこの伝統的修辞法によって表現している。

　迷宮はあまりにも入り組み、導きの糸はあまりにも細いので、すべてのくねった道をたどっていくのは難しいかもしれない[47]。

また本来の形態で出版されなかった晩年の「ユートピアの体系に関する考察」では、政治学と正しい政策を考案する困難に言及して、リードは同じメタファーを使用している。

　人の心は迷路である。それはあまりに複雑で、人間理性によって完全に明らかにすることはできない[48]。

科学的探究の対象が尽くされることのない無限の迷宮であるというこの比喩法は、少なくとも経験主義的ニュートン主義者たちに継承され、思索による仮説を避け、堅実な経験的研究の結果のみを受け入れる根拠を提供していた。人間が決してたどり着くことができない「複数世界」の無限の集合という、総体《ウーニウェルスム》としての世界の表現《リプレゼンテーション》は、このような経験主義者の認識論的構えに存在論的な根拠を与えていた。そして哲学者リードは自らの体系の礎石を据える段階で、「人間本性の研究」がもたらした一種の哲学的迷宮に向き合うことになった。

リードとその同時代人の理解によれば、ヒュームの議論は因果律を否定することで、迷宮を旅するために不可欠なともし火そのものを人間から奪ってしまう。その結果残されるのは、不可知の世界そのものでしかない。ヒュームが提示したこの哲学的思索の迷路の中を探索する方法としてリードが取ったのは、ロックやヒュームが行った内観法による認知の働きの観察を、デカルトの「方法的懐疑」のような、精神と存在の根源を突き止めるという、明確な方法意識を持って行うことだった。『一研究』の批評を請うために書いた要約の中で、リードは「精神」という迷宮を探検した彼自身の経験を記録している。

リードはヒュームの破壊的論法の起源を、アリストテレスから連綿と継承され、ロックの「人間本性の研究」の中心的枠組みとなった「観念の理論」、すなわち思考の対象は外的実在ではなく、精神内に再生産されたその摸像であるという考えに求めた。

私が見るところでは、彼の体系はある一つの原理から結論されたものである。それらはいかに途方もなく思えるからといって、その原理から抗しがたい明証性を持って演繹されたのである。この原理とは、人間の思考の対象は、印象か観念のどちらかであるということである。私は『人間本性論』を読むまで、この考えにはまったく同意していたのだった。しかしそれが正しければ私は完全な懐疑論者にならなければならないと悟って、この原理を慎重に検討しなければならないと思うようになった。(49)

リードは当時心理学における経験的方法と考えられていた内観法に従って、ヒュームが「印象」や「観念」と名づけた外的対象の複製が存在するかどうかを確かめようとした。ヒュームの考えが正しいのなら、内観によって直観された「印象」、すなわち感覚的知覚作用の直接的産物は、思考の対象の内容と多少なりとも類似していなければならない。もしこの二つの間に類似性が見いだされなければ、「観念の理論」は間違っていることになる。これが、リードがヒュームの人間本性の理論を検証するために行った「判定実験」だった。

私の思考と概念のすべてが印象の像や複製かどうかを判断するために、私は印象の厳密な検討を行った。彼の体系では観念は先行する印象のぼんやりした複製なのだから、もしなにか印象に似ていない思考の対象があれば、それは観念ではないことになる。[50]

この判定実験の中でリードが行った「観察」は、外的対象の感覚的知覚を、それに対するさまざまな判断から切り離して直観することだった。言い換えるなら、リードは対象の感覚を「カッコに入れる」操作を行い、純粋な形で感覚をとらえようとした。それには大きな困難が伴ったとリードは報告している。

ある対象が精神の上に与えた印象を観察するために、一つの対象を私のそれぞれの感覚に示したとき、私は外的事物についてまったく考えないようにし、自分の内面にのみ集中し、私が感じるもののみを考察した。外的存在が消滅し、以前のすべての印象や思考が消え、この単純な印象のみがある新しい世界に入ったと私は仮定した。それはなんだろうか？　それはどのようなものだろうか？　私は対象のいろいろな面のみに視野を限定し、それに十分に慣れるまで注意を逸らされないようにし、それを思考の対象にできるようにした。[51]

その結果リードが見出したのは、感覚的知覚の直接的な産物は、思考の対象とは似ていないということだった。

このようにして感覚を観察する力を身につけた時、私は今まで一度もそれを思考の対象としたことがなく、私が毎日、あるいは人生のうち毎時間感じている感覚は、かつて注意を向けたことがなかったので、一度も感じたことがないほどなじみのないものであることを確信した。私はいわば、硬さ、柔らかさ、粗さ、滑らかさ、形、拡がり、運動は、それらに対応する感覚にまったく似ていないことを見出したのだった。[52]

自身の証言によれば、リード哲学の全体系はこの発見の上に築かれた。「硬さ、柔らかさ、粗さ、滑らかさ、形、拡がり、「運動」などの人間が知っている事物の感覚によってとらえられるはずの性質と、実際の感覚内容は類似していない。そうであるなら、感覚から知覚の原子としての印象が生まれ、印象から観念が、観念から思想が生まれるとするロックやヒュームの理論は間違っていることになる。

感覚をそれに対応する可感的性質と比較する。そうする中で、私はこれらの間につねに全般的な非類似性を見出した。この感覚と、それを通じてわれわれに知られる可感的性質との間に見られる非類似性は、私の体系の礎石である。先行するすべての体系は、これらの間の類似性に基づいていた。アリストテレスはあらゆる感覚は、それに対応する可感的性質の形式や像だとした。ロックは一次性質によって持つ感覚がそれと類似性を持つとしたが、二次性質はそうでないとした。バークリーとヒュームはじっさい外的な可感的事物の存在を認めなかったが、可感的性質と呼ばれるものの概念のすべてが、感覚の複製や像だとした。そこで私はこれを体系の存続を決定する判定実験とすることを提案する。拡がり、形、運動、硬さや柔らかさ、粗さや滑らかさがそれらに対応する感覚に少しでも類似しているなら、私はヒューム氏の信条に帰依しなければならないし、そうすることは避けられない。だがもし類似性がなければ、彼の体系は他の体系と同様、粉々に砕け散り、われわれは別の体系を探さなければならなくなる。この種のことの最終審級は、人間自身の知覚でなければならない。思考の対象とするために感覚に注意を向け、それを可感的性質と比較することができる者は、この問題について困惑することなく判断を下すことができる。そしてもし困惑したとすれば、それは彼が比較すべきものの明晰判明な概念を持っていない証明である。感覚を観察する大変な労苦を払い、それらの明晰判明な概念を形成したので、私には感覚が可感的性質に似ていないことが明確で確かに思えるのである。それはちょうど歯痛が三角形と異なっているようなものなのである。[53]

だが感覚の内容に関するリードの観察が正しいとすると、認知の理論には、感覚的知覚がどのようにして対象の認識をもたらすのか、という重大な難問が生じることになる。もし感覚内容とそれに関する人間の認識内容の間に類似性がないのであれば、どのようにして感覚を通じて感覚の対象である実在の認識内容が人間精神にもたらされるのか。しかも「コモン・センス」と共通する経験論的な実在論の想定に従えば、感覚によって得られる情報には対象の性質だけでなく、対象の実在性も含まれていなければならない。

感覚と可感的性質の非類似性が確立され、それが感官に関わるすべての先行する体系の当否に与える影響をとりあえず考えた後、当然以下のような問いが発せられるだろう。それは、精神の内の感覚は、それにまったく似ていない可感的対象の概念をどのようにしてもたらすのか、という問題である。感覚はたんにそれらのものの概念だけでなく、それらが実際に存在するという強固な信念を与えるのである(54)。

リードの解決は、「ダイレクト・リアリズム」として通常考えられるものとは異なっていた。リードは外的実在についての感覚内容と認識の内容が無関係であるなら、感覚はそれ自体の内容からではなく、感覚の内容と認識の内容とのあらかじめ仕組まれた結びつきによって、外的実在の情報を人間精神にもたらすと考えた。いわば人間精神に対して感覚は、対象の認識内容の記号の役割を果たしている。

ところがこの感覚論的認識論に生じた難問の記号論的解決は、哲学者に対してさらに大きな問題を突きつけることになる。外的対象の実在性の認知可能性というバークリー的な問いを考慮すれば、もし感覚内容が人間の外的実在についての認識の内容と無関係であるのなら、経験論的実在論は感覚による外的対象の実在性や性質の認識可能性を証明する手立てを持たないことになる。

このような問いに対しては、リードは回答を与えようとしない。リードはここでニュートンの方法の「分析」の概念を適用する。探求が経験的な性質で、学問的に正当な手順を踏んでいる以上、探求の結論としてもたらされ、それ以上経験的に遡及できない命題は、それ自体が原理として認証されるべきである。この場合、対象の感覚の内容と、対象の認識内容の記号としての結びつきの原理がそれにあたる。

私は以下のことを哲学の規則と考える。もし自然の行程の中で二つのものが恒常的に、変わることなく結びつけられていて、それまでに知られているどのような自然法則によってもこの結合が説明されない場合、それ自体が自然の第一法則であるか、今までに知られていない自然法則の帰結なのである。したがってある度合いの冷たさが水を凍らせるとき、もしこのことをどんな知られた自然法則によっても説明できないなら、それ自体が自然法則である。もしそれ自体が自然の第一法則でなければ、それはなにか他の自然の第一法則の結果のはずであり、したがって自然法則と同等の権威があり、それが自然法則である場合と同様に、他の現象をそれに分解して示すことができるはずである。(55)

同様にある感覚が、変わることなくある外的対象の概念と存在の信念を伴っているなら、そして同様な結合があらゆる時代のあらゆる人々の精神に見出され、この結合が習慣や教育の成果から生まれないことを示すことができ、またすでに知られ、承認された人間精神のどんな法則によっても説明できないのなら、それを結果としてもたらすなんらかの一般法則が発見されるまでは、この結合それ自体が人間精神の法則だと見なすべきなのである。(56)

このリードの議論では、哲学の方法とされた自然科学の方法の採用によって、外的実在は認識できるのかどうか、という根本的な哲学的問いが回避されている。リードはむしろ積極的に、外的実在の認識可能性そのものを問題にしようとする哲学は、「哲学」の活動領域を逸脱していると主張する。リードにとって哲学は、人間が感覚を通じて外的実在を認知しているという日常生活の公理的前提そのものを疑ってはならない。それは哲学の越権行為となってしまう。外的実在が認知できるのかどうか、ではなく、なぜ認知できるのか、という問いに答えるのが、科学と未分化な「哲学」に与えられた任務だとリードは考える。

この自然による、われわれの感覚と、外的対象の概念と存在の信念の結合を、私は二つの仕方で説明する。すなわち、感覚は精神の本性の原理によって対象を示唆する。あるいは感覚は対象の本性的な記号であると。これらの表現は同じことを意味しており、私はそれによってこの結合を説明するふりをするつもりはなく、われわれの本性の体制によってこのような結合が存在することが事実であると主張するだけである。(57)

この哲学者リードの自己限定には、二つの解釈が可能だと思われる。第一に、科学者/哲学者であろうとした、あるいは無自覚にそのような存在だったリードが、理論的科学の方法を哲学の方法としたため、リード哲学の内部では構造的に不可能な哲学的問いの領域が生まれた。科学は自分自身の公理と方法にしたがって、自分自身の体系を基礎づけることができないので、科学の方法によって認知を根源的に基礎づけるのは不可能になる。しかもリードは自覚的に、そのような哲学的知性の権限縮小を行ったのだった。すでにアバディーン大学での「論理学講義」の「証拠論」の中には、そのような「問いかけ不可能」な認知の前提となる諸命題が列挙されている。それらの多くが「コモン・センス」の原理と呼ばれることになる。

第二に、これをリードにおける哲学的直観の生成にかかわる試行としてとらえるなら、疑うに足る論理的根拠を持ったものを棄却していくデカルトの懐疑とは異なり、リードの「還元」は、感覚内容をそれに随伴する認知内容から切り離し、純粋な形で直観する試みだった。したがってその結果として哲学的主観に対して拓けたのは、デカルトの場合のように、無音の闇の中空に吊り下げられたような孤我の体験ではなく、あらゆる感覚的内容に満たされた世界だった。しかもこの感覚内容の世界は、主観が日常の営みの中で直面したことがないような、未知の相貌を持って現前していた。そのため哲学的主観はこの局面では「還元」によって後にしてきた、認知内容を伴う現実存在の世界と、それとはまったく類似性を持たない、異界のような感覚世界の二つに直面したことになる。デカルトの場合のように哲学的主観が自己と世界を根拠づける唯一の審級であるとするなら、この分裂した二つの世界のどちらかに「実在性」を与える方法はない。この経験を主観に現れるがままに忠実に記述するなら、見慣れた日常性の領域と最初思われた可感覚的世界が、相互に共約不能な複数の世界に分裂したことになる。ありふれた日常世界は、注意深い哲学的観察によって、理解不能な複数性の領域から成り立ち、それらの論理的連関も不可解なままにとどまっている。こうしてヒュームの「懐疑論」を克服するために行われたリードの思索の冒険は、少なくとも日常世界そのものの認知上の権利を承認したヒュームよりも根源的な、世界の根源的分裂の経験に突き当たる。しかも哲学的主観はそこから世界の統一を回復する方法を持たないため、リードの試みはいっそう根源的な懐疑論の論証に終わったとも言える。

感覚的知覚の「記号」的解釈という、哲学的主観にとって直接的な形で根拠づけることができない、いわば事後的な説明を取り除いたとき、一見自明に見える、主観を離れた日常世界の実在性という所与は、厳密な反省に基づく還元の操作を経て現れた感覚の世界から直観的に引き出すことができない。いったん主観的世界の根底に降りた哲学的主観は、自己にとって最も直接的に与えられている感覚が織り成す全体から、日常的思考が前提としている所与の世界へと上っていく道を見出すことができない。このことは、所与が哲学的主観に対して外在的であることを示している。十八世紀の「常識哲学者」リードの探求は、彼のはるかな先行者たちにとってそうであったように、哲学的迷宮としての不可知の世界の発見に終わったとも言えよう。

だがリードの哲学的主観は「コモン・センス」の枠組みを超えないよう、「還元」の前からあらかじめ轡を嚙まされていた。日常世界が存在するという、哲学的反省に先行する前提に立てば、この二つの世界は、感覚世界が日常の実在する世界を人間精神に伝達するという形で連関していなければならない。そうなっていなければならないということは、リード的「還元」の前提から所与とされる。だがどのようにそれが可能なのか、哲学的主観はおそらく永遠に知ることができない。デカルト以来の近代の反懐疑論哲学の展開の最終局面で得られたのは、この解決とも未解決の証明ともつかない、双頭の論法だった。リードがこれを積極的な哲学的原理として受け止めたのは、リードが哲学者としての営みを開始する時点で、リードの教師ジョージ・ターンブルや、ケイムズ卿が提唱した「コモン・センスの原理」を最初から受け入れていたからだとも考えられる。

またこの問題は、次のようにも解釈することができよう。「還元」の操作によって世界が既知と未知の二つに分裂し、それを観照している哲学的主観には二者の連関性を決定する方法が残されていないという事実は、ちょうどニュートン的科学が自己の公理的前提そのものを根拠づけることができないと同様に、哲学がそれ自体では、世界と自己の根源を根拠づけることができないということを知らせている。相似性を持たない二つの世界が同一の世界の表裏でなければならないということは、そこに哲学的主観を超えた何者かの力が働いていて、それが世界を根底から支えていることを示唆している。それをリードの言葉にしたがって神と呼ぶなら、リードにとっての神は、デカルトのように哲学的主観によって存在を認可される神ではなく、哲学的主観そのものを不可知の仕方で根拠づける神だった。もし自分が当初バークリー主義者だったと述べているリードが、哲学的考察の最初の段階で「常識哲学者」だったのではなく、むしろその試みを通じて「常識哲学者」になったとするならば、それはこのような哲学そのものの限界の意識を介してではなかったかと思われる。神はニュートンの自然哲学にとって、重力の原因や太陽系の安定性、惑星の軌道など、自然哲学自体からは説明できない自然秩序の認識を通じて、不可知の原因、力として現れてきた。それと同様にリード哲学にとっては、神は哲学的主観の限界性を通じて、世界を底から支える力として自らを顕現する。このような思考を通じて、「コモン・センス」の認知枠組みと、終生捨てることがなかったリードの信仰の哲学的根拠が得られたのかもしれない。それはあらゆるものの創造者に信仰を通じて実存的に一体化することで、存在の総体としての「世界」そのものの外側に立ち、それを対象として、世界とは、存在とは何かを学問的に探究した、古代と中世のキリスト教的、イスラーム的哲学者たちに似た、信仰と理性の究極的な一体化の経験だったのだろう。

「ニュートンの方法」が哲学でも有効だと考えた実在論哲学者リードにとって、この哲学的主観それ自体の無力さの発見は、おそらく絶望へと急き立てる躓きの石ではなかった。ブリテンのニュートン主義者たちにとって、物理学の無力さの証明が神の万能性の証拠だったのと同様に、それはこのスコットランド哲学の建設者にとって、デカルトによる、「方法的懐疑」の極北の場所から発する世界の合理論的導出の虚妄性の直接的証であるとともに、哲学的思索が自身ではそこより下降することができない決定的な底の発見であり、哲学的主観自体が所与でなければならないことの証明だった。そうであったとすれば、リードにとってこの哲学の無力さの発見は喜ぶべきことだったろう。ニュートンが重力の説明不能性によって不可知の神の叡智を感じたのと同様に、リードは哲学的主観による所与性の証明不能性を通じて、この不可解な世界を支える神の力を直観し、混沌から主観を持ち上げる神の手に触れたと感じただろう。主観にとって分裂した態様で現存する世界を、神が不可知の仕方で統合していることを「無知の知」によって体得した哲学者は、不要な哲学的懐疑に二度ととらわれることはない。いまや哲学者は、それ自体はちょうど重力の法則のように説明不能な「コモン・センスの原理」を前提して、日常世界に還ってくることができる。こうして根源的に複数性によって支配され、分裂し不可知である迷宮としての世界という前世紀のヴィジョンから、明るく平明な日常性の哲学が生まれたのかもしれない。この相反するかに見える二つの世界は、実際には不可分の表裏をなしていた。

3　複数世界と「人間精神」の研究

ルネサンスの混沌から「理性の時代」に進み、霧が晴れつつあるとはいえ、いまだ世界は人間の目では見通すことが不可能な迷宮として存在したなら、十八世紀人がなぜ知的探求についてあれほどに楽観的でありえたのだろう。リードの「人間本性の研究」は、人間の心理、認知機構、行動原理の研究であると同時に、人間を例にとった精神的存在そのものの研究でもあると位置づけられていた。この研究の前提として仮定されていたのは、最高の精神的存在としての神であり、また公に実在性を否定はされないが、十八世紀人にとってはもはや現実性を喪失していた精神的実在者としての天使に加え、はるかに実在性が高いと考えられた地球外知的生命の存在だった。

「人間本性の研究」にかかわる対象領域のこのような構成は、リードと同じくカントにも見出すことができる。というよりカントにとってこの宇宙論的構図は、より明示的だった。カントは一七五五年の『天界の一般自然史と理論』で、ニュートン的科学の妥当性を認め、それに従いながら、独創的な太陽系生成論を展開した。それは「カント・ラプラス説」として有名になる。カントはそれへの付論で、リードよりはるかに積極的に世界の複数性論を展開していた。それはホイヘンスの『コスモテオロス』が体系的に展開した宇宙生物学の系譜に属する著作だった。この論文でカントは、地球外知的生命の存在を論証する必要を感じていない。それは当然の事実として前提されている。カントの関心はむしろ、この著書の副題にあるように、「ニュートンの諸原則」に依拠して、知的存在者としての多様な地球外知的生命の性質を学問的に明らかにした上で、それらが形作る精神的存在の階梯の中での、地球の人間の位置を確定するところにある。この議論はあくまで空想を排した確実な論拠だけに基づいている、とカントは主張する。カントが試みるのは天体世界についての楽しいファンタジーではなく、厳密な学問だという。

われわれが哲学をもちいる場合、たといただ面白がらせるためにやっただけなのだなどと説明されるにしても、もし軽率な仕方で若干の見栄をともなう機智の自由奔放が主張されるとすれば、わたくしはそれを哲学の品位を汚すものというべきだと思う。それゆえわたくしはこの試論において、われわれの認識の拡大に寄与することができ、同時にその真実らしさが十分基礎づけられていてわれわれがそれをほとんど認めずにはおれないような命題以外には引証しないであろう。(58)

ホイヘンスやフォントネルの議論と同様にカントの比較宇宙生命論は、熱を与える太陽からの距離によって知的生命の特質が決定されると考える。それは知性の度合いに関連して、水星人から土星人に至る、精神的存在のヒエルキーを構成する。水星人はもっとも低い知的生命と考えられる。カントはここで、フォントネルと同様、暑い世界に存在する黒人の「知的鈍重さ」という、人種主義的観念に基づく議論を行っている。反対に土星人は、フォントネルの場合のように太陽から遠いために緩慢な知性を持っているのではなく、少ないエネルギーで活動できる、もっとも高い精神性の所有者だとされている。この序列の中の中間に置かれた地球人は、動物性と精神性のスペクトルの中間に位置する。だがそのことは人間の劣等性を示すのではない。それは人間が動物的存在から高度な精神的存在へと進化する可能性を持つ、未来を有した知性的存在者であることの証となる。

カントは宇宙人と交際していたという、魔術的複数性論者スウェーデンボリに魅了されたことがあった。(59) リードやカントを含め、唯物論者以外のこの世紀の多くの哲学者たちは、物質と異なる「精神」の次元の存在を信じ、魔術的な思考に拘泥することとなるため学問的に積極的に論じることはまれだったが、「精神世界」の実在性を疑わなかった。キリスト教的有神論に基づく複数世界論では、世界を超えた神の次元を想定する。「精神」は神から分かち与えられた人間の本質的な実体あるいは属性と考えられたので、物質世界とはクラスを異にする。そのため世界が数的に増殖するだけでなく、神から物質世界へと、次元の異なる世界がヒエラルキーを持って並行することになる。複数性論者スウェーデンボリの著作ではこの「精神世界」が宇宙を覆い尽くしていて、それと天文学的複数性の世界が地続きに連続して描かれる。この見霊者は魔術的、神秘的な観想によって、宇宙人たちの霊と会話し、惑星上や系外惑星上に展開する天文学的複数世界の実状を報告する。このヴィジョンは、宇宙が霊魂を持つと考え、秘術によって神につらなる霊的な世界との交感を行えると信じ、天文学的な複数性と魔術的世界を重ね合わせていたブルーノの世界の通俗版とも言える。経験世界とそれに並行する「精神世界」の複数性論はこの世紀のハイ・カルチャーの主要な複数性論とはならなかったが、天文学的複数性論の衰退以後、「別次元」、「別世界の存在」の観念は知的世界の周辺で存続していくこととなる。

ニュートン的な知的総合に基づいていたカントは、批判期以後「精神」の研究を厳密な学問的研究としては唯一可能な、人間を対象とした分析に限定するとした、リードの慎重な接近法と同じ立場を採用したと思われる。『実践理性批判』は人間精神の研究を進めるにあたり、リードと同様に[60]、自然哲学の例にならうべきだと主張する。それは長い混迷の時期を経て、正しい方法論に基づく探求が始まることで、完成した知識への道を歩むようになった。

世界考察は、およそ人間の感官が提示するところのまたおよそわれわれの悟性がこの考察の広汎な範囲にわたって探求するに堪えうるところの最も壮大な見解に始まって——占星学に終わった。……しかしいかに遅くとも、理性が取ろうとする一切の歩みをあらかじめ熟慮してこのように熟慮せる方法の軌道以外に理性を行かしめないという格率が通用されたのちには、世界構造に関する判定はまったく別の方向を取り、これとともに

無類の幸福な結果が得られたのである。(61)

人間精神の研究も同じ方法が適用されるべきである。

こうした実例は、われわれの本性の道徳的素質をあつかうにあたっても同じ道をとることを勧め、また同工のはかばかしい成果への希望をもたらすことができる。(62)

カントはならうべき模範として投石器の例や、運動と力の数学的分析を挙げる。経験主義的なニュートン主義者リードが、『光学』の「分析と総合の方法」を範例としたのに対し、大陸の科学的伝統に依拠するカントは、「複合的対象の要素への分解」という意味での「分析」の方法を提唱する。数学の手法が適用できない人間精神の研究では、それは「化学」の方法を用いることであり、具体的には、精神における経験的要素から合理的要素を分離することを意味している。

ブリテン科学と大陸科学との方法論的な違いがあるとはいえ、リードとカントは「人間本性の研究」にあたって、ニュートン的科学を代表とする「新しい科学」の方法を模倣するという点で、類似した態度を採っていた。そして二者のこの共通性は、研究の対象についても同じだった。批判期の最初の主著では、カントは彼の理論が人間のみに妥当性を持つのではないと主張する。内観法による心理学的研究をそのまま哲学的研究と同置したリードと違い、カントによれば、注意深く経験心理学的な内容を捨象した彼の抽象的理論の結論は、より普遍的な妥当性を持つだろう。それは神にはふさわしくないが、感性的で理性的な存在者すべてにあてはまる。(63)

たとえば人間以外の知性的存在者も「感性」に基づいて時間と空間を認識する。この認識は人間と同様、知覚そのものではなく、知覚の先験的枠組みに基づいている。そのためそれは対象を必要としない、一瞬にすべてを理解する神の知的直観と異なっているだけで、人間と共通している。

また、われわれは空間と時間における直観の仕方を人間の感性に制限する必要もない。たぶん、すべての有限な思惟的存在者がこの点で人間と必然的に合致しなければならないかもしれない（われわれはこのことを決定することはできないにしても）。けれども、直観の仕方はこの普遍妥当性のゆえに感性的であることをやめない。なぜならそれは派生的であって、根源的直観ではないから、したがって、知的直観ではないからこそまさにそうなのである。そうした直観は上述の理由からして、根源的存在者にのみ帰属するように見えるのであり、根源的存在者の現存在に関しても根源的存在者の直観に関しても依存的な存在者には決して帰属しないように思われる。(64)

このように感性の形式という形で導かれた時間と空間がニュートン体系の学問的普遍性の哲学的基礎だったとすると、トマス・ペインの言うように、異なった知覚を有するかもしれない人間以外の知的存在者もニュートン的科学を持ち、万有引力の法則を知ることになるだろう。

認知の哲学的研究に続く実践理性の研究でも、感性を有する精神的存在者一般に対するその結論の普遍性が主張される。カントが明らかにした「道徳性の原理」は、理性と意志を有する一切の有限的な理性的存在者に該当する。これには神も含まれる。ただし神の場合、道徳法則は「命令」の形式をとらない。

さて、この道徳性のこの原理を、まさにその立法の普遍性、意志のさまざまな主観的差異を無視して、この原理を意志の形式的で最上の決定根拠たらしめるその普遍性のゆえに、理性は、同時にあらゆる理性的［存在］者［alle Vernünftige Wesen］にとっての法則にほかならないと宣言する。このことは、理性的［存在］者が一般に規則の表象を通じてみずからの因果性を決定する能力である意志というものをもつかぎりにおいて、したがって理性的［存在］者が原則にしたがって、それゆえまたア・プリオリな実践的原理にしたがって（それももっぱらこの原理のみが、理性が原則に要求する必然性をもつがゆえに）行為しうるかぎりにおいて、可能となることなのである。この原理は、それゆえ人間のみに限られるものではなく、理性と意志とをもつあらゆる有限な［存在］者［alle endlichen Wesen, die Vernunft und Willen haben］にかかわり、実際さらにいえば最上の知性としての無限な［存在］者［das unendliche Wesen, als oberste Intelligenz］すらもともに包括するものなのである。とはいえ、有限な［存在］者の場合には、道徳法則は命法の形をとる。というのも、それは、たしかに、理性的［存在］者として純粋な意志を持つと考えることはできるが、しかし何かが不足していることと感性的動因によって触発される［存在］者である限り、神聖な意志、すなわち道徳法則にさからう格率を何ひとつ受け付けないような意志を、もつとは考えることはできないからである。道徳法則は、それゆえ、前者にあっては、定言的に命ずる命法である。というのも、この法則が無制約的であるからにほかならない。(65)

道徳法則が主体に対して現れるこの同一性と差異のために、「一切の有限的な理性的存在者」の倫理的進歩の目標は、道徳法則が命令ではなく、自由な意志として現れる神のあり方に対して、どこまでも接近していくこととなる。

充ち足りて欠けることひとつない知性においては、意思は、当然、同時に客体的に法則でありえないようないかなる格率をもついわれのないものとして考えられる。そこで、この理由からして、神聖性の概念が知性の概念に帰せられると、この知性はあらゆる実践的法則とはいわないまでも、それでもすべての実践的に制限を加える法則は超越し、したがって責務と義務を超越してしまうのである。意志のこの神聖性は、とはいうものの、一つの実践的理念である。それは、理の必然として、原型の役を果たすものであり、この原型に無限に接近することがあらゆる有限的な理性的［存在］者たるものにとってふさわしい唯一のことなのである。(66)

こうしてカントは人間の精神を研究の素材にしつつ、精神の感性的、心理学的性質と理性的、形式的性質を区別して「あらゆる理性的存在者」の存在形態を論じ、宇宙的規模での道徳的進化の有様を展望する。そのうち多様な感性的な理性的存在者の道徳的完成度は、純粋な精神である神にはおよばないとしても、おそらく相互に同じではないだろう。かつて細部にわたって具体的に論証しようとしたように、カントの脳裏にある宇宙には、知的、道徳的理想としての神への接近の度合いから見て、さまざまな段階に位置づけられる知的生命が存在していた。人類の進歩を概観した一七八四年の「世界市民の立場から見た普遍史の構想」では、たとえば以前の論文の「土星人」がそれにあたるだろう、個体として道徳的完全性に到達できる高度な存在に比較して、人間は個体としては完成の域に達することはできないとされている。「水星人」と「土星人」の中間的存在である人間は、「類」としてのみ完全性に至ることができる。そのため人間は国家と歴史を持つことになる。

地球以外の多くの惑星の住民がどのような存在であるか、また彼等の本性がどのようなものであるかは、我々の知るところでない。しかし我々が自然のかかる寄託によく答えるならば、我々は宇宙におけるこれらの隣人たちのなかでも、さほど低くない地位を主張して差支えないと自負してよいだろう。これらの惑星の住民達にあっては、各個体がそれぞれ自己の本分を、彼の生涯のうちにあますところなく達成するかも知れない。しかし我々にあっては、そうはいかない、ただ類のみがこのことを期待し得るにすぎないのである。(67)

このようにニュートン主義の方法と複数性論という十八世紀科学の全体的な構図の中に位置づけた時、『実践理性批判』にある、以下の有名な章句の具体的な意味が明確になる。

それを考えること縷々にしてかつ長ければ長いほどますます新たにしてかつ増大してくる感嘆と崇敬を持って心を充たすものが二つある。それはわが上なる星の輝く空とわが内なる道徳法則とである。私は、これら二つのものを、暗黒に蔽われたものあるいは私が視界の外なる超絶界にあるものとして求めまた想像するにとどめてはならない。私は自らのうちにそれを見、またそれを私の存在の意識と直接に結合している。(68)

深夜に瞑想にふける哲学者が見る天空に瞬く星々は、人間の想像力が及ばない膨大な物質的空間であるとともに、人間には見ることができない、不可知の無限の世界を蔵している。それに比較すれば個人など、浜辺の砂粒よりもはるかに微小な存在と思われる。他方で眼を閉じ、自己の内奥を振り返るとき、哲学者はそこに理性の存在を直観する。個人に内包された理性は、天空に住む無数の知的存在者と同一の実在である。それはさらに空間を越えて無限に広がり、これら諸世界の創造者である、物質性を越えた純粋な精神としての創造者に連なっている。

前者は私が外的感性界において占める場所から始まって、私と外界との結合を世界の上なる世界や体系の体系を包有する無限の天界〔unabsehnliche Grosse mit Welten über Welten und Systemen von Systemen〕に拡大し、さらにその周期的運動の無限の時間のうちにこの運動の起始と持続とを拡める。また後者は私の見えない自我すなわち私の人格から始まり、真の無限性を持ってはいるがしかし悟性のみがたどりうる世界――この世界と（この世界を通じて同時にまた一切の見うる世界と）私との関係は、第一の場合のように単に偶然的ではなく普遍的な必然的結合を有していることを私が認識している世界――に私を置く。第一の無数の世界群〔Der erste Anblick einer zahllosen Weltmengen〕を見るときには、わずかの間（いかにしてかわからないが）生命力を与えられたのちに自分を組み立てている物質を遊星（宇宙におけるたんなる一点）に返さなければならない動物的被造者としての私の価値は破砕される。これに反して第二のものをみるときには、叡智としての私の価値は私の人格によって無限に高められる。この人格において道徳的法則は動物性から、そしてまた全感性界からさえ独立した生命を私に掲示する。(69)

不可知の複数世界の前に立つ人間は、自己の理性がそれらに底から連結していることを感じる。感覚の限界のため、自然的な世界の像はどこまでも蓋然性の領域から脱することはできない。だがその論理的性格を推論することができる。道徳世界については、個人の心奥の「道徳法則」を通じて、無限の存在の領域への出口が拓けている。文章表現の違いから同じ印象を受けないが、星空と自己を見つめるこれらの言葉は、道徳哲学者アダム・ファーガスンの晩年と同様の思想を語っている。カントが内省的、理知的であり、ファーガスンが活動的、情動的なのは、それぞれの人格の相違とともに、カントが経験科学からいったん切り離した厳密な哲学の方法にしたがって考えており、ファーガスンが実験哲学の方法を人間本性の研究にそのまま応用する立場を採っていたからだろう。カントは道徳性の根拠を質料から切り離された心の形式的側面に求めるが、ファーガスンはそれが動物の社会的感情から連続的に生じてくると考える。だが両者ともに無限空間の複数世界を観照しながら、ストア的な倫理観に基づき、宇宙共同体の中での道徳的向上を目指している。

批判期カントのこの人間観は、比較宇宙生命論の以下の末尾と共通している。それはコーリン・マクローリンの、人間の進歩についての省察に似た響きを持っている。

事実もしわれわれがこのような考察をもって、また前述の考察をもって、自分の心を充たしたとすれば、晴れた夜一星輝ける天を見るとき、ただ高貴な魂のみが感ずる一種の満足を与えられるのである。自然の普遍的な静けさと感官の安らいとによって、不滅の精神の隠された認識能力は、言いえざる言葉を語り、解きえぬ概念を与える。それはまことに、感じられはするが記述されない概念である。もしもこの惑星の思惟的被造物の間に、かくも偉大な対象があらゆる刺激をもって彼らを魅了するにもかかわらず、やはり固く空無に隷属してそれに執着できるような卑賤な存在体があるとすれば、この球体は何と不幸なことであろう！　彼がそのような哀れな被造物を育てえたとは。しかしまた彼は他面において、何と幸運であることだろう！　彼には、最も受け容れるに値する諸条件の下で、あらゆる宇宙天体における自然の最も勝れた整備を達成しうる能力をも無限に遠く越えて聳ゆるところの、幸福と高貴さとに達する道が開かれているから。(70)

古代人が個人に内在する、個人を超えた存在と見なした「理性」は、世界を動かす原動力とも、世界の根源に実在する物質とも、「一者」から流出してそこから物質世界が湧き出てくる根源的存在とも、あるいは物質世界そのものの創造者とも考えられてきた。そのようにとらえるなら、人間の脳内で進行する論理的思考が客観的実在の秩序と一致するのは当然となる。イスラーム世界でのイブン・スィーナーの業績や「ハイイ・ヤクザン物語」などの孤我と世界との関わりについての思索の後、ルネサンス以後のヨーロッパでの懐疑論の復活を経て、「理性」はデカルトによって方法論的に純化され、方法的懐疑の果てに到達できる哲学的主観として定式化された。

この「認識論的転換」の結果、客観的実在と主観の一致が根源的な問題となっていった。イスラーム哲学でもそうであったように、この問題の解決には「存在」という、哲学的主観に対する所与性と、主観そのものの両者の背後に想定された、「神」と名づけられた媒介者が必要だった。その点で近代哲学は、主に有神論とならざるをえなかった。哲学的主観はフィヒテからヘーゲルに至って、一種の世界創造を担う主体へと転生し、自己の力で物質世界と精神世界を展開する怪物と化していく。カントはその前夜にあたって、古典的な形で世界と哲学的主観の関係を観想する。人間はニュートン的科学が明らかにした圧倒的な物質世界と対峙しながら、自己の内奥への沈潜によって、人間存在の核である「理性」に到達する。それはそれ自体の創造者であり、本体であり、世界の終局原因でもある神を通じて、物質世界の全体と結びつき、そこに君臨する諸精神と共鳴する。

認識能力や道徳法則を通じて神と通底する人間の純粋な理性を描き出した、いわば肯定神学的に人間と世界の結びつきを見出したカントに対して、より経験主義的なニュートン主義に基づくリードにとっては、「ニュートンの方法」に適合する、科学や哲学の「限界点」の発見が、人間にとっては理解不能とされる神の叡智の否定神学的な論証となっている。とはいえこの両者には、古代から受けついだ理性概念の残滓が共有されていた。彼らが抱懐した十八世紀の理性は、存在論的に万物の根源と規定された古代的理性概念と、快苦の計算機としての近代的理性概念の中間を漂っていたと言える。後者への筋道を示しながら、同時にカントの理性は、基本的に古代的地盤の上に立っている。さまざまな操作によって純化され、措定され、個人の中心点とされた哲学的主観は、古代においてのように素朴に、存在論的に、根源的存在や、世界の創造者や、創造主の助手とされるのではないが、認識論的枠組みを通過して、肯定的あるいは否定的な仕方で、個人の奥底から外界に通底し、複数世界に瀰漫する。いわば個人的存在の中心から不可知の複数世界と個人の内面世界を連結するワーム・ホールのようなこの理性があるからこそ、明示的に宣言された、複数世界における自己の認知能力の限界の意識にもかかわらず、人間知性に対する信頼が保持されたのかもしれない。またそこからこの世に存在するあらゆる精神的、知的存在者が同一の能力と価値を持つという、この時代の中心的思想が導かれたのかもしれない。

第6章　複数性論から単一性論へ——十九世紀

1　宇宙と自己中心性

（1）反複数性論の台頭

フランス革命の渦中で催された「最高存在の祭典」での演説で、ロベスピエールは近代の地理上の発見、技術の進歩や天文学の発展に言及し、これらの革新のため、現在ではたとえば「アジアのマギ」とニュートンの教説の間には隔絶した飛躍が生じていると論じている。そして物理的世界の変革はすでに終わった、いまや人間の理性がもう一度地上に目を向け、「道徳と政治」の革命を成し遂げる時であると主張する。(1) フランス革命の指導者は天から地へと視線を変えることを訴えながら、知識世界での大転換を継承していく構えを見せている。同様な世紀末の宇宙論的情熱の実例は、いくつも見出すことができるだろう。たとえば十八世紀末に書かれた、ベートーヴェンの第九交響曲の歌詞として使われたシラーの詩「歓喜に寄せて」には、星々や天空や天の炎といった宇宙論的イメージが頻繁に使われる。多くの人々に歌い継がれてきたこの詩の中で、「英雄のように汝の道を進め」という行進曲的なパートで使われた部分には、「彼の太陽たちが飛んでいくように wie seine Sonnen fligen」(2) という、太陽系外の恒星系世界の存在を指示する詩句が現れる。

本章の第二節で見るように、天文学的複数性論の拡散は十九世紀の初頭になっても続いていたが、それには例外もあった。この時代に生きる詩人コールリッジは一八三四年二月二二日の述懐で、自分は世界の複数性論に感心したことがなかったと語っている。宗教にとって大切なのは、結局巨大な塵の集まりに過ぎない天体の存在意義などではなく、キリストの贖いに思いを凝らすことなのである。

通常使われる意味での「世界の複数性」を弁護する議論に説得力を感じたことは、私には一度もない。あるご婦人が私にこう尋ねられたことがあった。「もしそうなら、明らかに私たちには無用に思える、あのような巨大な物体をたくさん創造した神の意図は何なのでしょう?」

私はこう答えた、わかりません、ひょっとしたら塵を安くする目的以外には、と。こういう俗人の議論は、別の類に関する推理である。知的で万能の存在者の目に映る天空の全体の体系は、彼のためにキリストが死んだ人間の魂にとってと同じではない。(3)

十八世紀末から十九世紀にかけて、少なくとも知的世界の中で、この発言に示されるような新しい傾向が浮上しつつあった。それは最後には天文学的複数性論を没落させることになる。網羅的な電子データベースが存在しない十九世紀を扱う本章では、ヘーゲル派の複数性論批判と、十九世紀半ばのブリテンでの複数性論争を実例として取りあげることで、この変化の要因を分析する。

(2) ヘーゲルとフォイエルバッハの複数性論批判

十八世紀末に生まれたハインリヒ・ハイネは、当時の教育に従って幼い頃から天文学を学び、夜空に輝く星々の彼方に、万能の創造主が座していることを信じていた。ユダヤ人の風貌を持つ「神」は、宇宙空間を満たす星々と、その上で暮らす無数の知的生命を慈愛に満ちた眼差しで見守っている。しかし科学と自然神学が混交したこの幼少期の世界の図像は、ベルリンに移り、そこでコールリッジの同世代に属する生涯の師と出会うことによって、根底から覆されることになる。ハイネはある夜のヘーゲルとの会話を、次のように回想している。

ある満天に星が輝く美しい夜に、私たちは窓の前に並んで立っていた。そして当時二二歳の若者で、たっぷりと夕食をとりコーヒーを飲んでうっとりとした私は、星々を褒め称えて、あそここそが天国に行った魂の住処ですねと賛嘆した。するとわが師匠は、ぶつぶつとはき捨てるように言った。「やれやれ、星かね！　あんなものは空に付いた光る飾りに過ぎぎんじゃないか！」(4)

あたかも自身が読み親しんだはずの『実践理性批判』の末尾を飾る、カントの心奥から発話された章句を嘲笑するかのような巨匠のこの一言は、十八世紀の自然神学に親しんだハイネの調和に満ちた世界を一撃で破壊したという。青年期から「冷たい機械としての世界」に反対し、反ニュートン主義を掲げていたこの哲学者(5)は、壮年期に精力を傾けて構築した弁証法的自然哲学の体系の中では、ニュートン的科学の個々の結論を受け入れつつ、存在のヒエラルキーの原理と、そのそれぞれの段階を破壊的な形で連結する弁証法の論理を使用して、十八世紀の自然神学が称揚した無限に輝く宇宙の体系を、存在の価値的秩序の底辺に位置づけようとした。自然神学者たちの理解とは反対に、そこでは恒星に満ちた太陽系外の空間は付随的なものと見なされ、太陽系こそがもっとも優れた体系だと宣言される。夜空の星を鑑賞しながら己を振り返り、不可視の理性の世界に想いを致す哲学者は、ニュートン的空間の物質的無限性に惑溺したあげく、哲学的に無意味な深夜の妄想に耽っているにすぎない。

星と星相互の関係には悟性があると思うこともできるが、それらは死んだ反発に属しているだけである。……太陽系こそは実在的な理性的体系であって、われわれが天に認識できるものである。星はその静けさのために尊敬されるかもしれない。しかし尊厳にかんして星は具体的な諸個体とは比較できない。……この世界は感覚にとっては関心事となるが、しかし哲学的な観点にとっては関心事とならない。世界が多様性に対する無限の余地であるということは理性にとっては何ら意味がない。これは外面的なもの、空しいもの、否定的な無限性である。理性はそれ以上に高く昇るすべを知っている。(6)

太陽系内の星々の中でも、「ピュタゴラス主義」や自然神学が太陽の従属的存在と考えてきた惑星こそが、ヘーゲル体系の中ではもっとも高い存在だとされる。太陽崇拝は抽象的思考に傾く合理的知性の錯覚に基づいている。人々は太陽の輝きに目が眩んでいるだけである。

惑星という天体は、現存状態にある直接的に具体的な物体として、もっとも完全なものである。普通、人は太陽をもっとも優れたものと見なしている。ただし恒星さえも太陽系の中の天体よりも高いと思うことからわかるように、悟性が抽象的なものを具体的なものよりも好む限りでそう言われる。(7)じっさいは、太陽は惑星の従僕に過ぎない。恒星も彗星も太陽も月も、すべては地球の手足としてのみ存在を許されている。

惑星は、真実の第一のもの、主体性である。……太陽は惑星に奉仕する。太陽、月、彗星、恒星は地球にとって意味を持つにすぎないからである。(8)

合理的知性を超えて存在の深奥を洞察する力を持つとヘーゲルが考える理性は、外面的、物質的大きさに誘惑されることなく、地上こそが至高の場所であることを知っている。なぜならこの地球の表面にのみ、存在の秩序の中で物質の上に立つ精神が現存在を持つからである。ヘーゲルは天文学的複数性論者たちの言説を睨みながら、厳しく批判する。

個々の天体について言うべきことはほとんど残っていない。……地球という有機的なものの規定は、天体という自立的な仮象を有する星界のあらゆる諸力を保持する星の力を消化することであり、それを、この巨大な手足をたんなる契機に引き下げる個体性の力の支配下にもたらすことである。……誇りということを言うならば、地球、この目の前にあるものを高いものと見なさなくてはならない。量的な反省をすれば、地球はたしかに格下げになって「無限なものの海の中の一滴」と見なした方がいい。しかし、大きさというのはとても外面的な規定である。われわれは今、われわれの故郷である地球の上にいる。それはわれわれの自然の故郷であるだけでなく、精神の故郷である。(9)

精神の故郷はこの地上であるというヘーゲルの言葉は、ハイネによれば、シラーの詩句が言うように、星々の彼方に万物の創造主たるわれらの父が住んでおられるのではなく、地上で生きるわれわれ人間こそが神なのだという、密かな含意を持っている。ハイネの見方に従えば、このヘーゲル体系の秘教的核心が、あたかも古代的祖形への先祖がえりのように世界の創造者と化した「理性」と、中世的あるいはイスラーム哲学的な新プラトン主義的アリストテレス主義や、思想史の底流を流れるグノーシス主義を受け継ぐ反世界主義といった、大時代的な道具立てで飾り立てられた、魁偉で異様なヘーゲル体系が持つ、極端な「近代」主義だということになるだろう。

ニュートン主義的な自然神学に対抗して表明されたこの地球中心主義を受け継ぎ、ヘーゲル左派のルートヴィヒ・フォイエルバッハは、ヘーゲルの「真意」のこの解釈にしたがって、自然神学の複数性論を全面的に否定する。地球外惑星がより高い知性的存在者たちの住処であり、人間の死後の復活の場所であるとする自然神学は、科学の発展に従って天国と地獄のヴィジョンが力を失ったために現れた、古い神学の代替物だったにすぎない。

したがって、死後に諸個人としていき続ける諸個人の生活が必然的に生前の生活に当たるとするなら、人々が近世においていったん想像的な天国に対する信仰と、幽霊の国・影の国・黄泉の国・冥界にかんするいんうつな諸表象から遠ざかった後に、諸星辰を死者たちの諸滞在地として想定したということは、まったく当然のことであった。(10)

この観念は根本的には、自己の感性的現存在が個体の肉体の限界を超えて永続して欲しいという、人間心理の要請に基づいている。科学的推論ではなくこの心理的機序こそが、精神に満ち溢れた複数性の世界像を捏造したのである。ヘーゲルの体系と論理に習熟したフォイエルバッハの鋭利な宗教批判は、初期近代の知的世界にあれほど蔓延したニュートン主義の自然神学の論法の舞台裏を暴きだし、幾度となく繰り返されたその弁証を批判して、背後から解体していく。

あなたはビックリして次のように叫ぶ「何？　あれほど多数で巨大な諸天体が意味もなく存在していて、ただ測ることができないほど広大な諸世界の大洋の中に、まるで小さい塩粒のように溶け去ってしまうこの地球の上にだけ――ただこの地上にだけ――生命が存在するはずだと？」(11)

フォイエルバッハによれば、天空に広がる空虚な物質的空間に「意味」を与え、目的があるようにすることが、天文学的複数性論の意図だった。それは実際には人間の空想を物理的世界に押し付けたにすぎない。地球外知的生命は人間が想像力で造りだした幽霊のようなものである。

あなたは諸星辰にかんするあなたの直観の中でこれらの天体の感性的に独立した現存在・大きさ・多数さに直面する。それらの天体は存在している。したがって、もしこれらの無限な物体が何かのため、生命のためでないなら、それらが住まわれていないというなら、これらの無限な物体はなんのために存在しているのだろうか？　あなたは生命をある物体の目的と設定する点で正しい。しかしあなたは、それらの物体がちょうど空間または現存在の点から見て独立であるのと同じように、それらの物体の目的および本質の点から見ても独立でなければならないと信じる点で誤っている……したがってあなたは、この測り知れない空間そのもののなかになんらの生命も存在しないばあいは、この空間が目的をもたないものであることを信じる点で間違っている。それゆえにあなたはこの誤謬にとらわれて、遠い諸天体を例外も区別もなしにあなたの豊穣な空想が産み出す本質を持たないもろもろの影でもっておおいかくし、且つそれらの天体にこれらの影を住まわせる。(12)

現実の空間、天体は物質であり、人間的な意味を持たない。自然を被造物と考え、その中に知的な目的を見出そうとする自然神学は、このような人間とかかわりのない世界を人間化しようとする心理の結果生まれた、空想的な体系なのである。

あなたを驚かし迷わせるものは単にこれらの天体の感性的現存在、これらの天体の果てしない空間に過ぎない。……諸天体の上に生命が住んでいないのであなたにとって諸天体が無駄に存在しているように見えるなら、私はあなたに対して、私にとってはあらゆる空間・あらゆる現存在・あらゆる自然が無駄に存在しているように見える、ということを白状しなければならない。(13)

底知れぬマクロとミクロの世界の例を挙げて、「意味」は人間の創造物であるとフォイエルバッハは主張する。そう考えれば、自然そのものの大半は「意味」を持たない、価値の空隙で占められている。膨大な物質空間への恐怖の本体とは、近代科学が提示した「世界の無意味性」という真実への慄きだった。それがついには、考えられるあらゆる天体に知的生命体を住まわせることになった。

しかしフォイエルバッハは、ニュートン主義の天文学的複数性論を全面的に否定することができなかった。当初一八三〇年に発表され、著者の社会的地位を奪ったこの論文への一八四七年の注で、彼は地球外知的生命の存在自体を拒否するのは正しくないとする。フォイエルバッハが批判するのは、それに伴う自然神学の論法だった。

私はあらゆる光っている点に生命を持った存在者たちを住まわせるふつうの合理主義神学の直観がたいへん不条理なものであると考えるが、私は例えば金星または火星というような諸天体に意識を持つ個体である生命の存在を認めないことも、同様におろかなことであると考えるのである。(14)

自然神学の信奉者たちと同様に、唯物論者フォイエルバッハも金星人や火星人の存在を信じていた。このように十九世紀の半ばでも、近代天文学を学問的背景とした複数世界論の科学的説得力に抗することは容易ではなかった。その十年後に、イギリスではケンブリッジのウィリアム・ヒューウェルが世界の複数性そのものを攻撃し、複数性論者たちの集中砲火を浴びることになる。(15)

ヒューウェルは地球外知的生命の存在自体が空想の産物だとする点で、フォイエルバッハより「現代的」な常識に近いとも言える。(16) しかしヒューウェルが批判にあたって依拠したのは、惑星に関する天文学的な知見とともに、地球が宇宙の中心でなく、地球以外に知的生命が存在するとすればキリスト教の教義が破壊されるという、古くからの神学的論法でもあった。そのためヒューウェルは地球を銀河系の中心に置こうとさえする。

フォイエルバッハは科学的にはより慎重で、天文学者たちの常識に挑戦することを避けたが、自然神学がもたらした論理的錯誤に対しては、より徹底的に批判した。死の問題を深刻に捉えたこの複数性批判におけるヘーゲルの後継者は、死は人間に己の現存在の限界を告げ知らせる意味を持っていると言う。そのため自然神学の複数性論は、人間に自己の真のあり方を隠す機能を果たしてしまう。死後に人間が生き続けられるのは、ヘーゲル体系では「絶対的精神」に該当する、「哲学・芸術・宗教」においてだけだとフォイエルバッハは言う。複数性論的な自然神学が主張する、死後の生まれ変わりの場所が天上の惑星だという考えは、人間の本性と矛盾している。

人間が死後にもまたなお実存し続けるのは、ただ哲学・芸術・宗教の中だけであって、土星および天王星の上またはその他のどこかではない。

人々が死後に星辰から星辰へと移っていくという表象、また諸星辰も、お客が来る前からすでに生きている個別的存在者たちの気持ちよい住居として準備されているという表象は、とくに自然と精神に矛盾するものであり空虚なものであり平板なものである。(17)

フォイエルバッハにとって、一般に宗教は人間の「本質」の自己疎外だと定義できる。この「人間の本質」、ヘーゲル哲学体系の中であれほど怪物じみた姿で主役を演じ続ける、あらゆる自然的存在の上に立ち、キリスト教の世界創造神の代替物として描かれた奇怪な「精神」とは、フォイエルバッハに従えば、じつは個人としての人間の限界から立ち現れる、他者性の世界における人間性である。個人の他者は他の個人なのだから、「人間の本質」とは、相互行為の結果生産され、社会的紐帯によって個人、世代を超えて継承される、人間の社会的知性である。個人は自己の中に受け継いだこの精神的産物を自らの行動によって対象化し、それが自己の死を超えて永続し、個人としての人間の成就となる。この事実に対する誤解が、宗教的直観の源泉を提供してきた。人間とは本来的に意味的な存在であり、個人の生涯の意味上の達成は人類の言語共同体や認知共同体の中で、有限な自己の存在を超えて生き続けることができる。天文学的複数性論が主張してきた、惑星上での「死後の復活」の観念は、この「人間の本質」を誤解させることになる。

もし人間が地球の彼岸で、天王星または土星の上の天上で、またはあなた方が好むその他のどこかで初めて己れの成就を見出すとしたならば、そのときはいかなる哲学も存在せず、また一般にいかなる学問も存在しなかっただろう。(18)

壮大で蒼古とさえ見える異常な反ニュートン体系であるヘーゲル哲学の外観を破って、フォイエルバッハはその「近代的」核を鮮やかに取り出してみせる。化け物じみた「理性」の実体とは、現代語に訳し直すとすれば、人間の共同性を担保し、個人の存在を超えて存続していく言語共同体、あるいは認知共同体のことだった。こうしてカントの宇宙論的妄想も、ヘーゲルの神話的時代劇も、人間が己の社会性の意味を理解しさえすれば、朝日を浴びた亡霊のように霧散してしまう。それによって自然神学が描き出した輝ける星空は、もはや人間の現存在にとって大きな意義を有しなくなり、たんなる科学としての天文学の対象になるだろう。いつまでも天空を仰ぎ見るのを止め、地上に目を注ごうではないか。意味とはこの地上の間主観性の中にしかなく、「精神」とは人間の社会的生産物なのだから、複数性論者たちが言い立ててきた不可視の世界などどこにも存在せず、それを現存在と結びつけるカントの宇宙論的「理性」も現存しない。仮に理性が、ホッブズや功利主義者が描くような、個人が有する効用関数に基づく計算能力の仮称ではないとしても、少なくともそれは人間の相互行為を媒介し、それを促進して、個人の行為を可能にし、個人の行為によって発展していく、「類」としての人間の「本質」であって、存在の根底に通底する古代的な「ヌース」ではない。

憑かれたような孤独な思索の熱の只中で書きとめられた深夜の思想が、一夜明けた昼光の下では色褪せた妄想に過ぎない惨めな姿を曝すとすれば、十九世紀半ばまで喧しく続いた複数性の諸言説は、多くの著名な思想家、科学者たちを数える豪華なキャスティングにもかかわらず、あくまで真の「近代」の幕開けの前座として上演された喜劇の一種にすぎなかっただろう。この舞台の上では、カントのような思想史上の主要な登場人物が、機械仕掛けの雲の上に乗ったソクラテスのように、観衆の容赦ない嘲笑に曝されることになる。なぜならフォイエルバッハに従えば、自我の内奥へ沈潜することがそのまま膨大な宇宙空間への突き抜けの行為であるという、この啓蒙哲学者の思考自体が、白昼の地上で営々と積み重ねられてきた人間社会の知的構成物としての「精神」の、本来「意味」を持たない非人間的な時空間への不当な重ね合わせだからである。世界の複数性と不可知性と、それにもかかわらず個人の存在を世界の底に結びつける紐帯とされた「理性」の観念が、このような「自己疎外」の結果であるなら、たとえばこの地上のみを見つめ、諸個人の生存と快苦を計算する計算機としての知性の誕生が、初期近代の薄明からの世界の根底的な晴れ上がりを、典型的な形で導いたことになるだろう。

だが現代の光学は、青い空が「空」の真の姿でないことを教えている。それは大気の分子が太陽光を散乱させ、それが空間をあたかも地上の上に覆いかぶさった「天井」のように見せているからである。この知見に従えば、人間がどのような空間の中に置かれているかを知ることができるのは、空が色を失う夜の闇の中でしかない。いわば白昼の大気と太陽光は、地球のエコ・システムを育て、守るとともに、地上に住む知的生命の眼から世界の真の姿を隠している。カントが仰ぎ見た星に満たされた天空は、自我の内奥が投影された結果生まれた幻想ではなく、澄んだ青い空と緑の地上の風景が構成する白日の光景こそが、世界を包み隠すマーヤーのヴェールだとも言える。十九世紀半ばまで残存した、世界の複数性と不可知性にまとわりつかれた猥雑な魔術の庭園から人間の世界が解放されたと見える進展は、じつは人間の自己中心化がもたらした、可視光に満ちた意味上の闇の中への頽落だったのかもしれない。

2　自然神学と進化

(1) 福音主義と地球外生命

ドイツの唯物論者フォイエルバッハの複数性批判に続き、イングランドの国教徒ウィリアム・ヒューウェルは、『世界の複数性について』(一八五三)[19]で地球外知的生命否定論を体系的に展開した。この世紀の半ばに戦われた論争では、十七世紀に始まり、二〇〇年にわたって繰り広げられた地球外知的生命論争の構図が透視できる。それはこの進化論誕生の時期にいたるまで、基本的に変化していなかった。

十九世紀の自然神学的な地球外知的生命論は、スコットランド人トマス・チャーマーズのベストセラー『近代天文学との関係から見たキリスト教の啓示に関する論説』(一八一七)[20]によって代表されていた。セント・アンドリューズ大学で神学教育を受けた、自然科学に対する強い関心を持っていたチャーマーズは、数学に優れ、自然科学の素養を持つ聖職者だった。彼はエディンバラ大学教授を務め、『資本論』でカール・マルクスに批判されたように経済・社会問題も論じるかたわら、十九世紀スコットランド宗教史上最大の事件と言われる、一八四三年の教会分裂を引き起こした熱心な福音主義者だった。『論説』の原型となったのは、一八一五年十一月にグラスゴーのトロン教会で行われた説教だった。熱狂を巻き起こしたこの説教と、それに続く著書の出版に対する反響は大きく、『論説』は例外的な売れ行きを見せて合衆国やドイツでも出版され、チャーマーズを十九世紀前半の福音主義運動の先頭に立たせることとなった。

チャーマーズの著書が持った衝撃力を理解することは現在では難しい。数学者でもあった著者の手になる作品にもかかわらず、もともと説教だったこの書物は居丈高なレトリックに満ちていて、論理的な推論があまり見られない。この全巻を通じて、チャーマーズは地球外知的生命の存在論の細部にはほとんど触れないまま、それがキリスト教の信仰と両立することを論証しようとしている。それは十七世紀には論争と批判を巻き起こした地球外知的生命存在説が、十九世紀のはじめには知識人の間で否定しようもない常識となっていたことを示している。チャーマーズの『論説』は世界の複数性に関する議論ではなく、それが当然の事実であるという前提に立って、存在説を利用したキリスト教批判に反論しようとする。

ベントリーのような十七世紀末の自然神学者たちと比べたとき、十九世紀初頭のチャーマーズに科学上の新しいインスピレーションを与えた事実と思われるのは、銀河系の存在だった。護教論的情熱に駆られていても、科学者でもあったチャーマーズには、科学的に確認された事実を否定する意図はない。彼が説教で描いて見せた、太陽系の外部に多くの恒星が存在するばかりでなく、太陽系自体がひとつの惑星のように、巨大な銀河系の中心を回っているという、大宇宙の壮大なヴィジュアル・イメージは、グラスゴーの一般人からなる聴衆に大きな感銘を与えただろう。その恒星系の一つ一つに惑星があり、そこには知的生命が棲息していることも、チャーマーズは「事実」として承認する。さらにチャーマーズはこの目くるめくマクロの複数性のヴィジョンに、ミクロの複数性論の視点を加え、顕微鏡による微生物の発見の例によって強化する。神の目から見て、大宇宙の片隅に棲息する人間は、人間が裸眼で見ることさえできない微生物のように取るに足らない存在なのだった。

壮麗で多様性に満ちた宇宙は、われわれの惑星が破壊されたとしても、ほとんど失うものがない。それは生気あふれる巨大な森の中で、一枚の葉が落ちるようなものである。……宇宙の壮大な大きさの中では、天文学が発見した諸太陽や諸体系の中で小さな回転をしているこの球体を占拠しているわれわれは、自らの小さささを感じ、不安に思う(21)。

だがこの知的生命に満ちた大宇宙は、キリスト教に難問を突きつける。この視覚像の中では、地球は巨大な神の領土の片隅の、価値のない一部分であるにすぎない。

天文学はわれわれにかつて聞いたことがなかった多数の創造の王国を示して見せたので、われわれが住む世界は神の広大な王国の中の、へき地の孤立した田舎へと縮小してしまった(22)。

なぜ大宇宙の片田舎に住む人間という、このつまらない存在のために、万物を創造した神が自らを犠牲にするというこことが起きるのか。あるいはキリストの受肉と贖罪を事実とするなら、無数に生存する宇宙生命はどうなるのか。神は彼らを放置するのか。あるいは彼らのために受肉と贖罪を繰り返すというのだろうか。

いったい神は彼の創造の偉大なる領地の中の、おおよそ価値のないこの地域のちっぽけな占拠者どものために、自らの永遠の息子を送って死なせるのだろうか、不信心者はこう言うだろう。近代科学の中の天文学が明らかにしたこの領地の巨大さは、福音の歴史の真理に疑いをもたらさないのだろうか(23)。

このような理神論からの批判に対して、チャーマーズは以下のように反論する。神の知恵と人間の知恵は同じでない。宇宙がいかに巨大だからといって、神はその隅々にまで常に目を配り、支配している。彼が片隅の地球にさえ、同様な関心を持っているのは不思議ではない。キリストの受肉は地球と人間に対するそのような神の慈愛の表現であり、事実として受け止められなければならない。

そればかりか宇宙の片隅に位置する地球は、特別な意味を持っている。それがただひとつの例であるかどうかはわからないとしながらも、地球は悪魔によって堕落させられた世界だとチャーマーズは言う。そのためいかに小さく、無価値な場所に見えるにせよ、地球は善と悪との宇宙的な対決の舞台となっている。この小天体上でのキリスト教の歴史は、宇宙規模での神と悪魔の戦いと、誘惑に屈した者たちに対する神の愛の表明の歴史である。宇宙の知的生命は神の使者である天使を通じてこの重大なドラマを知らされ、注視しているに違いない。

贖罪自体はわれわれが占拠する世界の果てを超えて届くだろう(24)。そのためキリストの受難は、彼らにとっても大きな意味を持つに違いない。聖書は贖罪の効果が他の諸世界におよぶとはっきり認めてはいないが、地球上で生じた神の愛の新しい実例は、ただちに全宇宙に告げ知らされることだろう。

神についての瞑想が彼らの至高の喜びなら、われわれの罪の贖いのありさまこそが彼らに知られて、一つの孤立した世界の贖罪であるにもかかわらず、宇宙そのものの大きさに等しい重要性を帯びることだろう。それはただちにこの膨大な世界の主たちの間に、彼らが讃える神の属性の新しい実例として広がるだろう(25)。

宇宙に住む生命たちの視線がわれわれの日々の行いに注がれているというこのチャーマーズの議論は、人間と宇宙のアナロジーに基づき、日々の個人の一挙手一投足が宇宙の運命を支えているという、ユダヤ教神秘主義の教えを想起させる。天文学的複数性論は福音主義に目も眩むような宇宙論的ヴィジョンを与え、それを破壊するどころか、いっそう強化する。それは最後の審判についても同様だった。チャーマーズは宇宙生命が人間より知的・道徳的にはるかに高度な存在だと考えている。最後の審判が終われば、復活した善人たちはまるでスティーヴン・スピルバーグの映画『未知との遭遇』のエンディングの場面のように、彼らが形作る宇宙的な共同体に参加していくことになる。最後にチャーマーズは啓示の重要性を強調し、感覚に基づく自然神学的議論は、あくまで聖書による啓示を補足するにすぎないと締めくくる。

(2) 十九世紀科学と地球中心主義

チャーマーズの地球外知的生命存在説に複数性に関する新しい議論はなく、饒舌な文体は分析的な価値を欠いている。だがこの論説は十八世紀末に興った新しい宗教的熱情と、十八世紀後半に知識人の常識となった地球外知的生命存在説を結びつけることで、多くの支持者を獲得した。ケンブリッジの教授であり国教会聖職者だったヒューウェルも、またその一人だった。

一八二七年のケンブリッジでの講義では、ヒューウェルは複数性論を支持していたが、[26]『世界の複数性について』(一八五三)では立場を変え、地球外知的生命が存在するなら、救済が無意味になると主張するようになる。[27]ヒューウェルが五〇年代にいたって決定的な複数性批判へと転じた原因についてはさまざまな議論があるが、彼自身は、思索の結果、複数性論が啓示神学と両立しないとの結論に達し、それがこの書物を書くにいたった動機となったと述べている。この書物の具体的な内容は地球外生命をめぐる科学的事実の解釈と、複数性論が利用してきた帰納法の方法をめぐる議論だが、ヒューウェルの批判の狙いは、むしろ自然神学上の問題にかかわっていた。

ヒューウェルは信仰上の動機に基づきながら、地球外知的生命存在説に対する有効な科学的批判を行う。優れた論理学者・方法論者として、この著者は存在説のほとんどが依拠してきたアナロジーの原理の有効性を問題にし、方法論上の誤りを明らかにする。また科学的事実をめぐっては、太陽系の惑星のそれぞれが生命の生存に適していないという、かなり妥当な観察を披露し、存在説の脆弱さを指摘する。太陽系外惑星については、すべての恒星が惑星を持つとは限らないという判断を示す。たとえばケンタウロス座の二重星や瞬きを続けるような不安定な恒星は、安定した惑星系を持つことができない。

このような現在でも正しいか、当時の知識に基づけば十分な説得力があったと思われる批判は、巨大で空虚な宇宙という、冷たく恐ろしいヴィジョンを現出させることになる。これに対してヒューウェルは、宇宙の中での地球の中心性を主張する。太陽からの距離では、地球の軌道は諸惑星の中で特別な位置にあり、それが生命の生存に適した環境を作り出している。この恒星系内のハビタブル・ゾーンにかかわる正当な指摘は、いくつかの誤った判断をも伴っていた。当時論争の焦点のひとつとなっていた星雲の正体について、ヒューウェルは恒星の集まりではなく、一種の恒星か、たんなる物質のかけらにすぎないと結論する。十九世紀後半になると、この見解は精度の高い観察によって、オリオン座のガス星雲などについて「実証」され、受け入れられることになる。この点でヒューウェルの「誤り」は、当時としては「科学」的な論拠だったとも言えるだろう。だがヒューウェルが、太陽が宇宙でもっとも巨大な恒星であり、例外的に惑星を持つ特権に値していると言い、さらには太陽系が銀河の中心に位置していると言い出すに及んで、存在説の支持者たちの場合と同様、この哲学者の思考の中にも神学的・形而上学的推論が混入していることが明らかになる。

天文学的論証と並んで、ヒューウェルは専門である地質学的な議論をも利用するが、それも天文学と同様、自然神学の推論と結びつけられる。ヒューウェルによれば、地球の年代学に従えば人類の登場はきわめて最近の出来事だが、それは不思議なことではない。多くの絶滅した種の証拠に見られるように、神の創造には「無駄」が多い。この浪費こそが、地球が特別な惑星であり、人間が宇宙の中で唯一知性を持った存在であることを指し示している。天空に輝く星々は、人間をつくるための廃棄物のようなものにすぎない。

ヒューウェルはこの書物を匿名で発表したが、それは大反響を引き起こした。二十冊以上の書物と五十以上の論文が書かれたが、大半はヒューウェルに対する批判だった。[28] ヒューウェルは反論に対する反批判の書『世界の複数性についての対話』（一八五四）[29] の冒頭で、世界の複数性は広く信じられているので、否定することは難しいと述べている。[30] この証言は十九世紀の中葉にいたっても、世界の複数性が常識となっていたことを教えている。天文学的複数世界論の古典を揶揄するような題名を持つこの小著で、ヒューウェルはまず地質学的な証拠を挙げ、人間の誕生が幸運な偶然か、神の特別な恩寵としか考えられないと主張する。また星雲、恒星、惑星、太陽系のすべてにわたって具体的な証拠を挙げて、複数性には科学的根拠がないと批判する。

反対者との対話の形で書かれたヒューウェルの反論は、この世紀の複数性論が主に自然神学的な論拠に基づいていたことをよく示している。たとえば地球外知的生命が存在しないという彼の主張には、広大な宇宙が無意味につくられたのかという、次のような異論が寄せられた。

C　どうして君はこのように考えるのだろう。晴れた冬の夜の蒼穹に見えるすべての星が何の意味もなしに、あるいはせいぜい地上に微かな光を届けるためだけに創造されたと。[31]

これに対して、キリスト教を攻撃するどころか、それを擁護するためにこの前著を著したヒューウェルは、「もちろん私は、恒星がわれわれの考えを神に向けるために存在することを否定するつもりはない」[32] と反論する。惑星に生命がいないことは神の力を制限することになるという反論もあったが、これに対してヒューウェルは、その自然神学的な前提自体は肯定しつつ、生命がいる証拠はあまりにも少ないと反論する。

D　だがどうして惑星や星が住まわれていてはいけないのだろう？　どうしてそんなふうに創造主の力を限ることができるのだろう？　彼は生命が星々で生きるにふさわしいように造れないのだろうか？

Z　……当然創造主は生命が星々で生きられるようにできる。小惑星でも、雲でも、隕石でもね。だが証拠でもない限り、そう信じることはできないよ。[33]

さらに最も大きな問題は、地球外知的生命が存在しないなら、地球という、創造の中で副次的な世界が宇宙の中心になってしまうことだったが、この推論は成り立たないとヒューウェルは言う。[34] またヒューウェルの論敵たちは、われわれより優れていて幸福な被造物が存在しているという考えが地上の「不幸」に対する慰めになると主張していた。

W　しかし星々にわれわれのよりはるかに幸福で優れた数えきれない世界があるという考えには、何か心を高め、慰めるものがないだろうか。私としては、そうでないと考えるのは非常に難しいよ。もし星々が幸せな意識のある存在がいる場所なら、私はこの地球の悲惨さと罪を許せるだろう。でももしそうでないなら、宇宙は暗く寂しい場所になる。こんな宇宙について、「神は愛である」とはとても言えないね。[35]

ヒューウェルによれば、これに加えて複数性論者たちは、他の世界は人間が死後に生まれ変わるためにあるなどの理由で、惑星人の存在を肯定しようとしている。それではかえって、人間が神の計画の中心にあることを示すことになる。大切なのは、地上のこの世界をより良くすることである。現実の人間、地上の世界を改善することの困難さこそが、人間の目を天空に向け、そこに神にふさわしい、高貴な地球外知的生命たちが建設した理想の社会を想像させてきた。だがそれはこの世における人間の進歩の困難さを前にした、一種の現実逃避にすぎない。

Z　……もしそうなら、惑星は人間のためにあることになる。それゆえ、人間は宇宙の摂理の計画の中心にあることになる。これはまさしく人々が、地球だけが住まわれているということに反対する理由だ。私はそれに反対ではない。神は、他の生命ではなく人間を摂理の計画の中心にして、世界を最初からそのために導いてきたこと、それらを信じるにやぶさかではないよ。

W　君が確かにこの世界が悪と悲惨に満ちていて、これが存在する最良の世界と考える気にならないのがわかるよ。

Z　いまあるところの人間が摂理の最終的な産物であるという考えは、確かに気が滅入るものだ。しかし人間が、彼がそうなるべき何かより良いものの萌芽だと思うと、心を慰めるものがあるのではないかね……

W　しかし人間がどうやってより良い存在になるか、どうしたらそうなるのかを知るのは難しいよ！

Z　そしてこの課題の困難さこそが、人々にそのための大変な努力を止めて、惑星の天国に逃げようと急がせる理由だと私は信じている。しかしそれが私たちのほんとうの課題なのだ。たとえ惑星上にいくつかでも世界があっても、地上のこの世界をより良くすることがね。[36]

ヒューウェルのこの指摘は、必ずしも妥当とは言えない。十八世紀の複数性論者の多くは「改良と洗練」、民衆の「啓蒙」を信奉し、知識の増大による人間と社会の進歩を目指していた。だがとくにその中のキリスト教徒たちは、社会改良を目指す急進的ウィッグに属すると見なされているスコットランドの聖職者ウォレスがそうであったように、楽園追放の結果、人間性は「この世」では完成の域に達することはできず、完璧な社会は地球上では実現できないと考えていた。それがあり得るとすれば、それは天空のどこかの場所においてだった。ヒューウェルはここで、天空での来世に望みを託すのではなく、あくまで地上を生身の人間の住処とする態度を求めている。

またヒューウェルによれば、複数性論者たちはもし宇宙に生命が存在しないのなら、コスモスがカオスになってしまうと考えている。しかし太陽系が宇宙の中心に位置し、その中の惑星上の人間が神の関心の的だとすれば、むしろ宇宙は単純で統一的な秩序に支配されていると言えるのではないか。無数の惑星人からなる宇宙の方が、混沌と混乱のヴィジョンと呼ばれるべきではないだろうか。未だに多くの人々が賛成しているチャーマーズの議論は、その代表的なものだった[37]、とヒューウェルは反論する。

X　……しかし君はそんな世界をコスモスと呼べるのかい。星からその役割を奪ってしまえば、コスモスはカオスになってしまうよ。

Z　そんなことはない。一体となった宇宙には複数性の世界とおなじように秩序がある。人間が宇宙の中心であるというのは、正しいかどうかは別にしても、単純でわかりやすい。道徳的、知的生命の数えきれない世界の全体というのは、結びつきや従属関係がないなら、むしろカオスだと言える[38]。

おそらくカントの宇宙生命論を知らないヒューウェルは、カントの『実践理性批判』に言及しながら、どんな哲学が神の目の前で人間を無意味なものと描くだろうかと批判する。

Z　私は神の前で人間をこれほどつまらないものにしてしまう哲学を知らないよ。君も知っているように、カントは二つのことが私を畏敬させるという。その一つは人間のいない天界で、もう一つが彼の内なる道徳原理だ[39]。

こうしてヒューウェルは、あらためて天文学的な観点から複数性論への再批判を繰り返そうとする。それらは宗教教育の立場から見てよい教説でないだけでなく、物理学的に根拠が薄弱なのだった。

Z　……物理的世界についての私の考えはよく知られているまっとうな根拠、つまり観察と計算に基づいている。惑星や星が居住されているという説には、非常に小さな程度の物理的根拠しかない。……しかしこの説は神学的な理由で弁護されてもいる。私は啓示宗教の根拠に基づいて世界の複数性に反論しようとは思わない。しかし宗教教育では世界の複数性を当然視しない方が賢明であると、私は言いたいね。宗教は少なくとも最初は、人間の歴史と地位を特別なものとして描く。天文学は反対のことを示唆し得ると考える人々がいる。私はこの考え方を検討して、それにはほとんど意味がないと思う(40)。

生命が存在するためには、多くの条件が満たされなければならない(41)。それはあまりにも微妙なので、満たされることは難しい。

Z　……生命が存在するためには、いくつかの条件がいっしょに働く必要がある。私が知る限り、そのうちのどれを欠いても、生命は不可能になる。大気や湿気ばかりでなく、ある一定の温度がいる。熱すぎても冷たすぎてもよくない。それから生体を支える堅固さ。これらなしでは、大気だけでは生命は生まれない。

これらの条件を考慮するなら、地球外に生命が存在することは困難である。木星や火星は地球に似ていないし、月には大気が存在しない(42)。そのため、それらの惑星に生命が存在する可能性は小さい。太陽以外の恒星については、なおさらそうである。明るい恒星は二重星等で、その他も太陽のような星は少ない(43)。だが一見新しい天文学の知見に基づいて複数性を否定しているかのようなこの議論は、誤った想定に基づいている。彼の議論では、さまざまな「天文学的」議論を利用しながら、太陽系が宇宙の中心に位置づけられているのである。

G　だが君の考えでは、太陽系が宇宙の中心になる(44)。

ヒューウェルがこう考える理由は、人間が宇宙の中心でないという考えがキリスト教に反するからだった。銀河の星々が太陽系から遠ざかるほど小さくなるという、現代では誤った自身の主張に対する正当な反論に対しては、ヒューウェルは恒星がどのようなものなのか、まだ明らかではないと言う。

H　君は太陽から離れるにつれてどんどん銀河が小さくなると信じさせようとするみたいだ。(45)

Z　恒星の性質についてわれわれは、たんにそれが自分から光っていることや、ほとんど動かないことや、きわめて遠く離れていること以外、ほとんど何も知らない。このような状態で、惑星を持っているとかいないとか言うことは性急すぎるだろう(46)

優れた論理学者・科学哲学者だったヒューウェルの複数性論批判は、正確に地球外生命存在説の弱点を暴きだしていた。しかし彼の議論は科学と形而上学・宗教を切り離すことを目的としてはいなかった。むしろ啓示に基づく国教会の教説と自然神学を調和させることが著者の狙いであり、そのためにヒューウェル自身の議論は大きな偏差を持ち、銀河系内太陽中心説のような奇矯な結論さえもたらしたのだった。

(3) ヒューウェル批判の諸相

ヒューウェルの議論の大きな部分が誤った天文学的想定に基づいていた一方、彼の批判者たちは、決して天文学の発展についていけないアマチュア科学者ではなかった。その一人に、スコットランドのデイヴィッド・ブルースターが挙げられる。「ブルースター角」で科学史上に名を残し、光の波動説に対する反対者として知られるブルースターは、経験主義的な方法を重視していたスコットランドの主要な科学者の一人であり、同時に科学啓蒙家として大きな役割を果たした人物だった。またブルースターは福音主義運動でも活躍した[47]。彼は牧師となるためエディンバラ大学へ入学したが、そこには自然哲学教授ジョン・ロビスンと道徳哲学教授デュガルド・スチュアートが在籍していた。ブルースターは自然神学と結びついた福音主義的な宗教観を、チャーマーズと共有していたと考えられる。

ブルースターは以前からヒューウェルに対して批判的だった。すでにヒューウェルの『天文学および一般物理学』(*Astronomy and General Physics. Considered with Reference to Natural Theology*, 一八三四)に対して、彼は自然神学と科学を混同していると不満を表明している。続く『帰納法的科学の歴史』(*History of the Inductive Sciences, from the Earliest to the Present Time* Vol. I, Vol. II, 一八四七)や『帰納法的科学の原理』(*The Philosophy of the Inductive Sciences*, 一八四〇)に対しても、そのアプリオリズムを批判している。

複数性に関するヒューウェルの著書に激怒したブルースターは、まず反論を論文で行った後、著書『一つ以上の世界[48]』を出版して、激烈なヒューウェル批判を展開した。その冒頭でブルースターは、世界の複数性があらゆる人々の関心をひく主題であると断言する。

世界の複数性の問題ほど、あらゆる知識の中で普遍的な関心を引くものはない。それはあらゆる国、あらゆる信条、あらゆる時代に属する人々に訴え、その共感を呼び、判断を求めるのだ[49]。

東アジアの志筑忠雄たちの著作を考慮すると、たしかにこの言明が誇張だとは言えないだろう。ブルースターは本書の第一章を費やして、聖書の語句に基づく地球外知的生命存在説の証明を行う。それに天文学的な立場からの論証が続く。太陽系に関する世界の複数性の証明には、二つの議論の仕方がある。一つは神の属性からのキリスト教的な形而上学的論証であり、もう一つは地球との類似性に基づく議論である。

世界の複数性は二つの点から擁護される。その一つは、住民がいる地球とこれらの惑星のどれかとのアナロジーである。太陽系が住民を持っているのだから、仮に地球だけが住まわれていたとしても、太陽系と他のどこでも、星が星の周りを回っているなら、アナロジーはその星に住民が存在するか、もう一つの方［恒星］に住民が存在するかのどちらかになる(50)。

地球は生命を持つ唯一の星となるべきほど太陽系の中心的な惑星ではなく、創造主の偏愛を受けてもいない(51)。たとえば火星と地球を比較すれば、両者の間には相違より類似性の方が大きい。そのため、火星には生命が存在していると考えるのが妥当である。

火星と地球の多くの驚くべき類似性は、偏見のない精神をして、火星は地球のように、動物や知的生命の座として創造されたのだという結論に導く。無神論者、不信心者、キリスト教徒、マホメット教徒、哲学者と学のない農民、あらゆる信条と民族と言語の人間が、この普遍的な真理を喜ぶ。天文学的な事実を信頼する人物がこの考えに真剣に抵抗できるとは思えない(52)。

太陽系外のすべての恒星についても、同様にアナロジーによる議論が可能である。

恒星系の中心としてのすべての恒星はそれが照らすための諸惑星を持っているはずなので、われわれの太陽系がそれらと同様な太陽を回る惑星系であるということから、一つの恒星系には少なくとも一つの生命が住む惑星があると類推できる。したがってわれわれは生命が住む複数の世界があり、それは宇宙に存在する恒星系の数だけあるに違いないと結論することができる(53)。

もちろん複数性の論証には、いくつかの天文学的な難点がある。木星は太陽から遠いために、十分な光が届かないと考えられる。したがってそこには、地球と同じような性質を持つ生命は生存できないだろう。

木星と太陽の距離は極めて大きいので、光は地球と同じ動物や植物を育成することはできないと想定される。(54)また木星の一日が短いことも、生命の存続には不利な環境だと言える。(55)さらに「木星人」の存在可能性に関する最大の問題点は、この星の重力が非常に大きいことである。(56)ブルースターは同様な問題を、土星、金星、水星、天王星についても検討していく。それらの難点は、それらに住む生命が人間と異なった体制を持つと考えれば解決できる。

金星と水星が太陽から受け取る強い光は、これらの惑星上のわれわれのような住民の存在に対する反論になるかもしれない。しかしこの反論は、この強い光は瞳の小ささか網膜の感度の低さ、あるいはその両方を考慮すれば一挙に取り除かれる。(57)

複数世界論のこれらの難点に対してブルースターは、ヒューウェルの友人であり、ダーウィンの進化論の最大の批判者となるリチャード・オーウェンの「原型」の理論を持ち出し、地球型とは異なった生命の可能性があるという議論で回避しようとする。

オーウェン教授の理想型についての観察は、世界の複数性という問題に新しい光を投じる。脊椎動物の範型あるいは原型があり、これらの原型のありうる変化が地球に現在棲息する動物の諸形態や、太古の化石の遺物で尽きていないとすれば、他の諸惑星上の脊椎動物の変形の展開を想定するのは無駄なことではない。したがってわれわれにはアナロジーや一致の他に、知的生命や動物の両方が空間の他の領域に存在することを信じる理由がある。そしてさらに肉体的な人間と同様に知的な人間の両方の範型があるに違いないことから、地球上の種では示されていない上層の領域での精神の変形があると考えられないだろうか？　もし人間の原始的な翼が鷲の風切り羽に発展するのなら、ここでは原始的なままの精神的な諸力が他の惑星で発展し、ここでは弱々しく無力なものが、神的な知性に近づくのではないか？[58]

「原型」には地球上では実現されていない可能性が残されており、それがそれぞれの惑星環境に適応した生命の形態へと展開することが考えられるとブルースターは言う。これは惑星人の他の弁護者たちも利用した論法だが、ヒューウェルは同じ理論を使って複数性論を非難していた。このように比較解剖学者オーウェンの理論は、複数性批判と複数性擁護のどちらにも利用することができた。

これらの天文学的な困難が回避されても、宗教的な問題点が残る。ブルースターは最後にそれらを検討していく。その中心的な論点は、惑星人が存在するなら、キリストが一人ではなくなるか、あるいは他の惑星人が救世主から見捨てられたことになることだった。

もしわれわれが諸惑星の住人は救世主を必要としないという考えを拒否し、彼らが創造主と地球の住人と同じ関係を持っているとするなら、無神論者とキリスト教徒の両者を困らせるこの問題に対する別の解決を見出さなければならない。臆病なキリスト教徒はこう考える。諸惑星に住民たちがいて、神には彼らを救うための唯一の息子がいるとどうして信じられようか。[59]

これは「神の受肉」を中心的な教義とする、大半のキリスト教諸宗派固有の問題であって、キリスト教少数派や無神論者やイスラーム教徒には存在しない。この複数性論の中で幾度となく繰り返された問題が、ここでも登場する。この難問に対する回答は、神はわれわれにはわからない仕方で、あらゆる過去と未来の惑星人を救済するだろうという考えだった。

天にまします彼らの父は、われわれに理解できないある仕方で、彼らに救済の力を及ぼすのである。その力が中間のこの惑星を超えて、彼らすべてに届かないということがどうしてありえようか。「贖罪の日が来た」時、この力は過去の諸惑星の種族たちに至り、「彼らの時が満ちた」時、未来の諸惑星の種族たちに至るのではないか。(60)

もしこれで満足できない人々がいるなら、救世主が別の形で再来しているのではないかと考えることもできる、とブルースターは付け加える。

もしこの見方が不安な探究者にとって満足できないものであることが証明されるなら、われわれは次のようなことを考慮することを勧めよう。それはわれわれの信条ではないのだが……死んだり受苦したりしない神なる本性は、われわれの惑星上で、一度だけ人間性を纏ったのだから、身体的な形を再度纏い、無数の世界の罪を贖うのではないだろうか？(61)

惑星人の存在が生み出すもうひとつの問題は、知的で、道徳的で、宗教的な被造物である人間の進歩の歴史の中に、はたして惑星人の位置があるかどうかということだった。ヒューウェルはこの点を問題視するため、誤った結論に至っている。(62)

人間が神の道徳的統治の下にあり、地球は贖罪の計画が演じられる劇場であることから、人間の本性と地位はユニークなものであり、宇宙の中で繰り返されることはないという、理解しがたい結論に著者は到達するのである！[63]

だが進歩は人間の特徴ではなく、人間史は堕落と破滅に満ちている。[64] むしろ惑星人の存在は、神に対する賛嘆の念を促し、人間を進歩へと導くのである。

そして精神がひとたびこのような偉大な真理に目覚めるなら、物質の無限性と生命の無限性との結合を意識しないわけにはいかない。[65]

ブルースターはさらにチャーマーズの議論を援用して、星の世界に人間の来世があると主張する。

空間のどの領域にこれらの邸宅が建てられるのか、どの圏に塵が集められて復活するのか、そしてそれらがどのようにしてこの目的地に至るのか、理性はわれわれにそれらを判断することを許さない。しかし啓示の光を導きとする不死である人間は、星界が彼の来世の住の地であり、そこで社交し、家族の絆を再建し、万能の恩恵を与える主に奉仕するのであることを片時も疑うことはできない。[66]

以上のブルースターの批判は複数性擁護論者たちから好意的に迎えられ、版を重ねたが、彼の議論の科学的な論証の弱さや、やや逸脱的な神学に向かう論法には、警戒の念も表明された。現代から振り返るなら、経験主義的な傾向を持つブルースターの地球外知的生命存在説は、当時の天文学の到達点を考慮すればやむをえないとはいえ、薄弱な証拠しか提示できていない。観測の結果十九世紀中葉にはかなりの説得力を持つに至っている、月や水星や木星での生命の生存可能性の小ささに対する彼の反論は、当時かなりの支持者を得た学説だったとは言いながら、現代から見れば空想的なオーウェンの原型説のひとつの解釈にのみ依拠している。方法論的には、ブルースターの存在説のほとんどはアナロジーに依拠し、決定的証拠を欠いている。それは大半の地球外知的生命存在説と同様、「蓋然的」と「必然的」を混同している。

だがもっとも異様に思われるのは、科学の時代である十九世紀に科学者として高い社会的評価を受け、高名な科学ジャーナリストでもあり、エディンバラ大学の学長を務めた科学者の議論が、ヒューウェルと同様に、自然神学と科学を並行させ、相互に補い合う形で進行することである。妻を亡くした直後に書かれ、そのためか護教的情熱に突き動かされているブルースターの場合、それはより冷静なヒューウェルの論述より、はるかに度を越している。ブルースターより落ち着いて理知的な議論を行う、理神論者バーデン・パウウェルは、複数性論の立場を採りながらこの点に批判的だった。

オックスフォード大学の幾何学教授で国教会の聖職者バーデン・パウウェルは、『帰納哲学の精神、諸世界の統一性および創造の哲学に関する論考』(67)で、ブルースターとヒューウェルの論争を検討して、より理神論に近い観点から惑星人を擁護する。パウウェルは科学者・哲学者であると同時に超越主義的な神学の提唱者であり、進化論をいち早く受容した国教会の聖職者の一人でもあった(68)。

パウウェルによれば、自然科学的な推論に基づいて、宇宙には物質の同質性が想定できる。地球上の物質には生命に発展する種が宿っているので、類推によって、他の世界の物質から生命が発生する可能性がある。原子や分子の発見と解析によって物質の構成が明らかになり、その原理を量子力学が解明する以前の時代に書かれたこの論説は、宇宙の創生から有機物質の成立に至る宇宙史を想定していない。この点を考慮すれば、以下のパウウェルの擁護論がヒューウェルの複数性批判に学問性の点で劣るとは言えない。

この理論の真の哲学的代弁者は、帰納的なアナロジーにしたがって、非常に長い冷却と固化の期間が過ぎるまでは、このように形作られた天体に有機的な住民が存在するようになるとは思わないかもしれない。しかし彼はこの問題について独断的にはならず、われわれが知っていることからのアナロジーによって、われわれが知らない無限のことに対しても、同様な秩序と統一性の大原理が支配しなければならないという結論に導かれることを求めるかもしれない。それらの原理と法則は必ずしもわれわれが知っているものと同じではないが、それが適用される諸条件の下では変わることはない。しかしもし最初の星雲の塊からの惑星と太陽の共通の起源が承認されれば、この考察はわれわれに、以下のように考えることを求める。それらが同じ物質の塊のすべての部分なので、これらの塊は有機的であれ無機的であれ、可能な自然の産物すべての要素を含み、それらを自身の中に混ぜ合わせている。それらはあらゆる生気の萌芽であって、動物的な性質にかかわる限りでは、最も高度な形態についてもそうである。したがってわれわれはすべての惑星が、最低から最高に至る生命を発展させる能力を持っていると想定できるのである(69)。

帰納的アナロジーと天文学と地質学に基づけば、物質世界の全体に、無機物から有機物へ、無感覚な存在から知的で道徳的な存在へと移っていく進歩の段階があると考えられる。この諸段階の具体的なあり方や実現の程度は、それぞれの環境に応じて異なることだろう。

この問題をたんなる蓋然的な哲学的推論の一例と見て、純粋に帰納的アナロジーのみによって導かれるべきだとするなら、すべての天文学的想定は、地質学上の真理を考慮に入れると、前進的な秩序の存在にとって有利であるように見える。この秩序は無機から有機へ、無感覚から知的なものへと、物質世界のあらゆる部分と同様、道徳世界に至るまで発展していく。もちろんこの発展は必ずしも同時でもなく、同じ速さでもない。ある世界ではある段階に到達するが、他の世界では相対的に見て、小さな発展しか生じないかもしれない。(70) この点でパウウェルは、ブルースターが依拠したオーウェンの原型の理論に賛成する。地球上の生命では十分に発展しなかった性質は、他の世界では完成した形となっているのかもしれない。

原始的な型の他の変形がわれわれの惑星上で現実の存在にならず、他の惑星ではそうなるかもしれないというのは、一般的には大変正当な推論である。そしてここで現実化されなかった諸要素があるという想定が、それらが他の惑星で現実化されたかもしれないといった推測を導くのは間違いない。(71)

これらの論点は、他の惑星上での生命の存在という議論には十分に説得的であると、パウウェルは判断する。また神の性質からの論証では、単数世界と複数世界の両者を導くことができる。ヒューウェルが言うように前者だけが正しいのではない。

したがって事実として、最終原因を使う議論は対極的に反対の二つの結論を、同様な説得力で支持することがわかる。それは一方では、われわれの世界以外のすべての世界が住まわれていないということを明確に示す。なぜなら人間だけが創造者の恩恵に排他的に浴するからである。また、もう一方の擁護者が公然と精力的に主張するように、それは、恒星系の最も離れた惑星も含め、惑星は同じ創造者の完全性を賞賛するため、理性的で精神的な存在で満たされていなければならないことをはっきりと示すのである。(72)

神の属性に基づくキリスト教的形而上学からの議論は、複数性論と対立しない。むしろ惑星人に対する反論の主要な点は、神の啓示と人間の贖罪という、聖書に基づく啓示神学的な論点にある。(73) パウウェルは、啓示宗教と世界の複数性は両立しないと考えている。より正確には、「はるかに人間より優れている無数の道徳的、精神的存在が広大な宇宙に存在するのに」、この小さく価値が低い地球にだけ啓示が行われたと聖書が述べるため、神の啓示自体が疑わしくなる。

だがもしわれわれがこの困難の真の性質をさらに考え、それをより明確な形で表現するなら、それはいずれにせよ、以下のような形で表明されるしかないと私は考える――福音における神の意志の特別な顕れは、地球住民のみに賜ったものなのである。しかし地球は非常に小さく、同様でより巨大な世界からなる広大な宇宙の中の無価値な一個の存在にすぎない。宇宙は数えきれない道徳的、精神的存在で満たされ、おそらくそれらは人間よりはるかに高尚な存在である。したがって、われわれはわれわれに対する啓示の真実性を疑わないわけにはいかないのである！[74]

かつて啓蒙のフィロゾフやペインたちが指摘したように、「救済者たる神の息子はただ一人だというのに、どうしてわれわれは他の惑星の住人の存在を信じることができようか[75]」。この難点に対するブルースターの回答は、「われわれが理解できない神の慈悲によって」というものだったが[76]、それには説得力が乏しい。また先に引用した、ブルースターの他の惑星でのキリストの再来という観念は、聖書の文字通りの解釈にこだわった、あまりにも人間的な考えである。

「しかし犠牲の救済力は地理的に最も遠くはなれた民族にも、また過去未来を問わずどの時代にも届くので、最も遠く離れた惑星と世界の住民にも伝えられるだろう。もしこのような回答に説得力がないのなら、神が他の惑星上で身体をまとって現れ、数え切れない世界の罪を贖うのだということも示唆される。」これはいくぶん時代遅れの議論で、ヘブライ語聖書の神人同型説の字句的に過ぎる解釈にあまりにも依拠した、神と人間との関係についての人間化された狭い考えに基づいている。[77]

復活の場所として地球は狭すぎるために、他の惑星が必要になるというブルースターの見解も、あまりにも字句に拘泥するための誤りである。[78]

ブルースター博士が取り上げたもう一つの極端に変わった考え方は、信者の来世の居場所がどこかということである。彼は来世に復活した無数の人間の身体にとって、地球はまったく不十分な場所であると計算し、したがって人間の未来の住処は、太陽系の居住可能な他の惑星であることがふさわしいとするのである。[79]

復活した体は物質的ではなく、[80] キリスト教は物理学の理論には依存しない。[81] むしろ問題は、複数世界論の批判者たちが抱懐する「キリスト教」が、きわめて偏狭な宗教的信条に基づいているところにある。

しかしこのような反論の全体が、次のような暗黙だが、おそろしい前提に基づいている。それは贖罪は、この地上の住人だけに許された特権であり、したがって、それは他のいかなる世界にも与えられていないのであり、このような偏狭な見方を守ることがキリスト教の一部だというものである。[82]

パウウェルが主張する「帰納法」の立場に立てば、他の星でもなんらかの形での救済がありうることになる。[83]「惑星人」の存在は、キリスト教をより広く、理性的な形で定義することを要請する。

国教会の中にとどまりながら、ブルースターと比べてより非正統的な信仰に傾いているパウウェルの著書については、承認するよりも警戒する批評がいくつか見られ、またその受容者も多くはなかった。パウウェルの議論はブルースターより注意深く、またアプリオリズムを受容するヒューウェルに対して、あくまで経験に基づく帰納法の重要性を主張している。パウウェルはヒューウェルやブルースターたちが用いた、神の属性からの論証を批判し、形而上学と科学的議論を分離しようとする。しかしパウウェルは帰納法の成立条件を明確にしない。厳密な帰納法に基づけば必然的論証に至るとは思えない地球外知的生命存在説の正しさを著者が確証するのは、彼の帰納法「自然の斉一性」を事実として承認するところに成り立っているからだった。J・S・ミルやヒューウェルの方法論と比較すれば、それは論点先取の誤りに陥っているとも言える。

存在説に関するパウウェルの楽観主義のもうひとつの根拠は、彼が進化論的な生命の見方を早くから保持していたことに基づいている。彼は空想的で理神論的な宇宙進化論の著作であるロバート・チェンバーズの『創造の自然史の痕跡』[84]に対して、公に賛同を表明した数少ない知識人であり、人生の最後の段階でダーウィンの著書が現れると、これにも賛成した。そしてこの傾向は、この著書で有神論的形而上学と科学の議論の混同を戒めるにもかかわらず、理性的で博愛主義的な宗教に向かう聖職者パウウェルの神学上の立場と結びついていたのだった。

十九世紀中葉に行われた複数性論争は、素材の点では新しい天文学の発展に基づいていたが、その議論の様式は、十七世紀のクリスティアン・ホイヘンスが『コスモテオロス』で体系化した地球外知的生命存在説[85]にくらべ、なんら変化してはいなかった。フォントネルなどを含め、先行する著者たちをホイヘンスが批判するのは、彼らがそこから足を進めず、宇宙生命に関する科学的考察を行わなかったことだった。したがって十七世紀を代表する科学者の一人であるホイヘンスが試みようとするのは、一種の比較宇宙生命論になった。だがホイヘンスの議論はキリスト教的有神論の複数性哲学に根差しており、そのため地上の観察を創造主としての神の観念に結びつけた、科学とキリスト教的形而上学の論法を混ぜ合わせた仕方で展開された。

十九世紀になっても、宇宙の無限性と地球外知的生命の存在をめぐる議論は、十七世紀後半に敷かれた、科学的論証と形而上学的議論が混在するフォーマットの上で行われていた。ヒューウェルのような批判者も、自然科学の新しい知識に基づいてこのような「空想」を退けたのではなかった。天文学の新しい展開に刺激されていたとはいえ、それはむしろ、無限宇宙と「惑星人」によって棄却された人間の中心性を回復し、人々の眼差しをこの地上のみに向けさせようとする試みだった。まさにこの意図こそが、当時の複数性論者たちの憤激を買ったのだった。この事実は、この時代以後の知的世界での「惑星人」の忘却が、科学の発展だけに基づいていたのではなかったことを示唆している。

3 複数性論の行方

（1）科学的言説と自然神学の分離

ハイ・カルチャーの言説から天文学的複数性論が姿を消していった理由は、かならずしも明瞭ではない。二十世紀の天文学の文献には、それ以前の学術書や教科書のように地球外知的生命存在説を無条件に肯定する記述は現れない。近代複数性論の故郷である天文学的文献における天文学的複数性論の衰退には、いくつかの要因が想像できよう。たとえば天文学とそれに並行した生物学の研究の発展によって、複数性論に不利な証拠が蓄積した結果、複数性論が科学的言説と見なされなくなっていったと推測できる。たしかに観測の蓄積と精度の向上によって、太陽系内の地球外惑星には、少なくとも高度な生命が存在する可能性がなくなり、またそれらにおける生命そのものの存在も疑わしくなっただろう。だが事実はこのように単純ではなかった。地球外知的生命存在説は反証不能な命題であり、直接的な観察によって否定することは論理的に不可能である。また宇宙の大きさを考慮すれば、個別の反証が挙げられても、その蓋然性が大きく減少するのではない。ヒューウェルの批判以後、スペクトル分析によって一部の星雲がガス体であることがわかり、その点で存在説は後退したが、反対に太陽系の惑星の構成物質が地球と大差ないことも判明し、存在説の証拠として取り上げられた。それ以後も、反証と証拠が交互に現れた。

十八世紀から十九世紀の前半にあれほど受け入れられた地球外知的生命たちが、学問の周辺や通俗文学の想像力の中に後退して行き、正統的知的言説の中にほとんど現れなくなったのは、科学の発展の結果というより、複数性論が際限なく膨張する背景となっていた、科学と有神論的形而上学の混淆を容認するような認知の枠組みが大きく変化したことに、一つの原因があったとも考えられるだろう。アインシュタインの宇宙方程式における宇宙項の付加のように、後年にもときおり姿を現すとはいえ、たしかに科学的問題をめぐる形而上学的論法は、世紀末には力を失っていったと思われる。だが少なくともヒューウェルやブルースターなど、十九世紀中葉の複数性論争の登場人物たちは、いまだこの議論の枠組みの内部で論争を行っていた。そのためこの形而上学的な議論の学問的信頼性が失われた結果として、複数性論を批判する新しい動向が生み出されたとは言えない。複数世界論の根拠地天文学での議論の衰退の一つの要因には、科学の制度化が関係していると思われる。

一八九〇年代に入っても、日本の天文学教科書では複数性論が語られていた。一八九〇年の『山本彰 訳編 天文要説』では、月には生命が存在しないだろうことが、月面観測に基づいて論じられている。[86] しかし系外惑星については、天文学教科書の知的生命存在論への確信は揺らいでいない。空に輝く恒星の周囲には、知的生命が住む惑星が数多く存在している。

天球無数ノ動ザル星ハ皆恒星ナリ自己ニ光輝ヲ具エ各多少ノ遊星ヲ有シ己レ其中央ニ座シテ諸遊星ヲ管理シ其遊星ニハ皆知識アリ必思アル者之ニ住居セルコトト想定シタリ[87]

一八九一年の『森本園二編　受験応用小学理科問答』でも、系外惑星の存在が当然のように主張されていた。

而シテ此衆恒星ハ各皆一ノ太陽ニシテ思フニ其周囲ニハ必ズ数多ノ惑星ヲ具フルナラン(88)

しかし時代が進むにつれて、天文学的複数性論は教科書から徐々に姿を消していった。一八九一年に出たノーマン・ロッキャーの『小天文学―初等教育』では、月には生物は存在しないこと、水星に人間が存在する環境があるかどうかはわからないことが述べられ、火星の環境は地球に似ているが生命の存在については推測しかできないと、慎重な態度が示されている。(89)

一八九三年の『敬業社編　普通天文学』になると、月の生命の存在を完全に否定している。(90)しかし他方で火星、金星には大気があるとし、(91)「かんと、らぷらーす」(92)の星雲説を引いて、他の恒星系は太陽系と同じ発展をしてきたはずだと主張する。それらに惑星や衛星があるのは当然のことになる。

其ノ他ノ恒星モ亦同様ノ順序ヲ経過シテ進化シ来レル者ニテ、何レモ其ノ周囲ニ遊星及ビ衛星ヲ有シ、我ガ太陽ノ如ク各自一系統ノ主位ヲ占ムルナルベシト(93)

天文学の学問的言説内部での天文学的複数性論の衰退は、急激ではなかった。月や太陽の状態がわかるにつれて、それらに生命が存在する可能性は減少し、否定されるようになった。それと反対に、恒星の数は増大し、地球外生命が存在する可能性は、確率的な意味でむしろ高まっていった。天文学的複数性論の凋落にとって、これらの科学的証拠が重要だったのではないだろう。それよりも、科学の制度化によって専門性をますます高めていく、ヒューウェルが scientist と名づけた職業科学者たちの集団内で、直接の研究手段がない主題は公の場では議論しないという、科学的言説に対する厳密な意識が強まり、同時に科学的言説と形而上学的・宗教的言説の分離が進行し、その結果知的世界で自然神学が衰退していったことが重要だったと考えられる。たとえば一八九五年の『理科書 第一編』は、「月ノ表面ニハ今日水ナク空気ナク従テ生物ナカルベク[94]」と、月の生命存在論を否定するだけで記述を終えている。

だがコペルニクスとガリレオたちの業績にはるかにさきがけて、後期スコラ哲学とルネサンス思想の坩堝の中から無限宇宙のヴィジョンと天文学的複数性論が出現したように、ハイ・カルチャーの言説への反複数性論の登場は、科学的言説の制度化に一世紀ほど先行していた。本節で挙げた諸要因は専門的知とその言説圏において天文学的複数性論が衰退した諸条件ではあっても、知的世界全体の変動の主要因とは考えられない。

(2) 自己中心性と「啓蒙」の視点

地球外知的生命存在説が十九世紀の終わりに向けて徐々に消滅していったとすれば、この世紀初頭のヘーゲルの反複数世界論は早い段階でのその表明だった。ニュートン主義批判の最大の体系的展開と言えるヘーゲル哲学は、その点で天文学的複数性論を衰退させた知的世界の変動を表現していると言えるだろう。

ヘーゲル体系は複数性論《プリューラリズム》との関係で見るとき、歴史的に不可思議な場所を占めている。天体などただの土くれに過ぎないと呟くヘーゲルは、宇宙の意味的中心が地球であると主張し、天文学的複数性論を徹底的に破壊しようとする。十八世紀末には生き生きした魂を欠いた非人間的な「機械論」と思われるようになったニュートン的科学を批判し、目的論的なアリストテレス自然学に回帰しようとしたからだけでなく、単一性論《モニズム》に意識的に立とうとする点で、ヘーゲル体系はアリストテレス哲学に戻ろうとする。だが彼の『哲学的諸学の百科全書』(*Enzyklopädie der philosophischen Wissenschaften*, 一八一六[95])が描き出す世界は、アリストテレス体系のように、人間の日常世界から出発し、それのみによって解釈される、現象論的世界ではない。むしろ、存在と無を統合した「生成 Werden」という原理に基づき、次々に自己解体しながら脱皮していく諸世界を描き出すこの単一性論《モニズム》は、行論の中でつねに対立という形の複数性が立ち現れる点で、実際には一種の動的な複数性《プリューラリスト》哲学のように見える。この二面性を持つヘーゲル体系の中に単一性論の起源に結びつく契機を求めるためには、本書の主題ではないが、「啓蒙のプロジェクト」が解決できなかった課題とヘーゲル派との関連を簡単に見ておく必要がある。

複数性論《プリューラリズム》の歴史から回顧すれば、ヘーゲル体系はその理性至上主義的な一面にもかかわらず、体系の根源的な根拠を「矛盾」が許容される領域である不可能世界に置いている点でクザーヌスに類似し、さらにクザーヌスが「学識ある無知」によって暗示的、否定神学的にしか接近できないとしたこの神の領域に明示的に踏み込もうとした点で、ブルーノのような魔術的複数性論に結びついている。ニュートン以後の時代に、世界の「魔術的次元」あるいは空想の領域を学問的に考察する理由はどこにあったのか。

アダム・スミスは『道徳感情論』で、天文学的な複数世界の壮大なヴィジュアル・イメージと対比して、地上で日々を暮らす微小な人間の視線を示していた。この文章はそれを考える上で、一つの手掛りを提供している。前者の大宇宙を統べる創造主というイメージはスミスに感銘を与えていたように見えるが、彼自身の本意は後者のささやかな人間の視野を強調するところにあった。言い換えれば、スミスの学問は研究の対象を「日常世界の視点」に基づいてとらえている。[96] 彼の倫理学もpolitical economyも、社会的現実を個人の「身の丈」に合わせて観察する志向性を持ち、それがスミスの作品を「啓蒙」の「人間と社会の科学」の代表作としている。同様な視点は多かれ少なかれ、十八世紀の思想家たちに共有されていた。壮大な宗教的・政治的・形而上学的物語から離れ、日常経験の領域という最も基底的なレベルでとらえられた人間の世界は、科学が指し示す、「観察と実験」によって厳密に把握される「経験」の世界と同等であり、ここから法や国家や宗教や歴史が説明されるべきだと考えられた。

この視線は王や教会や外国貿易商人たちが支配する「文明」の過剰で禍々しい装飾物を剥ぎ取り、その虚妄を暴く。そうすることで、既成の「文明」を個人の「身の丈」まで簡素化し、個人の日常世界でコントロールできるものへと縮減する、この世紀の改革のプロジェクトが導かれるだろう。たとえば『国富論』では、王や貴族や学者のような、「文明」を動かし、またきらびやかに彩る存在は、経済的には召使と同等の「不生産的労働者」にすぎない。国富を増大させる方法の一つは、彼ら「不生産的労働者」を減らして、「生産的労働者」を増やすことにある。

この視線が経済生活に向かえば、人間の生活を支え、年々消費されて消えていく財こそを真の「国富」と考え、貨幣や外国貿易を重視する政策を批判し、国家全体の諸財の合算ではなく、財の国民一人当たりの物量を増大させる方法を政策の主眼とする主張となる。それは生存の必要から営まれる人間の日常的な生活を「本当の経済」ととらえる点で、『政治学』におけるアリストテレスと同じ経済観に帰着する。(97)

ここに啓蒙における科学主義の奇妙な屈折が生まれる。ニュートン主義など十七、十八世紀の科学の主流はアリストテレス的な日常世界の科学を批判し、数学および「観測と実験」に厳密に基づいて、日常経験では正当化できない法則を学問的に確立しようとした。それには解釈として「一次性質」のメタファーが伴っていたが、このモノクロームの粒子の世界こそが、彩り豊かな日常世界の背後にある「真の世界」だと考えられた。ところが、そのようなニュートン的科学を模範として追究された啓蒙の「人間と社会の科学」は、日常世界を日常経験から論証的に説明するアリストテレス的科学となった。その反面で十八世紀の political economy は、アリストテレスの『政治学』のような、日常生活を成り立たせるのに必要な規模の「ポリス」の学ではなく、世界市場に広がって際限なく拡大を続ける市場経済の学だった。(98) たとえば空想と約束に基づく「富」であるために、時間と空間に制約されない資源配分を実現する貨幣は、貨幣を「不自然な富」と見たアリストテレス的な日常世界の科学の視野には入ってこない。貨幣のない市場経済はありえないが、ケネーやスミスや古典派経済学は、事実上貨幣なしで進行する実物経済として世界市場をとらえることになる。

経験科学と結びついた「日常世界の視点」は、この膨大なシステムの制御メカニズムをとらえることができない。なぜなら急進的なフィロゾフやヒュームたちが神について指摘したように、神や王や貨幣といった「文明」の装置は、人間の脳の内部に宿る、一種の空想の産物だからである。しかしこの「空想の産物」は、それが実体のないものだと指摘しさえすれば雲散霧消するどころか、日々人間を支配し、駆り立て、死へと追いやっている。それらは現実には存在せず、存在することもできない空想の産物が住む「不可能世界」にあって人間を駆り立てる幽霊、「主体」であり、経験科学の対象となる経験的現実世界にも、数学や論理学の対象となる可能的世界にも属さないにもかかわらず、巨大な力を揮い続けている。これに対してヒュームやスミスをはじめ十八世紀の道徳哲学者たちは、市場を利己心や交換性向で説明しようとするだけでなく、国家や社会の原理なども、「社交性」や「共感」や財産所有に伴う「権威」の原理など、日常世界に経験的に見られる現象になんとか還元しようと、さまざまな苦心を重ねた。それは日常生活の視点に立つ彼らの学者としての眼鏡には、人間を駆り立てるこれらの幻想的な「主体」が主体として見えないからだった。

ヘーゲルはこの幻想的な「主体」の原理を把握しようとした。上述のように複数性哲学とも見えるヘーゲル体系の根源にあるのは「存在と無は（前者の優位の下で）同等である」という矛盾の論理学であり、それに従って天地を創造していく「精神」という、妖怪のような「実体」である。この点でヘーゲルは、天文学的な複数性論者《プリューラリスト》であり、ニュートン体系の哲学的根拠を確立しようとしつつ、哲学の機関である「純粋理性」の要求が論理矛盾の世界を含意していることを示したカントを継承している。自覚的な啓蒙思想家だったカントは、ニュートン的な科学の記号体系が許す範囲内での哲学を構想し、その論理を使って、リードが不器用な心理学的方法によって遂行した、人間と神をつなぐ「道徳法則」の存在証明を、哲学的に厳密な仕方で遂行するだけでよかった。だがロマン主義と革命の洗礼を受け、テュービンゲン神学校の盟友たちと、ニュートンとロックの「機械論の哲学、臆病だが誇らしげな人を意気消沈させる死の教説[99]」を解体しようとしたヘーゲルは、それでは満足できなかった。盟友の一人である前期のシェリングがドイツ自然哲学派の哲学的代表者だったヘーゲルは、ニュートン主義が排撃したスコラ哲学やヘルメス文書やブルーノの著作のような文書が教える、形而上学的複数性論や魔術的複数性論にも嫌悪感を持たなかっただろう。

「ドイツ観念論の最古の体系」と通称されてきた、ヘーゲルの筆による覚書には、彼らが共有したと思われる、想像力の復権、有機体論、精神の絶対的自由などの着想が書き留められている。この文書が伝える観念は、芸術を真の自由の実現と考えるなど、初期のヘーゲルの思想とは異なっているが、当時のヘーゲルとその周辺の人々の思想傾向を示唆している。「哲学者 Philosoph」と「民衆 Volk」の隔絶を廃止することを求めるこの文書は、ニュートン主義の冷たい科学に「芸術」を対置する。哲学が民衆の所有物になるためには、理念は「美的[100]」なものにならなければならない。十八世紀の科学主義によって囲い込まれ、記号化された知に対して、排撃されてきた想像力の復活が叫ばれる。さらに「体系」は「あらゆる精神の絶対的自由」を目指し、個人意識に「知的世界を自分の内に担い、みずからの外側に神や不死性を追い求めようとはしない[101]」ような自由を与えようとする。ロックが描くような契約論的な国家は「人間がつくりあげたもの Menschenwerk」で「なにかしら機械的なもの etwas Mechanisches[102]」であり、その中では真の人間的自由は見出せない[103]。「いまや諸個人の集まりと個人とが持っている能力の全面的な発展の時がわれわれを待っている。かくして精神の絶対的自由と平等が支配するのだ！[104]」。そのためには、機械は流動する有機体に変換されなければならない。

このような知的環境にあったヘーゲルは、テュービンゲン神学校を出た後は、不安定な家庭教師生活を続けながら、主に宗教哲学の研究に従事する。ベルン時代のヘーゲルの諸草稿では、個人に契約論的・機械論的でない「自由」を与えるルソー的な共同体理念と宗教との関係が探究され、陰影に富んだフランクフルト時代の草稿では、キリスト教の思想的根底を哲学的に把握する過程で、個体と全体の関連をめぐって、「有機体」的な生命の論理が考察されている。

ヘーゲルたちは精神の絶対的な自由を求めたが、経験論的な契約論に基づいて描かれる政治体制は、彼らにとって真の自由が実現される秩序ではなかった。さまざまな形で、総計を超えた、実在する全体が探究された。その内でヘーゲルはスミス的な日常世界を見据えつつ、そこから始まりながらもそれを超える「一者」が成立するプロセスを探っていく。最初の著書『精神現象学』（一八〇七）では、著者は日常生活者の視点から議論を始め、巧みに弁証法を操って、日常意識を突き抜けて「絶対知」へと昇天していく意識の運動を描きだす。それに先立つイエナ時代の「精神哲学」の講義ノートでは、ありふれた日常的コミュニケーションから権力が、生きる糧を得るための労働から貨幣が、「外化（譲渡）」によって生まれ、後者が前者を支配するようになる過程が描かれている。この運動はついに個人の生殺与奪権を握る国家主権の成立へと高まり、それら自体が「世界史」の戦場の中で互いに戦いあい、破滅していく中で、「絶対的精神」が立ち現れる(105)。

よりヘーゲル自身の意図に即して解釈するなら、啓蒙を批判しながら受け継ごうとする理性主義者ヘーゲルは、自らが開発した「矛盾の論理学」を武器にして、自然言語でしか語りえず、脳内にしか実在しないが社会的に共有されている不可能世界という、この根源的に人間的な世界を「理性化」し、「ニュートンとロック」では把握できない真の文明の論理を解明し、世界の全体を理性の原理で統一することによって、総合的な単一性論《モニズム》に回帰しようとしたのかもしれない。ヘーゲル体系は「流出論」と呼ばれることがある。たしかにそれは新プラトン主義的な、神とヌースに基づく魔術的な単一性論の枠組みに準拠している。反面でそれは、科学の記号体系と、それに依拠した科学主義という意味での理性主義を内容的に含む体系として構想されている。それが壮大な単一性論の体系に示された、彼の「宥和 Versönung」の哲学的立場にふさわしかったのかもしれない(106)。だが思想家ヘーゲルの偉大さが、日常生活者の視点とニュートン主義的な科学主義に基づく「啓蒙」のプロジェクトの盲点を見抜いて、それを示した点にあったとしても、その巨大な体系は実体としての精神という巨大なゴーストが支配する世界を、スコラ哲学の三位一体の論証に似た強引な論理的こじつけによって弥縫して、なんとか全体として記述し尽すことに終わったのだった。

膨大な知識を持つと同時に、まれに見る複雑さと鋭さを見せる人文学的論理の達人だったヘーゲルが、不可能世界の「主体」をゴーストとして明示的に示したことは、彼の批判的後継者たちが、前世紀には明らかにされなかった問題領域を正面から対象にすることを可能にした。ヘーゲルの優れた継承者だったフォイエルバッハは、物理的世界と二重写しに見えている「意味」の世界が、実際には個人間の関係が投影されたものにすぎないと指摘した。精神に代わって「人間の本質」というゴーストを残すヒューマニスト・フォイエルバッハの議論が、マックス・シュティルナーによって裸の「個人」の属性に還元されることで[107]、この幽霊退治は終結した。次の課題は、なぜ「個人間の関係」に過ぎないものがゴースト化していくのかを問うところにある。

カール・マルクスはジェイムズ・スチュアートやファーガスンやスミスのpolitical economyを継承して、それを分業に基づく「社会関係の自立化」という概念で理解した。個人が全体をコントロールする力量を持たないのに全体に依存しているという歴史的状況が、個人を超えたゴーストたちに個人が支配される事態を生み出す。もし「自由な諸個人の結合体」が意識的に「全体」を制御することができれば、十八世紀が達成できなかった本当の悪魔祓いが果たされるだろう。弁証法による不可能世界の明示的な体系的記述を意図したヘーゲル論理学を読み返しながら書かれたという、『資本論』第一巻（初版一八六七）の冒頭の「価値形態論[108]」は、アリストテレスが真の富と認めた人間の日常生活を支える具体的な財から、いかにして「不自然な」富である貨幣が生まれるのかを解き明かそうとする。

ここでマルクスは、キリスト教的な複数性哲学の同等性原理を転倒して使用しているように見える。経験世界とはクラスの違う神の次元を真の実在と考える有神論的な複数性哲学は、一なる神の経験世界への顕現が、無数の世界という形を採ると考える。反対に唯物論者マルクスにとって、神の次元は空想の世界であり、国家は幻想的な共同体にすぎない。王であるから臣下たちが服従するのではなく、臣下の服従が個人を王にする。それは経済の世界でも同様である。マルクスは貨幣による支配の成立を、人間の日常生活に不可欠な経験的な諸財の数的な膨大化によって、それらに共通する労働生産物という社会的な共通性が自立し、貨幣として個物化し、「資本家」という個人に人格化されて、労働する諸個人を支配するに至ると説明する。一から多が産出されるのではなく、多から一が生まれ、諸個人の関係そのものが諸個人を支配する。こうして個々の動物と肩を並べて「動物そのもの」が存在し得るかのように、個々の商品と並んで、論理的にはそれらの上位のクラスに属する商品そのものである貨幣が流通する。このような状況は矛盾が実在する空想上の魔術的世界でしかありえないが、それが経験世界そのものから生まれ、そのただ中に出現する。同様に神も、この転倒された同等性原理によって説明されるだろう。

こうして空想の中にしか実在しない不可能世界の論理学であるヘーゲルの「弁証法」は、空想的な「主体」に支配される文明社会の論理を暴き出す。マルクスに従えば、「観測と実験」に基づく科学主義から見て極端に幻想的な体系に思えるヘーゲル哲学の存立根拠とは、「分業」に基づく文明社会という、人間が生きる経験的世界そのものが、現実に魔術化されていることにあった。そのため「啓蒙のプロジェクト」の実現としての真の「脱魔術化」は正しい哲学を啓蒙することではなく、地上の世界の革命でなければならない。自然発生的な分業に任せるのではなく、「自由な諸個人」の知性に基づく文明社会の意識的な組織化がそれを達成するだろう。

このヘーゲル左派の達成を天文学的複数性論に即して見るなら、自然神学によって無限宇宙全体に引き伸ばされた意味の世界を地球上に戻し、人間に戻し、個人に戻し、社会関係に還元するという絶え間ない遡行の過程で、精神に満ちた宇宙空間は抹殺され、人間を囲む世界は膨大な虚無の領域となったと言える。悪魔祓いを終えた人間たちは、かつて十八世紀の複数性論者たちが大宇宙の天体上に夢見たように、この地上の世界で自由な共同体を形成し、地上の自分たちだけを見つめて生きていくことになるだろう。ちょうど近代の地動説が登場する前に無限宇宙論と複数世界論が出現していたように、天文学的テクストから姿を消す半世紀前に、有神論的な天文学的複数性は思想史上で埋葬されていたのである。

だが複数世界論は有神論だけでなく、デモクリトスの唯物論的哲学の論理的帰結でもあった。フォイエルバッハやヘーゲル左派の中から現れ、唯物論者となったマルクスやエンゲルスの思考法も、論理的には複数世界論に親和的なはずだった。マルクスの学位論文がデモクリトスとエピクロスを対比し、原子論の機械論的解釈を訂正しようとした試みだったことからもわかるように、彼らの立場はデモクリトスやルクレティウスの「機械論」的な原子論ではなく、生気論的な「発展」を中心とする「弁証法」的な性格を持っていたが、それは生気論的な粒子哲学が普及している東アジアでの天文学的複数性論の受容に見られるように、宇宙空間における他の世界の成立と相容れなくはない。

信条である唯物論哲学の他に、彼らが歓迎したチャールズ・ダーウィンの進化論も、地球と同様な環境が存在する他の惑星での生命の誕生を否定する原理ではなかった。たとえば複数性論者パウウェルは、ダーウィン自身を驚かせるほどの進化論の支持者だった。ダーウィン自身、他の惑星の風景を見る感動に比して「あなたの庭先にも、一つの他世界がひらかれている」と、博物学を研究する喜びを複数性論の思考方法にしたがって描いている。[109] 彼の進化論は天空を支配するのと同等な法則性を、キリスト教徒たちが神の創造の行為の結果と考えようとする生命の中にも見出そうとする試みだった。

われわれは諸衛星、諸惑星、恒星たち、宇宙、いや宇宙全体のシステムが、法則によって支配されていると考えることができる。だが最も小さな昆虫でさえ、ある特定の行為によって一気に創造されたと考えたいのだ。(110)

ダーウィンの反対者リチャード・オーウェンも、地球上の生命と比較しながら、他の惑星上での「原型」からの生命の創造を考察し、同じ脊椎動物という「原型」から、地上には存在しない形態を持つ生命が創造される可能性があるとする。(111) 進化論をめぐる論争という十九世紀の新しい展開も、当初は複数性論のコンテクストから離れることはなかった。

ところがマルクスの盟友フリートリヒ・エンゲルスは自然哲学の研究ノートの中で、ヘーゲルの地球中心性を擁護する。

天文学における地球中心の立場は、偏狭であり、排除されたのは当然である。しかし、われわれが研究を進めていくにつれて、この立場はますます正当になっていく。(112)

唯物論者エンゲルスは太陽が地球に奉仕するためにあるというヘーゲルの主張を肯定する。

太陽などなどは地球に奉仕する。ヘーゲル、『自然哲学』、一五七。(巨大な太陽全体がただ小さな惑星たちだけのためにある。)地球中心以外の物理学・化学・生物学・気象学などなどはわれわれには不可能であって、地球中心の科学は、ただ地球だけに通用するものであり、だから相対的なものにすぎない、という決まり文句によってはなにも失いはしない。(113)

このように唯物論者のテクストの中にも、十九世紀の後半に進展していく、視野の自己中心化が現れている。

啓蒙が見逃したゴーストの捕獲によって真の悪魔祓いを達成しようとした、ヘーゲルからマルクスに至るヘーゲル派の試みを支えた関心と眼差しは、十八世紀の日常世界への眼差しに始まり、それを受け継ぎながら、「地球こそが精神の故郷」と考え、「この世界を少しでも改善しよう」、「天上の変革」を「地上の革命」に転じようという、この時代に浮上してきた、人間の中心性に基づく単一性論《モニズム》の思考の枠組みだったと思われる。十八世紀の先駆者たちと違い、ヘーゲル学派の創設者が「機械的」な科学の記号体系ではなく自然言語の論理を重視しながら、宗教や主権などを正面からとらえたことが、体系そのものに単一性論と複数性論《プリューラリズム》を重ねたような二重性をもたらしつつ、その複雑でニュアンスに富んだ社会的世界の観察を可能にした。

その最後に位置する革命家マルクスは、学問的な点では、悪魔を退散させる方法を抽象的に示す以上には出なかった。おそらくマルクスはヘーゲル派の中の最高の知性だったと思われるが、『資本論』の膨大で精緻な体系は、リカード経済学の枠組みを巧みに利用した問題の指摘と描写であり、多くの独創的な理論的知見と優れた観察を含んでいたものの、文明生成の要因とメカニズムと変化の諸条件を具体的に示せなかった。

(3)「もう一つの世界」

啓蒙の未完のプロジェクトを補完する点で、ヘーゲル派の単一性論《モニズム》は必ずしも成功しなかったが、天文学的複数性論の衰退に伴い、知的世界が単一性論によって完全に覆い尽されたのでもなかった。周辺化されたとはいえ、天文学的複数性論は消え去らなかった。もはや公衆の面前で声高に語らないが、専門家としての天文学者たちは相変わらず眼差しを天空の複数世界に向け続けた。観測の精密化と宇宙の理論的研究の飛躍的進展につれて、二十世紀後半には十七世紀のウィルキンズたちが予言した宇宙探検が開始され、地球外知的生命の探査プロジェクトまでが始動しはじめた。世紀末には太陽系内天体探査の精密化とともに系外惑星が相次いで発見され、何らかの形態で

「宇宙生命」が存在する可能性が高まった。こうして十七世紀初頭のガリレオたちが見出そうとした天文学的な複数世界の存在が半ば実証され、天文学的複数性論の新たな幕開けが訪れた。それはいわば単一性論に敗北した有神論的複数性論に代わる、「唯物論的複数性論」の知的世界への本格的な登場だった。

他方科学愛好家たちの想像力は、ますます専門化・技術化していく科学文献から文学へと移され、科学・小説 science fiction が誕生した。そこでは宇宙の誕生とその運命、地球外知的生命とその環境、人類という種の未来などについて、十七、十八世紀の複数性文献のすべてを合わせたよりも多い、さまざまな思考実験が繰り返されていった。可能的世界論にかかわる議論も継続した。クザーヌスやブルーノ、あるいは経験主義的ニュートン派は、数や論理を心の中で生じる経験からの抽象の産物ととらえたので、彼らの複数性論に可能的世界の場所はなかったが、十九世紀以後の厳密な学問体系としての数学や記号論理学の発展につれて、可能的世界は経験科学と異なった性格を持つ数学や論理学の根拠などをめぐって研究の対象となった。それに従事した人々の中には、カントールやゲーデルのような、論理的、数的対象に経験的対象とは別のクラスの実在性を認める学者たちが存在した。

複数性の歴史の中にはこれらの他に、本書では主要な対象としなかった、オレームの三分類や可能的世界論以外の複数世界の構想がある。単一性《モニズム》論が支配的だった時代での複数性論のあり方を展望するために、最後にこの点に触れておく。十八、十九世紀の自然神学はニュートン的科学の枠組みが提供する経験的世界の内部で、神の顕現としての複数世界を提示し、近代科学の言説と調和的な形で宗教を補完しようとした。だが自然の全体に神の属性を見ようとした自然神学の衰退は、宗教的問題を個々人の「心情」、「信念」といった人間心理の内部に限定することに帰着したのではなかった。科学が提示する経験的世界の中に宗教的な次元が存在しないのなら、それは「別の次元」に実在するのでなければならない。

創造神を信じていたキリスト教的科学者たちは、「精神」の実在性を疑わなかった。リードやカントのような十八世紀の哲学者たちの多くも、「精神世界」の存在を信じていた。キリスト教の救済信仰は、最後の審判における生まれ変わりのために、なんらかの個人の本質が死後保存されると考える。ホッブズのように、人間は死によって心身ともに一度完全に消滅し、復活にあたって神によって再創造されるという、徹底的な唯物論的解釈は例外的だった。そのため精神は、たとえばデカルト体系でのように不壊の実体であり、死後も存続するはずだった。彼らが積極的に「精神世界」そのものについて述べなかったのは、そうすることが、彼ら自身の手で注意深く構成されてきた、経験と論理のみに根差す科学的・哲学的言説を逸脱し、「熱狂主義」のような想像力の放逸に道を開いてしまうからだった。そのため「魂」にかかわる委細は、専門家である啓示神学者たちに委ねられていた。

自然神学が科学の方法でとらえられる経験世界の内部で神の万能を示したことも、「精神世界」に触れる必要性を感じさせなかった理由だった。とくに聖書の解釈によって教会が諸宗派に分裂して戦い合ったプロテスタント世界では、まず確実な科学的方法による経験世界の理解によって神の存在と属性を確認し、そこから聖書の学習に進むのが、社会秩序の維持のために安全な教程だと思われた。さらにフィロゾフの中の理神論者たちにとっては、「神学」は創造神の存在を科学的に確証する自然神学だけで事足りた。

これらの理由で、ニュートン主義的な複数性論が積極的に「精神世界」を論じることはなかったが、天文学的複数性論はそれとまったく無関係ではなかった。第3章・第4章で言及したように、天文学的複数性論の信奉者たちがすべて王立協会的な経験主義者だったのではなく、その中には魔術師や錬金術師の伝統に立つ人々、宗教的なインスピレーションに満たされた人々も含まれていた。近代複数性論の代表者の一人であるブルーノ自身、このような伝統の中にいた。十八世紀には見霊者スウェーデンボリが登場し、天文学的複数性論を瞑想による精神世界の探究と結びつけた著書を発表し、大きな影響を与えている。

天空の複数世界が疑わしくなり、地上の生命が創造の業なしで進化論的に説明できると思えるようになると、もはや自然神学の論法に従って経験世界の中に神の証を見ることができなくなる。それなら神と物質から独立した精神の実在性を示す「別の世界」が、この経験世界に並行して存在しなければならないのではないか。すでに十九世紀の天文学的複数性論者がそれを考え始めていた。第1章で取り上げた『訓蒙天文略論』の原著者テートは、同郷の物理学者バルフォア・スチュアートと自然神学の著書を二冊出版している。テートたちは最初の『見えない宇宙』（一八七五）[114]で、当時支持者を増やしつつあった「唯物論者」に反対し、当時の物理学的知識を駆使して、「来世」の存在を論証しようとした。その主な手段はエーテル仮説と、協働を続けてきたウィリアム・トムソン（ケルヴィン卿）が建設した熱力学の「宇宙の熱的死」の概念だった。テートたちによれば、ポテンシャル・エネルギーが失われつづけることで、この宇宙にはいつか終末が訪れる。宇宙には始まりと終わりがある。生命と物質の間には飛躍があり、それは生命と人間精神の間でも同様である。これらのギャップは「科学」によって埋めることができない。世界を構成する物質には、大きな形あるものから、極めて微細なエーテル、さらにエーテルを作り出している渦動まで、なだらかなグラデーションがある。これらをまとめてテートは「連続性の原理」と名づけ、それに基づいて、人間の死後に自己の情報をエネルギーとともに移していく「見えない宇宙」が存在すると主張して、そこから聖書の信仰を確証しようとする。

テートたちは形成されつつあった熱力学を使い、エーテル仮説を援用するなど十九世紀科学の道具を駆使して、経験的な宇宙に並行する「別世界」の存在を証明しようとする。それはキリスト教的有神論の立場に立つ科学者／哲学者たちが、いまや唯物論に親和的に思われるようになった経験世界のあり方ではなく、他の世界の存在に神の証を見る必要を感じていることを示している。だが彼らの論証の方法自体は、かつての十八世紀のニュートン主義的な科学者たちと同様、科学的理論の説明不能性を指摘して、そこから宗教的なヴィジョンへと接続する否定神学の論法だった。十九世紀後半に入っても、ニュートン的科学の説明力の限界性が自然神学との共犯関係を成り立たせるという構図は変わっていない。

『見えない宇宙』の一八七五年版を書評したウィリアム・ジェイムズは、テートたちの自然神学的な議論に不満を表明している。[115] 彼らは物理学と宗教を結びつけるのに成功していない。自然神学などで科学と宗教を結びつけるのではなく、むしろ何らかの目的のために、まず「信じる」ということに意味があるのではないか。このように指摘する心理学者ジェイムズも、宗教を主観的な、個人の脳内だけでの事象だと考えていたのではなかった。彼の一つの考えは、個人の内面が神にかかわる「精神世界」に連続しているというところにあった。ジェイムズは哲学者ヘンリー・シジウィックたちと心霊現象の研究に時間を割き、この「超心理」の領域こそが心理学の新しい領野だと考えていた。[116] 家庭環境もあり、彼はR・W・エマーソンの強い影響を受けていた。エマーソンはスコットランドのダンディーに赴き、市井の思想家トマス・ディックを訪問したという。[117]

ディックはチャーマーズの影響を受け、自宅で天体観測を行い、世界の複数性とキリスト教についてよく読まれた数冊の本を出版した、空想的・ルネサンス的な面を持つ天文学的複数性論者だった。複数性論の普及とともにディックが果たしたもう一つの大きな役割は、デイヴィッド・リヴィングストンに影響を与えたことだろう。厳格なスコットランドのカルヴァン派の父の影と科学を好む自らの性向の間で苦悶した若きリヴィングストンは、ディックの著書に触れて、科学とキリスト教が両立することを知り、宣教師と医師としての生涯をおくることになった。リヴィングストンは進化論に反対し、リチャード・オーウェンに傾倒して、彼の研究のために標本を送ったりしている。探検家として名を遺したとはいえ、アフリカでの宣教、奴隷貿易廃止のためのアフリカ経済開発への取り組みといった、その情熱的な活動を支えたのは、十八世紀末のニュートン主義を複数性論ごと取り込んだ、福音主義的な信条だったと思われる。地理学的知識の拡大を通じてアフリカでの帝国建設に結果的に貢献したが、リヴィングストンは現地の人々から尊敬されていたという。姿かたちの異なった知的生命とつくるキリスト教の「宇宙共同体」の一員であるという自覚を持っていれば、サハラ以南のアフリカ人を人種的偏見の目で見ることなどなかっただろう[118]。

十九世紀の終わりにかけての知的世界で自然神学が徐々に信頼を失っていったとすれば、この世界と並行する「別の次元の世界」の観念が、既成の教会に不満な、新しい宗教的ヴィジョンを求める知識人たちの中に宿っていった。それはニュートン主義の天文学的複数性論ではなく、空想の中の不可能世界がこの世界と並行して実在し、個人の精神がその中に出入りできるとする、「もう一つの世界」の実在を信じる魔術的複数性論《プリューラリズム》だったと言えよう。知的世界の周辺では時としてカルト教団の宇宙人信仰のように天文学的複数性論と混交しながら、このコンテクストは支配的な単一世界論に吸収されることなく伏在し、神智学やシュルレアリスムやユング心理学やニュー・エイジ運動のように、モノリシックな関心と眼差しのあり方に不満を抱く知識人や青年層に影響を与えてきた。本書はハイ・カルチャーの中のニュートン主義とその周辺に叙述を集中しているため、この系統に当たるスウェーデンボリや神智学などの著作をほとんど取り上げていないが、この関心はたとえば前述のエマーソンからジェイムズ、さらにC・S・パースまで継承されることになる[119]。天文学的複数性論が科学小説という、あたらしい寓話的類型の中に戻っていき、知的世界の表舞台から静かに姿を消しつつあった時でも、この「世界」以外に別の世界が存在すると主張する複数性論《プリューラリズム》は命脈を保っていたのである。

4　単一性論の時代

十九世紀から二十世紀にかけてのどこかの時点で、少なくとも知識人の間で、単一世界論と自己中心性と名づけることができるような、世界と人間に対するある知的構えが支配的になっていった。世界は一つであり、その外側には何物も存在しないか、少なくともそれを考慮する必要はない。世界とは何か、人間とは何か、世界の意味、人間が生きる意味とは何なのかを考える場合、自己の、つまり現在を生きる人間の視点から考察すればよく、それだけで十分である。これらは今も、思考する際の一種の前提条件のようになっているので、意識に上ることはあまりないが、次のような疑問がすぐ浮かぶ。「世界は一つ」というのなら、その外側はどうなっているのか。「一」は「多」の対概念なのだから、「一」のみの「一」という観念は意味を持たないのではないか。通常「人間」という言葉は、ホモ属という動物の中のホモ・サピエンスという種を意味する。それは広大な宇宙の中の小さな点にすぎない地球上で誕生した生命の一つであり、「生命」という大きなカテゴリーの中の一つである。われわれの知的な視野が地表面で生存するホモ・サピエンスに限定されるなら、世界や知性や人間にかかわる普遍的な理論を導くことはできないのではないか。

二十世紀に支配的だった諸観念はヨーロッパの近代思想とその派生物に由来しているとされるが、この世界の単一性と視野の自己中心性という枠組みは、十六世紀以後のヨーロッパ初期近代の思想史で乗り越えるべき既成の知的体系とされていた、初期近代のキリスト教会の単一世界論と自己中心性に類似している。その基礎となったアリストテレス体系やそれを受け継いだスコラ哲学の一派は、それぞれ自然学や形而上学の立場から、以上の疑問から単一世界論を擁護する、理論的な回答を準備していた。世界の単一性はアリストテレスの自然学によって学問的に定式化され、スコラ哲学はこれに関するアリストテレスの形而上学的な議論をさらに拡充した。自己中心的視野の正当性については、キリスト教会は「人間」を他の被造物と厳格に区別する学説を持っていた。また知性についてそれらの体系は、天体と能動的知性、神や聖霊や天使などの想像上の存在も扱っており、考察対象をホモ・サピエンスだけに限っていたのではなかった。

二十世紀の対応物にはそれらの弁証はない。科学の体系的発展によって、それが志向する経験の地平に視点が限定されることで、「人間の内面」や「空想」にかかわるとされた宗教的次元が視野から外されたと見ることもできる。だが二十世紀の物理的科学が世紀の初めから描き始めたのは、十八世紀からの科学の大衆化によって広く受容されるようになった、ニュートン的科学に基づく世界像とは大きく異なる実在のあり方だった。それはニュートン的科学に伴ったようなヴィジュアル・イメージを生み出さなかった。単一性論にかかわった科学の展開としては、細菌の発見によってミクロから人間界に至る生物界が地続きの世界としてイメージできるようになり、ミクロの複数性論が消滅したことが、自己中心化の一因になったことが挙げられるかもしれない。物理学が生き生きしたヴィジュアル・イメージを提供しなくなった二十世紀は生物学の時代であり、ニュートン主義のような宇宙全体を描くヴィジュアル・イメージではなかったが、生物としての人間に連続する顕微鏡下の細胞と細菌の「表象」によって、少なくとも生命圏としての地球表面を単一世界として思い描くことができるようになった[120]。

あるいはさらに単純に、ヨーロッパによる世界分割が完了し、世界が「飽和」し、「未知の大陸」というヨーロッパにとっての地理的な意味での世界の複数性が消滅し、地球表面上の地理的世界が完結した単一体となったことが、「外部」を考える意欲を喪失させ、知的な自己中心性を強くしたということかもしれない[121]。少なくともこれらの要因が、前段で見た科学の制度化とともに、複数性論《プリューラリズム》から単一性論《モニズム》へという、総体としての世界の表現《リプレゼンテーション》の仕方の転換を補強し、それが現在あるような形へと結晶化する際に役割を果たしただろう。

この転換は、複数性論《プリューラリズム》の再生がそうであったように、特定の思想、学派の勝利がもたらしたのではない。それは個々の思想、価値の背後で機能する、個人を超えて社会的に進行する認知における、一種の形而上学的視点の変化、関心と眼差しの変容だった。初期近代の複数性論がそうであったように、十九世紀にはコールリッジ、ヘーゲル、ヒューウェル、フォイエルバッハなど、ロマン主義者、ドイツ古典哲学から国教徒、実証主義者、唯物論者に至るまでの、さまざまな価値観と世界観を持ち、おおよそ他の点では意見の一致を見ないだろう人々が、共通してこの世界の表現《リプレゼンテーション》に加担した。天文学と力学の成立などの諸条件のために、初期近代の複数性論が最終的にニュートン主義的な天文学的複数性論という形を取ったように、台頭した単一性論《モニズム》は世紀の後半から発展してきたさまざまな条件の下で、現在の世界の支配的な思考方法へと固化していったと考えられる。

近代の単一性論《モニズム》の中核は、ヘーゲルの「地球中心主義」に見られるような、特定の思想・哲学・価値を超えて共有された、人間の価値的中心性だった。すでに近代複数性論が人間の自然における場所的中心性を否定したので、自己中心化はこのような形でしかありえなかった。それは体系的な理論・学説ではなく、関心の持ち方や視点の方向づけという形で思想史的コンテクストを形成した。かつてアリストテレス的な単一性論は人間を世界の中心に置いたが、価値の上で人間に最高位を与えたのではない。月上界には第五元素からなる崇高な星々が存在し、その外には至高の神の座があった。キリスト教的な世界像では、世界の中心である人間の座は価値的に最低の、卑しい場所とされた。これに対して人間中心的でない宇宙を承認した単一性論は、人間を価値の上で最上層に立たせる。その実体がロマン主義者の肥大化した自我意識だったのか、文明社会を建設し工業化によって自然への依存を断ち切った経済をつくりあげたという自足感なのか、観察と実験によって操作可能な対象のみを現実だと考えようとする科学者の自己限定なのか、あるいはロベスピエールが宣言したような、天空の変革から地上の革命へ移行しようとする改革者の情熱なのか。おそらくそれらすべてに共通する、ヘーゲルやヒューウェルの言葉からうかがい知ることができるような、地上のみに目を注ぎ、地上を自らの最後の住まいとして作り上げていこうという眼差しと関心が誕生し、さまざまな思想や価値の変容の背後で徐々に支配的になっていったことが、複数性の眼差しと関心を衰亡させていった。天文学的複数性論から見るなら、それは人間がおそらく歴史上はじめて行った、宇宙を忘却することに帰着したのだった。

天空に広がる複数世界の喪失は、その系論だった地球外知的生命存在説の周辺化をもたらすことになった。そしてこの単一性論《モニズム》のパースペクティヴしか知らない世代の人々によって思想の歴史が書かれることで、世界の人間化を軸とする「近代思想史」が誕生し、本書がその一部を素描したような、長期にわたる複数性論の偉大な歴史が記憶から失われたのだろう。古代に始まる複数性論の歴史とは、古代人の自由な探究に始まり、とくに西洋史上最大の知的巨人アリストテレスと対決した、イスラームの思想家たちの、スコラ哲学の学匠たちの、ルネサンス以後の知の冒険者たちの、「世界」そのものを学問的に考察する方法を建設し、人間の形而上学的思考力を向上させ、その過程で時には殉教者を生んだ、長く栄光に満ちた物語であり、そしておそらくはそれが「近代科学」を生み出した形而上学的情熱の一つを提供し、つねに自らを対象化する自在な知の飛行能力を啓蒙運動に与えたのだった。

新しい単一性論《モニズム》は十八世紀の科学と道徳哲学の諸観念と方法を受け継ぎながら、地上の自律的な秩序の原理を作り上げていった。現代の大半の政治・社会思想や社会科学の基底的な思考形態はそれに由来している。それらはあたかも外界から切断され、それ自体の内部の運動原理のみで自律的に発展していく実体のように、社会や政治や経済の秩序を描き出していった。それによって現代の政治や社会の仕組みにかかわる多くが達成されたが、十八世紀の遺産から失われたものも多かった。たとえば啓蒙期の政治経済学者たちが持っていた成長の限界の意識が消滅し、天空とともに、人間の外側の自然も不可視となった。

新しい単一世界論と自己中心性は、ミシェル・フーコーが紹介してよく知られるようになったジェレミー・ベンサムのパノプティコンを単純化したような構造を持っている。フィリップ・スコフィールドによると、発案者だったベンサムの弟のサミュエル・ベンサムは「中央部に配置された監督者がその周囲で行われている活動のすべてを隅から隅まで見渡せるような『監視施設[122]』」を考えていた。ベンサム自身は監獄ばかりでなく病院や救貧施設などでのさまざまな応用を考え、さらに複雑な構造の施設を複数構想した。

二十世紀の観念のパノプティコンの構造は単純で、中心の監視者の位置に「人間」が回転椅子に座っている。この人物の目に見える世界は円形の天井と周囲を囲む湾曲した壁だけで、それには複数階の回廊がある。それらに囲繞された空間だけが存在の全領域とされている。「人間」を支えているのは「地球」であり、本来は球体のはずが、座る部分は平面になっている。仰ぎ見るとルネサンス的な建築物のように、無限宇宙の絵図が円い天井に描かれている。「人間」は地球椅子が世界の中心だと思っていないが、天井を見上げてもそこに行くことはできないので、実際には自分が中心にいると考えても差し支えないと思っている。曲率を持った壁の向こう側に何かがあるのかもしれないが、見ることはできないので、それも「人間」には意味がない。壁面には地球のさまざまな有様や太陽系の様子が描かれ、壁の前の各階の回廊では、自然や生命の仮面をつけた影法師たちが忙しく動いている。「人間」がこの閉鎖空間で満足しているのは、時折椅子に乗ったまま回転してみるからだろう。回転運動はいつまでも続けることができるので終わることがなく、無限の感覚を与える。見上げたり見下ろしたりしながら行う一回転ごとに同じような風景が見えるとはいえ、それは動き回る影たちのために無限に多様に見える。

　この観念の監獄がパノプティコンと大きく異なるのは、壁の一部に磨き上げられた鏡が嵌め込まれていることにある。「人間」はしばしば回転を止めて、そこに映る自身を見つめ、世界とは何か、生きる意味とは何かなどの瞑想に耽る。それは一種のナルシシズムかもしれない。だが『ポイマンドレース』の原人《アダム》のように、「人間」は己の鏡像の美しさに魅せられ、席を立って壁際に移動して、物質世界の風景の一部に頽落してしまうことはない。足元は一階まで吹き抜けになっていて、回廊に移動することはできない。「人間」は地球椅子に座って鏡を見つめながら、国家、民族、人権、正義、効用、合理性など、自分自身の衝動や欲望や想像が生み出した観念を使って、まるでそれが世界にとって何らかの意味を持つかのように、いつまでも思いを巡らせる。この世界に実在するのは、本当は自分だけなのだから。

この自足した「人間」が監獄を追い出され、仕方なく外界の中に足を踏み入れると、そこにはどこまでも続く白昼の赤い大地の彼方に、緑色の大海が波打つ水平線が待っている。日光は額を打ち、音を立てて皮膚を撫でる風は新奇な土や植物の強い匂いを運ぶ。見上げれば広大な淡紅の空に、眩いばかりに白く輝く雲が流れていく。混乱し、驚異に動かされた「人間」が思わず振り返れば、そこには陰鬱な円筒形の建物が無言で佇んでいる。「人間」はそれが、自分自身が作り上げた「世界」の模造だったということを知り、本来の無限世界の意味を少しずつ学び始めるだろう。現実の人間には、そのような瞬間はおそらく訪れない。だが二十世紀の科学は、この観念の監獄の壁や天井に、小さなひびを入れ始めた。そこから限りなく明るい真の世界が垣間見えるのか、壁の地塗りと区別できない灰色の闇が拡がるだけなのか、それはまだわからない。しかし歴史的に見て、単一世界論と自己中心性だけが世界のただ一つの表現《リプレゼンテーション》の仕方でないのであれば、異なった世界の表現を構想することが、二十世紀の枠組みを超えたところへと、再び人間知性の領域を拡大するのかもしれないのだ。

十八世紀末に最終的な階梯を上った啓蒙の盛期は、天空にかつてない数の無数の精神が存在し、それらが人間の知性と「理性」において結ばれているというヴィジュアル・イメージへの信頼の頂点でもあった。またそれは、決定論的世界を隈なく見通す知性の万能性の観念と、原理的な点でそれに比すべくもなく無力な人間知性による確実性の達成不可能性という、先取りされた知的断念が共存する世界でもあった。それ以後の啓蒙の運命がこの「理性」という、古代と近代を結ぶあいまいな観念の変容に象徴されているとするなら、十八世紀におけるその両生類的なあり方は、この運命もまた、不可逆的時間の中での一つの偶然的な道行の結果にすぎないことを証していると考えることもできよう。

エピローグ　複数性論の意味と意義

世界の複数性は、一見したほど異様な観念ではない。第2章の「日常世界と平行し、これに対応した充実度を持つ不可知の領域が存在するとする、世界に関する複数性論《プリューラリズム》の広くとられた定義を、認識主体としての個人の経験可能領域に適用すれば、複数性論が「自分が今まで知らない、今後も決して知ることができない客観的世界や、他人の内面世界が存在する」という、日常世界の経験の枠組みに適合的な思考だということがわかる。

二十世紀の第四四半期以後から現在までは、今後複数性論《プリューラリズム》の復活期と見なされるようになるかもしれない。ニュートン的自然観の中で発達した天文学的複数性論は十九世紀の終わりごろからいったん知的世界の背景に退いていたが、二十世紀末には、計算能力の発展と観測のいっそうの精密化によって系外惑星の存在が実証され、天文学的な「世界の複数性」論の新しい状況がもたらされた。当初は恒星に近接した軌道を持つ大質量のガス型惑星しか検出できなかったため、地球外生命の存在に対する悲観説が提唱されたこともあった。生命はまさに奇跡としかいえない例外的な条件の組み合わせによって、地球上だけで誕生したのではないかという意見も出された。だが観測の進展に伴い、やがて地球に近い岩石型の惑星を含む、多くの系外惑星が発見されるようになった。太陽系内でも、火星の水の存在、過酷環境で生存する生命の研究など、単純な構造の生命が太陽系内に存在する可能性が、有機物の地球外起源説とともに議論されるようになってきた。科学の対象となる領域では、奇跡のように例外的にただ一つの現象が存在することは考えられない。現段階では、何らかの形で地球外生命が存在する蓋然性は高くなりつつあると言えるだろう。

さらに天文学的複数性論だけでなく、ニュートン的科学とは異なった性格を持つ二十世紀科学の展開が、前世紀の終わりごろからさまざまな複数世界論をもたらし始めた。それぞれまだ仮説に過ぎないが、それらは複数世界の百花繚乱とも言える。宇宙の誕生に関するビッグ・バン仮説と観測値の不整合を解消するために提唱されたインフレーション理論は、複数宇宙《マルチバース》の平行発生の可能性という、純粋な形での世界の複数性論を学問的議論の対象に乗せた。相対論と量子論を統合する有力な試みの一つである超弦理論は、世紀の終わりごろから、余剰次元という、人間の日常経験を超えた高次元の世界を仮定して組み立てられるようになった。またアインシュタインが量子力学を批判する際に指摘したエンタングルメントの現象や、波動関数の「収縮」をめぐる観測問題と呼ばれる問題群は、多くの支持を集めているのではないが、波動関数の多世界解釈という形で、純粋な形而上学的複数性論の復活をもたらした。宇宙方程式を量子論的状況に適用すると時間が消滅する場合があるという問題は、時間そのものがより高次の何物かから導くべき二次的な現象なのではないかと思わせる。あるいは時空間という次元全体を含めて、現実の物理的世界がさらに根源的な何らかの数学的秩序から生起する現象なのではないかという予想も現れている。

分析哲学では様相論理学に関連して、ライプニッツの可能的世界論を受け継ぐ議論が復活した。合衆国の哲学者デイヴィッド・ルイス(1)はこの問題を実在論的にとらえ、可能的世界が実在しない根拠はないと主張した。これは自然言語の分析に基づく極端で純粋な形而上学的複数世界論で、日常的な直観に反するためそのままの形では支持者は少ないとされるが、言語が有意味であるためにはそれに対応する事物がなんらかの形で存在するとするマイノング主義に対する関心の喚起を含め、分析哲学における形而上学の復活に寄与しているとされる。

これらの物理学や分析哲学での議論に並行しているのが、数学の哲学におけるプラトン主義だと言える。数学の対象が何かについての学説には、大きく分ければ経験主義とプラトン主義の二つの見方がある。マクローリンやダランベールのような十八世紀のニュートン主義者たちは経験主義の立場から、数学的対象は人間が経験的世界から抽象して作り上げたものだと考えた。数、点、直線などは直接には人間の想像力の産物であり、それらは現実には存在しないが、多様な知覚の一般的な特徴をこのような形象として抜き出すことで、数学は実在の一面をとらえていると考えられた。これに対してプラトンのイデアのように、数学は経験界を超えた「真の実在」を対象としているという考え方もある。ピュタゴラスのように数や点や線が実在すると素朴に主張すれば、プラトン主義は現在の科学的な現実感覚にそぐわない。0、2の平方根、π、e、iなどのように、数学的対象は「発見」の歴史を持っているので、それらが「生得観念」のように人間の脳内にあらかじめ埋め込まれているとも考えられない。

しかし二十世紀の科学哲学者たちを魅了した物理学の「予測能力」は、経験世界における数学の普遍妥当性に基づいている。物理学のような精密科学が「予測」を可能にするのは、公理的に前提され、通常は微分方程式で表現される法則を、与えられた諸条件に基づいて解いた結果が、現実に生起した観測・実験結果と厳密に一致するからである。ケプラーの法則やクーロンの法則のように、科学的理論の公理的前提は、観測・実験から経験式として導き出される。そのためこれらの式には確定した比例定数がある。それは『光学』でニュートンが「分析」と名づけた研究過程である。これに続くニュートンが「総合」と呼んだ手続きでは、これらの式に基づいて立てられた微分方程式が純粋に数学的に解かれる。そこでは一切の経験的知識が排除され、また学問的にそうでなければならないと要請される。最後にニュートンが言うように、こうして得られた解に初期条件を代入した計算結果が観測や実験の数値と対比される。現象を「説明」しようとする科学の推論は、いわば「分析」において現実世界から始まり、「総合」でいったん回り道をして、数学・論理学が生きる「可能的世界」の中で展開し、最後に現実世界に戻ってくるという形を取っている。科学の予言が現実世界に妥当するのは、数学的推論という脳内過程が物理的現実世界の進行に一致しているからだと考えざるを得ない。

物理学史には、そうでないとすると説明できない重要な展開が見られる。J・C・マックスウェルが電磁気学の方程式を定式化する際に想定した真空中を伝わる波は、後に「電磁波」という実在であることが確認された。P・A・M・ディラックは量子論と電磁気学を統一して量子電磁気学を建設したが、この理論が方程式の構成上で仮定した陽電子の存在も、理論の完成後、実験的に実証されることになった。代数方程式の解の公式を一般的な形で定式化するために要請された、たんなる「仮想上の数」であるはずの虚数は、二十世紀になってシュレディンガー方程式に組み込まれ、物理学の理論を構築する際に不可欠の手段となった。「この世界」、この「物理的世界」が数学的な構造を持っていなければ、数学がこのような本源的な「予言」の力を発揮することはないだろう。

数学は「紙と鉛筆」だけで研究できると言われるように、数学的対象が「存在」するために時空間は必要ない。対照的に、「紙と鉛筆」だけを使って確立された物理学の理論体系は存在しない。物理的世界が数学的世界と同型であるとしても、この非経験科学としての数学の特徴は、数学的世界と物理的世界が同一でないことを意味している。数学的対象が住む世界は、物理的世界と平行しながら、何らかの形で一つの世界として「実在」しているということになるだろう。数学的世界が何らかの形で「存在」していることを想定しなければならないなら、少なくとも科学が対象とする世界には、物理的実在の世界と数学的・論理学的な可能的世界の二つがあることになる。

物理的世界と数学的世界の関係は、われわれが住む宇宙の成立の考察を通じて、複数世界論の考察に誘う。「この宇宙」の物理学には、プランク定数、万有引力定数、誘電率など、いくつかの基本的な比例定数がある。それらをわずかに変化させるだけで、現在のような宇宙は存在しなくなる。これら基本的な定数それ自体は、今のところ物理学の理論では導出できないので、それらがなぜこのような「絶妙な」値を取っているのかが疑問に思われる。

十七世紀のキリスト教的科学者なら、それこそが人間に対する創造神の愛の証明だと言っただろう。万能の神は異なった万有引力定数を持つ世界をいくつでも創造できたが、そのような世界は人間にとって不都合なので、あえて現在の定数値に基づいて物理的世界を生み出した。それは神がわれわれ人間を愛するあまり、自身の手を縛って無限の選択肢を自発的に放棄したのだと。そう言ってキリスト教的科学者たちは、この神の愛の深さの「証明」の前で涙するだろう。現代の科学ではこのような弁証が許されないので、別の説明が必要になる。この宇宙の比例定数が現在の値を取っていなければ人間が存在せず、そのため比例定数を観測することもないから、というのがその解釈となる。この考え方に従えば、宇宙は「この宇宙」だけでなく、物理定数の変域の数だけ存在することもできることになる。この議論は複数世界論の証明ではなく、科学的な単数世界論の論理的不可能性を示唆する。以上のような二十世紀末からの議論は、かつて主に形而上学的な推論の形で議論されてきた世界のあり方の一部が、現在では十七世紀以後の科学的方法によって扱えるようになってきたことを示している。

　複数性論《プリューラリズム》と同様、自己中心性《エゴセントリズム》も人間の日常的経験に源泉を持っている。現代の人間は科学的知識によって、自分を取り巻く世界が己の視野のはるか彼方まで広がり、閉じていないことを知らされていながら、それを自分が一つの全体として理解し、他者と共有しているように感じている。その中で生きている「この世界」が閉じた全体であり、唯一の世界であるというこの経験は、おそらくまだ認知心理学が十分に解明していない、人間の意識の統一性に根源があるのだろう。

　またそれは「主体」の問題とも関連している。人間の脳内の過程は認知として人間の技術的な対自然行動を導くことで環境への適応を容易にするとともに、個人を結びつけ、組織して、社会全体としての適応を可能にするという機能を果たしている。これまでの人間の「知的」営為の大半は、おそらく技術や科学的知識の改善ではなく、神や王などの空想的な主体の創造と体系化に向けられてきたのだろう。知性は生命の適応原理から発展したはずなので、この不可能性を現実性と見なす脳内の過程も、何らかの形で総体としての世界の論理的な仕掛けに根拠を持つのだろうが、それは個人意識を圧倒する膨大な想像力の装置として機能し、大量の個体を動員し、時には死へと駆り立てながら、諸個人の生存圏を空間的、時間的に超える巨大な文明を形作ることで、集団の適応力を高めてきた。そのためそれらは啓蒙のフィロゾフたちが考えたように、空想であることを指摘するだけで消えはしない。個人の単一性体験は、この想像上の「主体」との一体化の空想的経験によって強化されている。そのうえフィロゾフたちの後継者たちは、想像力の力で膨れ上がった文明の装置を個人の日常経験の水準にまで縮減し、透化しようという先人たちの夢が、あたかもすでに実現したかのように眼前の社会的な世界を描いてきた。日々精霊や祖霊と会話して暮らす未開社会の人々は半ば夢の中で生きているように見えるかもしれないが、啓蒙のユートピアの夢想を現実と思いこんでいる現代の人々も、上半身を空想の中に浸して生きる存在である点では、彼らと違いはない。

「知る」だけでなく、欲望し、集団で行動することにもかかわる人間の知性の歴史は、「知識」の単線的な発展ではない。外界と自己についての認知能力の発展という限定された視点からとらえる時、その道筋は迷路のように紆余曲折し、時として後退していく。複数世界論の衰退に決定的な根拠があったのではないのと同様、宇宙空間と自然に関する知識の増大が、地球という一惑星上で展開したエコ・システム内のたんなる一つの種にすぎない人間のあり方を確証していく反面で、人間をあたかも環界から自立した小宇宙の中の創造主のように描き出す単一性論《モニズム》は、現代のさまざまな政治的、社会的、経済的制度の建設を導く、大きな役割を果たしてきた。単一性論が促進してきた「近代」の仕組みが自身の成功のために今限界に突き当たっていることが、あるいは前世紀末からの複数性論の復活の密かな動機となっているのかもしれない。そうであれば、歴史的、世界的に見て決して少数意見だったとはいえない複数性論《プリューラリズム》は、世界の総体的な表現《リプレゼンテーション》のあり方として検討される価値を持っていると言えるだろう。

あとがき

世界の複数性についての先駆的な業績は、ピエール・デュエムの科学史研究である。古代の伝統を受け継ぎながら、有神論的形而上学として展開したイスラーム神学、スコラ哲学の思索が天文学的複数性論を誕生させ、それが十八世紀の世界の複数性論へと展開しつつ、十七世紀以後の科学的探究の一つの形而上学的動機となったと説明する点で、本書は結果的にデュエムの中世哲学—近代科学連続説を支持している。一九九〇年代半ばに始まるこの研究の着想段階では、近代科学の「無限宇宙論」がキリスト教的世界観に与えた衝撃という点から複数性問題をとらえていたため、それは意外な研究の展開だった。

本書の最初の構想は、論理実証主義者やポパーたちのような二十世紀前半の科学哲学者たちが囚われていた、科学と宗教や形而上学など他の体系的知とのディマーケーションという観念にまだ制約されていた。しかし十七、十八世紀の関連するテクストの読解の結果として現れてきたのは、宗教的観念から形而上学、さらに経験科学へと、これらの体系的知が厳格な区別なく移行し合う様相だった。かつてベーコンやデカルトやガリレオたちが、それまでの既成の知的体系を激しく批判したのには理由がある。アリストテレス主義に対抗して彼らの学説を打ち立てるために、自己と相手を明確に区別する必要があったからだけではない。それは彼らの眼前に立ちはだかる既成の知識体系の支持者たちが、時として当時の宗教的、政治的権力と抱合し、彼らの「新しい科学」の建設と普及を非学問的な手段を行使して妨害したからだった。しかし数十年、百年単位の時間の幅を超え、千年程度の時間的尺度で見直すなら、かつて「科学革命」と呼ばれた彼らの達成は、古代から始まり、中世に多くの優れた学者たちの手で洗練されていった、形而上学的、科学的理論の蓄積の肩の上に乗ることで初めて可能になったことがわかる。

たとえば新しい自然の見方を構想し、それを立証するための観測装置を考案し、その原理を書き残した者と、それを実際に組み立て、それを使って何かを発見した者と、どちらが人間の知識の発展により貢献したと言えるのだろうか。ノーベル賞のような世俗的な栄光は通常後者に与えられるが、科学者たちが心から讃えるのは前者である。「近代合理性」の思想的、方法論的根拠を近代科学に求めようとする二十世紀的な先入観を離れるなら、人間の知性の歩みは、はじめは実証も反証もできないような、ニュートンが「私はつくらない」と言った類の「仮説」の構成から始まると考えられる。まず混沌とした外界の情報を整理し、それを整序する概念を創造し、それらを記述して伝達する語彙を発達させ、個人と世代を超えた社会的な共同作業によって、現象界のまとまった全体観をつくりあげる。そののちに初めて、頭脳の中に建設した世界がどの程度まで外界に対応しているかを調べられるようになるだろう。人間の知性の歴史の中で近代科学の前史に編入される、宗教的、形而上学的な部分は、認知能力の社会的発展という視点からは、このような脳内の装置を発明し、洗練し、操作可能なものにまで精緻化していった過程ととらえることができる。その最後の成果が近代の宇宙論という形で現れたとも考えられる。天文学的複数性論は、おそらく十一―二世紀ごろに現れ、当初は検証の手段さえ考えられなかった、一種の巨大な「仮説」だった。それはあまりにも長期にわたって、まるで無意識の過程のように宇宙に関する知的考察を方向づけてきたため、当事者の誰も「仮説」だとは思わなかったのだろう。もし今後の宇宙探査で何らかの形態の地球外生命の存在が確認されるとすれば、それは構想から検証まで千年をかけた、このミレニアム仮説を半ば立証することになる。

古代の知的伝統の中では、天文学的複数性論はさらに大きな「世界の複数性」論の一部を形成している。その点で複数世界論の全体は、立証に数千年を要する巨大仮説だと見ることもできる。古代の哲学者、中世のイスラーム神学者、スコラ哲学者から近代哲学者、近代科学者と、多くの優れた知性がその発展にかかわり、現代の見方ではそれぞれ宗教、形而上学、科学などと分類できる知識の諸体系をつくりあげてきた。世界と自分を知ろうとする人間知性の発展の成果という点で、この諸体系の間に根本的な差異はない。それらは論理よりも表象に基づくので「宗教」的と呼ばれたり、計算や経験によって直接検証する手段がないため「形而上学」的と呼ばれるにすぎない。

東西の古代文明に始まるいくつかの巨大仮説が存在し、その大部分はあまりに膨大な存在の全体を表象するために、いまだ科学者の制度化された対自然行為と厳密に紐づけられず、検証不能なままにとどまっている。そのためそれらは仮説というより、「思想」、「ヴィジョン」という形で、文化的伝統の継承により意識化し難い一種の思考様式として科学者の前意識下に残留し、それが世界と人間の根源を解き明かしたいという科学者たちの衝動を支えている。そうであれば、ディマーケーションは知識の歴史的な蓄積の意義を無視するだけでなく、個々の科学的研究の背後で働く巨大仮説という、最も重要な学問的動機づけを否定することになる。もしそうなれば、全体的知識を求める深い内面的衝動を失い、研究機械に転落した科学者に残されるのは、トムソン・ロイターのデータ・ベースに記載されるような「業績を挙げる」ことで手じかに実現できる出世欲や名誉欲だけになり、日々積み上げられる論文の山に隠れて、科学の本質的な歩みは停滞するだろう。

アーサー・O・ラヴジョイの『存在の大いなる連鎖』は、デュエムの仕事と並んでもう一つの重要な先行研究に挙げられる。クザーヌスなど本書で引用された天文学的複数性の資料や天文学的複数性論の拡散は、ラヴジョイの「大いなる連鎖」と「充溢性の原理」によっても説明可能だが、本書はラヴジョイとは異なった説明原理によって、初期近代ヨーロッパの知的世界における世界の複数性の汎濫を叙述している。「観念の歴史」という、ある重要な観念を継時的に追うことで思想史を記述しようとするこの偉大な先駆者の方法と比べ、本書の立場は以下の利点を持っている。第一に、本書は文献資料から一つの重要な「観念」を同定してその多様な出現形態を描くのではなく、主題に関連する知の諸体系を、人間の知識の時系列的な発展として記述する。思想や観念の歴史は科学の歴史と切断されず、外界と自身を理解する人間知性の仕組みの高度化の過程としてとらえられる。それは思想の歴史と科学の歴史を結び付ける、一種の「知性の発展史」、あるいは歴史的にはコンドルセやデュガルド・スチュアートが試みた、「人間精神の進歩史」となる。

第二に、本書は「大いなる連鎖」や「充溢性の原理」といった、古代ギリシア的観念や創造神信仰にかかわるヨーロッパ的道具立てではなく、東西を問わず広く分布している「複数世界論」という、総体《ウーニウェルスム》としての世界の表現《リプレゼンテーション》様式に注目している。その点で本書は知性史に関する東西比較の視点を持っている。天文学的複数性論が東アジア近世の思想家たちに容易に受容されたことが、その正当性を保証している。日常経験の領野で把握する限り、「世界の複数性」は決して例外的な観念ではなく、むしろ「自然」な思考様式の一つと言うべきかもしれない。そのため地域、時代を超えて、このような世界の表現の仕方を見出すことができるのだろう。複数性論の他にも初期近代ヨーロッパの知性史の中では、たとえば懐疑主義のように、「東洋思想」と共通する思考様式が重要な役割を果たしてきた。人類の共有財産とも言えるそれらの認知と思考の様式の思想史・科学史上の機能を分析することは、ヨーロッパの伝統の固有性を強調してヨーロッパ近代の知的達成を過大評価することを止め、人類の知性の歩みの中でその意義を正当に位置づけるために役立つだろう。

第三に、本書は世界の複数性を導く形而上学的な思考方法を「充溢性の原理」ではなく、「同等性原理」としてとらえている。前者は巨大な空間だけがただ存在しているのではなく、それは充実した中身で満たされていると考える。後者は神の力が実在する空間の中に顕現するのなら、そこは神の万能の表現である無数の世界で満たされているはずだと議論する。前者は一つの容れ物としての「全体」とその内容物としての個々の「世界」の関係であり、後者は論理的なクラスが違う二つの「全体」の関係を扱う点で相違しているが、天文学的複数性論については、この二者の表現はボトムアップとトップダウンの関係にあり、同じ思考を指している。「同等性原理」の利点は、天文学的複数性論だけでなく、形而上学的複数性論などの他の複数性の形態も同じ思考の結果として説明できることにある。クザーヌスやライプニッツのように、多くの場合、天文学的複数性論は神の存在や形而上学的複数性論と切り離すことができず、異なった全体相互の関係の理論という、キリスト教的有神論の複数性哲学の一構成部分という形で展開してきた。それは明示的な形而上学を持たなかったニュートン主義についてもそうだった。その点で本書の説明方法は天文学的複数性論に限定されず、複数性論の総体を扱うためにより適合的だと言えるだろう。

個人や数人の著作を対象とする限定された研究でなく、大きなコンテクストを対象とする記述は、時代や地域の文献資料の全体を個人の手で調査することが困難なため、多かれ少なかれ二次資料に依存せざるをえない。だが自然言語から成り立っている資料は多様な読解が可能であり、言語資料の深い解釈にまで立ち入る研究では、複数の個人による読み取りの結果が一致する保証はない。そのため筆者のスコットランドのニュートン主義を扱った研究では、代表的な科学者や哲学者の資料を選択して解釈し、それによって確保した点を線で結んでいくという形で記述した。本書の第3章、第4章では、今世紀になってようやく日本でも利用可能になってきているEEBOとECCOという、横断的な全文検索が可能な電子文献データ・ベースを利用している。世界の複数性は議論そのものが単純であまり展開しなかったこともあり、これらの文献データ・ベースによって、点や線でなく面によってコンテクストをとらえることがある程度可能になる。本書の直接の先行研究であるディックやクロウなどの科学史家の重要な業績では、膨大な労力を費やして天文学的複数性の言説が追跡され、天文学的複数性論の事典的整理が行われているが、彼らの調査から漏れた資料もある。少なくとも十七、十八世紀の英語圏については、第3章、第4章の叙述は独自の調査の結果であり、これにテクストの詳細な読解という伝統的な思想史の方法を並行させることで、本書はこれらの先行研究が踏み込まなかった思想史的コンテクストの分析を遂行している。

このような不思議なテーマの研究は研究者個人の孤独な作業になるが、それでも多くの人々とのコミュニケーションから得た知識とインスピレーションによって、本書は現在のような形を整えることができた。東西比較という視点は十代にさかのぼる筆者の問題意識であり、具体的な点では、高橋博巳さん（金城学院大学）を中心に十年以上にわたって日本十八世紀学会が進めてきた十八世紀の東西比較研究に多くを負っている。名古屋での十八世紀に関する研究会では、渡辺浩さん（法政大学）、寺田元一さん（名古屋市立大学）、大野誠さん（愛知県立大学）、川島慶子さん（名古屋工業大学）、逸見龍生さん（新潟大学）などの方々の発言から学ぶことが多かった。京都大学人文科学研究所では富永茂樹班長の研究班に加えていただき、第5章の原型となる論文を執筆させていただいたのに加えて、同大学の王寺賢太さん、増田眞さんなど、フランス思想、フランス文学の優れた研究者から多くを教えられた。

天文学的複数性とミクロの複数性との関係については、二〇一〇年に開催されたリード・コンファレンスで筆者が報告した内容へのA・ブロディーさんのコメントで気づき、田中祐理子さん（京都大学）の学位論文のお話をうかがう中で明確になった。時間的複数性論については、二〇一四年十月の中部大学中部高等学術研究所での報告がよいきっかけになった。トマス・ディックは鈴木平さん（慶應高校）の研究テーマであるD・リヴィングストンの思想形成に深くかかわっているので、鈴木さんの著書の出版によってその全貌の一端が明らかになるだろう。

知識ばかりでなく直観力にも優れた研究者である隠岐さや香さん（広島大学）、中山智香子さん（東京外国語大学）、玉田敦子さん（中部大学）との内容豊かな対話では、本書の中のさまざまなアイディアを試し、発展させることができた。

本書の執筆はかなり難航した。名古屋大学出版会の橘宗吾さんには、二転三転する原稿に辛抱強くお付き合いいただき、本書はようやく出版に至る。編集実務を担当していただいた神舘健司さんの緻密な作業のおかげで、なんとか最終原稿を仕上げることができた。お二人の助力によって、最終的に読むに堪える作品として本書を送り出すことができる。田中啓太さん（名古屋大学）、伊藤さおりさん（名古屋大学経済学部）には、校正を手伝っていただいた。これらのみなさんに感謝の意を表したい。

本書は以下の研究助成の成果である。

平成十四—十六年度基盤研究（C）「無限宇宙の衝撃——空間的外部、人間の非中心性と十八世紀思想の共時性」、

平成十七—十九年度基盤研究（C）「ニュートン主義と宇宙論的人間主義——外部性の内在化としての啓蒙の成立」、

平成二十—二十二年度基盤研究（C）「モダニティとニュートン主義——創造／反復、エクスタシス／現前性、自己中心化」、平成二十三—二十五年度基盤研究（C）「ニュートン主義における自然と『人間の科学』の成立」

本書の刊行にあたり、平成二十六年度名古屋大学学術図書出版助成を受けた。

長尾寛子とは本書の構想から執筆にいたる全期間を内外で共有し、また絵画の歴史と制作をめぐる会話では、本書にかかわる重要な洞察を得ることができた。とくに石器時代の洞窟絵師たちの高い技法を知ったことで、脳内での不可能世界の成立が文明のスタートアップに先行していたという展望が開かれた。今後もともに進んでいきたいと思っている。

二〇一四年十二月

著　者

《著者略歴》

長《なが》尾《お》伸《しん》一《いち》

1955年　愛知県に生まれる
1987年　京都大学大学院経済学研究科博士課程修了
現　在　名古屋大学大学院経済学研究科教授
　　　　経済学博士（京都大学）
主　著　『ニュートン主義とスコットランド啓蒙——不完全な機械の喩』（名古屋大学出版会，2001年，サントリー学芸賞）
　　　　『トマス・リード——実在論・幾何学・ユートピア』（名古屋大学出版会，2004年）

複数世界の思想史

2015年1月30日　初版第1刷発行

定価はカバーに
表示しています

著　者　長　尾　伸　一

発行者　石　井　三　記

発行所　一般財団法人　名古屋大学出版会

〒464-0814　名古屋市千種区不老町1名古屋大学構内
電話(052)781-5027/FAX(052)781-0697

Printed in Japan
印刷・製本 ㈱太洋社
ISBN978-4-8158-0796-2
乱丁・落丁はお取替えいたします。

索　引

ア　行

カ 行

サ　行

タ　行

ナ　行

ハ　行

マ　行

ヤ　行

ラ・ワ行

注

第1章　複数性の時代

（1）「訓蒙窮理圖解　巻の三」，『福澤諭吉全集第二巻』，岩波書店，1959，p. 273。

（2）「物は物と互に相引き互に相近かんとするの力あり。これを引力といふ。凡そ世界中の萬物，其大小に拘らず，この引力を具へざるものなし」（前掲書，p. 269）。

（3）「引力の感る所至細なり又至大なり」（前掲書，p. 269）。

（4）「近は地上に行はれ遠は星辰に及ぶ」（前掲書，p. 269）。

（5）前掲書，p. 271。

（6）前掲書，p. 272。

（7）前掲書，p. 272。

（8）この書の凡例で挙げられている，福澤が参照したと思われる解説書のうち，*Chamber's Educational Course, Natural Philosophy, for Use in Schools, and for Private Instruction*（London & Edinburgh, 1848）は技術的解説が多い。G. P. Quackenbos, *A Natural Philosophy* では，天文学の解説の最初の部分で世界の複数性が説明されている。

「天文学研究者たちが明らかにした偉大な事実の第一は，空間が諸世界で満たされているということである」（G. P. Quackenbos, *A Natural Philosophy, Embracing the Most Recent Discoveries in the Various Branches of Physics, and Exhibiting the Supplication of Scientific Principles in Every-day Life*, Appleton, New York, 1856, p. 369）。芳賀徹「解説」，『福澤諭吉選集第二巻』，岩波書店，1981 参照。

（9）岡田伴治訳（原書名記載なし）『訓蒙天文図解 上』，東生亀次郎［他］，1874，国立国会図書館，10（以下国立国会図書館の資料はデジタルデータのシートの番号を示す）。

（10）前掲書，10。

（11）「天上を仰で観る處の諸星は皆夫々の太陽に附属し其太陽の周囲を繞り」（前掲書，10）。

（12）「故に西洋人大望遠鏡を以て窺ひ見ると月の上に高山深谷の形あるを見る」（岡田伴治訳（原書名記載なし）『訓蒙天文図解 下』，東生亀次郎［他］，1874，国立国会図書館，3）。

（13）「諸国の天文師の説に月中には山ありて海ありという」（前掲書，3）。

（14）「又或説に月にも人民あって住居ふ」（前掲書，3）。

（15）「是又臆断にして信ずべき証拠なし」（前掲書，4）。

（16）前掲書，14-5。

（17）Alexander Macfarlane, *Lectures on Ten British Physicists of the Nineteenth Century*, First edition, Mathematical Monographs edited by Mansfield Merriman and Robert S. Woodward, no. 20, John Wiley & Sons, New York, Chapman & Hall, London, 1919.

（18）「望遠鏡を以て月を望めば其外面光輝ある所あり陰暗ある所あり其大いに暗き所に渓谷あり少しく暗き所は高山あり其の光輝あるは山嶺あり」（テート著［他］，島村利助訳

『訓蒙天文略論』，1876，国立国会図書館，28）。

(19) 前掲書，28。

(20)「四季の遷移あり其周囲に大気ありて之を包含す其面上凹凸あるを以て推考すれば地球上に在る者より高き山岳ある可し」（前掲書，39）。

(21)「四季の遷移あり其周囲に大気ありて包含す望遠鏡を以て見るに其面上に海陸有り」（前掲書，39）。

(22)「恒星は皆我太陽天の如き者にして引力都て其行動を管理［する］」（前掲書，51）。

(23) 前掲書，51。

(24) Lord Kelvin, LL. D., D. C. L., F. R. S. and Peter Guthrie Tait, M. A., *Treatise on Natural Philosophy*, Cambridge, at the University Press, 1912.

(25)「問　此引力ヲ何ト称スルヤ
　答　之ヲ宇宙間ノ引力ト名ク」（沼田悟郎訳編『天文幼学問答　巻1』，石川県椿原小学校，1874，国立国会図書館，36）。

(26)「問　太陽ノ引力諸惑星ヲ吸引シ而シテ其引力宇宙間ニ存在スルコトヲ誰カ発見セシヤ
　答　之ヲ発見セシ人ハ英国ノ人義沙克牛頓君ナリ而シテ其発見ハ千六百八十三年天和三年ニ係ル」（前掲書，35）。

(27) 前掲書，41。

(28) 福田敬業「天文略論」，合信著［他］『博物新編』，巻之3，1875，国立国会図書館，27。

(29)「天文師……山川人物有ル當シト」（前掲書，35）。

(30)「必ズ昼夜寒暑ノ分チ有ラン」（前掲書，36）。

(31)「伊太利ノ理学家嘉利珂氏，始メテ遠鏡ヲ製シ，列星ヲ窺シヨリ，歌氏ノ説全ク真ナルヲ證シ，又嗣テ奈端氏カ引力ヲ発明セシヨリ，行星運行ノ理益明カニ，推歩ノ術モ亦益密ナルヲ得，遂ニ地動ノ説確定シテ，復マタ異論ヲ容ルルモノ無キニ至レリ」（鈴木義宗編［他］，『新撰天文学 上』，耕文舎，1879，国立国会図書館，8）。

(32)「地球ト諸星トノ間ノ虚空ヲ天空ト云フ，蓋シ天空ハ，曠遠茫漠トシテ際涯アルコト無シ，設令バ第十六圖ノ如ク，四所ニ人アリ，各方ニ発出シ，数百年間電光ノ速度ヲ以テ飛行スルモ，決シテ疆界ヲ見ルコト莫カラン，若シ或ハ偶々他ノ世界ニ會スルコトアルモ，恰モ大洋中一隻ノ船ニ逢フト一艘，之ヲ過グレバ又渺茫タル虚空ニシテ，中心モ無ク周囲モ無カル可シ，真ニ無岸無底ノ太虚ナリ」（前掲書，18）。

(33)「恒星ハ各一個ノ太陽ニシテ，我太陽ニ等シク，属星アリテ之ヲ繞ルコト疑イ無シ，然レドモ，唯距離ノ至遠ナルニ因り，之ヲ観察スルコト能ワサルノミト」（鈴木義宗編［他］，『新撰天文学 下』，耕文舎，1879，国立国会図書館，41）。

(34)「晴夜遠鏡ヲ以テ満月ヲ窺フニ，其面，光輝最モ烈シキ所アリ，或ハ暗黒ナル所アリ，其暗黒ナル所ハ渓澗ニシテ，光輝最モ烈シキ所ハ山嶺ナリ……
　故ニ雲及ヒ大気ノ月面ヲ蔽フコトナシ，是ニ由テ察スルニ，月球上ニハ絶テ生活物ノ存スルコトナカル可シ」（前掲書，16）。

(35)「其表面ニ水陸アリヤ，或ハ月ノ如ク水ナキヤ否ヤニテハ，更ニ之ヲ察知スルコト能ワス」（前掲書，10）。

(36)「而シテ光面ニ黒斑アリ，蓋シ山嶽嶋嶼等ヲ存スルナリ」（前掲書，10）。

(37)「淡紅色ヲ帯ヒ，海陸ノ別判然トシテ，陸ハ紅色ヲ為シ，海ハ緑色ヲ為セリ，蓋シ其

陸ノ紅ナルハ，地質ノ然ラシムルモノナリ，而シテ海ノ緑色時アリテ明ナラス，或ハ時ニ其状ヲ変スルコトアリ，是レ其大気中，雲ヲ生スルニ因ルナラン……又其両極ニ白斑アリ，是レ氷雪ノ日光ニ映スルナリ」（前掲書，10）。

(38) 加藤高文編『泰西名数学童必携　巻之1』，1879，国立国会図書館，14。

(39) 前掲書，14。

(40)「火星ニハ海陸ノ景状甚明ニシテ陸ノ色ハ赤ク海ハ緑ナリ」（前掲書，14）。

(41) ロックャー著［他］『天文学（洛氏）　上』，文部省，1879，国立国会図書館，11。

(42)「諸恒星皆太陽ト同物ナレバ必ズ皆當ニ許多ノ遊星アリテ其周囲ニ運行スベシ然レドモ其距離至遠ニシテ今世精巧ヲ盡セル望遠鏡モ其有無ヲ窺フ能ワズ」（前掲書，13）。

(43)「諸恒星ノ用タル恐ラクハ亦太陽ト同一ナル者ニシテ其周囲ニ必遊星有ルコト疑ヲ容レズ而シテ其引力ニ因テ諸遊星ノ運行ヲ主管シ之ニ光ト温トヲ附與シテ明カニシ又万有活動セシムルハ我太陽ト均シカルヘシ」（前掲書，87）。

(44)「アナキシマンデルナル者有リ豪勇ナル思念ヲ興シ世界ノ無数ナルコトヲ論ズ即チ諸遊星モ皆住民有リトスルノ説ナリ」（前掲書，18）。

(45)「太陽ノ功徳諸遊星ニ恩恵ヲ附與スル殊ニ広大ナリ姑ク其一端ヲ挙ケ之ヲ言ハン乃チ我地球ノ如キ衆人知ル所ノ如ク太陽ノ光線ヲ以テ之ヲ照ラシテ明カナラシメ其熱ヲ以テ温暖和煦ナラシム然レトモ其功徳利益此ニ止マラス元来地球ハ全ク其一部分ヲ受クルモノニシテ又太陽ニ属スル許多ノ遊星アリ皆共ニ光ト温トヲ受クルモノ我ニ異ナラズ」（前掲書，82）。

(46) 前掲書，86。

(47) 前掲書，152。

(48)「之ヲ要スルニ月界ハ上古各種ノ有生物ヲ居住セシメシカ今日ハ其地勢一変セシヲ以テ有生物ヲ養成スルコト能ハサルニ至レリ」（前掲書，152）。

(49)「水星ハ太陽ニ接近シテ其光中ニ没スルカ故ニ能ク其外面ヲ細検スルコトヲ得ス然レトモ其外面ニ山岳有ルノ形跡ヲ見ル即其南半球ニ在ル一山岳ヲ推測スルニ其高サ十一里餘トス其他外面ニハ雰囲気有テ囲繞スルノ証拠ヲ認ム」（前掲書，170）。

(50)「金星ハ太陽ノ光熱ヲ受クルコト我地球ニ二倍ス又其外面ニハ稠密ノ雰囲気有リテ之ヲ鐶遶スルヲ見ル其外面ニ斑点有ルヲ認ム又星面ノ界線光点ト暗点ト相交ル有ルヲ見ル是蓋高山ヲ表スル者ナラン其高サヲ測ルニ二十里以上ニ及ベリ」（前掲書，171）。

(51) 前掲書，174。

(52)「火星ノ形状ハ頗ル地球ニ類似シ且寒暑ノ模様モ亦大同小異ナルコトヲ知ルヘシ」（前掲書，174）。

(53)「木星本体ノ粗密ハ地球ノ粗密ト甚シキ異同ナキノ説ハ頗ル信スヘキ者アリ」，「当今ノ木星モ上古ノ地球ノ如ク厚サ二万里以上ノ密雲中ニ包韜セラルル者ト謂フモ其言誣ルニ非サルナリ」（前掲書，178）。

(54)「天文略論」，『鼇頭博物新編　第2集』，1845，国立国会図書館。

(55) 有坂隆道『山片蟠桃と大阪の洋学』，創元社，2005。

(56) 前掲書，p. 222。

(57) 有坂隆道「山片蟠桃と『夢ノ代』」，『日本思想体系 43』，岩波書店，1973，p. 693。

(58)「大宇宙論」の山片蟠桃は地動説の咀嚼にとどまらず，そこから展開した初期近代の宇宙像をきわめて正確に理解していた。宇宙の構造から地球外知的生命の存在の予想に至る彼の推論は，きわめて短いながら，第2章で見る，ホイヘンスの類推による蓋然的

論証と論理的に同等だったと評価できる。その論理学的性格を蟠桃自身がよく自覚していることは，「妄ニ似テ妄ニアラズ。虚ニ似テ虚ニアラズ。」という注意深い表現に表されている。蟠桃が地球外知的生命存在説を含んだ大宇宙論を展開した目的には，国学の日本中心主義を論破する意図もあり，それはちょうど初期近代の無限宇宙と地球外知的生命存在説が，キリスト教諸派の偏狭な自己中心性を解体する役割を持ったことに対応している。

(59) 吉田忠「蘭学と自然哲学——試論」，『日本文化研究所研究報告』第9集，1973，pp. 43–76。吉田忠「『暦象新書』の研究」，『日本文化研究所研究報告』第25集，1989，pp. 107–52。松尾龍之介『長崎蘭学の巨人——志筑忠雄とその時代』，弦書房，2007。

(60) 志筑忠雄「暦象新書」，『文明源流叢書』，国書刊行会，1969，p. 129。

(61) John Keill, *An Introduction to the True Astronomy*, London, 1758, pp. 40–41.

(62) 志筑はこの「訳書」に挿入された独自のエセー『混沌分判図説』で，朱子学の自然観に基づき，ラプラス・カント説を想起させる太陽系起源論を展開している。志筑の創造神については，任正爀『朝鮮科学史における近世——洪大容・カント・志筑忠雄の自然哲学的宇宙論』，思文閣出版，2011。

(63) 吉雄常三の伝記的考証については，秋山晶則さん（岐阜聖徳学園大学教授）からご教授いただいた。

(64) 広瀬秀雄「吉雄南皐と『遠西観象図説』」，広瀬秀雄・中山茂・小川鼎三『日本思想体系 65　洋学下』，岩波書店，1972。

(65) 吉雄常山『理学入式遠西観象図説』，1823。

(66) Johannes Florentius Martinet, *Katechismus der Natuur*, Amsterdam, 1777–1779.

(67) Johannes Florentius Martinet, *Katechismus der Natuur*, Zalt-Bommel, 1827, p. 2.

(68) *Ibid*., p. 18.

(69) *Ibid*., p. 26.

(70) *Ibid*., p. 26–7.

(71) Benjamin Martin, *The Young Gentleman and Lady's Philosophy, in A Continued Survey of the Works of Nature and Art ; by Way of Dialogue*, London, 1759, p. 8.

(72) Jérome de Lalande, *Astronomie*, Paris, 1764, p. 147. この文はオランダ語訳にも現れている。"of liever zonnen even als de onze zyn", *Astronimia of Sterrekunde*, Eerste Deel, Amsterdam, 1773, p. 235.

(73) 吉雄常山『理学入式遠西観象図説』，1823。

(74) Benjamin Martin, *op. cit*., p. 164.

(75) *Ibid*., p. 166.

(76) *Ibid*., p. 169.

(77) 姜在彦『朝鮮の開化思想』，岩波書店，1980。鄭聖哲，崔允珍・権仁燮・金哲央訳『朝鮮実学思想の系譜』，1982。金泰俊『虚学から実学へ——十八世紀朝鮮知識人洪大容の北京旅行』，東京大学出版会，1988。姜在彦，鈴木信昭訳『姜在彦著作集選　第IV巻　朝鮮の西学史』，明石書店，1996。任正爀，前掲書。夫馬進『朝鮮燕行使と朝鮮通信使』，名古屋大学出版会，近刊。

(78) 任正爀，前掲書，pp. 216–7，pp. 236–45。地動説への言及は北京でのイエズス会士との会話には見られないといわれる（姜在彦『朝鮮の開化思想』，p. 71）。北京の宮廷で活躍した宣教師ミシェル・ブノワ（Michel Benoist，蔣友仁）が作成した『坤輿全図』の

解説（蔣友仁『地球図説』）には，惑星は地球と同じであり，月には山谷湖海に似た地形があることが述べられている（「若以望遠鏡太陰之面則見其黒暗之処以山林湖海」）。従来中国では地動説が十分に広がらなかったといわれているが（藪内清『中国の天文暦法』，平凡社，1969），ヨーロッパの啓蒙書の中国語訳を通じた朝鮮王国の思想家たちへの影響があったと推定できる。

(79) ジョセフ・ニーダム，東畑精一・藪内清監修『中国の科学と文明　第5巻　天の科学』，思索社，1976，p. 52。

(80) ジョセフ・ニーダム，東畑精一・藪内清監修『中国の科学と文明　第3巻　思想史下』，思索社，1975，p. 464。

(81) 前掲書，pp. 464–5。

(82) Johannes Nieuhof, *An Embassy from the East-India Company of the United Provinces, to the Grand Tartar Cham, Emperor of China Deliver'd by Their Excellencies, Peter de Goyer and Jacob de Keyzer, at His Imperial City of Peking : Wherein the Cities, Towns, Villages, Ports, Rivers, &c. in Their Passages from Canton to Peking are Ingeniously Describ'd / by Mr. John Nieuhoff*, London, 1673, p. 395.

(83) W. M. Perks, *The Youth's General Introduction to Geography*, London, 1793, p. 314.

(84) Ephraim Chambers, *Cyclopædia : Or, An Universal Dictionary of Arts and Sciences. By E. Chambers, F. R. S. With the Supplement, and Modern Improvements*, London, 1778–1788.

(85) ニーダム『中国の科学と文明　第3巻』，p. 53。

(86) 前掲書，p. 54。

(87) 前掲書，pp. 323–8。

(88) 渡辺浩『日本政治思想史——十七―十九世紀』，東京大学出版会，2010，p. 440。

(89) 福澤「訓蒙窮理圖解　巻の三」，p. 272。

(90) Colin Maclaurin, *An Account of Sir Isaac Newton's Philosophical Discoveries*, London, 1748, p. 16.

(91) 「巨大なる宇宙の中の大きな生き物たる地球に住めるわれらは，われらが体に住みわれらに害をなす虱［pidocchi］に同じ」（Tommaso Campanella, Sherry Roush (ed.), *Selected Philosophical Poems of Tommaso Campanella : A Bilingual Edition*, The University of Chicago Press, Chicago and London, 2011, p. 52. カンパネッラ，坂本鉄男訳『太陽の都』，現代思潮社，1967，p. 119）。

(92) 通常 pluralism や monism は多元論，一元論と訳し，多くは精神と物質の関係について使用される。本書では「物質世界と精神世界の二元論」も含め，「世界の複数性」，「世界の単数性」という広い意味で用いる。

第2章　複数世界論の再生

(1) Carl Sagan, *Contact*, Simon & Schuster, New York, 1985.

(2) 高田康成『キケロ——ヨーロッパの知的伝統』，岩波書店，1999。

(3) Cicero, *De re publica. Gedanken über Tod und Unsterblichkeit*, Felix Meiner, Hamburg, 1969, S. 8. 岡道男訳『キケロー選集　8』，岩波書店，1999，p. 164。

(4) *Ibid.*, S. 6. 前掲書，p. 162。

(5) *Ibid.*, SS. 16–8. 前掲書，p. 170。

(6) *Boethii philosophiae consolatio. Anicii Manlii Severini Boethii Opera Pars I, Corpus*

Christianorum Series Latina XCIV, Typographi Brepols Editores Pontfichii, Turnholti, MCMLXXXIV, pp. 32–4. ボエティウス，渡辺義雄訳『哲学の慰め』，筑摩書房，1968, pp. 68–72。

（7）「あの星がえがく広大な軌道にくらべたら，地球は一つの点としか見えないであろう。さらに，この広大な軌道すらも，天空をめぐる幾多の星にとりかこまれた円周にくらべるとき，針の先ほどのぽつんとした一点にすぎないことに，おどろかされるであろう」(Blaise Pascal, *Œuvres complétes,* II, Gallimard, Paris, 2000, p. 608. 田辺保訳『パスカル著作集　VI』，教文館，1981，p. 291）。

（8）Pierre Duhem, *Le Systeme du Monde*, Paris, 1958. Roger Ariew (ed. and trans.), *Medieval Cosmology*, The University of Chicago Press, Chicago and London, 1985.

（9）青木靖三訳『科学の名著5　中世科学論集』，朝日出版社，1981，p. 96。

(10) Charles B. Schmitt and Brian P. Copenhaver, *A History of Western Philosophy, III : Renaissance Philosophy*, Oxford University Press, Oxford, 1992. チャールズ・B. シュミット，ブライアン・P. コーペンヘイヴァー，榎本武文訳『ルネサンス哲学』，平凡社，2003。

(11)「彼は太陽は灼熱した金属の塊であり，ペロポネソス半島よりも大きいと語っていた……また月には住居があり，さらに山や谷もあるとした」（ディオゲネス・ラエルティオス，加来彰俊訳『ギリシア哲学者列伝　上』，岩波書店，1984，p. 123）。

(12)「また彼は太陽は星星の中で最大のものであるとか，万有は無限であるとかいうふうに語った」（前掲書，p. 131）。

(13)「万物は必然と調和によって生じるのだというのが，彼の学説である。また，地球は（中心火の周りを）円を描いて運動しているのだと最初に言ったのも彼である」（前掲書，p. 81）。

(14)「複数の世界が存在しており，そして空虚は存在しない」（前掲書，p. 117）。

(15)「万有は無限であると彼は主張している。そして万有のうち，あるものは充実したものであるが，あるものは空なるものであって，これら両者を彼はまた構成要素とも呼んでいる。そしてそれらの構成要素から数限りない世界が生じるのであり，また世界はそれらの構成要素へと分解されるのである」（前掲書，p. 120）。

(16)「万有全体の始元はアトムと空虚であり，それ以外のものはすべて始元であると信じられているだけのものにすぎない。そして世界は数限りなくあり，生成し消滅するものである」（前掲書，p. 131）。

(17)「空気が構成要素であり，そして無限に数多くの世界と無限な空虚とがある」（前掲書，p. 146）。

(18)「これらもろもろの世界は，必然によって，一つの形をもって生成したと考えてはならない……しかしまた，ありとあらゆる形をもって生成したのだと考えるべきではない。またこれらすべての世界には，動物や植物やその他，われわれがこの世界で見るかぎりのものすべてが存在しているのだと考えるべきである」（前掲書，pp. 260–1）。
「このような世界が無限に数多くある……」（前掲書，p. 272）。

(19)「万有は限られており，世界は唯一つあるだけである。そして世界は，全時間にわたって，一定の周期に従いながら，交互に，火から生まれて，また再び火に帰るのである」（前掲書，p. 96）。

(20)「地球は球形であり，宇宙の中心に位置しているという見解を最初に表明したのはこの人である」（前掲書，p. 108）。

(21)「万有は無限であり，普遍で不動なものであり，また，（あらゆるところで）自らに似た一つのものであり，充実したものである」（前掲書，p. 112）。

(22)「ならばまず言っておきますが，宇宙が無限数だという考えに不利な証拠があるからといって，宇宙が一つより多いとする考えが排除されるわけではありません。というのは，じっさい神や預言や摂理が一つより多くの宇宙の中に存在することは可能です。……

さらにまた，宇宙が神の唯一の嫡子でも，孤独な存在でもないとすることのほうがずっと理にかなっています」（プルタルコス，丸橋裕訳『モラリア　5』，京都大学学術出版会，2009，p. 284）。Dana R. Miller, "Plutarch's Argument for a Plurality of Worlds in De defectu oraculorum 424c10–425e7," *Ancient Philosophy*, Vol. 17, Issue 2, Fall 1997, pp. 375–395. *De Defectu Oraculorum (Περὶ τῶνἘκλελοιπότων Χρηστηρίων) by Plutarch*, as published in Vol. V of the Loeb Classical Library edition, 1936, pp. 19–37.

(23) 以下は現在では偽プルタルコスとされる，古代の一著者による「哲学者たちの自然学説史」*De Placitis Philosophorum* からの引用である。

「……プラトンに向かっては，こう反論しなくてはならない，宇宙世界は完全なものではない，と。じっさい，たとえそれがあらゆるものを包括しているとしてもそうではないのだ。なぜなら，人間ですら，あらゆるものを包括しているわけではないが，完全なのだから。また，ちょうど彫像，家，そして絵画についてそうであるように，多くの範型が存在しているのである。だが，いやしくも世界の外部で何かがぐるぐると回転しうるならば，どうしてそれが完全であろうか。そして，世界は，生じたものである以上，不滅ではないし，その可能性すらない。

また，メトロドロスの主張によると，広大な平原の中にたった一本の穀物の穂が生えることも，無限なるものの中にただひとつの宇宙世界が生じるのも奇妙なことである。そして，世界が数の点で無限であるということは，原因となるものが無限に存在することから明らかである。なぜなら，世界は限定されたものである一方で，現今の世界の生成の原因となったものが無限であるとすれば，世界は無限の数だけ存在することが必然であるから。そのわけは，原因のすべてが生じたところに，結果もまた生じるからである。そしてその原因となるものとは，アトムもしくは基本要素なのである」（プルタルコス，三浦要訳『モラリア　11』，京都大学学術出版会，2004，pp. 24–5）。

(24) Charles B. Schmitt and Brian P. Copenhaver, *op. cit.* 参照。

(25)「さて，われわれは宇宙を一つのものとして呼んで来ましたが，それで正しかったのでしょうか。それとも，多なるものとして，また無限個のものとしてさえ語るほうが，正しかったのでしょうか。それは一つのものとして呼んで正しかったのです，いやしくも，それがモデルに即して製作されたことになるのだとすれば。何故なら，およそ理性の対象となる生きものすべてを包括しているものが，いま一つの〔自分と同じような〕別のものと併存していて，それら二者のうちの一つだということはありえないでしょうからね。というのは，もしもそうだとすると，この両者を包括する生きものが，さらにまた別個にあるべきだということになり，前二者は後者の部分に過ぎないことになるでしょう。そしてこの宇宙万有は，もはや前二者にではなく，むしろ，それらを包括する側のものに似せられているのだと言われるほうが，より正しいはずだからです。だから，この万有が単一性という点で，かの完全無欠の生きものに似るようにという，このことのために，宇宙の作り主は，二つの宇宙を伴ったのでもなく，無限個の宇宙を作ったの

でもなかったのでして，この宇宙は，ほかに同種のもののないただ一つだけのものとして生じて，現にあり，なお今後もあることでしょう」（プラトン，種山恭子訳「ティマイオス」，『プラトン全集　12』，岩波書店，1975，p. 34）。

(26)「ところで，このようにして生まれて来たもの（宇宙）が生きて動いていて，永遠なる神々の神殿となっているのを認めたとき，それの生みの父は喜びました……

そして，全体を構成してしまうと，それを星と同じ数だけの魂に分けて，それぞれの魂をそれぞれの星に割り当て，ちょうど馬車に乗せるようにして乗せると，この万有の本来の相を示して，かれらに運命として定められた掟を告げたのです。――すなわち，初代の出生は，すべての魂に対してただ一種のもののみが指定されるであろうが，それはいかなる魂も神によって不利な扱いを受けることのないためである。そして，魂はそれぞれにとってしかるべき，各々の時間表示の機関（惑星）へと蒔かれ，生けるもののうちでも，敬神の念最も篤きもの（人間）に生まれなければならない。しかし，人間の性には二通りあるが，そのすぐれたほうのものは，後にはまた「男」と呼ばれているであろうような種類のものである。かくて魂は身体の中へ必然的に植えつけられることになり，そして，その身体に，去来してつけ加わったり離れたりするものが出て来ることになるが，そのような場合には必然的に，まず第一には，すべての魂に一様な感覚が，無理強いされた受動の状態から，生まれつきのものとして生じることになり，第二には，快苦と混り合った愛慾が，さらにまたそれに加えて，恐怖や怒りや，その他それらに付随するすべてのものや，また，それらとはもともと反対の性質のものすべてが生じるであろう。そして，そのようなものを克服するならば，正しい生き方をすることになるであろうが，逆に自分たちのほうが征服されるなら，不正な生き方をすることになるであろう。そして，しかるべき時間を立派に生きたものは，自分の伴侶なる星の住処に帰って，幸福な，生来の性に合った生活をすることになるであろうが，それに挫折すれば，第二の誕生で女の性に変るであろう。また，そのような状況にあって，なおも悪を止めることがないなら，その悪くなるなり方が，いかなる性格のものであるのか，その性格の成り立ちに応じて，何かちょうど，それに類した野獣の性に変化し，次のような状態にいたるまでは，変転を重ねて，苦労の絶えることがないであろう」（前掲書，pp. 46–59）。

この箇所について訳者の注3では，これを複数性論とする見方が紹介されている。

「魂が他の惑星にも蒔かれた，というこの言葉は，地球以外のすべての惑星にも，理知を持った生きものが存在することを意味しているようにも思われる。確かにピュタゴラス派の場合は，ピロラオスを含むある人々が，月にも動植物がいたと考えていたらしいことは，アイティオスが証言しており，カルキディウスもまた，ピュタゴラス派について同様の証言をしているが，しかし，それに続けて，プラトンの場合は，魂の全部が一度に身体に入るのではなく，直ちに地上に誕生するもののほかは，他の惑星で順番を待っているのだと言っており，コンフォードもこの説を取っている。しかしこのような推測を基づける積極的な傍証になるようなものは，少なくとも，本篇にはどこにも見当らず，このことはテイラー説の場合も同様である」（前掲書，p. 59）。

(27)「創造主は，精神即ち理性的被造物の多様性に応じて――この多様性は先に述べた原因から発生したと考えるべきである――，種々多様な世を創造されたのである。

しかして，種々多様と私が言ったものが何なのか，次に説明してみよう。

三　さて，「世」（mundus）という言葉で，諸天の上にあるもの，諸天の中にあるも

の，地上のもの，地の下のものと呼ばれるもの，つまりありとあらゆる場所及びそこに住むものどものことを言うのであって，これらの全体が『世』と呼ばれるのである」（オリゲネス，小高毅訳『諸原理について　キリスト教古典叢書9』，創文社，p. 172）。

「ある人々は我々のこの教えに反対して，常々次のように言う。もし世がある時から存在し始めたのであれば，世が始まる前に，神は何をしていたのだ，と。というのは，神の本性が無為かつ不活動であると言うのは不敬なことであると同時に，不条理なことであるし，善が善をなさなかった時がいつかあり，すべてを支配する力がその支配権を行使しなかったことがいつかあったと考えるのも不敬なことであると同時に不条理なことだからである。通常，これが，この世は一定の時から存在し始め，聖書に基づく信仰に沿って，この世が〔存在し始めてから今までの〕年数を述べている我々に対する反論である。

彼らのこのような義に対して，異端者ども自身，彼らの教説をもとにして解答を出しかねていると私には思われる。だがしかし，我々は敬神の規準を遵守しつつ，次のように述べ，論理正しく解答してみよう。

即ち，神がこの見える世を造られた時はじめて，神は働き始められたのではなく，この世の崩壊の後に別の世が存在するのと同様に，この世の前にも別の世が存在したと我々は信じている，と。

このことはいずれも聖書の権威によって裏づけられる」（前掲書，p. 261）。

(28) *Holy Bible - King James Version*. 田川訳では以下のようになっている。「私の父の住まいには多くの滞在場所がある」，田川建三『新約聖書　訳と注　第五巻』，作品社，2013，p. 51。

(29) 41.12. 藤本勝次編『コーラン』，中央公論社，1979，p. 435。

(30) 65.12. 前掲書，p. 509。

(31) 67.3. 前掲書，p. 511。

(32) Abu Hamid Muhammad al-Ghazālī, Michael E. Marmura (trans.), *The Incoherence of the Philosophers*, Brigham Young University Press, Provo, Utah, 2000.

(33)『中庸の神学』の第三部第一章。Aladdin M. Yaqub (trans.), *Al-Gazālī's Moderartion in Belief*, The University of Chicago Press, Chicago and London, 2013. ガザーリー，中村廣治郎訳『中庸の神学――中世イスラームの神学・哲学・神秘主義』，平凡社，2013。

(34) 青柳かおる『イスラームの世界観――ガザーリーとラーズィー』，明石書店，2005。

(35) 山口隆介「トマス・アクィナス思想の歴史(1)」，『聖泉論叢』19号，2011。

(36) 1277年の禁令 "34. Quod prima causa non potest plures mundos facere."『中世思想原典集成13　盛期スコラ学』，平凡社，1993，p. 655。

(37) トマス・アクィナス，高田三郎・日下昭夫訳『神学大全　第4冊』，創文社，1973，pp. 83-6。

(38) Pierre Duhem, *op. cit.* の第五章参照。

(39) Grant McColley and H. W. Miller, "Saint Bonaventura, Francis Mayron, William Vorlong and the Doctrine of A Plurality of Worlds," *Speculum*, Vol. 12, No. 3, July 1937.

(40)「第一の原因するものは何を原因するのであれ，偶然的な仕方で原因する」（ヨハネス・ドゥンス・スコトゥス，小林量子訳「第一原理についての論考」，『中世思想原典集成18　後期スコラ学』，平凡社，1998，p. 406）。

(41)「あなたは無限であり，有限であるものによっては把握されえないものである」（前掲

書，p. 414）。

（42）Duhem, *op. cit.*, pp. 462–4.

（43）Albert D. Menut and Alexander J. Denomy（eds.）, *Nicole Oresme, Le Livre du Ciel et du Monde*, The University of Wisconsin Press, Madison, Milwaukee, and London, 1968, p. 167.

（44）*Ibid.*, p. 167.

（45）*Ibid.*, p. 167.

（46）*Ibid.*, p. 169.

（47）*Ibid.*, p. 171.

（48）*Ibid.*, p. 179.

（49）「『世界』という名辞は本性的に複数のものの述語となる。だがこのことは，複数の世界がありうるのでなければ真実ではないだろう」（青木靖三訳『科学の名著5　中世科学論集』，朝日出版社，1981，p. 95）。

（50）「もし神がこの世界を作りえたとするならば，同じ理由で他の世界も作り得るであろう。なぜなら，神がその時よりも今の方がより小さい力能をもつことはないから。こうして複数の世界があることになろう」（前掲書，p. 95）。

（51）「一つだけの世界あるいは一人だけの神よりも多くの世界あるいは多くの神がある方がより善いであろう」（前掲書，p. 95）。

（52）「今年と来年で同じ世界が存続しないのであれば，複数の世界があることは明らかである。ところで今年と来年で同じ世界は存続しない」（前掲書，p. 95）。

（53）「神が複数の世界を作りうることを私は認める」（前掲書，p. 97）。

（54）Taneli Kukkonen, "Possibile Worlds in the Tahâfut al-tahâfut : Averroes on Plenitude and Possibility," *Journal of the History of Philosophy*, 38. 3, 2000, pp. 329–47.

（55）主な研究文献：Grant McColley, "The Theory of a Plurality of Worlds as a Factor in Milton's Attitude toward the Copernican Hypothesis," *Modern Language Notes*, May 1932. Marjorie Hope Nicolson, *Voyages to the Moon*, Macmillan, New York, 1948. Stanley Jaki, *Planets and Planetarians : A History of Theories of the Origin of Planetary System*, Halstead Press/John Wiley & Sons, New York, 1978. Michael J. Crowe, *The Extraterrestrial life Debate, 1750–1900 : the Idea of a Plurality of Worlds from Kant to Lowell*, Cambridge University Press, Cambridge, New York, 1986. Steven J. Dick, *Plurality of Worlds : the Origins of the Extraterrestrial Life Debate from Democritus to Kant*, Cambridge University Press, Cambridge, 1982.

（56）Steven J. Dick, "The Origins of the Extraterrestrial Life Debate and Its Relation to the Scientific Revolution," *Journal of the History of Ideas*, Vol. 41, No. 1, 1980.

（57）小林道夫『デカルトの自然哲学』，岩波書店，1996。

（58）クラウス・リーゼンフーバー，村井則夫訳『中世思想史』，河出書房新社，2003，p. 402。

（59）Nicolaus Cusanus, *De docta ignorantia*. Nikolaus von Kues, *Philosophisch-Theologische Schriften,* Bd. I, Herder Wien, 1964, SS. 402–8. ニコラウス・クザーヌス，山田桂三訳『学識ある無知について』，平凡社，1994，pp. 186–9。

（60）Alexandre Koyré, *From the Closed World to the Infinite Universe*, John Hopkins Press, Baltimore, 1957. コイレ，野沢協訳『コスモスの崩壊――閉ざされた世界から無限の宇宙へ』，白水社，1974。

（61）「解説」，コペルニクス，高橋憲一訳『コペルニクス・天球回転論』，みすず書房，

1993。

（62） Agrippa von Nettesheim, *De Incertitudine et Vanitate Scientiarum et Atrium*, 1527. Agrippa von Nettesheim, Heinrich Cornelius, *The Vanity of Arts and Sciences by Henry Cornelius Agrippa*, London, 1676, p. 131.

（63） ジョルダーノ・ブルーノ，加藤守通訳『英雄的狂気』，東信堂，2006。

（64） 清水純一『ジョルダーノ・ブルーノ研究』，創文社，1986。加藤守道「ジョルダーノ・ブルーノ」，根占献一・伊藤博明・伊藤和行・加藤守道『イタリア・ルネサンスの霊魂論』，三元社，1995。

（65） ヌッチョ・オルディネ，加藤守通訳『ロバのカバラ――ジョルダーノ・ブルーノにおける文学と哲学』，東信堂，2002。

（66） Tommaso Campanella, *Apologia di Galileo*, 1616. トンマーゾ・カンパネッラ，沢井繁男訳『ガリレオの弁明』，筑摩書房，2002。

（67）「彼らにとって世界の構造，世界の滅亡とその時期，世界は何でできているのか，星にはどのような人が住んでいるのかを知ることは大切なことなので，とても綿密に調べています」（前掲書，pp. 62–3）。“Però essi cercano assai sottilmente questo negozio, perché importa a saper la fabbrica del mondo, e se perirà e quando, e la sostanza delle stelle e chi ci sta dentro a loro.” （Tommaso Campanella, *La Città del Sole*, 1623, Wikisource）.

（68）「この世界以外のいくつもの別世界の存在については疑問に思っていますが，存在しないと断言するのは狂気の沙汰だと考えています」（前掲書，p. 67）。“Stanno in dubbio se ci siano altri mondi fuori di questo, ma stimano pazzia dir che non ci sia niente, perché il niente né dentro né fuori del mondo è, e Dio, infinito ente, non comporta il niente seco.” (*Ibid.*).

（69） J. Piaget and B. Inhelder, F. J. Langdon and J. L. Lunzer （trans.）, *The Child's Conception of Space*, Routledge & Kegan Paul, London, 1956. この概念は発達の初期の段階から幼児にはある種の客観性の芽生えがあることが指摘されるなど，以後批判を受けており，またミラー・ニューロンのような神経生理学的研究から見ても現在では問題がある。長尾寛子「子どもの空間認知の自己中心性と幼児絵画の発達」，『名古屋造形芸術大学名古屋造形芸術大学短期大学部紀要』13，2007，113–121。

（70） ジュリア・アナス，ジョナサン・バーンズ，金山弥平訳『懐疑主義の方式――古代のテクストと現代の解釈』，岩波書店，1990。

（71） *Les Essais*, Gallimard, Paris, 2007, p. 604. 松浪信三郎訳『世界の大思想 5　モンテーニュ』，河出書房新社，1974，p. 489（新訳はモンテーニュ，宮下志朗訳『エセー　4』，白水社，2010）。

（72） *Ibid.*, p. 473. 前掲書，p. 377。

（73） *Ibid.*, p. 553. 前掲書，p. 444。

（74） *Ibid.*, p. 554. 前掲書，p. 445。

（75） Francis Godwin, *The Man in the Moone ; Or, A Discourse of a Voyage Thither by Dominingo Gonsales, The Speedy Messenger*, London, 1638. フランシス・ゴドウィン，大西洋一訳「月の男」，『ユートピア旅行記叢書　2』，岩波書店，1998。

（76） Cyrano de Bergerac, *Les États et Empires de la Lune,* Paris, 1657.

（77） Margaret Cavendish, *The Description of a New World, Called The Blazing-World*, London, 1666. マーガレット・キャベンディッシュ，川田潤訳「新世界誌 光り輝く世界」，『ユートピア旅行記叢書　2』，岩波書店，1998。

（78）David Russen, *Iter lunare : or, a Voyage to the Moon. Containing Some Considerations on the Nature of that Planet. The Possibility of Getting Thither. With other Pleasant Conceits about the Inhabitants, their Manners and Customs. By David Russen of Hythe*, London, 1703.

（79）Daniel Defoe, *The Consolidator : or, Memoirs of Sundry Transactions from the World in the Moon. Translated from the lunar language*, London, 1705.

（80）Charles-François Tiphaigne de la Roche, *Amilec, ou La Graine D'hommes*, 1753. *Amilec, or the Seeds of Mankind. Translated from the French*, London, 1753.

（81）Margaret Cavendish, *Natures Picture Drawn by Fancies Pencil to the Life Being Several Feigned Stories, Comical, Tragical, Tragi-Comical, Poetical, Romanicical, Philosophical, Historical, and Moral*, London, 1671, p. 556.

第3章　形而上学，科学，自然神学

（1）Galileo Galilei, *Sidereus Nuncius*, Venetiis, 1610. ガリレオ・ガリレイ，山田慶児・谷泰訳『星界の報告』，岩波書店，1976。

（2）*Joh. Keppleri mathematici olim imperatorii somnium*, 1634.「訳者序言」，ヨハネス・ケプラー，渡辺正雄・榎本恵美子訳『ケプラーの夢』，講談社，1972。

（3）Galileo Galilei, *Dialogo sopra i Due Massimi Sistemi del Mondo Tolemaico e Copernicano*, Fiorenza, 1632.

（4）Galileo Galilei, *Opere, Volume Secondo, Dialogo dei Massimi Sistemi*, Salani Editore, Firenze, 1964, p. 96. ガリレオ・ガリレイ，青木靖三訳『天文対話』，岩波文庫，1959，pp. 21–2。

（5）*Ibid*., pp. 173–5. 前掲書，pp. 99–100。

（6）Pierre Charron, *De la Sagesse Livres Trois*, Bourdeaus, 1601. Pierre Charron, *Of Wisdome Three Bookes written in French by Peter Charro[n] Doctr of Lawe in Paris. Translated by Samson Lennard*, London, 1608, p. 245.

（7）François Bernier, *Abrégé de la Philosophie de Mr. Gassendi*, Lyon, 1674, p. xxi.

（8）Patrick Simson, *A Short Compend of the Historie of the First Ten Persecutions Moued against Christians Divided into III. Centuries*, Edinburgh, 1613–1616.

（9）Robert Heath, *Paradoxical Assertions and Philosophical Problems Full of Delight and Recreation for All Ladies and Youthful Fancies by R. H.*, London, 1659.

（10）Alexander Ross, *An Exposition on the Fourteene First Chapters of Genesis, by Way of Question and Answere Collected out of Ancient and Recent Writers : Both Briefely and Subtilly Propounded and Expounded. By Abraham [sic] Rosse of Aberden, Preacher at St. Maries Neere South-Hampton, and One of his Maiesties Chaplains*, London, 1626, p. 1.

（11）Thomas Jackson, *Sapientia Clamitans Wisdome Crying out to Sinners to Returne from Their Evill Wayes : Contained in Three Pious and Learned Treatises, viz. I. Of Christs Fervent Love to Bloudy Ierusalem. II. Of Gods Just Hardning of Pharaoh, When Hee Had Filled Up the Measure of His Iniquity. III. Of Mans Timely Remembring of His Creator. Heretofore Communicated to Some Friends in Written Copies : But Now Published for the Generall Good, by William Milbourne Priest*, London, 1638.

（12）Nathanael Culverwel, *An Elegant and Learned Discourse of the Light of Nature, with Several Other Treatises by Nathanael Culverwel*, London, 1652, p. 38.

（13）Thomas Watson, *A Body of Practical Divinity Consisting of above One Hundred Seventy Six*

Sermons on the Lesser Catechism Composed by the Reverend Assembly of Divines at Westminster : with a Supplement of Some Sermons on Several Texts of Scripture, London, 1692, p. 544.

(14) Pliny, the Elder, *The Historie of the Yvorld : Commonly Called, The Naturall Historie of C. Plinius Secundus. Translated into English by Philemon Holland Doctor of Physicke. The First [-second] Tome*, London, 1634.

(15) David Person, *Varieties : Or, A Surveigh of Rare and Excellent Matters Necessary and Delectable for All Sorts of Persons. Wherein the Principall Heads of Diverse Sciences are Illustrated, Rare Secrets of Naturall Things Unfoulded, &c., Digested into Five Bookes, Whose Severall Chapters with Their Contents are To Be Seene in the Table after the Epistle Dedicatory. By David Person, of Loghlands in Scotland*, Gentleman, London, 1635, p. 59.

(16) Alexander Ross, *Pansebeia, or, A View of All Religions in the World with the Severall Church-Governments from the Creation, to These Times : Also, a Discovery of All Known Heresies in All Ages and Places, and Choice Observations and Reflections throughout the Whole / by Alexander Ross*, London, 1655, p. 211.

(17) Thomas Stanley, *The History of Philosophy, in Eight Parts by Thomas Stanley*, London, 1656.

(18) Joannes Jonstonus, *An History of the Wonderful Things of Nature Set Forth in Ten Severall Classes Wherein are Contained I. The Wonders of the Heavens, II. Of the Elements, III. Of Meteors, IV. Of Minerals, V. Of Plants, VI. Of Birds, VII. Of Four-footed Beasts, VIII. Of Insects, and Things Wanting Blood, IX. Of Fishes, X. Of man / Written by Johannes Jonstonus, and Now Rendred into English by a Person of Quality*, London, 1657, p. 4.

(19) Patrick Hume, *Annotations on Milton's Paradise Lost Wherein the Texts of Sacred Writ, Relating to the Poem, are Quoted, the Parallel Places and Imitations of the Most Excellent Homer and Virgil, Cited and Compared*, London, 1695.

(20) Barbara Shapiro, *John Wilkins 1614–1672*, University of California Press, Berkeley and Los Angels, 1969.

(21) John Wilkins, *The Discovery of a New World. Or, A Discourse Tending to Prove, That (This Probable) There May Be Another Habitable World in the Moone*, printed by E. G. for Michael Sparl and Edward Forrest, London, 1638.

(22) *Ibid*., p. 208.

(23) *Ibid*., p. 208.

(24) Pierre Borell, *Discours Nouveau Prouvant la Pluralité des Mondes*, Genève, 1657. Pierre Borell, *A New Treatise, Proving a Multiplicity of Worlds*, London, 1658.

(25) Frederic B. Burnham, "The discovery of a world in the moone, review," *Isis*, Vol. 67, No. 4, 1976, pp. 645–6.

(26) George Mackenzie, *Religio Stoici*, Edinburgh, 1663, p. 26.

(27) Thomas Streete, *Astronomia Carolina, With Exact And Most Easy Tables And Rules for the Calculation of Eclipses*, London, 1716, p. 31.

(28) ミルトン，平井正穂訳『失楽園　上』，岩波文庫，1981，p. 148。

(29) Robert Boyle, "The Usefulness of Philosophy," *The Philosophical Works of the Honourable Robert Boyle*, Vol. 1, London, 1725, p. 20.

(30) *Ibid*., p. 375.

(31) Robert Boyle, *The Works of the Honourable Robert Boyle*, Vol. 4, London, 1744, p. 345.
(32) *Ibid.*, p. 345.
(33) *Ibid.*, p. 351.
(34) Henry More, *Dialogues Concerning the Attributes of God and Providence, Dialogue III*, Vol. III, Glasgow, Robert Foulis, 1743, p. 419.
(35) *Ibid.*, p. 428.
(36) Ralph Cudworth, *The True Intellectual System of the Universe*, London, 1743, p. 882.
(37) *Ibid.*, p. 675.
(38) John Owen, *Pneumatologia, Or, A Discourse Concerning the Holy Spirit Wherein an Account is Given of His Name, Nature, Personality, Dispensation, Operations, and Effects*, London, 1676, p. 527.
(39) Blaise Pascal, *Œuvres complétes*, II, Gallimard, Paris, 2000, p. 609. 田辺保訳『パスカル著作集　VI』，教文館，1981，pp. 292–3。
(40) Robert Hooke, *Micrographia, Some Physiological Descriptions of Minute Bodies Made by Magnifying Glasses with Observations and Inquiries Thereupon*, London, 1665, Kindle Version, p. 5.
(41) *Ibid.*, p. 14.
(42) Thomas Burnet, *The Sacred Theory of the Earth*, Vol. 1, Glasgow, 1753, p. 165.
(43) *Ibid.*, p. 166.
(44) *Ibid.*, p. 197.
(45) *Ibid.*, p. 313.
(46) John Ray, *The Wisdom of God Manifested in the Works of the Creation, 1691*, Garland, New York & London, 1979, p. 46.
(47) *Ibid.*, pp. 45–6.
(48) *Ibid.*, p. 49.
(49) *Ibid.*, p. 50.
(50) *Ibid.*, p. 49.
(51) Richard Bentley, *Sermons Preached at Boyle's Lecture ; Remarks upon a Discourse of Free-Thinking ; Proposalls for an Edition of the Greek Testment ; etc. By Richard Bentley, D. D. Edited, with Notes, By the Rev. Alexander Dyce*, London, Francis MacPherson, Middle Row, Holborn, 1838.
(52) "Sermons VI. VII. VIII. A Confutation of Atheism form the Origin and Frame of the World," *Ibid.*, p. 175.
(53) *Ibid.*, p. 175.
(54) *Ibid.*, p. 175.
(55) *Ibid.*, p. 175.
(56) *Ibid.*, p. 176.
(57) John Pordage, *Theologia Mystica, or, The Mystic Divinitie of the Aeternal Invisibles, viz., the Archetypous Globe, Or the Original Globe, or World of All Globes, Worlds, Essences, Centers, Elements, Principles and Creations Whatsoever by a Person of Qualitie, J. P., M. D.*, London, 1683.
(58) Franciscus Mercurius van Helmont, *Seder Olam, Or, The Order, Series or Succession of All the*

Ages, Periods, and Times of the Whole World is Theologically, Philosophically and Chronologically Explicated and Stated Also the Hypothesis of the Pre-Existency and Revolution of Humane Souls Together with the Thousand Years Reign of Christ on Earth ...: to Which is Also Annexed Some Explanatory Questions of the Book of the Revelations ...: and An Appendix Containing Some Translated out of Latin by J. Clark, M. D., upon the Leave of F. M., Baron of Helmont, London, 1694.

(59) Daniel Sturmy, *A Theological Theory of a Plurality of Worlds. Being a Critical, Philosophical, and Practical Discourse, Concerning Visible or Material Worlds*, London, 1711.

(60) Pierre de La Primaudaye, *The French Academie Fully Discoursed and Finished in Foure Bookes. 1. Institution of Manners and Callings of All Estates. 2. Concerning the Soule and Body of Man. 3. A Notable Description of the Whole World, &c. 4. Christian Philosophie, Instructing the True and Onely Meanes to Eternall Life. This Fourth Part Neuer before Published in English. All Written by the First Author, Peter de la Primaudaye, Esquire, Lord of Barre, Chauncellour, and Steward of the French Kings House*, London, 1618, p. 641.

(61) Martin Fortheby, *Atheomastix : Cleaning Foure Truthes, Against Atheists and Infidels*, London, 1622.

(62) Francis Bampfield, *All in One, All Useful Sciences and Profitable Arts in One Book of Jehovah Aelohim, Copied out and Commented upon in Created Beings, Comprehended and Discovered in the Fulness and Perfection of Scr[i]pture-Knowledges*, [出版地不詳], 1677, p. 113.

(63) James Dalrymple, Viscount of Stair, *A Vindication of the Divine Perfections Illustrating the Glory of God in Them, by Reason and Revelation : Methodically Digested into Several Meditations. By a Person of Honour*, London, 1695, p. 137.

(64) John Edwards, *A Demonstration of the Existence and Providence of God, from the Structure of the Greater and the Lesser World*, London, 1696.

(65) Bernard Le Bovier de Fontenelle, *Entretiens sur la Pluralité des Mondes*, Flammarion, Paris, 1998. フォントネル，赤木昭三訳『世界の複数性についての対話』，工作舎，1992。

(66) 川島慶子『エミリー・デュ・シャトレとマリー・ラヴワジエ――18世紀フランスのジェンダーと科学』，東京大学出版会，2005。18世紀にはフォントネルのこの著作が，「自然哲学，数学，天文学」について蔵書すべき一冊として推奨されている（*Directions for A Proper Choice of Authors to Form A Library, Which May Both Improve and Entertain the Mind, and Be of Real Use in the Conduct of Life*, London, 1766, p. 25）。

(67) Christianus Huygens, *The Celestial Worlds Discover'd : or, Conjectures Concerning the Inhabitants, Plants and Productions of the Worlds in the Planets, Written in Latin by Christianus Huygens, and Inscrib'd to his Brother Constantine Huygens, Late Secretary to His Majesty K. William*, London, Printed for Timothy Childe at the White Hart at the West-end of St. Paul's Church-yard, 1698（*Kosmotheoros ; sive, De terris coelestibus earumque ornatu conjecturae*, 1698 の英訳）.

(68) *Ibid*., pp. 3–4.

(69) *Ibid*., p. 6.

(70) *Ibid*., pp. 7–8.

(71) *Ibid*., p. 10.

(72) *Ibid*., pp. 10–1.

（73）*Ibid*., p. 24.
（74）*Ibid*., pp. 17-8.
（75）*Ibid*., p. 37.
（76）*Ibid*., p. 50.
（77）*Ibid*., p. 42.
（78）*Ibid*., p. 150.
（79）*Ibid*., pp. 150-1.
（80）Nicolas Malebranche, Nicholas Jolley and David Scott（trans.）, *Dialogues on Metaphysics and on Religion*, Cambridge University Press, Cambridge, 1997, Kindle Version.
（81）Gottfried Wilhelm Leibnitz, *Philosophische Schriften*, Bd. II, *Zweite Hälfte*, Insel, Frankfurt am Main, 1965, SS. 378-80. 佐々木能章訳『ライプニッツ著作集7　宗教哲学（下）』，工作舎，1991，p. 291。
（82）Gottfried Wilhelm Leibnitz, *Philosophische Schriften*, Bd. II, *Erste Hälfte*, Insel, Frankfurt am Main, 1965, S. 238. 佐々木能章訳『ライプニッツ著作集6　宗教哲学（上）』，工作舎，1990，p. 136。
（83）*Ibid*., SS. 236-9. 前掲書，p. 136。
（84）「もっともここからその理性的住人が人間であるということにはならない」（*Ibid*., S. 238. 前掲書，p. 136）。
（85）*Zweite Hälfte*, S. 150.『ライプニッツ著作集7』，p. 95。
（86）「われわれの地球が可視的事物のうちでいかにとるにたらぬものであるかは明らかである。ひょっとしたら，どの太陽にも幸福な被造物だけが住んでいて，そこに断罪されるべき者が多数いるなどと考える必要はさらさらないかもしれない」（*Erste Hälfte*, S. 238.『ライプニッツ著作集6』，p. 137）。
（87）*Zweite Hälfte*, SS. 338-40.『ライプニッツ著作集7』，p. 268。
（88）「我々の地球よりも幸福な天体があってもかまいはしないが，神がわれわれの地球を現にあるようなものとして欲したのにはしかるべき理由があったのである」（*Ibid*., S. 66.『ライプニッツ著作集6』，p. 103）。
（89）*Erste Hälfte*, S. 48. 前掲書，pp. 93-4。
（90）*Zweite Hälfte*, S. 316.『ライプニッツ著作集7』，p. 255。
（91）「ここで排除される必然性は，形而上学的必然性である。これは，反対が不可能であり矛盾を含むようなものである」（*Ibid*., S. 320. 前掲書，p. 258）。
（92）「現実的なものは，存在することにおいても作用することにおいても神に依存している。しかもそれは神の知性にのみならず意志にも依存している。存在することにおいてというのは，すべての事物が神により自由に創造され，さらに神によって保存されているからである」（*Ibid*., S. 316. 前掲書，p. 255）。
（93）*Ibid*., S. 318. 前掲書，p. 256。
（94）*Ibid*., S. 332. 前掲書，p. 264。
（95）Gottfried Wilhelm Leibniz, *Vernunftprinzipien der Natur und der Gnabe, Monadologie*, Felix Meiner, Hamburg, 1982, S. 56. 清水富雄・武田篤司・飯塚勝久訳『ライプニッツ　モナドロジー　形而上学叙説』，中央公論新社，2005，p. 26。
（96）*Ibid*., S. 56. 前掲書，p. 26。
（97）Gottfried Wilhelm Leibniz, *Metaphysische Abhandlung*, Felix Meiner, Hamburg, 1958, S. 20.

前掲書，p. 68。
(98) 五十嵐一『東方の医と知――イブン・スィーナー研究』，講談社，1989。

第4章　ニュートン主義と地球外生命存在説

(1) Joseph Addison, *A Week Conversation on the Worlds, by Monsieur de Fontenelle, the Seventh Edition, with Considerable Improvements, Translated by Mrs. A. Behn, Mr. J. Granvil, John Hughes, Esq., and Wiliam Gardner, Esq., to Which Is Added, Mr. Addison's Defence on the Newtonian Philosophy*, London, Printed for M. Jones, (Late Trapp), No. 1, Paternoster-Row ; And Sold by J. Hatchard, Bookseller to Her Majesty, Paccadilly, J. Cundee, Printer, Ivy-Lane. 1801, p. 157.
(2) Joseph Addison, *The Evidences of the Christian Religion, by the Right Honorable Joseph Addison, Esq.*, London, 1730, p. 119.
(3) Richard Steele, *The Lucubrations of Isaac Bickerstaff Esq. ; In Five Volumes*, London, 1720, p. 21.
(4) *Ibid.*, p. 20.
(5) Benjamin Franklin, *A Dissertation on Liberty and Necessity, Pleasure and Pain*, London, 1725, p. 12.
(6) Ambrose Philips, *The Free-Thinker,* Vol. III, London, 1722, p. 78.
(7) George Thomson, *The Spirit of General History*, Carlisle, 1791, p. 38.
(8) Nathaniel Wolloch, ""Facts, or Conjectures" : Antoine-Yves Goguet' s Historiography," *Journal of the History of Ideas*, Vol. 68, No. 3, July 2007, pp. 429–49.
(9) Antoine Yves Goguet, *De L'origine Des Lois, Des Arts, Et Des Sciences : Et De Leurs Progrès Chez Les Anciens Peuples, 3 Vols.*, Paris, 1758. Antoine Yves Goguet and Alexandre Conrad Fugère, Robert Henry, Alexander Spearman and D. Dunn (trans.), *The Origin of Laws, Arts, and Sciences, and Their Progress among the Most Ancient Nations*, Vol. III, Edinburgh, 1761, p. 109.
(10) Louis L. Dutens, *Recherches sur L'origine des Découvertes Attribuées aux Modernes*, Paris, 1766. Louis L. Dutens, *An Inquiry into the Origin of the Discoveries Attributed to the Moderns*, London, 1769.
(11) Abbé Millot, *Elements of General History, Translated from the French*, Vol. I, London, 1778, p. 51.
(12) Richard Joseph Sulivan, *A View of Nature, in Letters to a Traveller among the Alps. With Reflections on Atheistical Philosophy, Now Exemplified in France*, London, 1794, p. 248.
(13) Alexander Adam, *A Summary of Geography and History, Both Ancient and Modern*, Edinburgh, 1794, p. 16.
(14) Sylvester O'Halloran, *An Introduction to the Study of the History and Antiquities of Ireland*, Dublin, 1772, p. 26.
(15) Guillaume Alexandre Mehegan, H. Fox (trans.), *A View of Universal Modern History, From the Fall of Roman Empire*, Vol. III, London, 1779, p. 243.
(16) John Pinkerton, *An Enquiry into the History of Scotland*, Vol. 1, London, 1789, p. 232.
(17) David Gregory, *The Elements of Astronomy, Physical and Geometrical. By David Gregory M. D., Savilian Professor of Astronomy at Oxford, and Fellow of the Royal Society. Done into English, with Additions and Corrections. In Two Volumes*, London, 1715, p. 810.

（18）*Ibid.*, pp. 810–1.
（19）*Ibid.*, p. 811.
（20）*Ibid.*, p. 812.
（21）*Ibid.*, p. 811.
（22）*Ibid.*, p. 811.
（23）*Joh. Keppleri Mathematici Olim Imperatorii Somnium*, 1634.「訳者序言」，ヨハネス・ケプラー，渡辺正雄・榎本恵美子訳『ケプラーの夢』，講談社，1972。
（24）John Keill, *An Introduction to the True Astronomy*, London, 1758, p. v.
（25）*Ibid.*, p. ii.
（26）*Ibid.*, p. 11.
（27）*Ibid.*, pp. 16–7.
（28）*Ibid.*, p. 18.
（29）Henry Pemberton, *A View of Sir Isaac Newton's Philosophy*, London, 1728.
（30）Roger Long, *Astronomy, in Five Books. By Roger Long, D. D. F. R. S. Master Of Pembroke Hall in the University Of Cambridge*, Cambridge, 1742, p. 188.
（31）*Ibid.*, p. 190.
（32）Nicolas Louis de La Caille, *Leçons D'astronomie*, Paris, 1746.
（33）Nicolas Louis de La Caille, *The Elements of Astronomy, Deduced from Observations ; and Demonstrated upon the Mathematical Principles of the Newtonian Philosophy : with Practical Rules Whereby the Principal Phenomena are Determined. To Which Is Annexed, A Treatise of Projection in General. Designed for Students in Universities. The Whole Translated from the French of M. De La Caille, Member of the Royal Academy of Sciences at Paris, By John Robertson, F. R. S. With Additions and Corrections Communicated by the Author*, London, 1750, p. 32.
（34）Voltaire, *Éléments de la Philosophie de Newton*, Amsterdam, 1738.
（35）Voltaire, *The Works of M. de Voltaire. Translated from the French. With Notes, Historical and Critical. By T. Smollett, M. D. T. Francklin, M. A. and Others*, London, 1762, p. 116. *The Complete Works of Voltaire 15*, The Voltaire Foundation, Taylor Institution, Oxford, 1992, p. 225.
（36）*Ibid.*, p. 116. *Ibid.*, p. 225.
（37）*Ibid.*, p. 47. Voltaire, *Lettres Philosophiques*, Édition Garnier Fréres, Paris, 1951, p. 273.
（38）Colin MacLaurin, *An Account of Sir Isaac Newton's Philosophical Discoveries*, London, 1748, pp. 382–3.
（39）*Ibid.*, pp. 387–8.
（40）*Ibid.*, p. 386.
（41）長尾伸一『ニュートン主義とスコットランド啓蒙——不完全な機械の喩』，名古屋大学出版会，2001，第五章。長尾伸一『トマス・リード——実在論・幾何学・ユートピア』，名古屋大学出版会，2004，第六章参照。
（42）MacLaurin, *op. cit.*, pp. 390–2.
（43）William Wotton, *Reflections upon Ancient and Modern Learning by William Wotton*, London, 1694.
（44）James Wadham Whitchurch, *An Essay upon Education. By James Wadham Whitchurch, B. A.*,

London, 1772, p. 184. Hamilton Moore, *The Young Gentleman and Lady's Monitor, Being a Collection of Select Pieces from Our Best Modern Writers*, Dublin, 1781, p. 143. Philip Dormer Stanhope, *The Accomplished Gentleman : Or, Principles of Politeness, and of Knowing the World*, Dublin, 1782, p. 41.

(45) Francesco Algarotti, *Sir Isaac Newton's Philosophy Explain'd for the Use of the Ladies. In Six Dialogues on Light and Colours. From the Italian of Sig. Algarotti*, London, 1739, p. 62.

(46) Edmund Curll, *Faithfull Memoirs of the Life, Amours and Performances, of Mrs. Anne Oldfield*, London, 1731, p. 59. Richard Griffith, *A Series of Genuine Letters between Henry and Frances*, Vol. 3, London, 1770, p. 47.

(47) Thomas Warboys, *The Preceptor ; a Comedy, of Two Acts*, London, 1777, p. 15.

(48) William Molyneux, *A Treatise of Dioptricks, in Two Parts, of Dublin Esq., Fellow of the Royal Society*, 1709, p. 278.

(49) *The Compleat Geographer : or the Chorography and Topography of All the Known Parts of the Earth*, London, 1709, p. v.

(50) George Cheyne, *Philosophical Principles of Religion. Natural and Revealed*, London, 1725, p. 209.

(51) Benoît de Maillet, *Telliamed, Amsterdam, 1748. Benoît de Maillet, Telliamed : Or, Discourses between an Indian Philosopher and a French Missionary, on the Diminution of the Sea, the Formation of the Earth, the Origin of Men and Animals, And Other Curious Subjects, Relating to Natural History and Philosophy. Being a Translation from the French Original of Mr. Maillet, Author of the Description of Egypt*, London, 1750.

(52) W. Derham, *Astro-Theology, Or, A Demonstration of the Being and Attributes of God, from A Survey of the Heavens. By W. Derham, Canon of Windsor, Rector of Upminster in Essex, and F. R. S.*, Fifth Edition, London, 1726, p. xlvi.

(53) *Ibid.*, p. xxxviii.

(54) *Ibid.*, pp. 33–4.

(55) *Ibid.*, p. 35.

(56) *Ibid.*, p. 35.

(57) *Ibid.*, p. 40.

(58) *Ibid.*, p. xlvii.

(59) *Ibid.*, p. xlvii.

(60) *Ibid.*, p. xlviii.

(61) *Ibid.*, p. liv.

(62) *Ibid.*, p. liv.

(63) *Ibid.*, p. lv.

(64) *Ibid.*, p. 39.

(65) Lynn White, *Machina ex Deo : Essays in the Dynamism of Western Culture*, MIT Press, Cambridge, M. A., 1968. リン・ホワイト，青木靖三訳『機械と神——生態学的危機の歴史的根源』，みすず書房，1972。

(66) John Harris, *Astronomical Dialogues between a Gentleman and a Lady*, London, 1745, p. 138.

(67) Anne Fisher, *The Pleasing Instructor or Entertaining Moralist*, London, 1756, p. 167.

(68) James Ferguson, *Astronomy Explained upon Sir Isaac Newton's Principles, And Made Easy for*

Those Who Have Not Studied Mathematics, Second Edition, London, 1757, p. 1.
(69) *Ibid*., p. 2.
(70) *Ibid*., p. 2.
(71) *Ibid*., p. 3.
(72) *Ibid*., p. 3.
(73) *Ibid*., pp. 3–4.
(74) *Ibid*., p. 3.
(75) *Ibid*., p. 3.
(76) *Ibid*., p. 124.
(77) George Costard, *The History of Astronomy, With Its Application to Geography, History, and Chronology ; Occasionally Exemplified by the Globes. By George Costard*, London, 1767.
(78) *Ibid*., p. 132.
(79) *Ibid*., p. 218.
(80) *Ibid*., p. 249.
(81) *Ibid*., p. 304.
(82) John Bonnycastle, *An Introduction to Astronomy. In a Series of Letters, from a Preceptor to His Pupil*, London, 1786, p. 48.
(83) *Ibid*., p. 214.
(84) *Ibid*., p. 50.
(85) *Ibid*., p. 49.
(86) *Ibid*., p. 400.
(87) *Ibid*., p. 218.
(88) Jane Squire, *A Proposal to Determine Our Longitude*, London, 1743, pp. 141–2.
(89) John Hutchinson, *The Philosophical and Theological Works of the Late Truly Learned John Hutchinson, Esq.; in Twelve Volumes. Vol. I. Moses Principia*, London, 1749, p. 185.
(90) John Hutchinson, *A Treatise of Power Essential and Mechanical. Wherein the Original, And That Part of Religion Which Now Is Natural, Is Stated*, London, 1749.
(91) Godfrey McCalman, *A Critical Inquiry into the Motion of the Sun and Stability of the Earth. By Godfrey Mccalman, Surgeon in Greenock*, London, 1786.
(92) Richard Lovett, *The Electrical Philosopher*, Worcester, 1774.
(93) George Horne, *The Theology and Philosophy in Cicero's Somnium Scipionis, Explained. Or, a Brief Attempt to Demonstrate, That the Newtonian System Is Perfectly Agreeable to the Notions of the Wisest Ancients : and That Mathematical Principles Are the Only Sure Ones*, London, 1751.
(94) Eliza Fowler Haywood, *The Female Spectator*, London, 1746, p. 33.
(95) James Jenkins, *Juvenile Poems on Several Occasions*, Waterford, 1773.
(96) Capel Lofft, *Eudosia : Or, A Poem on the Universe*, London, 1781, p. 193.
(97) *Letters from the Westminster Journal*, London, 1747, p. 61.
(98) Jean Palairet, *Short Treatise upon Arts and Sciences, in French and English, by Question and Answer. The Eight Edition. Revised and Carefully Corrected by AUTHOR*, London, 1788, p. 79.
(99) *Encyclopædia Britannica ; Or, A Dictionary of Arts, Sciences, &c. On a Plan Entirely New : By Which, the Different Sciences and Arts Are Digested*, Edinburgh, 1778, p. 769.
(100) Lover of the Sciences, *A Succinct Treatise of Popular Astronomy : Or, That Science Made*

Plain, Easy, And Intelligible to Every Capacity, Edinburgh, 1780?, p. 10.

(101) William Fordyce Mavor, *The Geographical Magazine ; Or, A New, Copious, Compleat, and Universal System of Geography*, London, 1782–1783, p. xxii.

(102) George Adams, *Lectures on Natural and Experimental Philosophy*, London, 1794, p. 242.

(103) George Adams, *Astronomical and Geographical Essays by George Adams, Instrument Maker to his Majesty, and Optician to His Royal Highness the Prince of Wales*, London, 1789, p. 223.

(104) *Ibid*., p. 223.

(105) *Ibid*., p. 224.

(106) *Ibid*., p. 224.

(107) *Ibid*., p. 221.

(108) Jasper Adams, *The Elements of Useful Knowledge*, London, 1793.

(109) John Stedman, *The Study of Astronomy, Adapted to the Capacities of Youth : in Twelve Familiar Dialogues, between A Tutor and His Pupil*, London, 1796.

(110) Richard Lobb, *The Contemplative Philosopher : Or Short Essays on the Various Objects of Nature throughout the Year ; with Poetical Illustrations and Moral Reflections on Each Subject*, London, 1800, p. 42.

(111) *Ibid*., p. 42.

(112) *Ibid*., p. 67.

(113) John Sergeant, *The Method to Science by J. S.*, London, 1696, p. 298.

(114) Alethius Phylopsyches (John Broughton?), *Psychelogia ; or Serious Thoughts on Second Thoughts. Being a Discourse Fully Proving from Scripture, the Writings of the Learned Ethnicks*, London, 1702, p. 136.

(115) William Temple, *Miscellanea. The Second Part*, Fifth Edition, London, 1705, p. 3.

(116) Thomas Baker, *Reflections upon Learning, Wherein is Shewn the Insufficiency Thereof, in Its Several Particulars*, London, 1708, p. 118.

(117) Charles Blount, *The Oracles of Reason ... in Several Letters to Mr. Hobbs and Other Persons of Eminent Quality and Learning by Char. Blount, Esq.*, London, 1693, p. 193.

(118) Edward Howard, *Remarks on the New Philosophy of Des-Cartes in Four Parts. Done by a Gentleman*, London, 1700, p. 140.

(119) Charles Povey, *Holy Thoughts on a God Made Man ; Or, the Mysterious Trinity Prov'd*, London, 1704, pp. 122–3.

(120) *Ibid*., p. 136.

(121) John Dunton (ed.), *The Christian's Gazette, or, News Chiefly Respecting the Invisible World*, London, 1709, pp. 26, 74.

(122) Bolingbroke, *The Philosophical Works of the Late Right Honorable Henry St. John, Lord Viscount Bolingbroke. In Five Volumes. Published by David Mallet, Esq.*, London, 1754, pp. 143–6.

(123) William Whiston, *Astronomical Principles of Religion, Natural and Reveal'd*, London, 1717, p. 218.

(124) Sapere Aude, *The Free-Thinker*, Vol. III, London, 1723, p. 78.

(125) Benjamin Parker, *Philosophical Meditations, with Divine Inferences*, London, 1734, p. 26.

(126) *Ibid*., p. xv.

(127) Joseph Butler, W. E. Gladstone (ed.), *The Analogy of Religion Natural and Revealed, The Works of Joseph Butler*, Vol. 1, Thoemmes Press, Bristol, 1995, p. 46.
(128) *Ibid.*, pp. 85-6.
(129) *Ibid.*, p. 86.
(130) *Ibid.*, p. 176.
(131) Hugh Blair, *Sermons, by Hugh Blair, D. D., A New Edition, Corrected*, Vol. II, Dublin, 1792, p. 246.
(132) *Ibid.*, p. 239.
(133) Robert Wallace, *Various Prospects of Mankind, Nature, and Providence*, London, 1758. Reprint by Augustus Kelley, New York, 1969, pp. 49-50.
(134) *Ibid.*, p. 383.
(135) John Abernethy, *Discourses Concerning the Being and Natural Perfections of God, in Which That First Principle of Religion, The Existence of the Deity, Is Prov'd, By John Abernethy, M. A.*, Dublin, 1740, p. 181.
(136) John Wesley, *A Survey of the Wisdom of God in the Creation : Or, A Compendium of Natural Philosophy : in Five Vols.*, London, 1777, p. 279.
(137) *Ibid.*, p. 114.
(138) *Ibid.*, p. 111.
(139) *Ibid.*, p. 111.
(140) Arthur O'Leary, *Miscellaneous Tracts*, Dublin, 1781, p. 386.
(141) Jacob Ilive, *The Oration Spoke at Joyners-Hall in Thamesstreet : on Monday, Sept. 24. 1733*, London, 1736, p. 12.
(142) *A Lecture on the Existence and Attributes of the Deity, As Deduced from Contemplation, of His Work*, London?, 1795, p. 6.
(143) Andrew Baxter, *Matho : Or, the Cosmotheoria Puerilis, A Dialogue*, London, 1745, pp. 178-84.
(144) J. Fawcett, *Sermons on the Following Subjects. The Truth of the Christian Religion. The Nature of Saving Faith. The Scripture Doctrine of Justification*, London, 1749, p. 246.
(145) Alexander Catcott, *Remarks on the Second Part of the Lord Bishop of Clogher's Vindication of the Histories of the Old and New Testament*, London, 1756, pp. 31-42.
(146) T. Antininny, *Strictures on the Commentary and Conference of the Reverend Mr. Dodd, Chaplain in Ordinary to His Majesty : with Reflections on the Reverend Mr. Heathcote's Use of Reason, By Mr. Antininny T.*, London, 1765, p. 76.
(147) François-Xavier de Feller, *Catéchisme Philosophique*, Liege, 1773. *The Philosophical Catechism, Or, A Collection of Observations Fit to Defend the Christian Religion against Its Enemies. Written in French by F. X.*, Dublin, 1800, pp. 141-2.
(148) Thomas Alcock, *Some Memoirs of the Life of Dr. Nathan Alcock, Lately Deceased*, London, 1780.
(149) Samuel Glasse, *A Course on Lecturer on the Holy Festivals*, London, 1797, p. 50.
(150) Edumond Law (trans.), *William King, An Essay on the Origine of Evil*, Cambridge, 1758, pp. 139-41.
(151) William Dodd (ed.), *The Christian's Magazine, or A Treasury of Divine Knowledge*, London,

1767, p. 98.

(152) J. Fawcett, *Dialogues on the Other World*, London, 1759.

(153) John Bruckner, *Théorie du Système Animal*, Leyden, 1767. John Bruckner, *A Philosophical Survey of the Animal Creation, An Essay*, London, 1768, p. 32.

(154) Christoph Christian Sturm, *Betrachtungen über die Werke Gottes im Reiche der Natur und der Vorsehung auf alle Tage des Jahres*, Halle, 1772–1776. Christoph Christian Sturm, *Reflections for Every Day in the Year, on the Works of God, and of His Providence, throughout All Nature. Translated First from the German*, Edinburgh, 1794.

(155) Thomas Harrington, *Science Improved or the Theory of the Universe*, London, 1774, p. 120.

(156) Thomas Walker, *A Vindication of the Discipline and Constitutions of the Church of Scotland, for Preserving Purity of Doctrine*, Edinburgh, 1774, p. 22.

(157) Thomas Walker, "Sermon I," *Essays and Sermons, on Doctrinal and Practical Subjects. By the Late Reverend Mr Thomas Walker, Minister of the Gospel at Dundonald*, Edinburgh, 1782.

(158) George Cheyne, *Five Discourses, Medical. Moral and Philosophical*, London, 1740, p. 49.

(159) John Maclaurin, Lord Dreghorn, *The Works of the Late John Maclaurin, Esq. of Dreghorn : One of the Senators of the College of Justice, and F. R. S.*, Edinburgh, 1798, p. 276.

(160) *The Glories of Heaven, or the Felicity of the Saints, in the City of God : Shewing That It Principally Consists in a Perpetual Increase of Knowledge, Which the Glorified Saints Shall Everlastingly Possess in Paradise. Done from the French, by Miles Martindale*, Newcastle, printed by James Smith, 1790?, pp. 45–6.

(161) *The Christian's Elegant Repository*, London, 1800, p. 233.

(162) *Essays and Sermons on Various Subjects, Relative to the Deistical Controversy*, Edinburgh, printed for the author, Anno 1790, pp. 2–3.

(163) *Ibid*., pp. 41–2.

(164) *Ibid*., p. 41.

(165) Georges-Louis Leclerc Buffon, *Histoire Naturelle Générale et Particulière : avec la Description du Cabinet du Roy.* tome 2, Paris, 1749–1789, p. 516.

(166) *Ibid*., p. 517.

(167) *Ibid*., p. 526.

(168) *Ibid*., p. 527.

(169) *Ibid*., p. 528.

(170) Leonhard Euler, *Letters of Euler to a German Princess, on Different Subjects in Physics and Philosophy. Translated from the French by Henry Hunter, D. D.*, London, 1795, p. 263.

(171) Jérome de Lalande, *Abrege D'astronomie*, Second Édition, Paris, 1795, p. 360.

(172) Jérome de Lalande, *Astronomie des Dame*, Quatriéme Édition, Paris, 1817, pp. 187–8.

(173) Pierre Simon Laplace, *Exposition du Système du Monde*, Paris, 1796.

(174) William Herschel, *Catalogue of One Thousand New Nebulæ And Clusters of Stars. By William Herschel, LL. D. F. R. S. Read at the Royal Society, April 27*, London, 1786, p. 12.

(175) William Herschel, *On Nebulous Stars, Properly SO Called, By William Herschel, LL. D. F. R. S. From the Philosophical Transactions*, London, 1791, p. 16.

(176) William Herschel, *On the Construction of the Heavens, By William Herschel, Esq. F. R. S. Read at the Royal Society, February 3 1785*, London, 1785, p. 46.

(177) William Herschel, *On the Nature and Construction of the Sun And Fixed Stars, By William Herschel, LL. D. F. R. S. From the Philosophical Transactions*, London, 1795, p. 24.
(178) *Ibid*., p. 25.
(179) Johann Heinrich Lambert, *The System of the World. By M. Lambert. Translated from the French by James Jacque, Esq*., London, 1800, p. 98.
(180) Erasmus Darwin, *The Botanic Garden, Part I, The Economy of Vegetation*, J. Johnson, London, 1791.「そしてその塊は何百万の太陽になり，それらを地球たちが回る」(*Works of Erasmus Darwin*, The Perfect Library, Kindle Version, 2013, The Botanic Garden, Part I The economy of vegetation Canto I)。「おそらく月は現在住まわれている」(*Ibid*., The Botanic Garden, Part I The economy of vegetation Canto II)。
(181) Erasmus Darwin, *Zoonomia, Or, The Laws of Organic Life : In Three Parts*, Thomas and Andrews, London, 1809, p. 293.
(182) Rev. S. Noble, *The Astronomical Doctrine of a Plurality of Worlds Irreconcilable with the Popular System of Theology, But in Perfect Harmony with the True Christian Religion*, London, 1828, p. 5.
(183) John Toland, *The Miscellaneous Works of Mr. John Toland, Now First Published from his Manuscripts*, London, 1747. *Jordano Bruno's An Account of the Infinite Universe and Innumerable Worlds : In Five Dialogues*, in *ibid*..
(184) John Toland, *Letters to Serena*, London, 1704, p. 217.
(185) John Toland, *Pantheisticon : Or, the Form of Celebrating the Socratic-Society*, London, 1751, p. 16.
(186) Paul Henri Thiry, Baron d'Holbach, *Système de la Nature ou des Lois du Monde Physique & du Monde Moral*, London, 1770, p. 33. ドルバック，高橋安光・鶴野綾訳『自然の体系　I』，法政大学出版局，1999，p. 50。
(187) *Ibid*., p. 65. 前掲書，p. 79。
(188) *Ibid*., p. 67. 前掲書，p. 81。
(189) *Ibid*., p. 70. 前掲書，p. 83。
(190) Moncure Daniel Conway (ed.), *The Writings of Thomas Paine*, Vol. IV, AMS Press, New York, 1967, p. 50. トマス・ペイン，渋谷一郎訳『理性の時代』，泰流社，1981，p. 59。
(191) *Ibid*., p. 49. 前掲書，p. 57。以下引用には訳書と異なる部分がある。
(192) *Ibid*., p. 66. 前掲書，p. 81。
(193) *Ibid*., p. 68. 前掲書，p. 83。
(194) *Ibid*., p. 71.
(195) *Ibid*., p. 72. 前掲書，p. 90。
(196) *Ibid*., p. 72. 前掲書，p. 90。
(197) *Ibid*., p. 66. 前掲書，pp. 80-1。
(198) *Ibid*., pp. 73-4. 前掲書，pp. 92-3。
(199) John Anketell, *Strictures upon Paine's Age of Reason ; into Which Are Incorporated A Few Observations upon a Belfast Editions of Remarks upon Paine's Pamphlet*, Dublin, 1796, p. 81.
(200) *Ibid*., p. 179.
(201) William Jackson, *Observation in Answer to Mr. Thomas Paine's "Age of Reason,"* London, 1795, p. 55.

(202) James Tytler, *Paine's Age of Reason, with Remarks, Containing A Vindication of the Doctrines of Christianity from the Aspersions of That Author*, Belfast, 1794, p. 86.

(203) *Ibid.*, p. 87.

(204) John Auchincloss, *The Sophistry of Both the First and the Second Part of Mr. Paine's Age of Reason*, Edinburgh, 1796, p. 13.

(205) Thomas Bentley, *Reason and Revelation : Or, A Brief Answer to Thomas Paine's Late Work Entitled The Age of Reason*, London, 1794?, p. 21.

(206) *Christianity the Only True Theology ; Or, An Answer to Mr. Paine's Age of Reason, By A Churchman*, London, 1795, p. 39.

(207) Andrew Broaddus, *The Age of Reason and Revelation ; Or Animadversions, on Mr. Thomas Paine's Late Piece, Intitled "The Age of Reason, & C.,"* Richmond, 1795, p. 53.

(208) Apothecary Curtis, *Revelation, the Best Foundation for Morals*, Edinburgh, 1798, p. 42.

(209) David Wilson, *Answer to Payne's Age of Reason. With a Short View of the Obedience Which Christians Are Bound to Yield to the Powers That Be*, Perth, 1796, p. 55.

(210) Thomas Williams, *The Age of Infidelity : in Answer to Thomas Paine's Age of Reason. By a Layman*, Boston, 1794, p. 27.

(211) Thomas Meek, *Sophistry Detected, Or, A Refutation of T. Paine's Age of Reason*, Newcastle, 1795, p. 40.

(212) John Padman, *A Layman's Protest Against the Profane Blasphemy, False Charges, And Iliberal Invective of Thomas Paine*, London, 1797.

(213) Elhanan Winchester, *A Defence of Revelation, in Ten Letters to Thomas Paine ; Being An Answer to His First Part of the Age of Reason*, London, 1796, p. 81.

(214) *Ibid.*, p. 82.

(215) Andrew Fuller, *The Gospel Its Own Witness : Or the Holy Nature, and Divine Harmony of the Christian Religion, Contrasted with the Immorality and Absurdity of Deism*, London, Bristol, 1800, pp. 205-7.

(216) Thomas Dix Hincks, *Letters Addressed to the Inhabitants of Cork, Occasioned by the Circulation of a Work, Entitled, The Age of Reason, &c.*, Cork, 1795, p. 23.

(217) Thomas Scott, *A Vindication of the Divine Inspiration of the Holy Scriptures, Contained in Them*, London, 1796, p. 139.

(218) 野沢協監訳，三井吉俊・石川光一・寺田元一・逸見龍生・大津真作訳『啓蒙の地下文書　I』，法政大学出版局，2008。

(219) Thomas Chalmers, *Astronomical Discourses*, 1817.

(220) John Locke, "Element of Natural Philosophy," in *A Collection of Several Pieces of Mr. John Locke, Never before Printed, Or Not Extant in His Works*, London, 1720, pp. 190-1.

(221) Anthony Ashley Cooper Shaftesbury, Earl of, *Characteristicks of Men, Manners, Opinions, Times, In Four Vols.*, Vol. Two, Glasgow, 1758, p. 238.

(222) *Ibid.*, p. 241.

(223) *Ibid.*, p. 241.

(224) *Ibid.*, p. 241.

(225) John Locke, *An Essay Concerning Human Understanding*, Oxford, Clarendon Press, 1975, p. 554. ジョン・ロック，大槻春彦訳『人間知性論　四』，岩波文庫，1977，pp. 57-8。以下

引用には訳書と異なる部分がある。

(226) *Ibid*., p. 554. 前掲書，pp. 57–8。

(227) Francis Hutcheson, *A System of Moral Philosophy, in Three Books*, Vol. 1, Glasgow, 1755, p. 169.

(228) Francis Hutcheson, *An Inquiry into the Origin of Our Ideas of Beauty and Virtue ; in Two Treatises*, London, 1726, pp. 100–1.

(229) A. A. Luce and T. E. Jessop (eds.), *The Works of George Berkeley*, Vol. III, Thomas Nelson and Sons, London, Edinburgh, Paris, Melbourne, Toronto and New York, 1979, p. 172.

(230) A. A. Luce and T. E. Jessop (eds.), *The Works of George Berkeley*, Vol. II, Thomas Nelson and Sons, London, Edinburgh, Paris, Melbourne, Toronto and New York, 1979, p. 211. バークリ，戸田剛文訳『ハイラスとフィロナスの三つの対話』，岩波文庫，2008，pp. 113–4。

(231) David Hume, *Dialogues Concerning Natural Religion*, London, 1779, p. 33. デイヴィッド・ヒューム，福鎌忠恕・斎藤繁雄訳『自然宗教に関する対話』，法政大学出版局，1975，pp. 36–7。

(232) David Hume, “The Natural History of Religion,” in *Essays and Treatises on Several Subjects*, 1772, p. 448. デイヴィッド・ヒューム，福鎌忠恕・斎藤繁雄訳『宗教の自然史』，法政大学出版局，1972，pp. 65–6。

(233) Étienne Bonnot de Condillac, *Cours D' étude pour L' instruction du Prince de Parme, Aujourd'hui S. A. R. L'infant D. Ferdinand, Duc de Parme, Plaisance, Guastalle, &c. &c. &c. par M. L'abbé de Condillac, de L'académie Francoise & de Celled de Berlin, de L'arme & de Lyon ; Ancien Précepteur de S. A. R. Tome Premier*, A Londres, Chez les libraires François, 1776, p. 235.

(234) Étienne Bonnot de Condillac, *Traité des Sensations, à Madame la Comtesse de Vassé, par M. L'Abbé de Condillac, de L'Académie Royale de Berlin. Ut potero, explicabo : nec tamen*, A Londres [i. e. Paris?], 1754, pp. 114–5.

(235) W. P. D. Wightman and J. C. Brice (eds.), *Essays on Philosophical Subjects*, Liberty Fund, Indianapolis, 1982, p. 43. 水田洋他訳『アダム・スミス哲学論文集』，名古屋大学出版会，1993，pp. 22–3。

(236) Adam Smith, D. D. Raphael and A. L. Macfie (eds.), *The Theory of Moral Sentiments*, Liberty Fund, Indianapolis, 1984, p. 237. アダム・スミス，水田洋訳『道徳感情論　下』，岩波文庫，2003，p. 151。

(237) James Beattie, *Elements of Moral Science (1790–1793)*, Vol. 1, Georg Olms, Hildesheim, New York, 1974, p. 386.

(238) Joseph Priestley, *Defences of Unitarianism for the Year 1786, Containing Letters to Dr. Horne, Dean of Canterbury ; to the Young Men*, Birmingham, 1788, p. 95.

(239) *Ibid*., p. 101.

(240) Joseph Priestley, *Discourses Relating to the Evidences of Revealed Religion*, Vol. 1, London, 1794–1799, p. 10.

(241) Joseph Priestley, *Disquisitions Relating to Matter And Spirit*, Vol. 1, Birmingham, 1782, p. 188.

(242) *Ibid*., p. 376.

(243) Joseph Priestley, *A General View of the Arguments for the Unity of God ; and against the*

Divinity and Pre-Existence of Christ, London, 1794, pp. 9–10.

(244) Richard Price, *A Review of the Principal Questions And Difficulties in Morals*, London, 1769, p. 447（初版は 1758）.

(245) Richard Price, *Sermons on the Christian Doctrine As Received by the Different Denominations of Christians*, London, 1787, p. 96.

(246) Adam Ferguson, *Collection of Essays*, Rinsen Book Co., Kyoto, 1996, pp. 92–3.

(247) *Ibid*., pp. 92, 115. 天羽康夫『ファーガスンとスコットランド啓蒙』，勁草書房，1993，p. 337。

(248) *Ibid*., pp. 93–4.

(249) *Ibid*., p. 92.

(250) 坂本達哉『ヒュームの文明社会――勤労・知識・自由』，創文社，1995。天羽康夫「ロバート・ウォーレスとデイヴィド・ヒューム――スコットランド啓蒙における古代近代論争」，『高知論叢』第 73 号，2002，pp. 293–324。

(251) Adam Ferguson, *Lectures on Pneumatology and Moral Philosophy, Author's Original Manuscript*, Edinburgh University Library, EUL Dc. 1., 84–6.

(252) *Ibid*., pp. 94–5.

(253) ニュートン体系を学んで世界の根本法則を了解し，同朋が住む宇宙を仰ぎ見つつ，ストア的教養の訓育を受けて活動的，実践的な人生を送り，「この世」での倫理的完成を目指せと，ファーガスンはエディンバラ大学で少年たちに教えた。同様に複数性論を受け入れることができた江戸期の知識人たちも，宇宙を貫く理と気という，客観的で合理的な原理に基づいて世界を説明しつつ，「この世を超える超越者も，いかなるあの世も信ずることなしに，専らこの世に内在しつつ，存在・人間・修養・統治のすべてにわたる見事に一貫した体系を構築し，実践を迫った」（渡辺浩『日本政治思想史――十七―十九世紀』，東京大学出版会，2010，第六章）朱子学の素養を持っていた。前世紀のヨーロッパが聖書の文言の解釈をめぐって戦乱に明け暮れたことと，朱子学の成立が 12 世紀だったことを考えれば，ようやくこの時代に至って，ヨーロッパは東アジアに追いついたのだといえるのかもしれない。

(254) Voltaire, *Micromégas*, Berlin, 1752.

(255) Emanuel Swedenborg, *De Telluribus in Mundo Nostro Solari, quæ vocantur planetæ : et de telluribus in coelo astrifero : deque illarum incolis ; tum de spiritibus & angelis ibi ; ex auditis & visis*, Londini, 1758.

(256) 以下本項での議論は *Eighteenth Century Collections Online*（*ECCO*）による調査にもとづいている。

(257) "...mais leur existence est très-vraisemblable.", Pierre Simon Laplace, *Exposition du Système du Monde*, Paris, 1796.

(258) *Philosophiæ Naturalis Principia Mathematica*, Londoni, 1687.

(259) "Of reason and Science," Thomas Hobbes, Noel Malcolm（ed.）, *Leviathan*, Clarendon Press, Oxford, 2012. ホッブズ，水田洋訳『リヴァイアサン　1』，岩波文庫，1992，p. 87。

(260) 長尾伸一『ニュートン主義とスコットランド啓蒙』。

(261) Alexander Gerard, *An Essay on Genius*, London, 1774.

(262)「ロック哲学の一般的影響は，『実在』世界とは数学的自然科学的世界であり，『客観性』が真理の規準であり，それゆえ想像力がそれ自体の内部から生み出し，あるいは付

け加えたものはなにであれ疑わしい，という次第に力を得つつあった意見を強める傾向があったということができると思う」（バジル・ウィリー，樋口均三・佐藤全弘訳『イギリス精神の源流――モラリストの系譜』，創元社，1980，p. 235）。

(263) John Henry, *The Scientific Revolution and the Origin of Modern Science*, Palgrave Macmillan, Hampshire, 2002. ジョン・ヘンリー，東慎一郎訳『十七世紀科学革命』，岩波書店，2005。

(264) *Principia Philosophiae*, Amstelodami, 1644.

(265) Niccolò Guicciardini, *Reading the Principia : The Debate on Newton's Mathematical Methods for Natural Philosophy from 1687 to 1736*, Cambridge University Press, Cambridge, 1999.

(266) John Locke, *An Essay Concerning Human Understanding*, Oxford at the Clarendon Press, 1975, pp. 134-5. 大槻春彦訳『ロック・ヒューム』，中央公論社，1980，p. 99。

第5章　複数世界と理性

(1) W. P. D. Wightman, J. C. Bryce and I. S. Ross (eds.), *Essays on Philosophical Subjects*, Oxford University Press, Oxford, 1980. 水田洋他訳『アダム・スミス哲学論文集』，名古屋大学出版会，1993。

(2) Knud Haakonssen (ed.), *Practical Ethics. Being Lectures and Papers on Natural Religion. Self Government, Natural jurisprudence, and the Law of Nations*, Princeton University Press, Princeton, NJ, 1990. 以下このテクストからの翻訳は長尾伸一『無限宇宙の衝撃――空間的外部，人間の非中心性と18世紀思想の共時性』（平成14年度～平成16年度科学研究費補助金（基盤研究(C)(2)）研究成果報告書），平成17年3月，補足資料1。

(3) 前掲書，補足資料1。

(4) 前掲書，補足資料1。

(5) Thomas Reid, *An Inquiry into the Human Mind on the Principles of Common Sense*, 1st Edition, Printed for A. Millar, London, and A. Kincaid & J. Bell, Edinburgh, 1764.

(6) Thomas Reid, *Essays on the Intellectual and Active Powers of Man. In Three Volumes*, printed for P. Byrne, and J. Milliken, Dublin, 1790.

(7) *Ibid.*

(8) Thomas Reid, "An Essay on Quantity ; Occasioned by Reading a Treatise in which Simple and Compound Ratios are Applied to Virtue and Merit," 1st Edition, *Philosophical Transactions of the Royal Society*, vol. 45, London, 1748, pp. 505-20.

(9) Thomas Reid, "A Brief Account of Aristotle's Logic," in H. Home, *Sketches of the History of Man. In Two Volumes*, Printed for W. Creech, Edinburgh ; and for W. Strahan and T. Cadell ; Vol. II, Book III, London, Edinburgh, 1774, pp. 168-241.

(10) 長尾伸一，前掲書，補足資料3。

(11) 長尾伸一，前掲書，補足資料3。

(12) 長尾伸一，前掲書，補足資料3。

(13) Adam Ferguson, *Of Natural Philosophy, for the Use of Students : the College of Edinburgh,* Edinburgh, c.1760.

(14) Thomas Reid, *Lectures of Thomas Reid on Natural Philosophy* (1757-8), Aberdeen University Library K. 106.

(15) Derek R. Brooks, *Thomas Reid : An Inquiry into the Human Mind on the Principles of Common Sense*, Edinburgh University Press, Edinburgh, 1997, p. 12.

(16) 長尾伸一，前掲書，補足資料1。
(17) アイザック・ニュートン，島尾永康訳『光学　I』，岩波文庫，1983，p. 357。
(18) 長尾伸一，前掲書，補足資料1。
(19) Adam Smith, J. C. Bryce (ed.), *Lectures on Rhetoric and Belles Lettres*, Oxford University Press, Oxford, 1983, pp. 145–6.
(20) Winbur Samuel Howell, *Eighteenth-century British Logic and Rhetoric*, Princeton University Press, Princeton, NJ, 1971.
(21) John Campbell, 1775, *The System of Logic*, Taught at Aberdeen 1763, by Dr. Thomas Reid, Now Professor of Moral Philosophy of Glasgow, Edinburgh University Library DK 3. 2.
(22) Joseph Priestley, *An Examination of Dr. Reid's Inquiry into the Human Mind on the Principles of Common Sense ; Dr. Beattie's Essay on the Nature and Immutability of Truth ; and Dr. Oswald's Appeal to Common Sense in Behalf of Religion*, printed for J. Johnson, London, 1774.
(23) Joseph Priestley, *The Theological and Miscellaneous Works*, Vol. III, Kraus Reprint Co., New York, 1972, p. 11.
(24) *Ibid*., p. 97.
(25) Brooks, *op. cit.*, p. 255.
(26) *Ibid*., pp. 256–7.
(27) 長尾伸一，前掲書，補足資料2。
(28) 長尾伸一，前掲書，補足資料2。
(29) 長尾伸一，前掲書，補足資料2。
(30) 長尾伸一，前掲書，補足資料2。
(31) 長尾伸一，前掲書，補足資料2。
(32) H. Lewis Ulman (ed.), *The Minutes of Aberdeen philosophical Society 1758–1773*, Aberdeen University Press, Aberdeen, 1990.
(33) Brooks, *op. cit.*
(34) *Ibid*., p. 273.
(35) Cyrano de Bergerac, *Les États et Empires de la Lune*, Paris, 1657.
(36) Francis Godwin, *The Man in the Moone ; Or, A Discourse of a Voyage Thither by Dominingo Gonsales, The Speedy Messenger*, London, 1638.
(37) Thomas Reid, Derek R. Brookes (ed.), *Essays on the Intellectual Powers of Man*, Edinburgh University Press, Edinburgh, 2002, p. 12.
(38) Voltaire, *Micromégas*, Berlin, 1752.
(39) "...leur existence est très-vraisemblable.", 4章注(257)参照。
(40) *Essays on the Intellectual Powers of Man*, pp. 52–3.
(41) *Ibid*., p. 12.
(42) 以下この文書からの引用は「付録A　可視的形象の幾何学」，長尾伸一『トマス・リード――実在論・幾何学・ユートピア』，名古屋大学出版会，2004。
(43) 16世紀イングランドの高名な錬金術師，占星術師ジョン・ディーは，神に連れ去られたとされる旧約聖書の登場人物エノクにならい，天使と会話したと主張していた(Frances Yates, *The Occult Philosophy in the Elizabethan Age*, Routledge & K. Paul, London and Boston, 1979. フランセス・イエイツ，内藤健二訳『魔術的ルネサンス――エリザベス朝のオカルト哲学』，晶文社，1984)。

(44) Niccolò Guicciardini, 4章注(265)参照。

(45) Francis Bacon, *Novum Organum*, 1620. Francis Bacon, *The Philosophical Works of Francis Bacon, Baron of Verulam, Viscount St. Albans, and Lord High-Chancellor of England*, London, 1733, p. 7.

(46) Galileo Galilei, *Il Saggiatore*, 1623. *Opere con note di Pietro Paganini*, Vol. 1, 1964, Salanti Editore, Firenze, pp. 147–8. 山田慶児・谷泰訳『世界の名著　21』，中央公論社，1964，p. 308。

(47) *Essays on the Intellectual Powers of Man*, p. 15.

(48) 長尾伸一，『トマス・リード』，「付録B　ユートピアの体系についての考察」。

(49) 長尾伸一，『無限宇宙の衝撃』，補足資料1。

(50) 前掲書。

(51) 前掲書。

(52) 前掲書。

(53) 前掲書。

(54) 前掲書。

(55) 前掲書。

(56) 前掲書。

(57) 前掲書。

(58) Immanuel Kant, *Sämtliche Werke*, 7, Felix Meiner, Leibzig, 1922, S. 167. 高峯一愚訳『カント全集　第十巻』，理想社，1966，p. 169。

(59) Immanuel Kant, *Träume eines Geistersehers, erläutert durch Träume der Metaphysik*, Königsberg, 1766.

(60)「一世紀半ほど前に自明の公理の基礎の上に建設され始めるまでは，自然哲学でも他の諸科学と同様の詭弁や論争や不確実さが見られた」(リード，長尾伸一，『無限宇宙の衝撃』，補足資料2)。

(61) Immanuel Kant, *Kritik der praktischen Vernunft*, Felix Meiner, Hamburg, 1985, SS. 186–7. 坂部恵・伊古田理訳『カント全集　7』，岩波書店，2000，p. 355。

(62) *Ibid.*, S. 187. 前掲書，p. 356。

(63) リードのイドメニア人は「ニュートン力学」に到達することができないとされていた。それは経験論に立脚するリードが，認知は根源的に感覚によって制約されていると考え，また感覚の限界を超えられない人間知性は，神の境地には「否定神学」を通じてしか到達できないとしていたからだった。この点にも，合理論的で肯定神学的なカントとの違いがある。

(64) Immanuel Kant, *Kritik der reinen Vernunft*, Felix Meiner, Hamburg, 1976, SS. 92–3. 有福孝岳訳『カント全集　4』，岩波書店，2001，pp. 127–9。

(65) *Kritik der praktischen Vernunft*, SS. 37–8. 前掲書，pp. 167–8。

(66) *Ibid.*, S. 38. 前掲書，pp. 168–9。

(67) Immanuel Kant, *Ausgewählte kleine Schriften*, Felix Meiner, Hamburg, 1969, S. 35. カント，篠田英雄訳『啓蒙とは何か』，岩波書店，1974，p. 35。

(68) *Kritik der praktischen Vernunft*, S. 187. カント，波多野精一・宮本和吉訳『実践理性批判』，岩波文庫，1959，p. 225。

(69) *Ibid.*, S. 187. 前掲書，pp. 225–6。

（70）Immanuel Kant, *Sämtliche Werke*, 7, S. 186. 高峯一愚訳『カント全集　第十巻』, pp. 188–9。

第 6 章　複数性論から単一性論へ

（1）Robespierre, *Discours Prononcé à la trinbune de la Convention le 7 mai 1794–18 floréal A II.* http://membres.multimania.fr/discours/morale.htm.

（2）Julius Petersen und Friedrich Beissner（hrsg.）, *Schillers Werke Erster Band*, Hermann Böhlaus Nachfolger, Weimer, 1956, S. 170. レッシングとシラーの複数性論およびカントとスウェーデンボリについては坂本貴志『秘教的伝統とドイツ近代』, ぷねうま舎, 2014。

（3）Samuel Taylor Coleridge, *The Table Talk and Omniana of Samuel Taylor Coleridge : With Additional Table Talk from Allsop's "Recollections," and Manuscript Matter Not Before Printed*, G. Bell and Sons, London, 1888, p. 275.

（4）Heinrich Heine, *Werke und Briefe*, Ausbau-Verlag, Berlin und Weimar, 1980, S. 126.

（5）長尾伸一「壊れやすい時計――ブリテン自由主義の起源とニュートン主義」, 田中眞晴編著『自由主義経済思想の比較研究』, 名古屋大学出版会, 1997。

（6）Georg Wilheim Friedlich Hegel, *Werke in zwanzig Bänden*, Bd. 9, Suhrkamp, Frankfurt am Main, 1978, S. 81. G・W・F・ヘーゲル, 加藤尚武訳『自然哲学　上巻』, 岩波書店, 1998, p. 97。以下引用には訳書と異なる部分がある。

（7）*Ibid.*, S. 85–6. 前掲書, p. 103。

（8）*Ibid.*, S. 131. 前掲書, p. 158。

（9）*Ibid.*, S. 132. 前掲書, pp. 158–9。

（10）Ludwig Feuerbach, *Sämtliche Werke*, Bd. 1, Frommann, Stuttgart-Bad Cannstatt, 1960, S. 33. 船山信一訳『フォイエルバッハ全集　第十六巻』, 福村出版, 1974, p. 41。以下引用には訳書と異なる部分がある。

（11）*Ibid.*, S. 33. 前掲書, p. 41。

（12）*Ibid.*, S. 36. 前掲書, p. 45。

（13）*Ibid.*, SS. 36–7. 前掲書, pp. 45–6。

（14）*Ibid.*, S. 36. 前掲書, p. 48。

（15）William Whewell, *A Dialogue on the Plurality of Worlds ; Being a Supplement to the Essay on that Subject*, London, 1854. 長尾伸一「19 世紀ブリテンの『世界の複数性』論争」,『経済科学』Vol. 53, No. 3, 2005 年 12 月。

（16）現代の科学者の多くは, 地球外生命の存在に否定的ではない。しかし第 4 章第 4 節で検討したように, 人文系の思想史家たちが 18 世紀の複数世界論をフィロゾフたちの創意豊かな寓話ではなく, 真正の学問的言説として読むことはあまり見られない。

（17）Feuerbach, *op. cit.*, SS. 47–8. 前掲書, pp. 60–1。

（18）*Ibid.*, S. 46. 前掲書, p. 58。

（19）William Whewell, *Of the Plurality of the Worlds : An Essay*, John W. Parker and Son, London, 1853.

（20）Thomas Chalmers, *A Series of Discourses on the Christian Revelation Viewed in Connection with the Modern Astronomy*, Glasgow, 1817. 本章で使用したのは 1835 年の第 10 版。また Crowe, 2 章注(55), Part II Chapter 4.2 参照。

（21）Chalmers, *op. cit.*, pp. 50–1.

（22）*Ibid*., p. 109.
（23）*Ibid*., p. 54.
（24）*Ibid*., p. 135.
（25）*Ibid*., pp. 144–5.
（26）William Whewell, *The Bridgewater Treatises on the Power Wisdom and Goodness of God as Manifested in the Creation, Treatise III, Astronomy and General Physics Considered with Reference to Natural Theology*, William Pickering, London, 1836. Crowe, *op. cit*., Part II Chapter 6.
（27）"Introduction," William Whewell, Maichael Ruse（ed.）, *Of the Plurality of the Worlds : An Essay*, University of Chicago Press, Chicago, 2001.
（28）*Ibid*.
（29）Whewell, *A Dialogue on the Plurality of Worlds*.
（30）*Ibid*., p. 4.
（31）*Ibid*., p. 5.
（32）*Ibid*., p. 5.
（33）*Ibid*., p. 5.
（34）*Ibid*., p. 6.
（35）*Ibid*., p. 24.
（36）*Ibid*., pp. 39–40.
（37）*Ibid*., p. 42.
（38）*Ibid*., pp. 40–1.
（39）*Ibid*., p. 41.
（40）*Ibid*., p. 4.
（41）*Ibid*., p. 20.
（42）*Ibid*., p. 19.
（43）*Ibid*., p. 11.
（44）*Ibid*., p. 10.
（45）*Ibid*., p. 16.
（46）*Ibid*., p. 17.
（47）Crowe, *op. cit*., Part II Chapter 7.
（48）David Brewster, *More Worlds Than One, The Creed of the Philosopher and the Hope of the Christian, By Sir David Brewster, K, H., D. C. L., P. R. S., V. R. P. S. EDIN., and Associate of the Institute of France. Principal of the University of Edinburgh*, London, John Murry, Albemarle Street, 1854.
（49）*Ibid*., p. 1.
（50）*Ibid*., pp. 119–20.
（51）*Ibid*., p. 56.
（52）*Ibid*., p. 59.
（53）*Ibid*., p. 124.
（54）*Ibid*., p. 60.
（55）*Ibid*., p. 62.
（56）*Ibid*., p. 59.

（57）*Ibid*., p. 78.
（58）*Ibid*., p. 85. ヒューウェルは同じ「原型」の議論を，創造に先立つ神のデザインと世界の統一性を主張するために使用している（*Of the Plurality of the Worlds*, Chapter XII）。
（59）*Ibid*., p. 138.
（60）*Ibid*., p. 140.
（61）*Ibid*., pp. 141-2.
（62）「人間をこれらの異なった諸条件や光栄の発展の歴史を持つ，知的，道徳的，宗教的な被造物ととらえると，人間と類似した知的で自律した被造物が他の惑星のどこかに存在すると考えることが困難だとヒューウェルは考える」（*Ibid*., p. 149）。
（63）*Ibid*., p. 150.
（64）「進歩は人間の歴史の特長ではなかった。この地球を見るとき，かつての高い地位からの原初の転落がもたらした知的，道徳的，宗教的破局に触れないわけにはいかない」（*Ibid*., p. 151）。
（65）*Ibid*., p. 179.
（66）*Ibid*., pp. 256-7.
（67）Baden Powell, *Essays on the Spirit of the Inductive philosophy, the Unity of Worlds, and Philosophy of Creation, By Baden Powell, M. A. F. R. S. F. R. A. S. F. G. S. Savilian Professor of Geometry in the University of Oxford*, London, Longman, Brown, Green, and Longmans, 1855.
（68）Crowe, *op. cit*., Part II Chapter 7.
（69）Powell, *op. cit*., pp. 207-8.
（70）*Ibid*., p. 231.
（71）*Ibid*., p. 255.
（72）*Ibid*., p. 264.
（73）「じじつ，ここで検討している著作で私が考察する主な反論は，この神学的性質の議論の適用にある。そしてさまざまな形で行われたとはいえ，それに対する反批判を生みだしたのは，世界の複数性の原理に対する宗教的な根拠にかかわる反論ととられたからである」（*Ibid*., p. 273）。
（74）*Ibid*., p. 282.
（75）*Ibid*., p. 286.
（76）*Ibid*., p. 287.
（77）*Ibid*., pp. 288-9.
（78）*Ibid*., p. 293.
（79）*Ibid*., p. 293.
（80）*Ibid*., p. 294
（81）*Ibid*., p. 310.
（82）*Ibid*., pp. 288-9.
（83）*Ibid*., p. 283.
（84）Robert Chambers, *Vestiges of the Natural History of Creation*, London, 1844.
（85）Huygens, 3章注(67)参照。
（86）「月世界ノ火山ハ既ニ皆ナ其噴火ヲ止メテ全ク死火山トナリ上古ノ海洋ハ既ニ乾固シテ絶テ水痕ヲ止ムルヲ見ス且雰囲気モ亦全ク消滅セシ者ニ似タリ故ニ今日ハ月面ニオイテ一モ流動物ノ種類ヲ見ルコトナシ従テ生物ヲ養成スルコト能ハザルニ至レリ」（山本

彰訳編『天文要説（新撰百科全書）』，博文館，1890，国立国会図書館，46-7)。
(87) 前掲書，62。
(88) 吉岡平助・森本園二編『受験応用小学理科問答』，1891，国立国会図書館，45。
(89) ノーマン・ロッキャー著［他］『小天文学―初等教育』，博文館，1891。
(90)「月界ニ水無ケレバ，又雲雨氷雪無ク。動物ヲ養フベキ植物無ク随テ動物ナシ」，「故ニ何如ナル生体モ其ノ生命ヲ保ツコト能ハザルヤ勿論ナリ」，敬業社編『普通天文学』，敬業社，1893，国立国会図書館，36。
(91) 前掲書，56。
(92) 前掲書，74。
(93) 前掲書，75。
(94) 三和慎之助編『理科書　第1編』，吉田書房，1895，国立国会図書館，9。
(95) Georg Wilhelm Friedrich Hegel, *Enzyklopädie der philosophischen Wissenschaften im Grundrisse*, 1817, 1827, 1830. Georg Wilhelm Friedrich Hegel, *Gesammelte Werke,* Bd. 13, Bd. 19, Bd. 20, Felix Meiner, Hamburg, 2000, 1989, 1992.
(96) 思想史家ニコラス・フィリップスンは『アダム・スミスとその時代』の最後で，スミスの社会科学体系を彼の知的プロフィールと結び付けて，次のように要約している。
「ひょっとしたら，スミスの人生と思想において一番変わらない特徴とは，謙虚さだったのかもしれない。その対象範囲の広さや志の高さ，大胆不敵さにもかかわらず，彼の思想というのは，単純で一見大したことのないような人間本性の特徴――すべての条件を同じとした場合に，自分自身や家族，自分の属する社会がおかれている境遇を良くしようとする，われわれの欲望――について省察するところから始める，そんなひとりの控えめな人間が作ったものなのである。それは日雇い労働者も貴族も，出世を目指す若者も賢人や為政者も，みながもっている性向である。この性向から，慎慮ある一般市民は，千年王国説じみた新たな天地創造を目論むよりも，生活や公共の事案への対処において小さな改善を少しずつ進めていくことを大切にするよう教えられる。この性向は，きわめて弱小な種の個体に自然に備わったものであり，その物静かで地味な力は，物質・精神・知性における人類のめざましい成長と，文明の進歩によって証明されることになる」（ニコラス・フィリップスン，永井大輔訳『アダム・スミスとその時代』，白水社，2014，p. 367)。
(97)「『生活の必需品と便益品』の消費のありように豊かさを見るというスミスの考えは，ギリシア以来のある意味で正統的なしたがってまた常識的な観念を再確認したものといえるだろう」（竹本洋『『国富論』を読む――ヴィジョンと現実』，名古屋大学出版会，2005，p. 5)。
(98)「スミスは，資源の有限性を認識しながらも，財貨の生産と消費を拡大し続けることにたがをはめなかった」（前掲書，pp. 5-6)。
(99) Samuel Taylor Coleridge, *The Notebooks of Samuel Taylor Coleridge*, Vol. 4, Princeton University Press, Princeton, 1990, entry 4834.
(100) Georg Wilhelm Friedrich Hegel, *Werke in zwanzig Bänden*, Bd. 1, *Frühe Schriften*, Suhrkamp, Frankfurt am Main, 1971, S. 236.
(101) *Ibid*., S. 235.
(102) *Ibid*., S. 234.
(103) *Ibid*., S. 234.

(104) *Ibid*., S. 236.

(105) イエナ時代の精神哲学草稿は Georg Wilhelm Friedlich Hegel, *Gesammelte Werke,* Bd. 8, *Jenaer Systementwürfe III*, Felix Meiner, Hamburg, 1976. 長尾伸一「ヘーゲルにおける言語と労働」，『社会思想史研究』第8号，1984。

(106) 名誉革命以後のブリテンの思想家たちのように，ヘーゲルはフランス革命以後の怒濤の終結と社会の安定化を求め，それを18世紀の遺産を継承しながら，その問題性を緩和することで果たそうとしていたように見える。

(107) Max Stirner, *Der Einzige und sein Eigentum*, Wigand, Leipzig, 1845.

(108) 同一の議論は基本的には『経済学批判』（*Kritik der Politischen Ökonomie*, 1859）に現れている。以下の引用を参照。

「私の弁証法的方法は，その根本において，ヘーゲルの方法とちがっているのみならず，その反対である。ヘーゲルにとっては，思惟過程が現実的なるものの造物主であって，現実的なるものは，思惟過程の外的現象を成すにほかならないのである，しかも彼は，思惟過程を，理念という名称のもとに独立の主体［ein selbständiges Subjekt］に転化するのである。私においては，逆に，理念的なるものは，人間の頭脳に転移し翻訳された物質的なるものにほかならない」（*Karl Marx, Friedrich Engels Gesamtausgabe* (*MEGA*)*, II,* Bd. 8, Institut für Marxismus-Leninismus beim Zentralkomitee der Kommunistischen Partei der Sowjetunion und vom Institut für Marxismus-Leninismus beim Zentralkomitee der Sozialistischen Einheitspartei Deutschlands, Dietz, 1989, S. 55. 向坂逸郎訳『マルクス資本論第一巻』，岩波書店，1967，p. 16）。

「類似性を見出すためには，われわれは宗教的世界の夢幻境にのがれなければならない。ここでは人間の頭脳の諸生産物が，それ自身の生命を与えられて，相互の間でまた人間との間で相関係する独立の姿に見えるのである。商品世界においても，人間の手の生産物がそのとおりに見えるのである」（*Ibid*., S. 101. 前掲書，p. 96）。

「それゆえに，商品生産にもとづく労働生産物を，はっきり見えないようにしている商品世界の一切の神秘，一切の魔術と妖怪［aller Mysticismus der Waarenwelt, all der Zauber und Spuk］は，われわれが身をさけて，他の諸生産形態に移って見ると消えてなくなる」（*Ibid*., SS. 104-5. 前掲書，p. 100）。

「諸商品のこのような全面的譲渡［allseitige *Entäußerung*］によってはじめて，それにふくまれている労働は有用労働になる」（*Karl Marx, Friedrich Engels Gesamtausgabe (MEGA), II,* Bd. 2, 1980, S. 120. マルクス＝レーニン主義研究所訳『経済学批判』，国民文庫社，1955，p. 35）。

「一つの社会的関係が，諸個人の外部に現存する一対象としてあらわされ，また，諸個人が彼らの社会的生活の生産過程でむすぶ一定の諸関係が，一つの物の特有の諸属性としてあらわされるということ，このような転倒と，空想的な思いこみではなくむしろ散文的な現実的神秘化［prosaisch reelle Mystifikation］が，交換価値をうむ労働のすべての社会的形態を特徴づける。貨幣のばあいには，それが商品のばあいよりも，ただもっときわだってあらわれているのである」（*Ibid*., S. 128. 前掲書，p. 45）。

「金はだから素材的富の物質的代表物［*der materielle Repräsentant des stofflichen Reichtums*］である……社会的富の要綱［das Kompendium des gesellschaftlichen Reichtums］である，それは同時に，形態からいえば一般的労働の直接的受肉［die unmittelbare Inkarnation der allgemeinen Arbeit］であり，内容からいえばすべての現実の労働の化

身［der Inbegriff aller realen Arbeiten］である。それは個物としての一般的富［der allgemeine Reichtum als Individuum］である……金は奴僕から主人になる，それはただの下働きから諸商品の神［Gott der Waaren］にまでなるのである」（*Ibid*., S. 188. 前掲書，p. 151）。

(109) Charles Darwin, *A Naturalist's Voyage round the World*, London, 1913, p. 526.

(110) "Notebook N" (1838), as quoted in William E. Phipps, *Darwin's Religious Odyssey*, Trinity Press International, 2002.

(111) Richard Owen, *Odontography, Or a Treatise on the Comparative Anatomy of the Teeth, Their Physiological Relations, Mode of Development and Microscopic Structure in the Vertebrate Animals*, Bailliere, London, 1840–1845, p. 102.

(112) *Karl Marx, Friedrich Engels Gesamtausgabe (MEGA)*, Bd. 26, 1985, S. 117. エンゲルス，秋間実訳『自然の弁証法』，新日本出版社，1999，p. 142。

(113) *Ibid*., S. 117. 前掲書，p. 142。

(114) Balfour Stewart and Peter Guthrie Tait, *The Unseen Universe Or Physical Speculations Of A Future State*, MacMillan and Co., London, 1875. 二冊目は Balfour Stewart and Peter Guthrie Tait, *Paradoxical Philosophy : A Sequel to the Unseen Universe*, MacMillan and Co., London, 1879.

(115) William James, *Essays, Comments, and Reviews*, Harvard University Press, Cambridge, Mass., 1987, pp. 290–4.

(116) 伊藤邦武『ジェイムズの多元的宇宙論』，岩波書店，2009。

(117) Crowe, *op. cit*., pp. 190–202.

(118) 鈴木平『福音主義と科学・自然神学・自助の精神――デイヴィッド・リヴィングストンのアフリカ開発構想とその知的コンテクスト』，名古屋大学経済学研究科 2010 年度博士学位論文。

(119) 伊藤邦武『パースの宇宙論』，岩波書店，2006。

(120) 田中祐理子『科学と表象――「病原菌」の歴史』，名古屋大学出版会，2013。

(121) 中山智香子『経済戦争の理論――大戦間期ウィーンとゲーム理論』，勁草書房，2010。

(122) Philip Schofield, *Bentham : A Guide for the Perplexed*, Continuum International Publishing Group, London and New York, 2009. フィリップ・スコフィールド，川名雄一郎・小畑俊太郎訳『ベンサム――功利主義入門』，慶應義塾大学出版会，2012，p. 102。

エピローグ　複数性論の意味と意義

(1)　デイヴィッド・ルイス，吉満昭訳『反事実的条件法』，勁草書房，2007。David Kellogg Lewis, *On the Plurality of Worlds*, Blackwell, Oxford, 1986.